# PETRA
und das VERSUNKENE KÖNIGREICH
der NABATÄER

Jane Taylor

# PETRA
## *und das* VERSUNKENE KÖNIGREICH *der* NABATÄER

Aus dem Englischen von Tanja Ohlsen
und Tanja Reindel

Artemis & Winkler

Für David und Anna
in Liebe und Dankbarkeit gewidmet

Titel der englischen Originalausgabe:
*Petra and the Lost Kingdom of the Nabataeans*

© der englischen Originalausgabe Jane Taylor 2001.
Published by I. B. Tauris & Co Ltd, London / New York

Die Deutsche Bibliothek – CIP-Einheitsaufnahme

**Taylor, Jane:**
Petra und das versunkene Königreich der Nabatäer / Jane Taylor.
Aus dem Engl. von Tanja Ohlsen und Tanja Reindel. –
Düsseldorf; Zürich: Artemis und Winkler, 2002
Einheitssacht.: Petra and the lost kingdom of the Nabataeans <dt.>
ISBN 3-538-07136-5

© 2002 Patmos Verlag GmbH & Co. KG
Artemis & Winkler Verlag, Düsseldorf/Zürich
Alle Rechte, einschließlich derjenigen des auszugsweisen
Abdrucks sowie der fotomechanischen und elektronischen
Wiedergabe, vorbehalten.
Umschlagmotiv: Die Khazne (das Schatzhaus) von Petra
© Jane Taylor
Umschlaggestaltung: Groothuis & Consorten, Hamburg
Satz: Fotosatz Moers, Mönchengladbach
Druck und Verarbeitung: Passavia Druckservice GmbH, Passau
ISBN 3-538-07136-5
www.patmos.de

# INHALT

KARTEN  6
VORWORT  8

Einleitung  10
**EINLEITUNG**
Alexander der Große, Weihrauch und die Nabatäer

Kapitel 1  13
**SIE KAMEN AUS ARABIEN …**
Die Herkunft der Nabatäer und der Weihrauchhandel …

Kapitel 2  29
**… IN EINE BEHAUSUNG DER DRACHEN**
Ansiedlung im Land Edom und das Entstehen des Königreiches

Kapitel 3  43
**FREUNDE, FEINDE UND NACHBARN**
Beziehungen zu Ägypten, Syrien und Judäa

Kapitel 4  59
**TAGE DES RUHMS, TAGE DES STAUBS**
Von der Unabhängigkeit bis zur Annexion durch die Römer

Kapitel 5  79
**DAS WUNDER PETRA**
Die Entstehung der Hauptstadt

Kapitel 6  121
**DIE ZARTE MAGIE DES LEBENS**
Götter und Kultstätten der Nabatäer

Kapitel 7  147
**SPRACHE, SCHRIFT UND GRAFFITI**
Arabisch sprechen, aramäisch schreiben und das Meißeln von Inschriften

Kapitel 8  173
**BABATHA**
Leben, Lieben und Rechtshändel einer Frau bei den Nabatäern

Kapitel 9  191
**NACHKLÄNGE DES KÖNIGREICHS**
Die Nabatäer und das Christentum im Byzantinischen Reich

NACHWORT  212
Die Nabatäer in der islamischen Welt

ANMERKUNGEN  216
GLOSSAR  218
ZEITTAFEL  219
AUSWAHLBIBLIOGRAPHIE  221

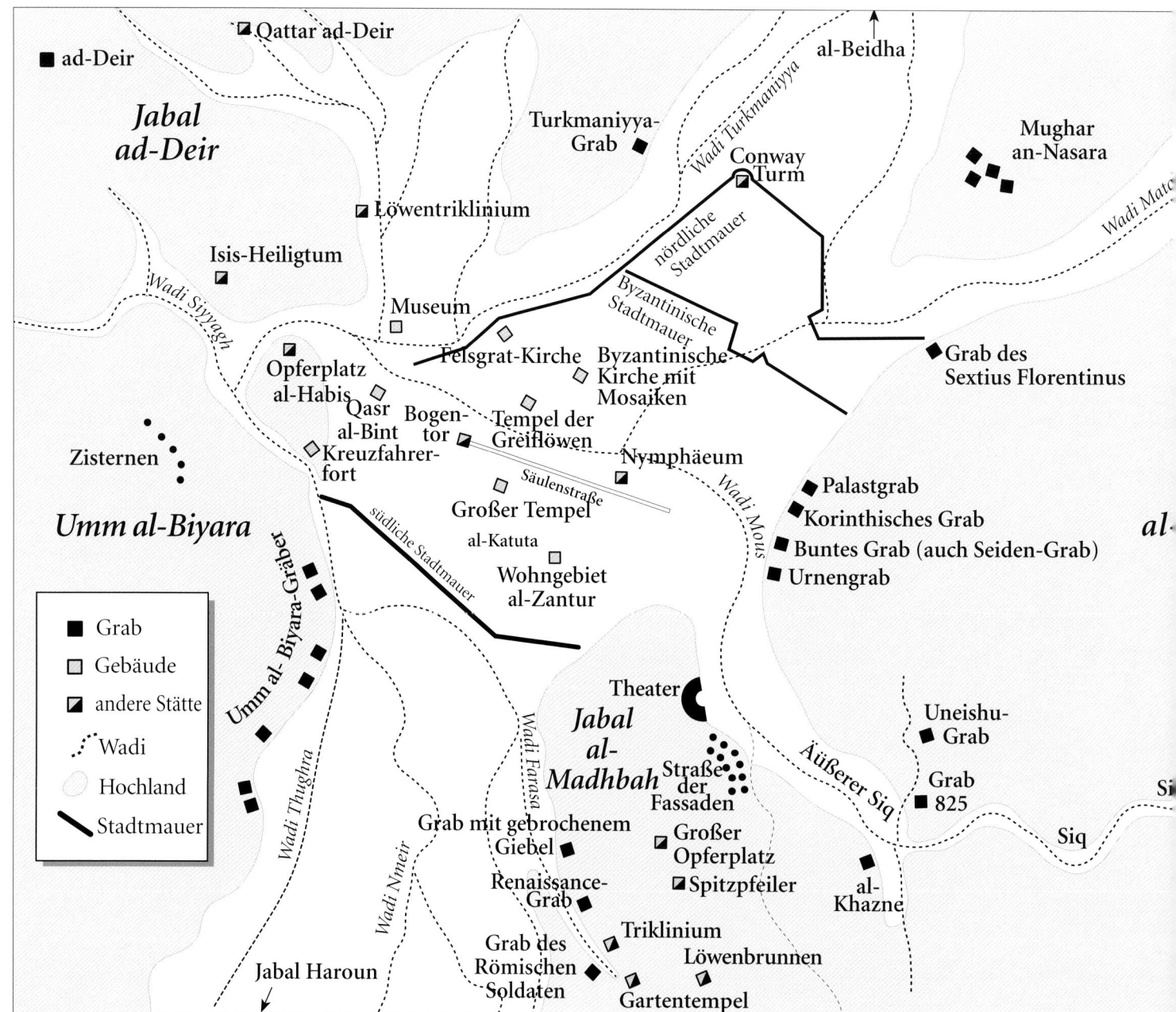

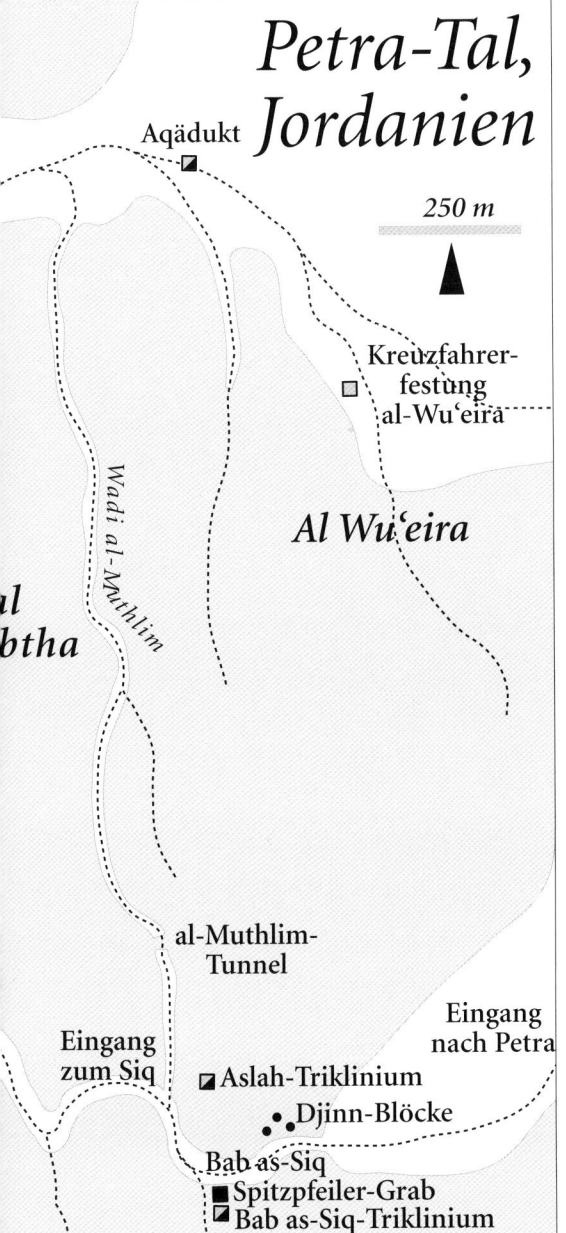

# VORWORT

Von all den mächtigen, reichen und begabten Völkern der antiken Welt wurden die Nabatäer vollkommen zu Unrecht vergessen. Sie verdienen besser bekannt zu sein, wie Alexander der Große, Pompeius, Julius Cäsar, König Herodes, Kleopatra, Marc Anton, Kaiser Augustus, Johannes der Täufer, Apostel Paulus und eine große Schar anderer prominenter Zeitgenossen bestätigen könnten. Doch für eine solche Anerkennung scheinen sie die Falschen zu sein: Einst Nomaden, immer in Bewegung mit ihren Kamel- und Ziegenherden, verfolgten ihre Wanderungen seit Mitte des 1. Jahrtausends v.Chr. ein neues Ziel, indem sie sich dem Handel mit kostbarem Weihrauch, Myrrhe und Gewürzen zuwandten, der sie reich machte. Sie weiteten ihre Kontrolle über die einträglichen Handelsrouten des Nahen Ostens aus, betrieben eine Mischwirtschaft aus Handel, der Bereitstellung von Proviant und anderen Dienstleistungen für Reisende und dem Schutz von Händlern anderer Länder.

Bis zum 2. Jahrhundert v.Chr. hatten die Nabatäer ein Königreich etabliert, dessen Kernland im heutigen Jordanien lag und das weite Teile des nördlichen Arabiens bis zum südlichen Syrien, vom Sinai und der Negev-Wüste bis Wadi Sirhan und al-Jawf kontrollierte. Es wurde zu seiner Zeit als eine bedeutende Macht der mediterranen Welt anerkannt, und seine Menschen waren berühmt und beneidet für ihren großen Reichtum, die Macht und Unabhängigkeit ihres Staates, ihre Regierungsform sowie ihr Geschick im Handel, in hydraulischer Ingenieurskunst und in den Künsten. Doch vor allem waren die Nabatäer bekannt für ihre spektakuläre aus dem Fels gehauene Stadt Petra, die bereits zu ihrer Zeit eine Legende war – und dies auch heute noch ist.

Die Geschichte der Nabatäer enthält genauso viele Lücken wie gesichertes Wissen. Inschriften auf Münzen und in Stein sowie eine Reihe von Papyrusarchiven sind, angesichts des Wenigen, was wir aus ihren eigenen Aufzeichnungen erfahren, unsere Hauptquellen. Und dann gibt es da natürlich noch die quälend unvollständigen Erwähnungen durch Zeitgenossen anderer Nationen – manchmal bewundernd, oft kritisch, immer parteiisch –, von denen jede Licht wirft auf einen kleinen Lebensbereich dieses faszinierenden Volkes, mit dem sich seine Nachbarn, Freunde und Feinde gleichermaßen, auseinander setzen mussten. Aus der klassischen Welt sind dies Herodot, Hieronymos von Kardia, Diodoros Siculus, Strabon, Plinins der Ältere, Cassius Dio, Plutarch, der anonyme Autor des *Periplus der Erythräischen See* sowie Flavius Josephus und aus der byzantinischen Epoche des Kirchenvaters Hieronymus, Justinus, Prokop, Stephanos von Byzanz, Uranios und Photios. Ferner finden sich noch einige mehrdeutige Erwähnungen früher islamischer Autoren.

Die Suche nach Frieden im Nahen Osten hat das Interesse an dieser Weltregion, ihren Völkern, ihrer Vergangenheit und Gegenwart stark ansteigen lassen. Viele Orte, die die Nabatäer einst beherrschten, sind nun, erstmals seit einem halben Jahrhundert wieder zugänglich; sie sind von bemerkenswerter Schönheit und faszinieren durch die Erhabenheit ihrer Monumente. Viele, die bis vor kurzem noch nie von Petra, geschweige denn von den Nabatäern gehört haben, fangen nun an sich für jene zu interessieren, die eine der erstaunlichsten Stätten der antiken Welt geschaffen haben.

Dieses Buch ist der Versuch, dieses brillante, doch vergessene Volk, das zwar Wissenschaftlern lange bekannt war, 2000 Jahre nach ihrer Blütezeit einer größeren Öffentlichkeit nahe zu bringen. Ich erhebe keinen Anspruch auf eigenständige Forschung, habe aber versucht einiges von der faszinierenden Arbeit jener zu assimilieren, die in der archäologischen und historischen Forschung an vorderster Front stehen. Bis heute finden sich Informationen über die Nabatäer zumeist nur in einer Reihe von akademischen Büchern und Artikeln sowie in den Ausgrabungsberichten der Archäologen – all diese habe ich mit Lust geplündert und mir ihr Wissen und ihre inspirierenden Vermutungen angeeignet. Am spannendsten waren jedoch die Originaldokumente, die in den vergangenen Jahren entdeckt wurden und die mich immer aufs Neue begeistert haben. Während ich die Briefe und Prozessakten dieser Menschen der Antike las, enthüllten sich mir ihre allgemeinmenschlichen Passionen, Vorlieben, Ticks und Schwächen. Ich habe geschrieben wie ich gelesen habe: in dem lustvollen Versuch, mir vorzustellen wie es in Petra, Gaza, Sinai oder Jerusalem, bei den Nabatäern und den Völkern, mit denen sie vor zwei Jahrtausenden zu tun hatten, gewesen sein könnte.

Mein größter Dank gebührt Seiner Majestät dem verstorbenen König Hussein, der mich in meiner Arbeit über die Nabatäer von Anfang an bestärkte und das zu einer Zeit, in der der Frieden zwischen Jordanien und Israel noch ausgehandelt wurde. Ich habe es mein »Friedensplan-Buch« genannt, doch lange Zeit sah es nicht danach aus, dass König Husseins Träume für einen umfassenden Frieden im Nahen Osten in Erfüllung gehen würden. Es ist mein aufrichtigster Wunsch, dass viele bald in der Lage sein werden, dort genauso problemlos zu reisen, wie die Nabatäer sich in den verschiedenen Teilen ihres ursprünglichen Landes bewegten. Zu meinem Glück konnte ich mich dort freier bewegen als die meisten, da ich in Amman, der Hauptstadt des haschemitischen Königreichs Jordanien, lebte und so dem Zentrum der nabatäischen Welt nahe war.

Dass ich so viele der Stätten aus der Luft fotografieren konnte, verdanke ich vor allem König Hussein aber auch Seiner Königlichen Hoheit Prinz Faisal bin al-Hussein, Brigadekommandeur Ziyad Hanandeh und den Offizieren und Piloten der Helikopter-Einheit der jordanischen königlichen Luftwaffe. Ich bin mir nicht nur dieses Privilegs bewusst, sondern auch sehr dankbar für die Möglichkeiten, die es mir eröffnete.

Viele Wissenschaftler haben ihr Wissen und ihre Einsichten in den verschiedensten Bereichen ihrer Forschungsgebiete großzügig und geduldig mit mir geteilt. Jedes Kapitel, so wie es aus dem Drucker kam, wurde zunächst an Dr. Piotr Bienkowski geschickt, Kurator der Egyptian and Near Eastern Antiquities-Sammlung des Liverpool Museums und

Spezialist für die Edomiten. Sein scharfer Blick und sein Wohlwollen haben die Qual, meinen neu geborenen Text in die Welt hinauszuschicken, wesentlich vermindert. Erst nachdem er ein Kapitel als grundsätzlich richtig bewertet hatte, hatte ich den Mut, es anderen Wissenschaftlern zuschicken – Spezialisten auf den verschiedenen Feldern der nabatäischen Forschung –, um es nochmals auf Herz und Nieren prüfen zu lassen. Folgende Wissenschaftler haben sich bereitwillig für diese Aufgabe zur Verfügung gestellt oder haben mir mit einer Fülle an Informationen weitergeholfen: die jederzeit hilfsbereite Professorin Martha Sharp Joukowsky von der Brown University, Rhode Island; Dr. Fawzi Zayadine, ehemals stellvertretender Direktor der Abteilung für antike Stätten im Ministerium für Tourismus, Amman; Michael Macdonald vom Oriental Institute, University of Oxford; Peter Parr vom Institute of Archaeology, University of London; Professor John Healey von der University of Manchester; Dr. François Villeneuve, École normale supérieure, Paris; Professor Hannah Cotton von der Hebräischen Universität Jerusalem; Baruch Levine, Skirball Professor für Bible and Ancient Near Eastern Studies an der New York University; Dr. Robert Schick und Avner Goren vom W. F. Albright Institute of Archaeological Research, Jerusalem; Professor Jaako Frösén und Professorin Maarit Kaimio von der Universität Helsinki; Professor Ludwig Koenen von der University of Michigan; Dr. Robert Daniel (Mitarbeiter des Michigan-Teams zu den Petra Papyrii); und Dr. Patricia Bikai vom American Center of Oriental Research, Amman. Sie alle halfen mir mit nie versiegender Großzügigkeit mit ihren detaillierten Kommentaren und Vorschlägen weiter.

Nachdem alle Kapitel so weit fertig waren, erklärte sich John Julius Norwich, herausragender und belesener Historiker, heroisch bereit, das gesamte Manuskript zu lesen. Auch Professor Glen Bowersock vom Institute of Advanced Study der Princeton University und Doyen der nabatäischen und römischen Studien las das gesamte Manuskript, und seine Anmerkungen beleuchteten neue faszinierende Aspekte dieses erstaunlich begabten arabischen Volkes. Dr. Ghazi Bisheh, vormals Generaldirektor der Abteilung für antike Stätten im jordanischen Ministerium für Tourismus, las gleichfalls das gesamte Manuskript und kommentierte es, genauso wie Dr. Fawzi Zayadine, der manche Kapitel bereits zum zweiten Mal las. Ihre genaue Kenntnis der spät-byzantinischen Epoche bis zur früh-islamischen Periode und der gesamten nabatäischen Geschichte klärten einige meiner Fragen.

Ihnen allen möchte ich meinen zutiefst empfundenen Dank dafür aussprechen, dass sie mich vor schlimmen Fehlern bewahrten und Ungereimtheiten reduzierten. Finden sich noch Fehler, sind dies meine eigenen.

Darüber hinaus haben mir Alan und Brigid Waddams mit der ihnen eigenen Großzügigkeit die nabatäischen Stätten im Hauran, im südlichen Syrien, gezeigt und mir bei vielen Gelegenheiten in ihrem Haus in Damaskus ihre Gastfreundschaft bewiesen. Tommy Leitersdorf, der damalige Vorsitzende der Negev Verwaltung für touristische Entwicklung, gewährte mir zweimal alle Unterstützung und Hilfe, damit ich die nabatäischen Stätten in der Wüste Negev besuchen konnte. Bei meinem ersten Besuch dort wurde ich von Yadin Roman und Dita Kohl vom *Eretz Magazine* begleitet (ihrer beider Begeisterung war ansteckend).

James Watt, ehemals Mitarbeiter der Britischen Botschaft in Amman, bereitete eine mir unvergessliche Expedition vor, damit ich Meda'in Saleh die beeindruckende nabatäische Stätte im saudi-arabischen Hejaz sehen konnte. Avner Goren nahm mich zu einer Reise zum Sinai mit, um mir dort nabatäische Inschriften zu zeigen – er leitete für fünfzehn Jahre die archäologischen Ausgrabungen im Sinai und auch nach den zwanzig Jahren, die seither vergangen sind, wurde er von den Beduinen der Region warmherzig empfangen. Es war ein großes Vergnügen, mit ihm zu reisen. Als wir im Sinai waren, genoss ich die großzügige Hilfe und Gastfreundschaft von Dr. John Grainger, dem Projektleiter des St. Katherinen-Klosters. Eli Raz von Ein Gedi opferte seine kostbare Zeit und sein Wissen, um mit mir an einem sonnigen Tag in jenen Felsen und Höhlen von Nahal Hever zu klettern, in denen die bemerkenswerte Babatha vor 2000 Jahren ihre letzten Tage verbracht hatte. Professor Tom Paradise von der University of Arkansas, Fayetteville, erbot sich großherzig, die Karten für diesen Band zu zeichnen. Dr. Derek Roebuck steuerte unschätzbare Informationen zur Geschichte der Rechtsgeschichte bei, die er aus seiner Recherche zu verschiedenen Büchern zu diesem Thema gewonnen hatte. Er und seine Autoren-Gattin Susanna Hoe haben mich, wenn ich es am nötigsten brauchte, stets großzügig moralisch und praktisch unterstützt und mir ihre Gastfreundschaft geschenkt. Außerdem bin ich glücklich in Sara Mengüç nicht nur eine unterstützende, geduldige und aufmerksame Literaturagentin gefunden zu haben, sondern auch eine Freundin.

Bei meinen Besuchen in London konnte ich mich auf die nie versiegende und allumfassende Gastfreundschaft meines Bruders David und meiner Schwägerin Anna Taylor verlassen, oft über so lange Zeit, wie sie menschliche Geduld meist nicht mehr erträgt. Das Gleiche gilt für William Taylor, der in seiner Pfarrei in Ealing in den acht Jahren, die er dort war, oft seine Freunde aus aller Welt beherbergte. Meine häufigen Besuche in Petra waren immer bereichert durch die Zeit, die ich dort mit meinen Freunden der Bdoul-Beduinen verbrachte – vor allem mit Mohammed und Marguerite, deren Heim mein zweites Zuhause wurde, Dakhilallah Qublan, der mir so viel über die Entstehung Petras und die Arbeitsweise der Nabatäer beigebracht hat, und seine Frau Rakhiyah sowie Awadh Salameh, der mich zu Fuß oder zu Kamel auf den antiken nabatäischen Routen aus Petra heraus und in den Wadi Araba begleitete. Ich bin dankbar für und tief berührt durch ihre Freundschaft und Gastfreundschaft, genauso wie der von Haroun und Lidia und vielen anderen Bdoul.

Meinen herzlichsten und wärmsten Dank an euch alle.

*Fotografische Anmerkung*

Die Filme für dieses Buch wurden großzügig durch Fujifilm, Jordanien, gesponsert – wofür ich besonders dankbar bin, hege ich doch seit Jahren eine tiefe Liebe zu ihren Farbfilmen Velvia und Provia. Ihre brillanten Farben und die feine Körnung werden meiner Meinung nach von keinem anderen Film erreicht. Als Kameras benutzte ich eine Pentax 6 x 7 Mittelformat mit 90 mm und 45 mm Linsen und als 35 mm-Kameras eine Nikon FE und FE2 mit Nikkor-Linsen mit einer Brennweite von 20 mm bis zu 200 mm – alles alte und erprobte Arbeitsmittel.

# EINLEITUNG:

## Alexander der Große, Weihrauch und die Nabatäer

Als Alexander der Große noch ein mazedonischer Junge war, erwischte ihn sein bärbeißiger Tutor einmal, wie er mehrere Hand voll kostbaren Weihrauchs als großzügiges Opfer den Göttern auf dem Altar darbrachte. Leonidas wies ihn zurecht:

> »Wenn du Herrscher über das Gewürzland sein wirst, Alexander, kannst du so verschwenderisch räuchern; jetzt gehe sparsam mit dem um, was da ist!«

Der junge Prinz vergaß diese Ermahnung nicht.

Zwanzig Jahre später eroberte Alexander nach einer langen und harten Belagerung das an der östlichen Mittelmeerküste gelegene Gaza. Es war damals ein bedeutender Hafen, von dem aus die meisten Handelsgüter vom Osten nach Europa verschifft wurden – auch nach Mazedonien. Als die Mazedonier die Stadt einnahmen, entdeckten sie große Weihrauch- und Gewürzlager, die Händler in Kamelkarawanen auf dem Landweg vom südlichen Arabien hierher gebracht hatten. Aus diesen reichen Beständen schickte Alexander nun dem alten Leonidas ein Geschenk von 500 Talenten (13,7 Tonnen!) Weihrauch und 100 Talenten Myrrhe.

Er schickte ihm auch eine Nachricht: »Wir haben dir Weihrauch und Myrrhen im Überfluss geschickt, damit du aufhörst, den Göttern gegenüber zu knausern.«[1]

Dies war nicht nur ein humorvoller und treffender Tadel an einen geizigen alten Mann; es war auch die selbstbewusst vorgebrachte Überzeugung, dass er zwar noch nicht die Länder des südlichen Arabiens erobert hatte, die diese aromatischen Substanzen gewannen, aber sein Ziel immerhin schon halb erreicht hatte. In diesem siegreichen Moment seines Lebens schien das Erreichen dieses Ziels nur noch eine Frage der Zeit.

Was, wenn Alexanders Seher diesen Moment gewählt hätte, um zu prophezeien, dass nur zwei Jahrhunderte später eben jener Stamm von Nomaden, der Weihrauch und Myrrhe auf ihrem letzten langen Weg nach Gaza begleitete, weite Teile des Landes kontrollieren würde, das Alexander gerade im Nahen Osten erobert hatte? Hätte Alexander ihn als Träumer entlassen? Und doch hätte

ALEXANDER DER GROSSE SCHICKTE NACH DER EINNAHME DES BEDEUTENDEN HAFENS GAZA SEINEM ALTEN LEHRER IN MAZEDONIEN MEHRERE TONNEN WEIHRAUCH UND MYRRHE AUS DEN REICHEN BESTÄNDEN, DIE DORT GELAGERT WURDEN. DIE NABATÄER, DIE DEN LETZTEN TEIL DER HANDELSROUTE VOM NORDWESTEN DER ARABISCHEN HALBINSEL BIS ZUM MITTELMEER KONTROLLIERTEN, HATTEN DIESE NACH GAZA GEBRACHT. (ARCHÄOLOGISCHES MUSEUM ISTANBUL)

Gazas Mittelmeerküste heute. Von hier aus wurden Weihrauch und Gewürze nach Europa verschifft, wo sie in religiösen Ritualen, in der Medizin, bei der Konservierung von Lebensmitteln, als Insektenmittel und zur Überdeckung widerlicher Gerüche verwendet wurden.

gerade er die Fähigkeit begabter Menschen, etwas zu verändern – zunächst sich selbst und dann ihre Umgebung –, verstehen können. Und er hätte vielleicht auch die ersten verräterischen Zeichen des Genius' dieses Nomadenvolkes erkennen können.

Einer seiner Offiziere, Hieronymos von Kardia, erkannte die Zeichen und war beeindruckt genug, um über diese »Barbaren« ausführlicher zu schreiben. Er beschrieb ihren aus dem Handel mit Weihrauch, Myrrhe und anderen Gewürzen gewonnenen Reichtum. Er wusste, dass sie die Technik beherrschten, in der unbarmherzigen Wüste Wasser aufzufangen und zu speichern und verstand, dass sie dies nutzten, um sich ihren weniger wüstenerfahrenen Gegnern zu entziehen; so blieben sie frei. Dies ermöglichte ihnen auch, große Flächen trockenen Landes, die anderen verschlossen blieben, zu durchqueren und so die Reisedauer ihrer Handelskarawanen wesentlich zu verkürzen; so konnten sie ihren Reichtum mehren.

Alexander hat die Quelle dieser kostbaren aromatischen Substanzen nicht erreicht, seine späteren diesbezüglichen Pläne hat er nie umgesetzt. Doch er war mit jenem Volk, das bereits den nördlichen Teil der Weihrauchstraße kontrollierte, in Berührung gekommen: den Nabatäern.

KAPITEL 1

# SIE KAMEN AUS ARABIEN…

Die Herkunft der Nabatäer und der Weihrauchhandel

In den Jahrhunderten vor Alexander dem Großen zogen die Nabatäer auf der Suche nach Wasser und Weideplätze mit ihren Ziegen- und Kamelherden durch die weiten Flächen Arabiens. Jahr für Jahr folgten sie erprobten Routen und blieben an den bekannten Lagerplätzen, so lange die Bedingungen dort günstig waren; wenn die Vorräte für sie selbst und ihre Tiere abnahmen, wanderten sie weiter, dorthin, wo sie aus Erfahrung wussten, dass sie erneut Weideland und Wasser finden würden. In schlechten Jahren, wenn der erwartete Regen nicht fiel, wenn selbst die Oasen schnell abgeweidet waren, reduzierte sich ihr Leben auf den täglichen und stündlichen Kampf ums Überleben.

EINE GRUPPE VON BEDUINEN FOLGT ZWISCHEN WADI ARABA UND PETRA EINER ALTEN NABATÄISCHEN STRASSE IN DIE WÜSTE. SELBST DIE STEILSTEN ABHÄNGE KONNTEN ERSCHLOSSEN WERDEN, IN DEM EIN PFAD AUS EINER REIHE LANGER ZICK-ZACK-SCHLEIFEN GEBAUT WURDE.

Die Nabatäer waren nur einer von vielen Nomadenstämmen, die sich oft ohne eine Spur zu hinterlassen in der Anonymität verloren, die sie stets umgeben hatte. Doch dieses Volk war anders: Sie traten ins Licht der Geschichte und entfalteten eine ungeahnte Blüte, bevor sie erneut im Dunkel der Zeit verschwanden.

Obwohl es einige, unterschiedlich überzeugende Hypothesen gibt, liegt der genaue Ursprung der Nabatäer vollkommen im Dunkeln. Während sich nahezu alle Wissenschaftler darin einig sind, dass sie zu den arabischen Völkern gehören, glauben einige, dass sie aus dem Südwesten der arabischen Halbinsel, dem heutigen Jemen, stammen. Doch ihre Sprache, ihre Schrift und ihre Götter haben nichts mit jenen des südlichen Arabiens gemeinsam. Eine andere Theorie besagt, dass ihre ursprüngliche Heimat an der Ostküste der arabischen Halbinsel, gegenüber Bahrain, zu finden sei, wohin sie ganz sicher Handelsverbindungen unterhielten. Überzeugender ist jedoch die Meinung, dass sie aus dem Nordwesten stammen, der heutigen saudi-arabischen Region Hejaz, da sie verschiedene Götter mit den in der Antike dort lebenden Völkern gemeinsam haben und die Stammkonsonanten ihres Volksnamens – nbtw – in den frühen semitischen Sprachen dieser Region zu finden sind.

Auch gibt es Hinweise, dass sie aus Mesopotamien stammen. Zweimal wird im 8. Jahrhundert v. Chr. in den Annalen zweier assyrischer Könige ein Volk namens Nabatu erwähnt, als eines von mehreren aufständischen arabischen Völkern der Region. Im nächsten Jahrhundert verlief eine Verbindungsstraße vom Norden des Persischen Golfs zum Roten Meer; und Ähnlichkeiten zwischen dem, was vom arabischen Dialekt Mesopotamiens zur neu-assyrischen Zeit und dem späteren nabatäischen Arabisch bekannt ist, lassen vermuten, dass es eine Verbindung zwischen den beiden gab. Die Nabatäer stammen möglicherweise aus Mesopotamien und wanderten dann zwischen dem 6. und 4. Jahrhundert v. Chr. nach Westen, um sich in Nordwest-Arabien und einem Großteil des heutigen Jordaniens anzusiedeln.[1]

Assyrische Annalen aus der Mitte des 7. Jahrhunderts v. Chr. berichten von König Assurbanipal, dass dieser unter seinen vielen anderen Eroberungen auch ein Volk namens »Nabaiati« besiegte, das »an einem entlegenen Ort in der Wüste lebte, wo es keine wilden Tiere gibt und selbst die Vögel keine Nester bauen«. Doch die Versuchung, die Nabaiati allein aufgrund der Ähnlichkeit des Namens mit den Nabatäern gleichzusetzen, wird von den meisten Wissenschaftlern zurückgewiesen, da der semitische Name der Nabatäer, nbtw, in seinen beiden letzten Konsonanten von dem der Nabaiati, nbyt, abweicht. Die Nabaiati werden allgemein mit den Nebajot der Bibel[2] identifiziert, die den Namen ihres vermutlichen Stammvaters, dem ältesten Sohn Ismaels, Abrahams Sohn, angenommen haben; auch sie wurden manchmal irrtümlich mit den Nabatäern gleichgesetzt.

Die erste verlässliche Quelle für dieses schwer fassbare Volk ist der griechische Historiker Diodoros Siculus, der zwar erst im späten ersten Jahrhundert v. Chr. schrieb, dessen Werk aber auch dreihundert Jahre alte Informationen über die Nabatäer enthält. Sein Gewährsmann war Hieronymos von Kardia, ein Offizier Alexander

»SIE WOHNEN UNTER FREIEM HIMMEL UND NENNEN DIE WÜSTE IHR VATERLAND, DIE WEDER FLÜSSE, NOCH SO REICHLICHE QUELLEN HAT … EINIGE VON IHNEN HALTEN KAMELE, ANDERE SCHAFE, DIE SIE IN DER WÜSTE WEIDEN LASSEN.« OHNE ZWEIFEL ZÜCHTETEN SIE AUCH ZIEGEN, AUS DEREN FELL VON JEHER SCHWARZER ZELTSTOFF HERGESTELLT WURDE.«

Die enge Öffnung zu einer der vielen grossen Zisternen im des Umm al-Biyara, oberhalb Petras. Ein Kanalsystem leitete das Wasser in die Zisternen, die mit Stuck verziert waren und von denen einige noch besichtigt werden können. Zisternen wie diese ermöglichten den Nabatäern in Gegenden zu überleben, die für andere Nomadenvölker zu trocken waren.

des Großen, der die Nabataer selbst kennen gelernt hatte. Er porträtierte sie als ein Volk nomadisierender Hirten, die nach strengen Regeln lebten und von ihren Herden und den wild wachsenden essbaren Pflanzen ihrer Umgebung lebten:

»(Sie bewohnen) ein teils wüstes teils wasserloses, auf jeden Fall aber unfruchtbares Land… Sie wohnen unter freiem Himmel und nennen die Wüste ihr Vaterland, die weder Flüsse, noch so reichliche Quellen hat… Es ist bei ihnen Gesetz, weder Getreide zu säen, noch irgendein zur Nahrung dienendes Gewächs zu pflanzen und kein Haus zu erbauen. Wer als Übertreter dieses Verbots entdeckt wird, dem ist die Todesstrafe bestimmt.… Einige von ihnen halten Kamele, Andere Schafe, die sie in der Wüste weiden lassen.… Ihre Nahrung besteht in Fleisch und Milch und in genießbaren Erzeugnissen des Bodens.«[3]

Doch dies ist nur ein Teil des Bildes. Der strenge Lebensstil der Nabatäer und die drakonischen Strafen, die sie gegen Abweichler verhängten, lassen sich sicherlich darauf zurückführen, dass ihre Fähigkeit, sich bei einem feindlichen Angriff sozusagen in Wüstenluft aufzulösen, durch Landwirtschaft und nicht-bewegliche Besitztümer wie Häuser oder Weinstöcke beeinträchtigt worden wäre – es war lebenswichtig, nichts zurückzulassen, was zerstört oder unbrauchbar gemacht werden konnte. Die Nabatäer konnten ihren überlegeneren Gegnern nur ihre Kenntnis der Wüste entgegensetzen: Sie kannten jede Besonderheit und jede Rückzugsmöglichkeit und hatten große, unterirdische Zisternen angelegt, die dem Uneingeweihten unsichtbar waren:

> »und wenn ein starkes feindliches Heer herannaht, fliehen sie in die Wüste, die ihnen zur Schutzwehr dient. Diese wasserlose Gegend nämlich ist für andere unzugänglich, hingegen für sie allein eine sichere Zuflucht, weil sie in die Erde gemauerte übertünchte Wasserbehälter angelegt haben. Sie graben nämlich große Höhlungen in den Boden ... und machen dieselben an der Mündung äußerst eng, nach unten zu allmählich geräumiger, bis sie endlich auf dem Grunde so weit sind, dass jede Seite hundert Fuß (30 Meter) lang ist. Diese Behälter füllen sie mit Regenwasser und verstopfen die Mündung so, dass sie in gleicher Ebene mit dem übrigen Boden ist. Sie lassen aber Zeichen zurück, die nur für sie erkennbar sind und von andern nicht bemerkt werden.«[4]

Die Nabatäer hatten erkannt, dass die Speicherung des Wassers ihnen ihre Bewegungsfreiheit garantierte und waren, so Diodoros, »äußerst freiheitsliebend«. Verschwiegenheit war eine notwendige Voraussetzung, um diese Freiheit zu schützen, auch wenn die Griechen mindestens eine der nabatäischen Zisternen entdeckt haben mussten, um sie so genau beschreiben zu können. Diese Beherrschung der Wüste ermöglichte den Nabatäern, ihre Freiheit selbst dann zu bewahren, wenn sie von ihnen überlegenen Feinden bedroht wurden, denn »so haben ... weder in früherer Zeit die Assyrer, noch die Könige der Meder und Perser, noch selbst die makedonischen Könige es fertig gebracht, sie zu unterjochen; und ... es (ist) ihnen niemals je gelungen, das Ziel ihrer Unternehmung zu erreichen«.

Die Nabatäer entdeckten darüber hinaus eine weitere Quelle der Freiheit – Reichtum – und auch dies unterschied sie von anderen zeitgenössischen arabischen Wüstenvölkern. Die Quelle ihres Reichtums scheint für ein Nomadenvolk eher überraschend: Handel. »Denn Manche von ihnen«, schreibt Diodoros/Hieronymos[5], »sind gewohnt, Weihrauch, Myrrhen und die köstlichsten Gewürze, die aus dem so genannten glücklichen Arabien (im heutigen Jemen) gebracht werden, aufzukaufen und an die Seeküste hinabzuführen.«

Doch Handel war eine logische Erweiterung ihres nomadischen Lebens, denn es nutzte ihre Kenntnis der Wüste und es gab ihren Wanderungen ein neues und profitables Ziel.

Nur wenige Völker haben eine so dramatische Metamorphose vollzogen: von der strengen Lebensweise eines Hirten- und Nomadenvolkes, das nebenbei ein wenig Handel trieb, zu einem sesshaften Leben in prächtigen Städten und über ein großes Handelsimperium herrschend. Innerhalb von zwei oder drei Jahrhunderten entwickelten sich die Nabatäer zu gewieften Händlern, einfallsreichen hydraulischen Ingenieuren und reichen Bauern – und erwarben einen legendären Reichtum. Sie schufen aus Felsen gemeißelte Fassaden und Gebäude von außerordentlicher architektonischer Schönheit und Originalität, die in ihrer Zeit ihresgleichen suchten. Zudem schufen sie einige der exquisitesten Töpferarbeiten der antiken Welt. Es ist unwahrscheinlich, dass sie sich ohne fremde Hilfe in so kurzer Zeit von primitiven und unsicheren Anfängen zu dieser kulturellen Blüte aufgeschwungen haben. Selbst wenn man ihr Genie anerkennt, ist dies eine nur unzureichende Erklärung für diese schnelle Entwicklung hin zu so ausgereifter Technologie. Ihre außergewöhnliche Begabung lag darin, aus den Fertigkeiten anderer zu lernen und unterschiedliche Ideen zu etwas ganz Eigenem umzuformen.

In den Jahrhunderten, in denen die Nabatäer durch Arabien zogen, kamen sie mit vielen Völkern in Kontakt, einige davon Nomaden wie sie selbst, andere sesshafte Bauerngemeinschaften. Einige, wie die Völker Sabas, Maʿins, Qatabans und Hadramauts (im heutigen Jemen), verfügten bereits im sechsten und fünften Jahrhundert v. Chr. über eine erstaunlich hoch entwickelte Architektur und Wassertechnologie und waren auch durch ihre ertragreiche Landwirtschaft und den Handel mit Weihrauch und Myrrhe reich geworden. Die Südaraber hatten zweifelsohne viel von den höher entwickelten Mesopotamiern gelernt; doch der Weihrauchhandel war ihr ureigenes Feld. Sie wurden für so reich gehalten, dass die frühen Griechen, getreu der unphilosophischen Prämisse, dass Reichtum Glück bedeute, ganz Südwest-Arabien neidisch als Eudaimon (gesegnetes) Arabia bezeichneten. Später übersetzten die Römer, ebenso beeindruckt und neidisch, dieses Epitaph in Latein – *Arabia Felix*. Nirgends sonst auf der arabischen Halbinsel trafen solcher Reichtum und solches technisches Know-how zusammen. Hier nahm auch die Weihrauchstraße ihren Anfang. Diese gesegnete Region Arabiens, obwohl nicht das Ursprungsland der Nabatäer, mag der Schlüssel sein zu den vielfältigen Fähigkeiten und dem Reichtum, für den sie später bekannt wurden.

Im späten vierten Jahrhundert v. Chr., als Hieronymos von Kardia den Weihrauchhandel der Nabatäer beschrieb, war der griechischen Welt nur sehr wenig über die Region des südwestlichen Arabiens bekannt, in der die Bäume wuchsen, von denen man den kostbaren Weihrauch und Myrrhe gewann. Weihrauch wird von verschiedenen Arten der *Boswellia* (die besten arabischen Sorten

OBEN LINKS: Eingetopfte Weihrauchbäume werden im Land Punt auf ein Schiff verladen, um von dort nach Ägypten gebracht zu werden und anschließend am Amon-Tempel zu Karnak gepflanzt zu werden. Die Erfolge der Expedition, die Königin Hatschepsut um 1493 v.Chr. entsandte, wurden in einer Serie von Steinreliefs in ihrem Tempel in Deir el-Bahari im westlichen Theben festgehalten. (Ancient Art and Architecture Collection)

OBEN RECHTS: Ein *Boswellia sacra*-Baum. Von den wenigen Weihrauchbäumen, die heute noch existieren, verglichen mit den Wäldern, die in der Antike existierten, wachsen die meisten in der Region um Dhohar im südlichen Oman. (Originalaquarell von Susanna Stuart-Smith; entnommen aus: *Plants of Dhofar, the Southern Region of Oman* von Anthony G. Miller und Miranda Morris. Nachdruck mit freundlicher Genehmigung durch das Büro des Umweltbeauftragten, Diwan des Königlichen Hofes, Sultanat Oman.)

UNTEN: »Araber sammeln Weihrauch«, Stich aus dem 16. Jahrhundert. Da der Baum einen hohen Stamm hat, gehört er zweifelsohne nicht zur Gattung der arabischen Weihrauchbäume *Boswellia sacra*. Er ähnelt vielmehr der ostafrikanischen Art Boswellia carteri. Aus: André Thevet, *Cosmographie universelle*, 1575. (British Library)

stammen von der *Boswellia sacra*) und Myrrhe der *Commiphora myrrha* gewonnen. Andere Gummiharze und Harze, wie zum Beispiel das weiter verbreitete Balsam und Ladanum (von der Zistrose oder *Cistus Cistacae*) können etwas ungenau auch als Weihrauch bezeichnet werden. All diese aromatischen Substanzen wurden bereits viele Jahrhunderte vor dem Aufstieg der Nabatäer an eine stetig wachsende Gruppe von Kunden geliefert.

Ägyptische Texte des frühen dritten Jahrtausends v. Chr. berichten bereits von der Verwendung des Weihrauchs zu Kultzwecken, und mehrere Pharaonen richteten Expeditionen ins sagenumwobene Weihrauch-Land Punt aus – das »Land Gottes« –, das gemeinhin mit Nubien gleich gesetzt wird, obwohl auch in Äthiopien und Somalia aromatische Pflanzen wuchsen. Im nächsten Jahrtausend, um 1493 v. Chr., sandte Königin Hatschepsut Schiffe zu den »Weihrauch-Terrassen« von Punt, deren erfolgreiche Rückkehr in einer Serie von anschaulich gemalten Reliefbildern mit Inschriften an den Wänden ihres Totentempels in Deir el-Bahari festgehalten wurde. Einige der Bilder zeigen Mitglieder der Expedition, wie sie 31 Weihrauchbäume in Töpfen auf die Schiffe verladen, da die Königin diese im Garten des Amon-Tempels pflanzen lassen wollte.

Gleichfalls im zweiten Jahrtausend erwähnen die akkadischen und sumerischen Epen und Mythen den »Geruch des Weihrauchs« bei der Anbetung der Götter Mesopotamiens, und ein hethitischer Mythos derselben Zeit erwähnt einen aufsteigenden Saft, mit dem man sich selbst reinigte. Sollten hier Weihrauch oder Myrrhe gemeint sein, kamen sie in diesen frühen Tagen wahrscheinlich aus Äthiopien oder Somalia; allerdings wurde auch das weiter verbreitete Ladanum und Balsam verwendet. Die Assyrer, die sich anschickten, die Macht im Nahen Osten an sich zu reißen, begannen im ersten Jahrtausend v. Chr. Weihrauch zu verwenden, gefolgt von den Neu-Babyloniern, den Phöniziern, Hebräern, Persern und Parthen. Aus dieser Zeit stammen auch die ersten Berichte, dass Südarabien am Weihrauchhandel teilhatte und dass Weihrauch und Myrrhe, die dort gewonnen wurden, die besten der bekannten Welt waren.

Obwohl Homers *Odyssee* uns im 8. Jahrhundert v. Chr. davon erzählt, dass in Paphos auf Zypern Weihrauch im Tempel der Aphrodite verwendet wurde, dauerte es weitere 200 Jahre, bis sich sein Gebrauch in der gesamten griechischen Welt verbreitete. Zu dieser Zeit, als sich die Handelsroute zwischen dem südlichen Arabien und dem Mittelmeer entwickelte, setzte sich der Gebrauch des Weihrauchs auch bei den Griechen durch. Sie nutzten ihn nicht nur zu kultischen Zwecken, sondern auch in der Medizin, in der als Heilmittel für so unterschiedliche Beschwerden wie Schmerzen im Brustbereich, Prellungen, Lähmungen, Geschwüre, Blutungen und Hämorrhoiden eingesetzt wurde. Er hatte außerdem den praktischen Wert, Lebensmittel zu konservieren, Insekten abzuwehren und den Geruch, der bei der Verbrennung der Toten entstand, zu überdecken. Die griechische Begeisterung war so groß, dass die Nachfrage nach allen Arten von Weihrauch, insbesondere der besten arabischen Sorten, ungeahnte Höhen erreichte.

Herodot, der Historiker aus dem fünften Jahrhundert v. Chr., berichtet von der ersten bekannten griechischen Schiffsexpedition an die südliche und westliche Küste der arabischen Halbinsel. Der persische König Dareios I. richtete sie um 500 v. Chr. aus und bemannte die Schiffe mit Griechen aus Kleinasien unter dem Kommando von Skylax aus Karyanda[6]. Es gelang ihr nicht, die Schleier der Unwissenheit über die Weihrauchländer des südlichen Arabiens zu lüften, denn Herodot erzählt uns eine wunderbare, wenn auch unzuverlässige Mischung aus Fakten und Mythen.

Zwei Jahrhunderte später gab sich Alexander der Große weder mit Mythen noch mit bloßen Fakten zufrieden. Seine Pläne waren teils wirtschaftlicher und teils eher selbstgefälliger Natur: Er war sich zum einen voll darüber im Klaren, wie wertvoll die Eroberung dieser Hauptquelle der besten aromatischen Pflanzen wäre, und zum anderen hatte Alexander Geschmack daran gefunden, in den von ihm eroberten Regionen als Gott verehrt zu werden. Er war überzeugt, dass die Südaraber mit ihrer Fülle an Astralgöttern dazu überredet werden könnten, ihn ihrem Pantheon hinzuzufügen – selbstverständlich an der Spitze. Um sich die notwendigen Informationen aus erster Hand selbst zu beschaffen, sandte er zunächst eine Schiffsexpedition aus, die sich naturgemäß stärker auf die Küste als auf das Landesinnere konzentrierte. Nach seiner Rückkehr aus Indien begann er mit den Vorbereitungen für einen großen Feldzug, der Südarabien erobern sollte. Sein Tod machte jedoch all diese Pläne zunichte.

Bis dahin wussten die Griechen wenig mehr über das Innere Arabiens als ihnen bereits seit 200 Jahren bekannt war; immerhin hatten verschiedene Wissenschaftler in Griechenland alles aufgezeichnet, was ihnen von jenen erzählt worden war, die an den arabischen Expeditionen teilgenommen hatten. So hatten die Griechen vor allem von den Sabäern gehört, dem bekanntesten und für lange Zeit reichsten und mächtigsten der südarabischen Völker. Wahrscheinlich hatten sie sich um 1200 v. Chr. in der Region um Marib, das schnell ihre Hauptstadt wurde, niedergelassen. Schenkt man der Geschichte vom Besuch der Königin von Sheba bei König Salomo Glauben, dann war Sheba oder Saba Mitte des zehnten Jahrhunderts v. Chr. bereits ein reiches Königreich, dessen Gold, Gewürze und kostbare Steine die Königin in verschwenderischer Menge und Pracht Salomon zum Geschenk machte – allerdings gibt es keinen abschließenden Beweis dafür, dass Saba bereits zu dieser frühen Zeit Könige hatte, geschweige denn eine Königin.

Aus der zweiten Hälfte des achten Jahrhunderts v. Chr. datieren sicherere Beweise für die Existenz dieses Volkes. Zu dieser Zeit nämlich vermerkten die fleißigen Schreiber einer Reihe von assyrischen Königen, dass Tiglathpileser III. von den »Sabäern« Tribut in Form von Gold, Kamelen und Gewürzen erhielt. Die erste Erwähnung eines Herrschers stammt aus dem Jahr 715 v. Chr., als noch weitaus größerer Tribut an Sargon II. durch »Yith'amar, Herrscher von Saba« entrichtet wurde. Circa dreißig Jahre später folgten dem Geschenke an Sennacherib durch einen anderen Herrscher namens Karib'il. »Gewürze« bezeichnet hier eine große Vielfalt an aromatischen Substanzen, doch für diese frühen Sabäer waren heimatliche Gewürze der hochgeschätzte Weihrauch und Myrrhe.

Um das sechste Jahrhundert v. Chr. wurde Saba von einer Erbfolge von Priesterkönigen regiert, *mukarrib*, »Bündnisschließer« genannt; sie waren auch diejenigen, die die ersten dauerhaften

IN MARIB, DER HAUPTSTADT DES SABÄISCHEN KÖNIGREICHS, RAGEN QUADRATISCHE SÄULEN ÜBER DEN RESTEN DESSEN, WAS EINMAL EIN PALAST GEWESEN SEIN KÖNNTE. MINDESTENS AUS DEM SIEBTEN JAHRHUNDERT V. CHR. STAMMEND, IST ARSH BILQIS (BILQIS' THRON – DER NAME DES KORANS FÜR DIE KÖNIGIN VON SABA) HEUTE EIN FEINER KLETTERPLATZ FÜR DIE JUNGEN DER GEGEND.

Die südliche Schleuse des grossen Marib-Dammes, der mit der nördlichen Schleuse auf der anderen Seite des Wadis durch eine Staumauer verbunden war. Der Damm leitete eine landwirtschaftliche Revolution für die sabäischen Menschen ein, vielleicht bereits so früh wie das achte Jahrhundert v. Chr. Er war oft verschlammt und brach das letzte Mal im frühen siebten Jahrhundert n. Chr.

sabäischen Monumente erbauen ließen. Die Südaraber hatten zu dieser Zeit die Techniken des Steinbrechens und des Transports von großen Steinblöcken gemeistert und ihre geschickten Steinmetze formten und glätteten mit einfachen Meißeln jene Steinblöcke, mit denen ihre Architekten Bauten von außerordentlicher Schönheit und Größe schufen. Der große Marib-Staudamm und die prächtigen Tempel zur Verehrung der Götter, die in Marib und anderen Teilen des sabäischen Königreichs gebaut wurden, spiegeln sowohl das praktische als auch das spirituelle Streben der begabten *mukarribs* jener Tage wider: Ihr Leben wurde von den Göttern und von Wasser bestimmt. Die beiden aus Stein errichteten Schleusen des antiken Staudamms stehen noch heute, doch die 750 Meter lange, mit Stein verkleidete Erdmauer des Damms selbst, die im Laufe ihres tausendjährigen Bestehens so oft repariert wurde, hat nur in Teilen die Zeit überstanden. Diese große, geschwungene Staumauer war ein Wunder der Ingenieurtechnik und erstreckte sich über das gesamte Flutbett des Wadi Dhana. Die Staumauer hielt das Wasser, das sich in der Regenzeit dort sammelte, zurück, während die Schleusen ähnlich den Klappen eines großen Wasserherzens das Wasser durch Kanäle zu Verteilpunkten pumpten, von wo es dann durch ein ausgeklügeltes Netz an Bewässerungsgräben auf die Felder geleitet wurde. Dieses komplexe System hydraulischer Arterien bewässerte zu festgelegten Zeiten ein großes Gebiet – um die 72 Quadratkilometer – an fruchtbarem Land.

Der antike Damm leitete eine grüne Revolution ein. Die sabäische Landwirtschaft war so nicht länger von den langen Trockenzeiten beeinträchtigt, und das ehemals trockene Kernland des Königreichs wurde äußerst ertragreich. Stärker noch als der Handel mit Weihrauch unterstützte die Landwirtschaft den Wohlstand des antiken Saba, da die große Mehrheit der Sabäer, verglichen mit der Minderheit derer, die mit Weihrauch und anderen aromatischen Substanzen handelten, in der Landwirtschaft tätig war. Und die Landwirtschaft hing von der effizienten Nutzung des Wassers ab. Es war genau diese Kombination von Fähigkeiten, die die Nabatäer wenige Jahrhunderte später in ähnlich trockenen Landstrichen mit so großem Erfolg einsetzten. Genau wie für die Sabäer waren auch für sie die Götter und das Wasser von herausragender Bedeutung.

Die Sabäer waren die ersten, die mit Weihrauch und Myrrhe Handel trieben und die im sechsten Jahrhundert v. Chr. über einen Großteil der Länder, in denen beides wuchs, herrschten. Die Mengen waren Schwindel erregend: Glaubt man Herodot, dann sandten die »Araber« eine jährliche Abgabe von 1000 Talenten (über 27 Tonnen) Weihrauch an Dareios I. von Persien, der damals den Großteil Arabiens kontrollierte.

Nach 400 v. Chr. war das sabäische Königreich im Niedergang begriffen, und Hadramaut, Ma'in und Qataban wurden unabhängige Königreiche. Myrrhe wuchs in weiten Teilen des südlichen Arabiens, vor allem in Qataban; doch das Königreich von Hadramaut, östlich von Saba gelegen, war vom vierten bis zum ersten Jahrhundert v. Chr. die einzige arabische Quelle für Weihrauch. Obwohl Weihrauch auch entlang der afrikanischen Ostküste wuchs, kamen die begehrtesten (und teuersten) Sorten aus Hadramaut, zu dem damals auch Dhofar (heute: Oman) gehörte, und von der Insel Socotra im Indischen Ozean. Die Südaraber waren so sehr darauf bedacht, ihre Weihrauchproduktion zu schützen, dass sie eindringliche Geschichten über die Gefahren des Sammelns verbreiteten. Herodot fiel auf eine von geflügelten Schlangen herein, die:

> »klein und buntfarbig sind und sich in Menge in der Nähe jedes Baumes aufhalten. … Nichts anderes kann sie von den Bäumen vertreiben als der Rauch des Storax. Die Araber meinen auch, die ganze Welt wäre bald voll von diesen Schlangen, wenn es mit ihnen nicht genau so ginge wie mit den Nattern. … Wenn sie sich paarweise begatten und das männliche Tier gerade seinen Samen entleert, fasst das Weibchen bei der Entleerung seinen Hals und lässt ihn, angewachsen, nicht eher los, als bis es ihn durchgebissen hat. So kommt das Männchen in der angegebenen Art ums Leben. Das Weibchen aber muss für das Männchen büßen, indem die Jungen in seinem Leib den Vater rächen, die Gebärmutter fressen, die Bauchwand durchbeißen und sich so den Weg ins Freie bahnen.«[7]

Geschichten von Schlangen, die die Weihrauchwälder unsicher machten, hielten sich für mehrere Jahrhunderte und wurden in verschiedenen Formen von vielen antiken Autoren wiederholt. Agatharchides von Knidos, dessen Bericht aus dem zweiten vorchristlichen Jahrhundert von mehreren späteren Autoren nacherzählt wurde, erklärte, dass es in den »wohlriechendsten Haine« von dunkelroten, springenden Schlangen wimmelt, die 23 cm lang sind und deren Biss tödlich ist, wenn man oberhalb der Hüfte gebissen wird. Bevor wir solche Geschichten jedoch ins Reich der Fantasie verweisen: Von springenden roten Schlangen, deren Biss tödlich ist, wurde noch im zwanzigsten Jahrhundert aus der Gegend um Hadramaut berichtet.[8]

Diese warnenden Geschichten waren wahrscheinlich für jene Griechen gedacht, die hauptsächlich per Schiff kamen, um Fakten zu sammeln. Wären sie über Land gekommen, wäre es sicher nicht nötig gewesen, ihnen derart haarsträubende Geschichten zu erzählen, denn die meisten Reisenden hätten die Regionen, in denen Weihrauch wächst, wegen der lebensfeindlichen Wüsten auf dem Weg dorthin nie erreicht. Die List scheint erfolgreich gewesen zu sein, denn die frühen griechischen Autoren zeichnen sich durch einen bemerkenswerten Mangel an Genauigkeit aus, wenn sie beschreiben, wo und wie Weihrauch- und Myrrhebäume wachsen und wie deren Gummiharze geerntet und verkauft werden. Das liegt zum Teil daran, dass diese Bäume nicht in der Nähe des Meeres, sondern im Landesinneren wuchsen. Nur großer Mut oder Verzweiflung veranlasste einige Seeleute, das Wagnis auf sich zu nehmen und trotz der wohl bekannten Schrecken ins Landesinnere vorzudringen.

Es muss für den gelehrten Botaniker Theophrast, Aristoteles' begabtesten Schüler, äußerst frustrierend gewesen sein, sich auf die Berichte von Laien oder sogar schlichte Erfindungen über die Beschaffenheit der Weihrauch- und Myrrhebäume zu verlassen. Seine *Naturgeschichte der Gewächse*[9], die er um 300 v. Chr. schrieb, beruht vor allem auf den Informationen jener griechischen Seeleute, die Alexander der Große auf Expedition geschickt hatte. Durstig waren sie an Land gegangen, um nach Wasser Ausschau zu halten, das sie jedoch nicht in Küstennähe fanden und daher weiter ins Landesinnere vordrangen, bis sie zu den Bergen kamen, wo sie »die Bäume und die Einsammlung gesehn ... haben«. Noch heute können wir seine moralische Entrüstung spüren, wenn Theophrast beschreibt, wie diese Matrosen die Einheimischen ausnutzten, da diese »gegen einander gerecht seyn, so bewache Niemand die Pflanzungen. Daher hätten (die Berichterstatter) eine Menge Weihrauch und Myrrhe, ... in die Schiffe geladen und seyn damit abgefahren«.

Ihre Beschreibung des Weihrauchbaumes – »nicht groß, etwa fünf Ellen hoch (2,3 Meter) und sehr ästig... Das Blatt beschreibt man als dem Birnblatt ähnlich, nur viel kleiner und an Farbe sehr grün: die Rinde aber sey glatt, wie die des Lorbeers« – entsprach der des arabischen Weihrauchbaumes (*Boswellia sacra*), auch wenn Theophrast keine Möglichkeit hatte, diese Angaben zu überprüfen. Von einem sehr kurzen Stamm verzweigen sich mehrere Äste mit aschfarbener, schuppiger Borke. Ähnlich wie ein Busch verzweigt sich jeder Ast weiter zur Seite und nach oben, bis zu einer Höhe von insgesamt zwei bis drei Metern; an den Ästen wachsen kleine Blätter. In Hadramaut und Dhofar wuchs Weihrauch in großen Mengen sowohl im Hinterland als auch entlang der Küste; heute findet man nur noch wenige Bäume im Westen Hadramauts, wesentlich mehr haben sich in Dhofar und auf der Insel Socotra erhalten.

Myrrhebäume (*Commifora myrrha*) hingegen sind weiter verbreitet als Weihrauchbäume, in der Antike wuchsen sie vor allem im Königreich Qataban, wo sie auch heute noch zu finden sind. Der Myrrhebaum hat einen zentralen Stamm und kann bis zu sechs Meter groß werden, seine aschfarbenen, dornigen Äste verzweigen sich ähnlich wie die einer Zeder. Im Frühling trägt er grünlichweiße Blüten, denen Ende August oder Anfang September[10] Blätter folgen.

Die Matrosen berichteten Theophrast auch, wie Weihrauch und Myrrhe gesammelt werden: »Einige scheinen mit einem Beil verletzt zu seyn, andere hatten seichtere Einschnitte. Die in Thränengestalt gerinnende Flüssigkeit falle theils herab, theils klebe sie am Baume fest. Hier und da breite man Matten aus Palmenblättern geflochten drunter... Den, der an den Bäumen klebe, schabe man mit eisernen Werkzeugen ab.«

Heute werden Weihrauch- und Myrrhebäume mit einem besonderen Messer, dem *mengeb*, geschnitten, das an jedem Ende des hölzernen Griffes eine Klinge hat, eine scharfe, um Einschnitte von ca. 15 cm Länge vorzunehmen, und die andere (abgerundete), um die Klumpen des sich angesammelten Gummiharzes, das sich in drei bis zehn Tagen verhärtet, von der Rinde abkratzen zu können.

Theophrast gibt keinen Hinweis darauf, zu welcher Jahreszeit die Bäume abgeerntet werden; doch dem Römer C. Plinius Secundus d. Ä. zufolge, der ca. 300 Jahre später schrieb, wird der erste Weihrauch in der Zeit gesammelt, in der sich die Sonne im Zeichen des Hundssterns Sirius erhebt, in den Hundstagen des beginnenden Sommers also. Die ersten Einschnitte wurden mit Beginn der Hitze, irgendwann im April oder Mai, vorgenommen und das Gummiharz, das dann austrat und trocknete, wurde sieben oder zehn Tage nach dem Einschneiden gesammelt. Gesammelt und neu eingeschnitten wurde dann den gesamten Sommer über bis zum Beginn des Sommermonsuns, in der Regel im Juli. Plinius zufolge war dies zunächst die einzige Erntezeit, doch die immens gestiegene Nachfrage, nachdem auch die Römer verstärkt Weihrauch verwendeten, ließ die Araber eine zweite Erntezeit einführen und die Borke auch im Winter einschneiden, um im Frühling das Gummiharz zu sammeln. Dieser Weihrauch war jedoch von minderer Qualität.

Nachdem Weihrauch und Myrrhe gesammelt worden waren, so wurde Theophrast berichtet, brachte man die Gummiharzklumpen von allen Anbaugebieten zum »Sonnentempel«, der – anders als die Sammelpunkte im Inland – streng bewacht wurde. Jeder Anbauer häufte seinen Ertrag einzeln auf und vermerkte auf einer Tafel Menge und Preis. Danach kamen die Händler, verglichen die Tafeln und wählten jene Haufen, die ihnen am meisten zusagten, nahmen sie weg und hinterließen am selben Platz die geforderte Menge Geldes. Ihnen folgten die Priester, die ein Drittel des Geldes nahmen – »für den Gott« – und den Rest für den Anbauer zurückließen, damit er bei seiner Rückkehr sein Geld an sich nehmen konnte.

Zwischen September und November, nach dem Sommermonsun, transportierten die Händler den Weihrauch zunächst zur Küste, der ersten Station seiner langen Reise. An verschiedenen Punkten entlang der Küste wurde der Weihrauch gesammelt, auf Boote und Flöße verladen und westwärts zum Hafen Qana verschifft, dem Beginn des Überlandweges zum Mittelmeer. Von dort brachen die großen Kamelkarawanen auf und brachten ihn nach Shabwa, der Hauptstadt des antiken Hadramaut, dann ging es in einem großen Bogen entlang der lebensfeindlichen Wüste Ramlat as-Sabatayn. Jede Hauptstadt der anderen großen Königreiche wurde angelaufen, als seien sie Häfen in einem Ozean aus Sand – zuerst Timna, Hauptstadt von Qataban, dann das sabäische Marib und schließlich das minäische Qarnaw.

Lange vor Alexander dem Großen, vom frühen vierten Jahrhun-

Shabwa, die Hauptstadt des Königreichs Hadramaut, in dem auch Weihrauchbäume wuchsen, war eine der Stationen im südlichen Teil der Weihrauchstrasse. Dem römischen Historiker Plinius zufolge erhoben die Priester hier eine zehnprozentige Steuer.

Die Bucht von Qana, mit vulkanischem Gestein des Husn al-Ghurab. In nabatäischen Zeiten brachten Boote und Flösse das gesammelte Gummiharz der Weihrauchbäume von weiter östlich gelegenen Sammelpunkten entlang der Küste in den grossen Hafen; hier begann die lange Überlandstrasse zum Mittelmeer.

dert v. Chr. bis Jahrhunderte nach seinem Tod, scheinen die Minäer die Handelsroute ab ihrem eigenen Territorium, durch Medina und bis mindestens zur Oasenstadt Dedan (heute: al-Khurayba im Hejaz) kontrolliert zu haben, wo sie einen Handelsposten unterhielten. Urteilt man nach minäischen Inschriften in Wadi Rum, der Oase Jawf, Gaza, Ägypten und der ägäischen Insel Delos, reichten ihre Handelsbeziehungen jedoch weiter als Dedan. Auch zwei Autoren des zweiten vorchristlichen Jahrhunderts, Agatharchides von Knidos und Artemidoros von Ephesos, berichten, dass minäische Händler bis nach Palästina Beziehungen unterhielten.

Eratosthenes von Kyrene, einer der großen griechischen Gelehrten der Antike, verfasste im dritten Jahrhundert v. Chr. eine wegweisende *Geographie*, die nur in Exzerpten in den Werken späterer Autoren erhalten ist, insbesondere im Werk des anderen griechischen Geographen Strabon, der zu Beginn des ersten nachchristlichen Jahrhunderts schrieb. Eratosthenes war darin einzigartig, dass seine Darstellung nicht ausschließlich auf den Berichten jener ruhte, die nur die Küste Arabiens kannten. So beschreibt er die Einwohner, den Boden und die Pflanzen zwischen »dem nördlichen und wüsten Theile« und Eudaimon Arabia, »gegen Süden hinausgestreckt«, und berichtet, dass Händler 70 Tage für die Reise von Maʿin nach Aela (Akaba) brauchten.

Während einige minaische Handler sicherlich im Norden Handel trieben, verkauften andere vielleicht ihre gesamte Handelsware oder Teile davon bereits auf dem Weg. Dedan liegt in der Nähe des Gebietes, von dem sowohl Eratosthenes als auch Hieronymus berichten, dass es im vierten Jahrhundert v. Chr. von den Nabatäern bewohnt wurde. Es müssen die Minäer gewesen sein, von denen die Nabatäer Weihrauch, Myrrhe und andere kostbare Gewürze erwarben und die sie bereits in Alexanders Zeit auf das letzte Stück ihrer Reise zum Mittelmeer begleiteten. Es ist nicht ganz klar, ob die Nabatäer als Händler auftraten oder lediglich sicheres Geleit durch ihr Gebiet und Wasser, Nahrungsmittel anboten, obwohl es wahrscheinlich ist, dass sie bereits zu dieser Zeit aktiv Handel betrieben. Sie haben jedoch sicherlich hohe Steuern auf die Waren anderer erhoben, die ihr Land durchquerten. Mit dem Auseinanderbrechen des minäischen Königreiches im späten zweiten Jahrhundert v. Chr. weiteten sie eindeutig ihre Kontrolle über den nördlichen Teil der Weihrauchstraße aus.

Nachdem sie das Hejaz verlassen hatten, erreichten die Kamelkarawanen den Süden des heutigen Jordanien und mussten große und sehr trockene Wüstengebiete durchqueren. Anschließend konnten sie entweder in den Wadi Araba hinabsteigen, der Teil des Jordangrabens ist, bevor sie nach Westen gewandt ins Negev stiegen; oder sie konnten auf das östliche Plateau, das vom Norden Petras bis nach Damaskus reicht, steigen. Um Gaza zu erreichen, den Haupthafen für den Export nach Europa, mussten sie die Negev-Wüste durchqueren; allerdings lag diese zu nah bei jenen

Khirbet Qasra, einer der Handelsposten, die die Nabatäer anlegten, um ihre Handelsroute durch die Wüste Negev zu schützen.

Völkern – zuerst den Griechen, dann den Judäern und später den Römern –, die ein besonderes Interesse an der kostbaren aromatischen Ware hatten, die die Nabatäer zum Meer brachten.

Um ihre Investitionen zu schützen, wählten die Nabatäer schwierige Routen durch die Negev-Wüste und suchten ihren Weg durch versteckte Wasserläufe, geschützte Wadis und im Zick-zack entlang nahezu senkrechter Felsen. An strategischen Orten hatten sie Handelsposten errichtet, von denen jeder mit einer Zisterne ausgestattet und mit Truppen besetzt wurde. Darüber hinaus bauten sie Karawansereien an Orten, die über eine ständige Wasserquelle mit genügend Wasser verfügten, um eine große Karawane zu versorgen. Das letzte Stück verlief über offenes Gelände und benötigte daher mehr Schutz, und so wurde in Oboda, dem Ausgangsort für dieses letzte Wegstück, das größte militärische Lager von allen errichtet.

Mit dem Aufstieg Roms begann eine Phase des nahezu obsessiven Weihrauchverbrennens. Er wurde zu medizinischen und kultischen Zwecken eingesetzt, und kein römisches Begräbnis war vollständig ohne verschwenderische Mengen Weihrauchs, von dessen duftenden Rauch es hieß, dass er die Götter gnädig stimme, um für die Verstorbenen ein gutes Wort in der Totenwelt einzulegen. Mit dem Anstieg des Verbrauchs stiegen auch die Preise. Für jene, die am Weihrauchhandel beteiligt waren, waren die Profite erheblich, doch sie wurden zwischen den Händlern, den Steuerbehörden der Länder, die die Karawanen durchquerten, und den Anbauern geteilt. Plinius zufolge ist der Landweg vom Süden Arabiens bis zum Mittelmeer eine

> »in 65 Kamelraststätten eingeteilte Strecke. Auch an die Priester und Schreiber der Könige werden gewisse Anteile abgeführt. Außerdem aber beanspruchen davon einiges auch Wächter, Gefolge, Türhüter und Diener. Überhaupt: Wo auch immer der Weg durchführt, muss man bald hier für Wasser, bald dort für Futter oder für Herbergen und für verschiedene Durchgangszölle zahlen, so dass sich die Ausgaben für ein Kamel bis an unsere Küste auf 688 Denare belaufen, und überdies wird auch noch an die Zolleinnehmer unseres Reiches gezahlt.«[11]

Ein Beduine tränkt seine Kamele an einem Brunnen auf der Handelsstrasse im Wadi Araba – einer von mehreren, die seit nabatäischer Zeit in ständigem Gebrauch sind. Die antiken Händler mussten für das Wasser zahlen.

In Augustus Zeit wog ein *denarius* aus zu 98 % reinem Silber 3,89 Gramm; multipliziert man dies mit 688 so erhält man 2,676 Kilogramm an Spesengeld, das zusammen mit den Handelsgütern transportiert wurde. Es ist aufschlussreich, den heutigen Silberwert mit dem aus Augustus' Zeit zu vergleichen: Heute entsprechen 2,676 Kilogramm von zu 98 % reinem Silber einem Wert von 4 700 Euro. Nimmt man eine für Langstrecken durchschnittliche Kamelladung um 180 Kilogramm an und subtrahiert den für Kosten benötigten Betrag, verbleiben noch 177 Kilogramm Weihrauch, der in Gaza für durchschnittlich 7,35 *denarii* pro Kilogramm (die Hälfte des von Plinius als Ladenpreis veranschlagten Betrages) verkauft wurde. Auf dieser Basis würde ein Händler 1301 *denarii* pro Kamelladung abzüglich der 688 für Kosten erzielen und ihm so einen Profit von 613 *denarii* oder 2,385 Kilogramm Silber einbringen – heute ein Profit von ca. 4250 Euro pro Kamelladung. Wir wissen nicht, wie viele Händler diesen Profit teilten, indem sie nur bestimmte Teile der Handelsroute belieferten, auch wissen wir nicht, wie groß der Anteil der Anbauer daran war – obwohl wir davon ausgehen können, dass er die Einkünfte der Händler nicht wesentlich geschmälert haben dürfte. Multipliziert man den Profit pro Ladung mit den Hunderten von Kamelen in jeder Karawane, sind die Zahlen beeindruckend. Zwar ist nicht bekannt, wie viele Karawanen jedes Jahr regelmäßig auf der Weihrauchstraße unterwegs waren, aber wenn der Staat (was wahrscheinlich ist) mehrere tausend Kamele besaß, dann haben die Kaskaden an Silber die nabatäischen Schatztruhen zum Klingen gebracht.

Statt einfach nur den Handel auf der Hälfte der Weihrauchstraße zu übernehmen, sind einige Nabatäer vielleicht bereits zu Beginn der nabatäischen Handelsgeschichte in den Süden gereist, um nach der Quelle dieser bereichernden aromatischen Substanzen zu suchen. Wir wissen durch Strabon, dass die Römer in 26–25 v. Chr. eine Expedition nach Südarabien schickten, die von einem Nabatäer geführt wurde. Dieser Syllaeus war ganz sicher nicht der erste Nabatäer, der die sabäische Hauptstadt Marib erreichte, die das großartigste und bekannteste Wasserkontrollsystem der antiken Welt besaß. Der Damm und die Tempel Maribs muss jeden der ersten nabatäischen Händler verwirrt haben, der sich hierher gewagt hatte, denn diese waren sehr verschieden von ihrer eigenen nomadischen Lebensweise. Und diese außergewöhnlichen Monumente haben vielleicht ihre visuellen Vorstellungen so beherrscht, dass sie mit dem Plan zurückkehrten, Gleiches auch in den nördlichen, von ihnen beherrschten Gebieten Arabiens zu schaffen.

KAPITEL 2

# …IN EINER BEHAUSUNG DER DRACHEN

Ansiedlung im Land Edom und das Entstehen des Königreiches

Kurz nachdem Alexander der Große 323 v. Chr. in Babylon gestorben war, wurde sein riesiges Reich durch einen Machtkampf seiner Generäle zerrissen: Seleukos ging aus den Kämpfen als Herrscher von Nordsyrien und Mesopotamien hervor, und Ptolemaios übernahm die Herrschaft über Ägypten, Palästina, Jordanien und Südsyrien. Der Veteran Antigonos der Einäugige, Alexanders fähiger Gouverneur der Provinz Phrygien, hatte in den zehn Jahren vor den Machtkämpfen über einen Großteil Kleinasiens geherrscht. Als er jetzt den rivalisierenden Ambitionen des Seleukos und des Ptolemaios gegenüberstand, die zudem beide wesentlich jünger waren als er, und seine Machtbasis schwand, verfiel er auf die Idee, Alexanders Imperium unter seiner eigenen Regentschaft wieder zu vereinigen.

Dramatische Sandsteinfelsen, die sich aus dem sandigen Boden erheben, charakterisieren die Landschaft von Wadi Rum, der nach der Teilung von Alexanders Imperium zum ptolemäischen Herrschaftsgebiet gehörte.

Antigonos zog mit seiner Armee nach Süden und eroberte ganz Syrien, zunächst die von Seleukos kontrollierten Gebiete, dann die des Ptolemaios. Dies führte ihn an die nördliche Grenze Edoms, damals Teil von Ptolemaios' Erbe und von den schwer greifbaren, wüstenerfahrenen und sehr reichen Nabatäern bewohnt. Sie wurden sein nächstes Ziel. Um 312 v. Chr. beauftragte er seinen Freund Athenaios, sie anzugreifen und rüstete ihn mit 4000 Fußsoldaten und 600 Reitern aus. Zudem befahl er ihm, all ihre Herden als Beute mitzurückzubringen, nachdem er »diese Barbaren« besiegt hätte.[1]

Obwohl Hieronymos von Kardia die Nabatäer dieser Zeit noch als Nomaden und Hirten beschrieben hat, befanden sie sich zu dieser Zeit bereits im Übergang zur Sesshaftigkeit, da sie bereits Besitztümer ihr Eigen nannten, die mit einem nomadischen Lebensstil nur schlecht zu vereinbaren waren. Diese brauchten Schutz, und dafür mussten die Nabatäer zumindest grobe Vorstellungen von einer zentralen Organisation haben. Sie besaßen, so wird berichtet, einen speziellen Felsen (*petra*), der nahezu uneinnehmbar war, da nur ein einziger Pfad auf seinen Gipfel führte; dort bewahrten sie ihre wertvollsten Besitztümer auf. Dies schloss eine große Menge Silbers mit ein – vielleicht die nabatäischen Volksreserven – sowie Weihrauch, Myrrhe und andere Handelsgüter, die nicht gerade über die Karawanenrouten transportiert wurden. Vor allem, wenn sich die Männer zu ihren regelmäßigen »Volksversammlungen« – eine Art Markt – trafen, wurden hier alle kostbaren Vermögensgegenstände zusammen mit den Alten, Frauen und Kindern zum Schutz zurückgelassen.

Athanaios wartete diesen Markt ab, um den Felsen bei Nacht anzugreifen. Wegen der Abwesenheit aller wehrfähigen Männer eroberte er ihn schnell, tötete viele der wehrlosen Menschen, nahm andere gefangen und überließ die Verwundeten einfach ihrem Schicksal. Athanaios und seine Soldaten beluden sich mit soviel Weihrauch und Myrrhe, wie sie tragen konnten, sowie 500 Talenten (13,7 Tonnen) Silber und verschwanden so schnell, wie es ihnen ihre schwere Beute erlaubte, in die Richtung, aus der sie gekommen waren. Sie beabsichtigen, sich so weit wie möglich zu entfernen, bevor die Nabatäer von dem Angriff erfuhren und die Verfolgung aufnahmen. Doch es scheint, dass sich die Griechen verschätzten, entweder darin, wie schnell die Nabatäer erfahren würden, was geschehen war, oder wie schnell sie ihnen unbeladen und dank ihrer guten Ortskenntnis folgen konnten. Pferde sind nicht die besten Fortbewegungmittel in diesem felsigen und sandigen Terrain, und die Griechen kamen wohl nur langsam voran. Wahrscheinlich kannten sie die Vorzüge des Kamels nicht. Die Nabatäer andererseits waren nicht nur hervorragende Kamelreiter, sie hatten außerdem einen speziellen Sattel entwickelt, der sich vorzüglich für militärische Zwecke eignete.

Nach 36 Kilometern schlugen die Griechen ein Lager auf und, da sie müde waren und sich vor ihren Verfolgern in Sicherheit wähnten, stellten sie keine Wachen auf. Gefangene, denen die Flucht gelungen war, benachrichtigten die 8000-Mann starke Armee der Nabatäer, die über die Griechen herfiel: »Die Meisten wurden noch im Schlafe überrascht; die Erwachenden aber niedergeschossen, während sie zu den Waffen griffen so dass ... (4000) Fußgänger getödtet wurden und von den (600) Reitern nur ungefähr fünfzig, und zwar größtentheils verwundet, entkamen.«

Einige der erfolgreichen Nabatäer konnten schreiben, denn sie verfassten »in syrischer Sprache« – Aramäisch, der Lingua franca des Nahen Ostens – einen Beschwerdebrief an Antigonos, in dem sie sich für das Gemetzel an den Griechen rechtfertigten. Der doppelzüngige Antigonos der Einäugige antwortete beschwichtigend, dass sie im Recht waren und dass Athenaios entgegen seiner Befehle gehandelt hätte. Die Nabatäer waren klug genug, ihm nicht zu glauben, und postierten vorausschauend in den Bergen Wachen. Einige Zeit später – Antigonos hatte sie inzwischen mehrfach seiner Freundschaft versichert – rüstete er seinen Sohn Demetrios (der, obwohl noch jung, bereits den Spitznamen »Bezwinger der Städte« trug) mit derselben Stärke an Fußtruppen und im Gegensatz zu Athenaios nicht mit 600 sondern 4000 Reitern aus – die Griechen hatten ganz offensichtlich nicht begriffen, dass Pferde in diesem Terrain ein Problem darstellten. Jeder Soldat erhielt für mehrere Tage »Nahrungsmittel, die nicht gekocht werden« mussten.

Mit jugendlicher Unbekümmertheit scheint Demetrios davon ausgegangen zu sein, dass sich eine so große Armee unbemerkt bewegen könne. Er muss sehr erstaunt gewesen sein, von den Nabatäern bereits erwartet zu werden. Listig hatten sie ihre großen Ziegenherden in entlegenen Gegenden ihres ungastlichen Landes verteilt und auf dem Felsen Truppen zusammengezogen. Am ersten Tag konnten Demetrios' Truppen keine Vorteile gegenüber den Nabatäern in ihrer beherrschenden Position erringen, und so zogen sie sich bei Nacht zurück. Am nächsten Morgen, als die Griechen sich erneut in Schlachtformation dem Felsen näherten, rief ihnen einer der »Barbaren« eine Nachricht zu:

> »König Demetrius, in welcher Absicht oder wodurch genöthigt führst Du mit uns, den Bewohnern der Wüste, Krieg, bei denen es weder Wasser gibt, noch Getreide, noch Wein, noch überhaupt sonst irgend Etwas, was zu euern Bedürfnissen gehört? … wir (haben) uns in ein Land zurückgezogen, wo es an Allem mangelt, … und ein ganz einsames Leben in der Wildnis erwählt, wo wir euch keinen Schaden thun. Nun bitten wir Dich und Deinen Vater, dass ihr uns auch ungekränkt lasset und gegen Geschenke, die wir euch geben wollen, die Truppen zurückziehet und für die Zukunft die Nabatäer als Freunde betrachtet. Denn wenn Du auch wolltest, so kannst Du hier nicht mehrere Tage bleiben, da es Dir an Wasser und allen Bedürfnissen fehlt.«

Die Aussichtslosigkeit seiner Mission musste Demetrios schmerzhaft bewusst werden – der Felsen war von den nabatäischen Verteidigern besetzt und daher uneinnehmbar. Auch war das Argument des Wassermangels und der sich stetig verringernden Vorräte nur zu einleuchtend. Demetrios zog seine Armee zurück und hieß mit einem Aufblitzen seiner üblichen Arroganz, »die Leute Abgeordnete wegen dieser Vorschläge schicken«. Die Nabatäer begangen nicht den Fehler, ihre Obersten oder wehrfähige Männer als Botschafter zu schicken – Menschen, die als Geißel ein starkes Druckmittel in den Händen der Griechen dargestellt hätten. Stattdessen sandten sie einige ihrer ältesten (und möglicherweise weisesten) Männer, die die Argumente der Botschaft wiederholten und weiter ausführten. Um Demetrios die Entscheidung leicht zu machen (er musste schließlich seinem Vater erklären, warum er seine Aufgabe nicht erfüllt hatte), boten sie ihm als Geschenk »das Kostbarste, was sie hatten«. Mithilfe dieser diplomatischen Bestechung überredeten sie ihn, einen Vertrag zu schließen.

Demetrios erzählte zweifelsohne eine andere Geschichte. Ein später griechischer Historiker, Plutarch, behauptet in seinem voreingenommenen *Demetrios*, dass dieser, da er »sich nicht verwirren noch entmutigen ließ, … die Barbaren so in Schrecken (versetzte), dass er ihnen große Beute und siebenhundert Kamele abnahm und damit zurückkehrte«. Demetrios' Vater war jedoch wenig beeindruckt und rügte ihn, weil er die Nabatäer nicht bestraft hatte – sie würden dadurch nur noch dreister, da sie glauben würden, dass Demetrios' sie aus Schwäche und nicht aus Großmut verschont hätte. Wenn es das war, was die Nabatäer dachten, hatten sie wohl Recht.

Während dieser Ereignisse hatten die Nabatäer ihre Trümpfe geschickt und mit kühlem Kopf gespielt: Sie hatten nicht nur, als sie dazu gezwungen wurden, ihre militärischen Fähigkeiten eindrucksvoll unter Beweis gestellt, in dem sie ein schreckliches Massaker an Athenaios' schlafender Armee verübten. Sie hatten auch List und Tücke mit denselben Mitteln beantwortet, stets nach Eindringlingen Ausschau gehalten und sich bewaffnet, als sie hörten, dass Demetrios mit seiner Armee im Anmarsch war. Sie hatten außerdem wirkungsvoll ihre diplomatischen Fähigkeiten unter Beweis gestellt. Um die Griechen davon zu überzeugen, dass sie nicht sie-

Steinböcke (*Carpa ibex-nubiana*), heimisch in den Sandsteinbergen des südlichen Jordaniens und der Negev, wurden oft von den Händlern auf ihrem Weg zwischen dem Norden der arabischen Halbinsel und dem Mittelmeer gesehen.

Der grosse Felsen Umm al-Biyara überragt die Stadt Petra. War dies der Felsen, der »nur einen künstlich angelegten Zugang« hatte, auf dem die Nabatäer ihre kostbaren Vorräte an Weihrauch, Myrrhe und Silber aufbewahrten?

gen könnten, hatten sie im entscheidenden Moment ihre stärkste Karte gespielt: die Unfähigkeit ihres Feindes, in diesem kargen Gebiet zu überleben. Schließlich verhandelten sie einen Friedensvertrag, in dem sie reiche Geschenke anboten, um ihrem Feind die bittere Demütigung, durch »Barbaren« ausmanövriert worden zu sein, zu versüßen. Mit unübertrefflichem Geschick hatten sie sowohl ihren Verstand als auch ihre Streitkräfte und ihren Reichtum eingesetzt. In den folgenden Jahrhunderten bestimmte diese Mischung aus Pragmatismus und Diplomatie, mit der sie hier zum ersten Mal der »zivilisierten« Welt entgegentraten und die sie stetig verfeinerten, auf verschiedenste Weise die Beziehungen zu ihren Nachbarn.

Allgemein wird angenommen, dass dieser *petra* der frühen Nabatäer, der über nur einen Zugang verfügte, an eben jenem felsigen Ort lag, an dem später ihre Hauptstadt Petra liegen sollte. Ein hoher Felsen, als Umm al-Biyara (Mutter der Zisternen) bekannt, ragt ca. 330 Meter über der antiken Stadt auf, seinem *genius loci*, und lehnt sich mit seinen zerklüfteten Schichten aus gelb-rot-braunem Sandstein über die an seinem Fuße liegende Stadt. Es gibt nur einen einzigen Pfad, der zu seinem Gipfel führt, und es ist sehr verführerisch zu glauben, dass das erste bekannte Ereignis der nabatäischen Geschichte hier im Herzen Petras stattgefunden hat. Dr. Fawzi Zayadine[2] hat jedoch darauf hingewiesen, dass diese Ortsbestimmung problematisch ist, da der Bericht die Entfernung zwischen Totem Meer und dem Felsen mit 300 Stadien (54 km) angibt. Petra ist jedoch mehr als 100 km vom Toten Meer entfernt. Nur wenn wir annehmen, dass Hieronymos in seinen Entfernungsangaben sehr unpräzise war, kann Petra für sich beanspruchen dieser antike »Felsen« der Nabatäer zu sein.

Ein Relief aus dem sechsten vorchristlichen Jahrhundert, das den babylonischen König Nabonid zeigt und das in den oberen Teil des Felsen über Sela eingemeisselt ist. Dieser Felsen unterstützt die These, dass die Nabatäer hier erstmals die Weltbühne der Geschichte betraten.

Doch Umm al-Biyara ist nicht der einzige Felsen dieser Region, dessen Spitze nur über einen einzigen gewundenen Pfad erreicht werden kann. Im Gegenteil: Solche Felsen sind weit verbreitet. Nahe der alten edomitischen Hauptstadt Bozrah, ca. fünfzig Kilometer nördlich von Petra, befindet sich ein Dorf, dessen Name Sela das alte semitische Wort für Felsen ist, so wie *petra* die griechische Bezeichnung dafür ist. Nahebei liegt ein hoher Felsen mit nur einem Weg zum Gipfel, und sowohl der Zugang als auch der Gipfel weisen viele nabatäische Zeugnisse auf – Zisternen, Häuser und heilige Nischen des großen Gottes Dushara. Die frühe Bedeutung des Felsens wurde 1994 mit der Entdeckung[3] eines Reliefs unterstrichen, das auf halbem Wege zum Gipfel eingemeißelt ist. Es zeigt in einer langen königlich-babylonischen Robe eine Figur, die eine spitze Haube trägt, in der rechten Hand ein Szepter hält und deren linke Hand auf einen aufgehenden Mond, eine geflügelte Sonne und einen siebenzackigen Stern weist. Die Keilschrift-Inschrift konnte bislang noch nicht vollständig entziffert werden. Die große Ähnlichkeit jedoch zwischen dieser Figur und der auf einer Stele, die im südtürkischen Harran gefunden wurde, auf der der König benannt ist, hat Forscher schließen lassen, dass das Sela-Relief den babylonischen König Nabonid porträtiert, der 512 v. Chr. eine Expedition nach Edom leitete. Vielleicht haben die Nabatäer, als sie immer größere Teile Edoms besetzten, diesen speziellen Felsen als Refugium übernommen. Da er rund 300 Stadien vom Toten Meer entfernt ist, liegt es nahe, ihn als jenen Ort zu identifizieren, an dem die Nabatäer ins Rampenlicht der Geschichte traten.

Niemand weiß, wann die Nabatäer erstmals nach Edom – oder Seïr, wie ein Teil der Region in der Antike auch genannt wurde – eindrangen. Seïr mag erstmals im 14. Jahrhundert v. Chr. erwähnt worden sein, ein Jahrhundert später wurde es jedoch zweifelsfrei in den Inschriften des Pharaos Ramses II. erwähnt. In den nächsten zwei Jahrhunderten erwähnten die Pharaonen oder ihre Beamten von Zeit zu Zeit Strafen, die sie gegen die »Shosu-Stämme« Edoms oder Seïrs verhängten und die sie als Hirten, Nomaden und Plünderer beschreiben.

Die alttestamentarische Geschichte vom Auszug der Israeliten aus Ägypten wird gemeinhin um das Jahr 1270 v. Chr. datiert – auch wenn angemerkt werden muss, dass einige Forscher bezweifeln, das er überhaupt stattfand. Der biblische Bericht zeichnet ein auffällig anderes Bild von den Edomiten, als dies die ägyptischen Inschriften tun, denn er beschreibt sie als ein geeintes Volk mit einer Zentralregierung. Uns wird erzählt, dass Moses' Bitte, die Israeliten durch sein Land ziehen zu lassen, vom »König« von Edom abgelehnt wurde und dass ihnen die Edomiten »mit mächtigem Heer und starker Hand« entgegenzogen, um sicherzugehen, dass sie sich daran hielten. Wahrscheinlich zum ersten Mal im siebten Jahrhundert v. Chr., rund 600 Jahre nach dem Exodus niedergeschrieben, war dieser Bericht das Werk von Gegnern der Edomiten. Die judäi-

Eine antike nabatäische Strasse führt durch die farbenprächtige Landschaft im Wadi Abu Khusheibeh nahe Petra. Ein Damm überbrückt eine Stück des Wegs, der sonst für Kamele schwer zu begehen gewesen wäre.

schen Schreiber waren vielleicht von dem Wunsch beseelt, die Demütigung ihres Volkes dadurch zu mindern, dass sie die Größe und Macht der Edomiten dieser lang vergangenen Tage übertrieben. Denn ihre Beschreibung entspricht mehr dem Edom ihrer eigenen Zeit und gleicht in keinster Weise dem, was wir über diese Region aus dem 13. Jahrhundert v. Chr. wissen.

Das vollständige Fehlen archäologischer Nachweise über Siedlungen in ganz Edom und zu dieser Zeit spricht für die ägyptische Beschreibung. Sollte ein Teil der edomitischen Gesellschaft bereits sesshaft gewesen sein, wissen wir nichts darüber. Auch gibt es keinen Hinweis auf etwas, das einem geeinten Königreich mit einer Armee ähnelt. Dies gilt offensichtlich bis zum frühen 10. Jahrhundert v. Chr., als – wiederum ist das Alte Testament unsere einzige Quelle – die Edomiten kurz davor standen, eine alle einigende Monarchie einzurichten. Zu diesem Zeitpunkt, so wird uns erzählt, entsandte König David eine israelitische Armee; 18 000 Edomiten wurden getötet, Edom besetzt und die überlebende Bevölkerung versklavt.[4] Und als wäre dies nicht genug, blieb Davids General Joab »sechs Monate … dort, bis er ausgerottet hatte alles, was männlich war in Edom«.[5] Da die Edomiten auch danach als Volk weiter bestanden, war dies offensichtlich übertrieben.

Das Alte Testament berichtet weiter, dass Edom ohne eigene Zentralregierung bis Mitte des 9. Jahrhunderts v. Chr. von Juda abhängig blieb. Erst eine erfolgreiche Revolte stellte das edomitische Königshaus wieder her und verschaffte dem Land eine stets bedrohte Unabhängigkeit, die wahrscheinlich rund ein Jahrhundert lang erhalten werden konnte. Obwohl assyrische Dokumente erwähnen, dass Edom Tribut pflichtig war, ist anzunehmen, dass Assyrien, zu dieser Zeit bereits im Niedergang begriffen, keine tatsächliche Autorität mehr ausübte.

Alles änderte sich 732 v. Chr., als König Tiglathpileser III. das assyrische Herrschaftsgebiet auf Edom, Juda und ihre Nachbarn ausdehnte. Nur zwei Jahre später vermerkten seine Schreiber, dass die Könige von Ammon, Moab, Askalom, Juda und Gaza sowie König Qosmalk von Edom gemeinsam an den assyrischen König wertvollen Tribut entrichteten: Gold, Silber, Eisen, Antimon, reich verzierte Gewänder aus Leinen und purpurner Wolle sowie andere Kostbarkeiten des Landes oder des Meeres.

Edom scheint weitgehend autonom geblieben zu sein, trotz seines Status' als tributpflichtiger Vasallenstaat, der gelegentlich den assyrischen Königen militärische Unterstützung und auch etwas Zwangsarbeit leisten musste. Tatsächlich hat die etwa ein Jahrhun-

König Tiglathpileser III. von Assyrien forderte kurz nach seiner Thronbesteigung in 732 v. Chr. reichen Tribut von König Qosmalak von Edom sowie den Königen von Ammon, Moab, Askalom, Juda und Gaza. (Ancient Art and Architecture Collection)

Nebukadnezar Jerusalem und brachte den König sowie die ranghöchsten Generäle Judas als Geißeln nach Babylon. Nichts deutet darauf hin, dass die Edomiten die Zerstörung Jerusalems durch die Babylonier unterstützten oder nachträglich die Gelegenheit beim Schopf ergriffen, um den judäischen Negev insgesamt zu übernehmen. Doch die Judäer glaubten dies anscheinend und vergaben nie, was sie als den Verrat ihrer edomitischen »Brüder« begriffen. Im Namen ihres Gottes verfluchten die Propheten Judas und Israels die Edomiten dafür, dass »ihr ewige Feindschaft hattet gegen die Israeliten und sie dem Schwert preisgegeben habt, als es ihnen übel ging« und weil sie »mein Land in Besitz genommen haben mit Freude von ganzem Herzen und mit Hohnlachen«.[6] Und erneut sprachen sie im Namen ihres Gottes, als sie gegen Edoms Land und Leute hasserfüllte Prophezeiungen ihres Untergangs ausstießen:

> »Denn mein Schwert … wird herniederfahren auf Edom und über das verbannte Volk zur Strafe. … Da werden ihre Bäche zu Pech werden und ihre Erde zu Schwefel; ja ihr Land wird zu brennendem Pech wer-

Die Ruinen einer edomitischen Siedlung aus dem 7. Jahrhundert v. Chr., die auf dem Gipfel des Umm al-Biyara-Felsens zu einer Zeit gebaut wurde, als das edomitische Königreich sich ausweitete. Bereits im nächsten Jahrhundert wurde sie aufgegeben.

dert dauernde Herrschaft der Assyrer den Edomiten ein gewisses Maß an politischer und wirtschaftlicher Stabilität beschert, die ihnen größeren Wohlstand schenkte, als sie bis dahin gekannt hatten. Ohne Zweifel haben sie davon profitiert, dass die wichtigsten Handelsrouten durch ihr Land führten – unter anderem die, die Ägypten und Arabien mit Syrien und Kleinasien verband und die zugleich das letzte Stück Weges war, das die reichen, Weihrauch und andere Gewürze transportierenden Karawanen auf ihrem Weg von Arabia Felix zum Mittelmeer hinter sich bringen mussten. Außerdem förderten und verarbeiteten die Edomiten im Wadi Araba sowohl für ihren eigenen Gebrauch als auch für den Handel erneut Kupfer. Und sie nutzten die fruchtbaren Gebiete ihres Landes und die reichen Quellen, um die Landwirtschaft zu entwickeln und ihre Herden zu unterhalten. Der Wohlstand führte zu einer Ausweitung der Siedlungen in Edom selbst und einige Wissenschaftler glauben, dass dies die Zeit war, in der einige Edomiten begannen, sich in den unbewohnten Gebieten am Rand der Negev niederzulassen, anscheinend ohne mit den Judäern in Konflikt zu geraten, zu deren Territorium dieses Gebiet gehörte.

Ende des 7. Jahrhunderts v. Chr. befand sich die assyrische Macht im Niedergang, und 612 fiel ihre Hauptstadt Ninive sowie ihr großes Imperium an das Zweite babylonische Reich, das zur neuen Macht des Nahen Ostens aufstieg. 587 v. Chr. zerstörte König

Ertragreiches Land am südlichen Ende des Toten Meeres, eine der wenigen fruchtbaren Gegenden, die von Edomiten landwirtschaftlich genutzt wurden und die am nordwestlichen Rand ihres Territoriums lag. Die nicht versiegenden Wasser des nahen Wasi Hasa machen es möglich, dass diese Gegend seit frühester Zeit kultiviert wurde.

den, das weder Tag noch Nacht verlöschen wird, sondern ewiglich wird Rauch von ihr aufgehen, und wird für und für Wüste sein, dass niemand dadurchgehen wird in Ewigkeit, … Und werden Dornen wachsen in ihren Palästen, Nesseln und Disteln in ihren Schlössern; und wird eine Behausung sein der Drachen …«[7]

Die Wirklichkeit mag nicht ganz so dramatisch gewesen sein wie die Prophezeiungen verkündeten – auch wenn dies schwer abzuschätzen ist. Als Nabonid 552 v. Chr. in Edom einmarschierte, waren die edomitischen Könige bereits verschwunden, aber das Volk gab es noch. Man nimmt an, dass sie direkt von Babylon aus regiert wurden, bis dieses 539 an die Perser fiel. Die neuen Herren interessierten sich vor allem für die südlich von Edom gelegenen Handelsgebiete im Hejaz und für die reichen Mittelmeerhäfen. Nur wenig deutet daraufhin, dass sie auch die Länder östlich des Toten-Meer-Grabens beherrschten, wenn überhaupt haben sie dort jedoch nur eine eher lasche Kontrolle ausgeübt. Irgendwann in der zweiten Hälfte des sechsten vorchristlichen Jahrhunderts wurden die edomitischen Siedlungen zerstört oder aufgegeben. In ganz Edom kappten die Menschen, deren Familien für mehrere Generationen in Dörfern und Städten gelebt hatten, vermutlich ihre Wurzeln und kehrten zu einer nomadischen Lebensweise zurück.

»Da werden ihre Bäche zu Pech werden … ja ihr Land wird zu brennendem Pech werden … und wird für und für Wüste sein.« Diese unberührte Landschaft im östlichen Negev, die die Edomiten bewohnt haben sollen, sieht aus, als hätte sich Jesajas Prophezeiung erfüllt.

Einige Edomiten haben sich zu dieser Zeit vielleicht in den fruchtbareren und verhältnismäßig unbewohnten Gegenden westlich von Wadi Araba niedergelassen, wo sie sich in die hellenistische Welt einordneten und unter der griechischen Form ihres Namens, Idumäer, bekannt wurden. Unter dem hasmonäischen Herrscher Johannes Hyrkanos I. erkauften sich die Idumäer ihre Unabhängigkeit, indem sie sich dem jüdischen Gesetz unterwarfen und Beschneidungen vornahmen – gut ein Jahrhundert später hat das zur Folge, dass der Idumäer Herodes der Große König von Judäa wurde. Dies hatte nicht nur Konsequenzen für die Welt, sondern auch für die Nabatäer.

Auch wenn es kein Dokument gibt, das das erste Erscheinen der Nabatäer in Edom – der unrevidierten Luther-Übersetzung von 1545 zufolge »eine Behausung der Drachen« – festhält, so ist doch bekannt, dass auf den Handelsrouten unablässig verschiedene Gruppen arabischer Händler mit ihrer Last aus Weihrauch, Myrrhe, Gewürzen und Gold von Arabien zum Mittelmeer unterwegs waren. Die ersten nabatäischen Gruppen, die allmählich vom Süden aus nach Edom eindrangen, während sie die Handelsstraße bereisten, kamen nicht umhin, mit den edomitischen Stämmen, die im späten sechsten Jahrhundert v. Chr. ihr Hirten- und Nomadendasein wieder aufgenommen hatten, in Kontakt zu treten.

Kurz nach Nabonids Einmarsch wanderten viele nabatäische Gruppen nach Edom ein und zogen mit ihren Schaf- und Kamelherden über das gesamte Territorium, ohne dass sie von einer Regierung behelligt wurden. Einige Nabatäer blieben, gingen mit den edomitischen Stämmen ohne Zweifel Beziehungen ein, manchmal wurden sogar Ehen geschlossen, denn später finden wir den edomitischen Gott Qos im nabatäischen Pantheon wieder. Auch andere arabische Völker wanderten nach Edom ein, doch die Nabatäer waren die Erfolgreichsten. Bis zum vierten vorchristlichen Jahrhundert, als Antigonos der Einäugige versuchte, ihr Land und ihren Reichtum an sich zu reißen, waren sie zur beherrschenden Gruppe in Edom geworden, weil sie nicht nur Hirten waren, sondern auch durch den Einsatz von Kamelen das Reisen in der Wüste beherrschten, großen Reichtum durch den Handel erwarben und sich außergewöhnliche militärische Fähigkeiten angeeignet hatten.

Die Nabatäer handelten nicht nur mit Gewürzen und Weihrauch. Zu der Zeit von Antigonos' indirekten Angriffen handelten sie erfolgreich auch noch mit zwei anderen Waren, für die sie wohl das Monopol besaßen. Sie ernteten »in einem gewissen Thale« (dem Jordantal nahe Jericho) Balsam, der für medizinische Zwecke genutzt wurde; und sie handelten mit der weniger wohlriechenden Ware Asphalt, das sie aus dem Toten Meer gewannen und den Ägyptern verkauften, die es zum Einbalsamieren gebrauchten sowie um Boote und Töpferwaren wasserdicht zu machen. Der Handel mit Asphalt war so profitabel, dass die Nabatäer um die Gewinnung mit anderen am Toten Meer lebenden Völkern wetteifern mussten. Hieronymos von Kardia[8] zufolge, tauchte jedes Jahr eine große Menge Asphalt im Toten Meer auf und trieb an der Wasseroberfläche. Er kündigt sein Auftauchen, schrieb er, zwanzig Tage zuvor durch einen fauligen Geruch und eine Atmosphäre an, die Gold, Silber und Bronze vorübergehend Farbe und Glanz verlieren ließ. Wenn dies geschah, fertigten die Nabatäer Flöße aus Schilf an, um, sobald der Asphalt an der Oberfläche auftauchte, zu den Asphalt-Inseln hinausrudern zu können. Jedes Floß war mit drei Männern besetzt – zwei, um die beiden an das Floß festgebundenen Ruder zu bedienen; der dritte Mann war mit Pfeil und Bogen bewaffnet, um andere Wettbewerber fernzuhalten. Hatten sie die Asphalt-Insel erreicht, sprangen sie mit Äxten bewaffnet auf sie und schlugen Stücke heraus »wie von weichem Gestein«. Nachdem sie ihr Floß mit diesen beladen hatten, ruderten sie zum Ufer zurück.

Noch heute taucht Asphalt im Toten Meer auf, wenn auch längst nicht mehr in jenen Mengen, die Hieronymos beschreibt und auch nicht mehr mit der übel riechenden Vorwarnung. Zuletzt tauchte

Kamele als Transportmittel für grosse Entfernungen und die effiziente Nutzung der Wasserquellen liessen die Nabatäer die Kunst des Reisens in der Wüste beherrschen. Zudem war der von ihnen entwickelte Kamelsattel auch bei Kämpfen hoch effizient. All diese Vorteile halfen den Nabatäern bis zum späten 4. Jahrhundert v. Chr. die beherrschende Gruppe in Edom zu werden.

1979 ein großer Klumpen auf, der von einem pharmazeutischen Betrieb gekauft wurde – für viel Geld, denn der Asphalt des Toten Meeres ist bekannt für seinen hohen Reinheitsgrad.

Nachdem es Demetrios nicht gelungen war, die Nabatäer zu besiegen, blieb er noch einige Zeit am Toten Meer, um mehr über das Asphalt-Geschäft und seine Profitabilität zu erfahren. Sein Bericht über diese neue potenzielle Einnahmequelle für ihre imperialen Ambitionen ermutigte seinen Vater Antigonos eine von Hieronymos von Kardia geleitete Expedition auszusenden, um etwas Asphalt zu sammeln. Doch auch dieser Plan scheiterte, als sich zeigte, dass die Nabatäer, wütend über eine neue griechische Einmischung, ebenso gut zu Wasser wie zu Land kämpfen konnten: »Denn die Araber vereinigten sich, sechstausend an der Zahl, fuhren auf ihren Matten den Fahrzeugen entgegen und schossen beinahe Alle, die sich darin befanden, nieder«.

Hieronymos überlebte ohne Frage, den Hagel an Pfeilen, um später sein Geschichtswerk zu schreiben, und Antigonos »that denn ... auf diese Einnahme Verzicht, wegen des erlittenen Unfalls sowohl als weil er auf andere wichtigere Dinge seine Aufmerksamkeit zu richten hatte« – Dinge, die 301 v. Chr. zu seiner Niederlage und seinem Tod durch Seleukos führten. Nachdem Antigonos und seine imperialen Träume aus dem Weg geräumt waren, hatten die Erben von Ptolemaios und Seleukos freie Hand, den Kampf um die Oberhoheit über Syrien, Palästina und Jordanien fortzuführen. Die Nabatäer, die zu jener Zeit ein noch überwiegend nomadisches Leben führten, blieben von den gelegentlichen Wechseln der Oberhoheit zwischen den beiden damaligen Großmächten weitgehend unbeeinflusst.

Edom war nicht das einzige Gebiet, in dem sich die Nabatäer in jener früh-hellenistischen Periode niederließen. Bis zum 4. Jahrhundert v. Chr. hatten sie sich überall entlang der Weihrauchstraße, vom nördlichen Hejaz, durch Edom und den judäischen Negev bis hin zum Mittelmeer, einträgliche Ausgangspositionen gesichert. Sie besetzten auch einen Teil der Küste des Roten Meeres und einige der vor ihr liegenden Inseln. Diodoros, der die Nabatäer pauschal beschuldigt, Räuber zu sein, die ihre Nachbarn überfallen, gibt dafür allerdings nur ein einziges konkretes Beispiel, das mit Piraterie im Roten Meer zu tun hat. Zu einem nicht näher bestimmbaren Zeitpunkt haben einige Nabatäer-Gruppen reiche Handelsschiffe des ptolemäischen Ägyptens angegriffen. Doch sollten sie geglaubt haben, sich den Ptolemäern genauso erfolgreich widersetzen zu können wie Antigonos, so irrten sie sich, denn nach einiger Zeit wurden sie auf hoher See angegriffen und vernichtend geschlagen.

Warum die wohlhabenden Nabatäer ausgerechnet Piraterie betreiben, bleibt unklar. Eine Erklärung könnte sein, dass mit dem größeren Wissen um die Natur der Monsune, das sich im dritten vorchristlichen Jahrhundert ausbildete, die ptolemäischen Händler dazu übergingen, arabische Waren direkt auf dem Seeweg nach Ägypten zu bringen, und so die Überlandroute, die Quelle des nabatäischen Wohlstands, umgingen. Die Nabatäer haben ihre Angriffe daher wahrscheinlich nicht als Piraterie betrachtet, sondern als legitimen Schutz ihrer Interessen gegenüber einem aggressiven Wettbewerber.

Ein halbes Jahrhundert nach den Angriffen durch Antigonos siedeln die Nabatäer, der zweiten historischen Erwähnung zufolge, in Auranitis, dem heutigen Hauran, im südlichen Syrien. Sie ist die erste historische Erwähnung, deren Anschaulichkeit vermuten lässt, dass es sich hier um Kenntnisse aus erster Hand handelt. Sie findet sich in den umfangreichen Papyrusarchiven Zenons, der rechten Hand Appolonios', des Finanzministers von Ptolemaios II. Philadelphos.[9] 259 v. Chr. befand sich Zenon auf einer Inspektionsreise durch Judäa, Ammon, Auranitis und Galiläa, die alle unter ptolemäischer Oberhoheit standen. Durch Herakleides, einem seiner Wagenlenker, wurde ihm ein Memorandum überreicht. Es betraf zwei Kollegen, Drimylos und Dionysios, die nebenbei mit großem Gewinn eine zweite Karriere verfolgten, in dem sie Sklavenmädchen als Prostituierte an Grenzwachen, Tempel und an Einwohner der Gegenden verkauften, die Zenon bereiste. Dionysios hatte eines seiner Mädchen in Auranitis verkauft und traf bei seiner Rückkehr auf einige Nabatäer, die ihn unter lautem Protestgeschrei eines nicht weiter ausgeführten Fehlverhaltens beschuldigten, ihn in Ketten legten und sieben Tage bewachten.

Da diese faszinierende Notiz nicht darauf eingeht, dass die Nabatäer Mitte des dritten Jahrhunderts in Auranitis fremd waren, lebten sie vermutlich bereits seit längerem in dieser Gegend. Es ist irritierend, dass wir den Grund für den Protest und die Vergeltungsmaßnahme nicht kennen. Wahrscheinlich versuchte Dionysios, sie zu hintergehen, oder sie waren schockiert über den Preis oder den Inhalt seiner Handelsware. Im Lichte dessen, was wir über das Ansehen wissen, das Frauen wenig später in der nabatäischen Gesellschaft genossen, und der bemerkenswerten Gleichstellung im Alltag, ist es möglich, dass sie grundsätzlich gegen Dionysios' Behandlung von Frauen und Sklaven protestierten.

Die empörten Nabatäer betrachteten sich selbst offenbar als Bewahrer von Recht und Ordnung in dieser Gegend. Sollte eine unveröffentlichte nabatäische Inschrift, die sich auf einer Stele im Archäologischen Museum Damaskus findet, auf das dritte vorchristliche Jahrhundert datiert werden können, was als wahrscheinlich angesehen wird[10], dann könnten sie Untertanen oder sogar Beamte des Königs der Nabatäer gewesen sein, den diese Inschrift erwähnt. Wenn die zeitliche Zuordnung stimmt, dann ist dies die erste, wenn auch namenlose, Erwähnung eines nabatäischen Königs überhaupt. Wir können ihm vielleicht sogar einen Namen geben, wenn wir ihn mit einer weiteren Stelle aus den Archiven Zenons in Verbindung bringen können, in der von einigen Lieferungen Getreide an Rabels Leute die Rede ist. Da Rabel später als

Ein nach Süden ziehender Storch überfliegt das Tote Meer, den tiefsten Punkt auf der Erde, aus dessen mineralreichem Wasser die Nabatäer Asphalt fischten. Dieses wurde von den Ägyptern hochgeschätzt, die es für die Einbalsamierung ihrer Toten verwendeten. »Inseln« aus Asphalt tauchen noch heute im Toten Meer auf, allerdings unregelmässiger und in kleinerem Umfang.

monarchischer nabatäischer Name auftaucht, ist es möglich – wenn auch hoch spekulativ –, dass es bereits 100 Jahre früher einen König Rabel gab, als den zuerst unter diesem Namen bekannten König der Nabatäer.

Eine der wichtigsten archäologischen Stätten in der judäischen Negev, in die viele Edomiten gezogen waren, ist Elusa, das heutige Halutza. Es war eines der ersten nabatäischen Zentren im Negev, glaubt man einer 1913 von T. E. Lawrence (von Arabien) und C. L. Woolley gefundenen Inschrift: »Dies ist der Ort, den Nuthairu für Aretas, König der Nabatäer, machte.« In früh-nabatäischen Schriftzeichen geschrieben, wurde sie auf die erste Hälfte des 2. vorchristlichen Jahrhunderts datiert. Dieser Aretas (der Einfachheit halber heute: Aretas I.) ist der erste namentlich bekannte Monarch des entstehenden Königreichs Nabatäa.

Ungefähr zur selben Zeit, 168 v. Chr., floh Jason, der korrupte und unbeliebte ehemalige Hohepriester der Juden, aus Judäa und suchte Zuflucht in Ammon. Doch statt ihm Asyl zu gewähren, wurde Jason »bei Aretas, dem König der Araber, angeklagt«.[11] Fünf Jahre später wandten sich auch Judas Makkabäus und sein Bruder Jonathan von Judäa aus nach Osten, als sie gegen die Seleukiden rebellierten. Sowohl das apokryphe Buch der Makkabäer als auch der jüdische Historiker Flavius Josephus berichten wie die Brüder »den Jordan (überschritten) und ... nach dreitägigem Marsch auf die Nabatäer (stießen), die (ihnen) friedlich begegneten«.[12] Sie berichteten ihnen, wie die Seleukiden die Juden in Galaditis, von denen viele »zu leiden hätten«, misshandelten und sie baten die Brüder sich zu beeilen und ihre Landsleute zu befreien. Dieses Treffen, das eindeutig die guten Beziehungen, die zwischen den Nabatäern und den Makkabäern bestanden, unter Beweis stellt, fand höchst wahrscheinlich in Auranitis (dem heutigen Hauran) statt, wo die Nabatäer bereits seit langem lebten.

Es gibt noch eine weitere, wenn auch sehr doppeldeutige, Erwähnung einer großen »arabischen« Streitmacht, die bei anderer Gelegenheit Judas und Jonathan angriff und vernichtend geschlagen wurde. Nichts deutet daraufhin, dass dies die Nabatäer waren – tatsächlich können sie es nicht gewesen sein, denn die guten Beziehungen zwischen den Makkabäern und ihren »Freunden« den Nabatäern bestanden weiter. Sie waren sogar so gut, dass Jonathan später seinen Bruder Johannes zu den Nabatäern schickte, um dort »die bewegliche Habe in Sicherheit zu bringen« bis die bevorstehende Schlacht geschlagen war. Johannes erreichte die Nabatäer jedoch nicht, denn ein als Amri bekanntes Volk aus Medaba legte ihm einen Hinterhalt, tötete ihn und seine Begleiter und raubte alles, was sie bei sich hatten.[13] Die Beziehungen zwischen den Nabatäern und den makkabäischen Nachkommen, den Hasmonäern und ihren Nachfolgern verschlechterten sich unter Herodes dem Großen und seinen Söhnen. Nur gelegentlich gab es Gesten des guten Willens bei anhaltender Feindseligkeit.

Obwohl ihre Grenzen noch nicht definiert waren – sie unterstanden nominell der Oberhoheit der seleukidischen Könige –, hatten sich die Nabatäer bis zur Mitte des zweiten vorchristlichen Jahrhunderts in weiten Teilen Nordarabiens und Palästinas niedergelassen. Nabatäische Händler zogen über gut gesicherte Handelsstraßen vom Hejaz durch Süd-Jordanien und der Wüste Negev bis zum Mittelmeer. Zudem konnten sie eine ausreichend große Armee aufstellen und hatten ihren eigenen König. Wer Aretas I. auf den Thron folgte, ist nicht bekannt. Doch ein in einer frühen, jedoch undatierbaren Inschrift aus Petra erwähnter König mit Namen Rabel könnte zumindest einen Teil der Lücke zwischen Aretas I. (um 168 v. Chr.) und dem nächsten sicher bekannten König füllen, zweckmäßig Aretas II. genannt, der zu einer nicht näher bestimmbaren Zeit um 100 v. Chr. auftaucht.

Über die Zeit zwischen den beiden ersten Königen mit Namen Aretas ist wenig bekannt. Zwei Erwähnungen in historischen Dokumenten und eine Hand voll Münzen sind alles, worauf wir zurückgreifen können. Zunächst ist da der Fund einer Reihe von Münzen

EINER DER VERSTECKTEN WASSERLÄUFE, DURCH DIE DIE NABATÄISCHE HANDELSROUTE IN DIE NEGEV FÜHRTE.

aus dem späten zweiten vorchristlichen Jahrhundert, die kurz vor Aretas II. Thronbesteigung geprägt worden sein könnten. Es ist jedoch vollkommen ungewiss, ob die Nabatäer tatsächlich bereits zu dieser frühen Zeit Münzen geprägt haben. Sollte es der Fall sein, dann würde dies für eine beträchtliche politische und wirtschaftliche Unabhängigkeit sprechen. Damals kontrollierten sie von Hejaz im Süden bis Auranitis im Norden und vom Nildelta im Westen bis zur unzugänglichen syrischen Wüste im Osten ganz Nordarabien. Auch wenn ihre politische Kontrolle nicht über die Wüste bis nach Mesopotamien und an den Persischen Golf reichte, so unterhielten sie doch Handelsbeziehungen dorthin.

Die erste Erwähnung – die mehr mit Unterhaltung, denn mit Politik zu tun hat – findet sich in dem Bericht über die diplomatische Mission zu den Parthen 138–122 v. Chr. eines Gesandten des chinesischen Kaisers Wu-ti der Han-Dynastie. Chang Ch'ien erwähnt ein Geschenk des parthischen Königs, das aus »Jongleuren aus Li-kan, die seine Majestät besonders gefreut haben« bestand. Man nimmt an, dass sich dies auf das nabatäische Königreich bezieht.[14] Rekem, der antike semitische Name für Petra, könnte, wenn man die chinesische Aussprache des »r« bedenkt, mit einem »l« transkribiert worden sein. Zudem verwechseln einige chinesische Dialekte »n« und »m« miteinander. Die Chinesen scheinen seit langem vom Jonglieren fasziniert zu sein und Syrien, damals zum größten Teil unter nabatäischer Kontrolle, war berühmt für seine Jongleure.

Die zweite historische Erwähnung ist von 129 v. Chr. und stammt aus der Stadt Priene, das an der Westküste Kleinasiens liegt, einem Gebiet, das nur vier Jahre zuvor unter römische Herrschaft geraten war. Ein bekannter Bürger Prienes mit Namen Moschion, Sohn des Kydimos, besuchte auf seiner diplomatischen Reise durch die bedeutendsten Städte des Mittelmeerraums auch »Petra in Arabien«. Dass die nabatäische Hauptstadt genauso wie Alexandria, die Hauptstadt der Ptolemäer und die bedeutendste Stadt der zivilisierten Welt, besucht wurde, ist ein deutliches Zeichen dafür, dass Nabatäa kein kleines provinzielles Königreich war: Die Nabatäer spielten ein gewichtige Rolle auf der Weltbühne.

KAPITEL 3

# FREUNDE, FEINDE UND NACHBARN

Beziehungen zu Ägypten, Syrien und Judäa

Aretas II. betrat als König der Nabatäer die politische Bühne zu der Zeit, als in Juda das ehrgeizigste und kaltblütigste Mitglied der hasmonäischen Familie den Thron bestieg. Alexander Jannai (103–76 v. Chr.) war der Großneffe von Judas und Jonathan, den brillanten und vorausschauenden makkabäischen Brüdern, die gute Beziehungen zu den Nabatäern ihrer Tage unterhalten hatten. Familienloyalitäten oder bestehende Allianzen spielten in seinen eigenen Zukunftsvisionen jedoch nur eine untergeordnete Rolle. Seine Gedanken waren auf ein größeres und gestärktes Judäa gerichtet, mit ihm selbst als König und Hohepriester an der Spitze – eine Personalunion, die traditionelle Elemente der jüdischen Gesellschaft schockierte und empörte. Er war zudem der militärische Oberbefehlshaber und vereinigte auf diese Weise die spirituelle, politische und militärische Macht Judäas in seinen Händen.

SONNENUNTERGANG ÜBER DEM TOTEN MEER, DAS DIE LÄNDER DER NABATÄER, DIE IM OSTEN LAGEN, UND DIE DES ALEXANDER JANNAI UND SEINER NACHKOMMEN AUF DEM JUDÄISCHEN THRON VONEINANDER TRENNTE.

Die Thronbesteigung des Alexander Jannai war nicht einfach. Als sein Vater Johannes Hyrkanos starb, wurde sein ältester Bruder Aristobulos Hohepriester und dem römisch-jüdischen Historiker Flavius Josephus zufolge war er der erste Hasmonäer, der sich die Krone aufsetzte. Um Konkurrenten um den Thron auszuschalten, hatte Aristobulos seine Brüder entweder getötet oder eingesperrt; noch im Gefängnis sitzend, konnte Alexander Jannai den Thron für sich gewinnen, als Aristobulos nach nur einem Jahr Regierungszeit starb. Jannai war klug genug, die mächtige Witwe seines Bruders, Salome Alexandra, zu heiraten, denn sie war es, die seine Befreiung und die anschließende Thronbesteigung einfädelte. Zudem ließ er einen seiner anderen Brüder ermorden, der so unklug war, ebenfalls Ambitionen auf den Thron zu hegen. So begann seine 27-jährige, brutale Regierungszeit, in deren Verlauf er Verhandlungen mit drei begabten und beliebten nabatäischen Königen führen musste, über die leider wesentlich weniger bekannt ist als über Jannai selbst.

Allein seine militärische Stärke sicherte Jannai die Macht, denn innerhalb kürzester Zeit hatte er die meisten seiner Untertanen gegen sich aufgebracht. Es ist daher auch wenig überraschend, dass seine Armee aus einer großen Anzahl von Söldnern bestand. Er wurde von allen religiösen Sekten verflucht, vor allem von den Pharisäern, die nicht nur darüber empört waren, dass das Amt des Hohepriesters nicht innerhalb der traditionellen hohepriesterlichen Familie weitervererbt wurde, sondern auch darüber, dass Jannai dieses Amt mit dem des Königs verband und so dem Beispiel seines nicht lange regierenden älteren Bruders folgte.

Auch die kleinen Leute hassten Jannai und einmal, als eine große Menge an den Zeremonien zum Fest des Tabernakels teilnahm, waren sie so empört, dass sie ihn mit den mitgebrachten Zitronen bewarfen. Um sie zu bestrafen, ließ Jannai ein Massaker an rund 6000 Judäern verüben, dem ein Bürgerkrieg folgte, von dem lediglich die Nabatäer profitierten, da ihnen der judäische König Land überlassen musste, damit sie nicht seine Gegner unterstützten. Der Bürgerkrieg mündete schließlich in einen weiteren schrecklichen Akt der Rache, als Jannai 800 seiner Gegner öffentlich kreuzigen und ihre Frauen und Kinder vor ihren Augen töten ließ, während er selbst, wie Josephus schreibt, »mit seinen Nebenfrauen zechend zusah«.[1] Dies war der Mann, mit dem sich das im Entstehen begriffene nabatäische Königreich arrangieren musste.

Angesichts der in Judäa herrschenden Barbarei ist es äußerst wohltuend, sich dem freundlicherem Klima Nabatäas zuzuwenden, wo unnötiges Blutvergießen nicht an der Tagesordnung gewesen zu sein scheint. Es gibt keine Berichte darüber, dass Brüder ermordet oder gefangen genommen worden wären, um dem aggressivsten Mitglied der königlichen Familie den Weg zum Thron zu ebnen. Auch gibt es keine Hinweise auf einen Bürgerkrieg; nur einmal versuchte ein erfahrener Politiker, (erfolglos) den Thron an sich zu reißen. Der Vergleich mit ihren Nachbarn hat vielleicht dazu geführt, dass die Nabatäer sich den Ruf erwarben, ein friedliebendes Volk zu sein. Auch wenn dies nicht gänzlich falsch ist, sollte es jedoch nicht überbewertet werden – die Nabatäer waren darauf bedacht, Krieg zu vermeiden, wenn sie den Frieden mit diplomatischen Mitteln und Geschenken erhalten konnten, aber sie hatten bereits gezeigt, dass sie sich freiwillig keiner fremden Macht beugten, dass sie sich beherzt selbst verteidigten und dass sie angriffen, wenn sie ihre unmittelbaren wirtschaftlichen Interessen gefährdet sahen.

Über den neuen nabatäischen König Aretas II. ist nur wenig bekannt. Unsere Hauptquelle ist Josephus (7–100 n.Chr.), der seine Geschichte unter einem judäisch-römischen Blickwinkel schrieb und der andere historische Persönlichkeiten nur dann berücksichtigte, wenn diese unmittelbar die Geschicke Judäas[2] und des Römischen Reiches betrafen. Erst später, ab der Regierungszeit von Aretas III., dem Enkel Aretas' II., gewinnen die Nabatäer an Konturen, denn dann spielten sie eine immer bedeutendere Rolle in der Geschichte des antiken Nahen Ostens.

Aretas II. wurde von Josephus als eine zu seiner Zeit hoch angesehene Persönlichkeit beschrieben, und ein Teil seines Ansehens mag darauf zurückzuführen sein, dass er mehrfach in das Territorium der beiden Großmächte, das seleukidische Syrien und das ptolemäische Ägypten, einfiel, wie ein späterer römischer Schriftsteller berichtet.[3] Vielleicht hat er sein Ansehen jedoch auch dadurch erworben, dass er seine eigenen Münzen prägen ließ – eine kühne Behauptung der nabatäischen Unabhängigkeit, sowohl in wirtschaftlicher als auch politischer Hinsicht, und ein weiterer Beweis für die zunehmende Schwäche der Seleukiden und Ptolemäer. Aretas' Tatkraft zeigt sich auch in anderen Dingen: Dieselbe römische Quelle schreibt ihm zu, dass er 700 Söhne gezeugt haben soll, was eine beeindruckende Zahl an Konkubinen voraussetzt.

Bis jetzt hatten die Nabatäer den Frieden mit dem hasmonäischen Staat erhalten können, obwohl die Annexion Idumäas und von Teilen Moabs durch Johannes Hyrkanos, den Vater Alexander Jannais, eine potenzielle Bedrohung der nabatäischen Handelswege zum Mittelmeer und nach Damaskus darstellte. Jetzt aber standen sich in Jannai und Aretas II. zwei aktive Expansionisten an einer Grenze gegenüber, die keiner als endgültig betrachtete, nicht zuletzt deshalb, weil sie eine Reihe halb-unabhängiger, unbedeutender Königreiche und Städte einschloss, die beide Herrscher zu beeinflussen suchten. Zum unvermeidlichen Zusammenstoß kam es in

Frühling in Galaditis (das biblische Gilead), mit Blick auf das heutige Reservoir des Wadi Zarqa, einem der nicht versiegenden Flüsse im Osten des Jordangrabens. Sowohl die Nabatäer als auch die Judäer versuchten, Moab und Galaditis wegen ihrer Wasserquellen zu beherrschen.

Gaza. Um 100 v. Chr. belagerte Jannai die Stadt, da ihre Einwohner die Ptolemäer unterstützt hatten, als diese ihre letzten Kämpfe mit den Judäern führten. Die Belagerung schien kein Ende zu nehmen, und die Gazer baten daher Aretas, zu dem sie gute Beziehungen unterhielten, um Hilfe – Gaza war schließlich der Endpunkt der Weihrauchstraße und die Belagerung muss dem nabatäischen Handel große Schwierigkeiten bereitet haben. Doch Aretas' versprochene Hilfe kam zu spät. Der Befehlshaber der gazaischen Armee wurde von seinem eigenen Bruder ermordet, weil er ihm seine Popularität neidete. Die Stadt wurde Jannai übergeben, der mit seiner gewohnten Grausamkeit die Bewohner durch das Schwert hinrichten ließ.

Nachdem ihr wichtigster Exporthafen in judäische Hände gefallen war, veränderte sich die Beziehung zwischen den Nabatäern und ihren hasmonäischen Nachbarn; sie gestaltete sich weitaus komplexer und weniger freundlich. Vor allem Obodas I., einer der vielen Söhne Aretas II., der seinem Vater um 96 v. Chr. auf den Thron gefolgt zu sein scheint, trug diese Last. In den etwa elf Jahren seiner tatkräftigen Regierung veränderte er die Landkarte des Nahen Ostens zugunsten des nabatäischen Königreichs. Sein Erfolg beruht zum größten Teil auf der aktiven Einmischung in die Angelegenheiten seiner Nachbarn, vor allem seiner judäischen, deren interne Streitigkeiten er geschickt für sich nutzte. Das war an sich nichts Neues – die Hasmonäer praktizierten dies seit Jahrzehnten, zuerst um sich bei den seleukidischen Herrschern Vorteile zu verschaffen und später dann bei den Ptolemäern –, doch scheint es hier erstmals als ein Grundsatz der nabatäischen Außenpolitik angewandt worden zu sein.

Als Alexander Jannai die Eroberungskriege seines Vaters im nördlichen Moab erfolgreich fortsetzte und den Rest des Gebietes sowie das damalige Galaaditis eroberte, sah sich Obodas gezwungen zu handeln. Obwohl diese Länder nicht unter direkter Kontrolle standen, gehörten sie jedoch offensichtlich zur nabatäischen Einflusssphäre; zudem führten die Handels- und Kommunikationswege nach Damaskus, die wirtschaftlich von herausragender Bedeutung waren, anscheinend durch diese Länder. Standen diese daher unter der aggressiven Herrschaft der Judäer, gerieten nicht nur die Nabatäer, sondern auch die Damaszener in Bedrängnis. Die Nabatäer kämpften mit Unterstützung des seleukidischen Königs Demetrios III. darum, den Judäern diese strategisch wichtigen Gebiete wieder abzuringen. Um 93 v. Chr. legte Obodas dem Jannai und dessen Streitkräften im bergigen Norden des nabatäischen Königreiches einen Hinterhalt: Indem er die vielen nabatäischen Kamele als Bulldozer einsetzte, drückte er die Judäer in ein enges Tal, aus dem Jannai nur mit knapper Not lebend fliehen konnte. Da in Judäa der Bürgerkrieg in vollem Gange war, konnte Obodas die tiefen Gräben, die die zerstrittenen Parteien des judäischen Volkes voneinander trennten, ausnutzen – und zwar derart erfolgreich, dass Jannai freiwillig Moab und Galaaditis an die Nabatäer abtrat, um diese davon abzuhalten, weiterhin seine judäischen Gegner zu unterstützen.

Der Erwerb dieser beiden großen und reichen Gebiete ließ das nabatäische Königreich an Macht gewinnen – und nährte die Befürchtungen Antiochos XII. Dionysos, des neuen seleukidischen König von Syrien, der sich von der aufsteigenden Macht vor seinen Landesgrenzen bedroht fühlte. 88–87 v. Chr. führte Antiochos zwei Feldzüge gegen die Nabatäer, die nach einigen schrecklichen Kämpfen die Syrer zu gewinnen schienen. Doch Antiochos fiel während der Kämpfe und seine demoralisierte Armee floh nach Kanaa, auf die andere Seite des Jordans, wo ein Großteil offensichtlich verhungerte. Obodas hat seinen Sieg über die Syrer wahrscheinlich nicht

DAS BERGLAND IM NORDEN DES NABATÄISCHEN KÖNIGREICHES BESTEHT WEITGEHEND AUS SOLCHEN WADIS, DIE RECHTS UND LINKS VON STEIL AUFRAGENDEN BERGHÄNGEN UMGEBEN SIND. IN EINEM DIESER ENGEN TÄLER LEGTE OBODAS I. DEM ALEXANDER JANNAI UND DESSEN ARMEE EINEN HINTERHALT, BEI DEM DER JUDÄISCHE KÖNIG NUR KNAPP MIT DEM LEBEN DAVONKAM.

Ruinenansicht eines Teils von Oboda im Negev, das nach dem später als Gott verehrten König Obodas I. benannt wurde, der hier auch begraben liegt. Oboda war, bereits lange bevor der Ort ein befestigter Amtssitz wurde, ein militärisches und religiöses Zentrum der Handelsstrasse.

lange überlebt, und tatsächlich mag er sogar an einer im Kampf empfangenen Wunde gestorben sein. Er wurde in jenem Teil des Negev begraben, der direkter nabatäischer Herrschaft unterstand, an einem Ort, der ihm zu Ehren umbenannt wurde in Oboda (das heutige Avdat). Sein Grab wurde niemals gefunden.

Obodas' Ansehen, das er mit seinen Erfolgen über die Judäer und die Seleukiden erworben hatte, kam der Anbetung gleich, und kurz nach seinem Tod wurde er von seinem Volk als Gott verehrt. Er ist der einzige nabatäische König, der nachweislich in die Riege der Götter aufgenommen wurde. Eine Reihe von in Stein gemeißelten Inschriften aus verschiedenen Zeiten und Teilen des Königreiches erwähnen einen »Obodas, den Gott« oder »Zeus Obodas« und belegen damit, dass er selbst nachdem sich das nabatäische Königreich aufgelöst hat, als Gott verehrt wurde. Eine besonders interessante Inschrift, die wahrscheinlich um 100 n.Chr. entstanden ist und die in der Nähe der Schlucht Zin, nördlich von Oboda liegend, gefunden wurde, hält fest, dass sie von Garm'allahi, Sohn des Taim'allahi aufgestellt wurde, der die Statue »Obodas dem Gott« weihte. Ein Großteil der Inschrift ist in Aramäisch, das die Nabatäer übernommen hatten, doch enthält sie auch zwei Zeilen, die die ältesten bekannten Gedichtzeilen in arabischer Sprache sein kön-

WASSERFALL UND SEE BEI EIN AVDAT IN DER SCHLUCHT ZIN, NÖRDLICH VON DER NABATÄISCHEN STÄTTE OBODA. NAHEBEI STELLTE GARM'ALLAHI, SOHN DES TAIM'ALLAHI UM 100 N. CHR. EINE STATUE AUF, DIE ER »OBODAS, DEM GOTT« WEIHTE.

Zeit angelegt, als die Nabatäer versuchten, ihr Territorium zu befestigen und dazu schien eine weitgehend sesshafte Bevölkerung geeigneter. Im Falle Auaras wurde Obodas Orakel von dessen begabten Sohn und Nachfolger Aretas III. umgesetzt:

> »Aretas zog aus, um dem Orakel nachzugehen, das davon sprach ›einen *auara* Ort zu suchen‹ – *auara* bedeutet ›weiß‹ im Arabischen oder Syrischen. Als Aretas ankam und wachte, erschien ihm ein Mann, ganz in Weiß gekleidet und auf einem weißen Kamel reitend. Und als die Erscheinung verschwand, tauchte plötzlich ein felsiger Berg auf, der fest in der Erde verankert war. Hier gründete er eine Stadt.«[5]

Auara schloss ganz sicher eine Lücke in der Versorgung und im Schutz der Weihrauchstraße südlich von Petra. Doch Aretas scheint ihn nicht sofort als jenen im Orakel bezeichneten Ort erkannt zu haben, vielleicht wegen des totalen Wassermangels. Es ist daher nicht überraschend, dass es einer bestätigenden Vision eines weiß gekleideten Mannes auf einem weißen Kamel und dem plötzlichen Auftauchen eines felsigen Berges bedurfte, um ihn zu überzeugen. Doch wenn genau hier eine Siedlung auf der Handelsstraße gebraucht wurde, dann verlangte der zupackende nabatäische Standpunkt, dass Wasser aufgefangen oder hergebracht werden

EINE DER VIELEN GEWÖLBEZISTERNEN, DIE DIE NABATÄER IN HUMEIMA BAUTEN, UM DORT WASSER AUFZUBEWAHREN, DAS SIE ÜBER 27 KM DURCH ÜBERDACHTE KANÄLE VON DEN BERGQUELLEN HERLEITETEN.

nen, auch wenn sie in nabatäischer Schrift festgehalten wurden. Ihre Übersetzung ist schwierig[4]: »Und er (Obodas) handelt weder für Nutzen noch für Gnade. Und wenn der Tod uns bestimmt, lass nicht mich bestimmt sein, und wenn eine Wunde schwärt, lass uns nicht sterben.« Selbst aus der byzantinischen Epoche findet sich bei dem Schriftsteller Uranios (wahrscheinlich aus dem sechsten Jahrhundert) eine Erwähnung von »Obodas, den König, den sie als Gott verehren«.

Zu Lebzeiten scheint Obodas eine äußerst tatkräftige Beziehung zu den Göttern unterhalten zu haben, und wir wissen – auch von Uranios –, dass er aufgrund eines Orakels eine Stadt bauen ließ. Uranios nannte die Stadt Auara (vom arabischen *hawra*, weiß), die heute als Humeima bekannt ist und im Wadi Hisma in Südjordanien liegt. Es ist durchaus möglich, dass auch weitere Städte unter ähnlichen Bedingungen gebaut wurden, denn sie wurde zu einer

Humeima in Südjordanien, in der Antike als Auara (»weiss«) bekannt, wurde von König Aretas III. zu Beginn des 1. Jahrhundert v. Chr. als ein wichtiger Versorgungsposten auf der Weihrauchstrasse gegründet.

DIE KHAZNE (SCHATZKAMMER), AM EINGANG DER NABATÄISCHEN HAUPTSTADT PETRA GELEGEN, WURDE EINIGEN FORSCHERN ZUFOLGE WAHRSCHEINLICH VON ARETAS III. ZUR ERINNERUNG AN SEINEN VATER, DEN GOTTKÖNIG OBODAS I., IN AUFTRAG GEGEBEN.

konnte. Unzählige Zisternen wurden ausgehoben, um das abfließende Regenwasser der jahreszeitlich bedingten Niederschläge aufzufangen. Zudem wurden 27 km lange überdachte Aquädukte in den Boden gegraben, um das Wasser der nächst gelegenen Quellen aus den Shara-Bergen herzuleiten. Diese stets vorhandene Wasserversorgung ermutigte vielleicht die Beduinen der Gegend, hier Handel zu treiben und sich jedes Jahr für eine Weile niederzulassen, um Nahrungsmittel für die Versorgung der Handelskarawanen anzubauen.

Aretas III. profitierte von dem Erfolg seines Vaters über die Seleukiden. 85 v. Chr., kurz nach seiner Thronbesteigung, versuchten die expansionistischen Ituräer aus den Bergen des Antilibanon, das Machtvakuum in Syrien zu ihren Gunsten zu nutzen und bedrohten Damaskus. Die Damaszener wandten sich daraufhin mit der Bitte an Aretas, die Regierungsgeschäfte zu übernehmen. Der nabatäische König entsprach dieser Bitte gern und verlegte seine Truppen nach Damaskus. Die Ituräer begriffen und zogen sich zurück. Der von Aretas eingesetzte Gouverneur regierte Damaskus in den nächsten 15 Jahren. Um aller Welt zu demonstrieren, dass er der Erbe der griechischen Seleukiden war, ließ dieser arabische Monarch in Damaskus Münzen im griechischen Stil der Seleukiden prägen, die zudem in Griechisch anstelle der nabatäischen Form des Aramäischen beschriftet waren. Dies war ein sowohl zeitlich als auch örtlich begrenzter Ausdruck kultureller Eitelkeit: Alle später von seinen Nachkommen in Petra und anderswo geprägten Münzen verwendeten die nabatäische Schrift. Um seine hellenistischen Ambitionen noch zu unterstreichen, nahm Aretas den Beinamen »Philhellene« (Freund der griechischen Kultur) an. Nabatäische Münzen wurden bis zur Einnahme der Stadt durch König Tigranes von Armenien 71 v. Chr. in Damaskus geprägt.

In der Zwischenzeit hatte sich Aretas III. nicht auf seinen Damaszener Lorbeeren ausgeruht. Bis jetzt hatten die Nabatäer davon abgesehen, in das judäische Kernland einzumarschieren, doch 82 v. Chr. entschloss sich Aretas, in Judäa einzufallen und bei der Stadt Adida, östlich von Lydda, schlug er Jannai. Es scheint ein Akt unnötiger Aggression gewesen zu sein, aber wahrscheinlich hielt Jannai immer noch die dem Negev nahe gelegenen Mittelmeerhäfen besetzt, und dies hatte negative Auswirkungen auf den nabatäischen Handel. Um diese Häfen ging es sicher auch in dem »Vergleich«, auf den man sich nach der Niederlage des Jannai bei Adida geeinigt hatte und als deren Folge sich Aretas bereit erklärte, seine Armee an das Ostufer des Jordan zurückzuziehen.

Jannai war jedoch wenig geneigt, es dabei zu belassen. Im nächsten Jahr, als er sich stärker fühlte, fiel er in den Norden des nabatäischen Königreiches ein und eroberte im Verlauf von drei Jahren einige Städte. Zudem gelang es ihm, die Kontrolle über die Mittelmeerhäfen Gaza, Raphia und Rhinocolura zurückzugewinnen. Als er nach Jerusalem zurückkehrte, wurde Jannai mit größerer Begeisterung begrüßt als jemals zuvor in seiner Regierungszeit. Obwohl seine Gesundheit durch den reichlichen Alkoholgenuss und das Viertagefieber angeschlagen war, stürzte sich der alternde Jannai in weitere kräftezehrende Aktivitäten und Militäreinsätze, die seinen zunehmenden Mangel an Urteilsvermögen unterstrichen und seine Unbeliebtheit erneuerten.

Als Jannai 76 v. Chr. starb, bestimmte er seine Gattin Salome Alexandra zu seiner Nachfolgerin auf dem judäischen Thron. Er hatte begriffen, dass seine brutalen Versuche, die Macht der Pharisäer zu brechen, nur dazu geführt hatten, das Land in einen zermürbenden Bürgerkrieg zu verwickeln, und so riet er Alexandra sie zu beschwichtigen und an der Regierung zu beteiligen. Es würde, so hatte er gesagt, nicht nur ihre Position als Herrscherin festigen, sondern es würde auch ihm selbst ein »ehrenvolleres Leichenbegängnis« sichern. Dies tat Alexandra. Als Frau konnte sie nicht das Amt des Hohepriesters übernehmen, und so begnügte sie sich damit, Königin zu sein. Sie berief ihren ältesten Sohn Hyrkanos zum Hohepriester, da er im Gegensatz zu ihrem ambitionierten jüngeren Sohn Aristobulos, »sich nicht ins politische Geschehen einmischte. Im übrigen gab sie alles den Pharisäern anheim«.

Die veränderte Lage in Judäa gab Aretas III. erneut Gelegenheit, aktiv in die Angelegenheiten seiner Nachbarn einzugreifen, in der Absicht, seine eigenen Verluste der vergangenen Jahre wieder wettzumachen. Viele Juden hassten die Pharisäer und missgönnten ihnen ihre neue Autoritätsstellung; sie waren bereit, sich nach ausländischen Verbündeten umzusehen, um Alexandra zu zwingen, sich gegen die Pharisäer zu wenden. Und diese Dissidenten waren am nabatäischen Hof willkommen. Noch bevor Aretas von seinen neuen Alliierten profitieren konnte, marschierte der armenische König 71 v. Chr. mit so einer überwältigend großen Armee (Josephus spricht von unwahrscheinlichen 500 000 Soldaten!) in Syrien ein, dass Aretas sich gezwungen sah, ihm Damaskus zu überlassen. Selbst als Tigranes Damaskus 69 v. Chr. plötzlich verließ, da die Römer Armenien angriffen, versuchten die Nabatäer nicht erneut die Kontrolle über Damaskus zu erlangen – eine überraschende Zurückhaltung denkt man an Aretas' nachweisliche Begeisterung für die Rolle des Erben der Seleukiden. So entstand jedoch ein neues Machtvakuum, das die im Aufstieg begriffene Großmacht Rom nur fünf Jahre später für ihre Zwecke nutzen konnte.

In Judäa gab es in der Zwischenzeit eine neue Wendung. Aristobulos, der sich um die Unfähigkeit seines Bruders und seine eigene Marginalisierung Sorgen machte, hatte die Unterstützung anderer anti-pharisäischer Elemente errungen und eroberte im ganzen

Land eine Reihe von strategisch bedeutsamen Festungen. Als Alexandra 67 v. Chr. starb, wurde Hyrkanos II. König und Hohepriester. Aristobulos und seine Verbündeten stellten sich sofort gegen ihn. Sie fochten eine entscheidende Schlacht in der Nähe von Jericho, von wo Hyrkanos floh, als seine Armee fahnenflüchtig wurde. Er versuchte sich mit Aristobulos zu verständigen, und willigte ein, zugunsten seines jüngeren Bruders als König und Hohepriester abzudanken und sich nicht in die Regierungsgeschäfte einzumischen.

Aristobulos II. hatte jedoch nicht mit den Ambitionen und dem diplomatischen Geschick des idumäischen Fürsten Antipater gerechnet, der den trägen Hyrkanos unterstützte. Dieser Nachkomme der Edomiten hatte Kypros geheiratet, eine Frau aus einflussreicher nabatäischer Familie, die ihm vier Söhne und eine Tochter geboren hatte. Einer dieser Söhne war Herodes, der zukünftige König von Judäa. Antipater überredete Hyrkanos, ihm zu erlauben, bei seinem Freund Aretas III. für den entmachteten König um Asyl und Unterstützung zu bitten, bei dem Versuch, ihm erneut auf den Thron zu verhelfen. Wenn Aretas dachte, dass sich ihm hier eine gute Gelegenheit bot, seinen Einfluss auf judäische Angelegenheiten in bislang ungekanntem Maße auszuweiten, so scheint er dies zunächst gut verborgen zu haben, denn es dauerte einige Zeit, bis Antipater ihn überredet hatte. Schließlich, 65 v. Chr., mit dem Versprechen, dass er die Städte, die Jannai in den letzten Jahren seines Lebens erobert hatte, zurückerhielt, stimmte der nabatäische König zu. Als der Feldzug begann, schickte Antipater seine halb-nabatäischen Kinder zum Schutz nach Petra und gab dem jungen Herodes und seinen zukünftigen Widersachern die Möglichkeit, sich direkt kennen zu lernen.

Aretas hatte wahrscheinlich nicht erkannt, dass, indem er Hyrkanos' Sache zu seiner eigenen machte, ihn dies in direkten Kontakt mit der Macht Roms bringen würde. Das war auch zunächst nicht offensichtlich, denn die Römer waren anderswo vollauf beschäftigt. Die Nabatäer schlugen Aristobulos vernichtend und dieser flüchtete sich in den Tempel zu Jerusalem, den Aretas daraufhin belagerte. Jetzt betraten die Römer die Bühne.

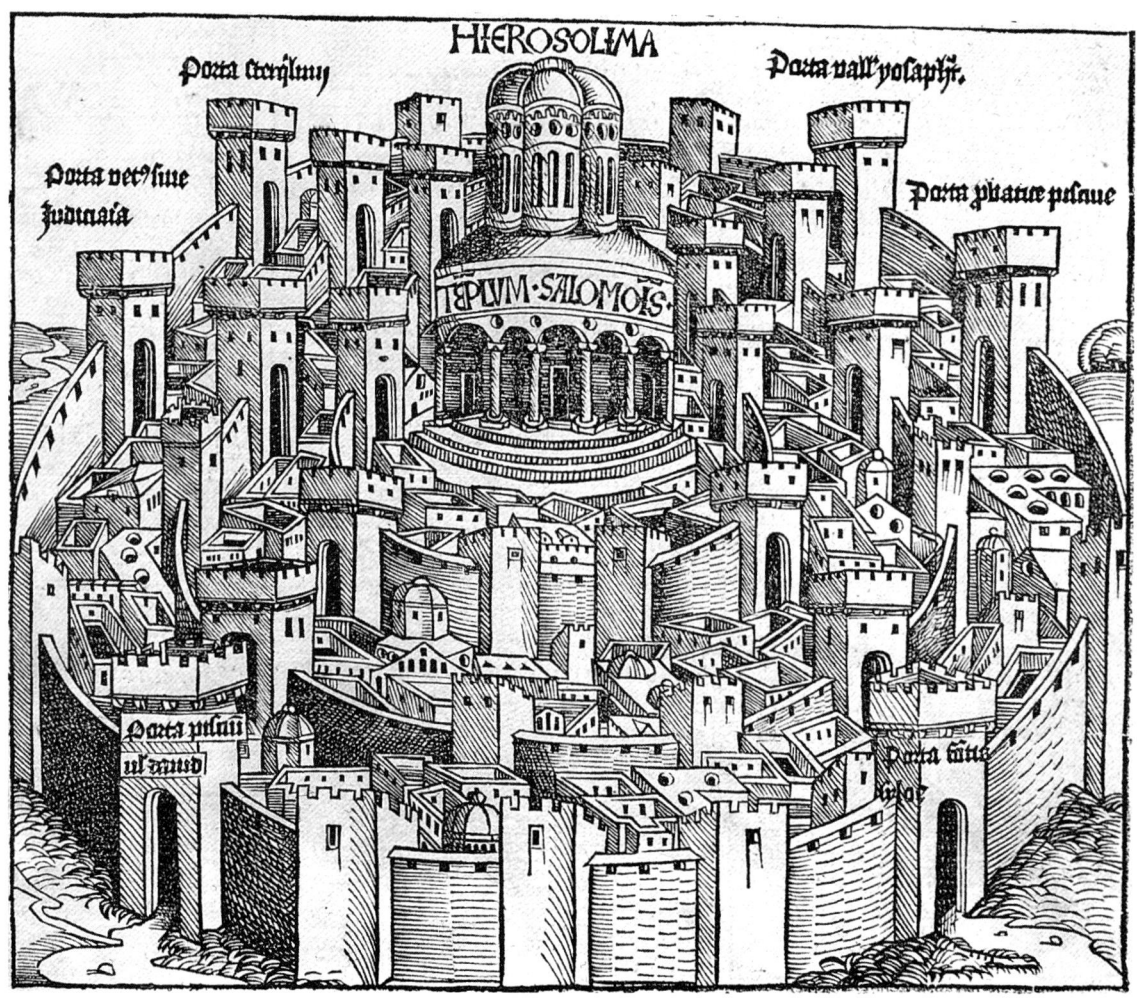

Ansicht Jerusalems und des Tempels von einem Künstler des 15. Jahrhunderts. So könnte die Stadt zu der Zeit ausgesehen haben, als Aretas III. dem Hyrkanos II. half, den Thronräuber Aristobulos um 65 v. Chr. zu belagern. Holzschnitt, 1493 veröffentlicht in Nürnberg (Foto: Israel-Museum).

Als Aretas den Kampf gegen Aristobulos aufnahm, marschierten Q. Caecilius Metellus Nepos und L. Lollius, die von dem großen römischen Feldherrn Pompeius ernannten Legaten, in Syrien ein, während Pompeius seinen Krieg mit Tigranes von Armenien und Mithradates von Pontos beendete. Nach Tigranes' Rückzug aus Damaskus vor fünf Jahren hatte sich Syrien in ein Chaos aus mehreren gegeneinander kämpfenden Gruppen verwandelt, und es war für Metellus und Lollius ein Leichtes, sie im Namen Roms zu unterwerfen. Beide waren so erfolgreich, dass, als ihr Ersatz kam, diesem kaum etwas zu tun übrig blieb. M. Aemilius Scaurus beschloss daher, sein Augenmerk nach Süden zu richten, nach Jerusalem, wo Aristobulos von Hyrkanos und seinen nabatäischen Verbündeten belagert wurde.

Scaurus empfing Abordnungen beider Anwärter auf den judäischen Thron. Beide boten Bestechungsgelder an und das von Aristobulos wurde angenommen. Es ist schwierig – vor allem angesichts seines späteren Rufs[6] – Scaurus nicht einfach Korruption zu unterstellen, doch da die Bestechungsgelder wohl gleich hoch waren, mögen ihn vielleicht andere Gründe als reines Profitdenken bewogen haben, es sei denn er betrachtete Aristobulos' größeren Reichtum und Ländereien als für die Zukunft erfolgversprechender. Es ist in jedem Fall überraschend, erinnert man sich vor allem ihrer früheren Geschichte, dass die reichen Nabatäer Hyrkanos' Bestechungsgeld nicht überboten, um zu ihren eigenen Bedingungen einen Frieden zu erkaufen. Aristobulos verschanzte sich im Tempel und wurde von einer fremden Streitmacht belagert – angesichts dieser Ausgangslage muss der gewiefte Scaurus erkannt haben, dass, wenn er den älteren Bruder begünstigte, Hyrkanos' nabatäische Verbündete eine mächtige Stellung in Judäa einnehmen würden, und so, trotz ihres Rufes »wenig kriegstauglich« zu sein, eine mögliche Bedrohung für die römischen Ziele in dieser Region darstellen könnten. Er könnte den Standpunkt vertreten haben, dass es am klügsten sei, den weniger berechtigten Anspruch Aristobulos' zu akzeptieren und die Nabatäer so gut wie möglich loszuwerden. Ihrer könnte man sich später annehmen.

Nachdem er Aristobulos' Bestechungsgeld eingesackt hatte, befahl Scaurus Aretas, die Belagerung zu beenden und nach Hause zurückzukehren. Falls nicht, würden die Römer in Nabatäa einmarschieren. Diese ernüchternde Aussicht überzeugte Aretas, dass es sich nicht lohnen würde, sein eigenes Königreich für Hyrkanos aufs Spiel zu setzen. Er zog sich nach Philadelphia (das heutige Amman) zurück, das offensichtlich in nabatäischer Hand geblieben war. Scaurus, um einiges reicher, nahm an, dass damit die Sache erledigt sei und kehrte nach Damaskus zurück. Doch Aristobulos hasste es, die Dinge so zu belassen, wenn sie ihm selbst nicht zum Vorteil gereichten; er rief eine Armee zusammen, um den Nabatäern nachzusetzen und schlug sie vernichtend an einem Ort namens Papyron, wo er ca. 6000 von ihnen tötete (wenn man Josephus glauben kann). Die Einmischung war Aretas teuer zu stehen gekommen, und ohne Zweifel kehrte er nach Petra zurück, um seine Truppen neu zu sammeln und um, da er sich einer neuen und höchst tatkräftigen Supermacht gegenübersah und einem Feind, der nun Judäa beherrschte, seine Position zu überdenken.

Pompeius, der Architekt der römischen Expansion, kam Ende 64 v. Chr. nach Syrien und annektierte sofort das ehemalige seleukidische Königreich, aus dem er die neue römische Provinz Syrien bildete. Lokale Fürsten, die sich widersetzten, wurden getötet oder des Landes verwiesen, bzw. im Falle der Unterwerfung wurde ihnen eine große Summe Geldes abverlangt (was es einfacher machte, die römische Armee zu bezahlen) und gestattet, ihr Verhalten zu verbessern und im Lande zu bleiben. Halbautonome Städte wie Moabitis, Ammonitis und Galaaditis, die entweder unter hasmonäischer oder nabatäischer Kontrolle gestanden hatten bzw. zwischen den beiden gewechselt hatten, wurden von beiden befreit und ihre Unabhängigkeit in dem Gebiet, das man später als Dekapolis bezeichnete, wurde anerkannt. Ituräa wurde erlaubt, weiterhin unter seinem eigenen Prinzen halbautonom zu bleiben.

Dies ließ Pompeius mit dem wesentlich schwierigeren Problem zurück, wie er mit den beiden verbliebenen Königreichen – Judäa und Nabatäa –, die zudem auf ein halbes Jahrhundert gegenseitiger Feindschaft zurückblicken konnten, verfahren sollte. Ihnen zu gestatten, unabhängig zu bleiben, würde fortgesetzte Kämpfe bedeuten, und für eine Annexion würde eine riesige Armee benötigt – die Provinzverwaltung fand es ohnehin schon schwierig, die Soldaten zu bezahlen. Beide Königreiche zu wohlgesonnenen Vasallen Roms zu machen, schien unter den momentanen Bedingungen die beste Möglichkeit zu sein und diejenige, die in ihrer doppelten Schwächung gerade noch in Roms Kraft stünde, da Judäa noch immer tief gespalten war und die Nabatäer gerade geschlagen worden waren.

In diesem Moment erkannten sowohl Aristobulos als auch Hyrkanos, dass Scaurus in ihrer Angelegenheit nicht das letzte Wort hatte, und wandten sich daher direkt an Pompeius. Zur gleichen Zeit bedrängten ihn die Pharisäer, die hasmonäischen Herrscher ein für alle Mal loszuwerden. Bei einer so gespaltenen Gesellschaft schien jede Lösung des Konflikts unmöglich, und so verschob Pompeius seine Entscheidung auf später. Zunächst wollte er die römischen Beziehungen zu den Nabatäern lösen. »Unterdessen hieß er sie (Hyrkanos und Aristobulos) sich ruhig verhalten« und zog mit seiner Armee nach Süden. Ob er eine Invasion geplant hatte oder ob dies einfach nur eine Demonstration der Stärke war, um den Rom vorauseilenden Ruf der Unbesiegbarkeit für künftige Verhandlungen zu festigen, bleibt Spekulation. Und wenn es eine Demonstration der Stärke war, war die zugrunde liegende Absicht, den Nabatäern einiges von ihrem fabelhaften Reichtum abzunehmen?

Wir werden es nie wissen, denn Aristobulos ergriff die Gelegen-

Eine Münze zu Ehren des römischen Feldherrn Pompeius der Grosse, Architekt der römischen Expansion nach Osten. Seine Annexion Syriens im Jahr 64 v. Chr. brachte die Nabatäer in direkten Kontakt mit der neuen Supermacht der antiken Welt. (Ancient Art and Architecture Collection)

heit, die sich ihm durch Pompeius Abzug bot, beim Schopf und begann in dem Bestreben, seine Position in Judäa zu festigen, eine Revolte. Wütend kehrte Pompeius sofort zurück, den Feldzug gegen Nabatäa aufschiebend, und nahm Jerusalem ein. Er unterstützte Hyrkanos und machte so Scaurus' fragwürdiges Werk aus dem vorigen Jahr rückgängig. Er aber entzog Judäa den Titel eines Königs – der sanftmütige Hyrkanos wurde zum Hohepriester und »Ethnarchen«, einem nationalen Herrscher ohne königliche Würden, bestellt. Als Pompeius zu Beginn des Jahres 62 v. Chr. die Region verließ, um die römische Herrschaft über Pontos auch nach dem Tod von König Mithradates zu sichern, hielt der römische Legat Piso die eigentliche Macht in Judäa in Händen. Nabatäa war der einzige Staat, der sowohl sein Königtum als auch seine Unabhängigkeit bewahren konnte.

Pompeius kehrte nicht mehr in den Nahen Osten zurück, vermutlich davon überzeugt, dass die neue Provinz Syrien und die abhängige Ethnarchie Judäa unter Kontrolle waren und dass die Nabatäer sicher keinen Ärger mehr machten, jetzt, wo ihr einstiger Verbündeter erneut die Macht in Judäa innehatte. Bei seiner Rückkehr nach Rom wurde ihm noch die unverhoffte Ehre eines dritten Triumphzuges zuteil, bei dem sich der enteignete Aristobulos zusammen mit anderen Gefangenen aus Armenien, Pontos und anderen Ländern zur Schau stellen lassen musste. Pompeius erster Triumphzug hatte seine Erfolge in Afrika, sein zweiter seine Erfolge in Europa gefeiert. Mit diesem neuen und weitaus herrlicheren Sieg in Asien, erklärt Plutarch, habe der große Feldherr »gewissermaßen die ganze bewohnte Erde unter sein Joch gezwungen«. Die Inschriftentafeln, die dem Triumphzug vorangetragen wurden, nannten die Länder, die er besiegt hatte. Diese schlossen, ob prahlerisch oder als Erklärung zukünftiger Absichten, »Arabien« – Nabatäa – mit ein. Die Römer waren fasziniert von diesem neuen, exotischen und reichen Land an der Grenze zu ihren neu gewonnenen Provinzen. Das nabatäische Königreich stand auf der Einkaufsliste Roms.

Pompeius hatte Syrien in den Händen des korrupten Scaurus zurückgelassen, mit zwei römischen Legionen zu seiner Unterstützung. Er befand sich in einer merkwürdigen Lage – Pompeius hatte Scaurus' Entscheidung rückgängig gemacht, indem er den Bruder, den dieser nicht unterstützt hatte, wieder in sein Amt einsetzte. Zudem war Hyrkanos ein Verbündeter der Nabatäer, mit denen Pompeius zu keinem Einverständnis gekommen war. Ob aus Verärgerung oder aus dem Verlangen heraus, selbst einen bedeutenden Sieg zu erringen oder um persönlichen Profit zu erlangen – oder aus allen drei Gründen –, Scaurus beschloss, das nabatäische Königreich anzugreifen. Da er das Gelände entlang seiner Route unübersichtlich fand, setzte er die Felder in Brand. Zur selben Zeit verknappten sich seine Vorräte, und seine Armee war kurz davor zu verhungern. Und so betrieb Antipater doppeltes Spiel: Auf Hyrkanos' Wunsch versorgte er die Römer mit Getreide aus Judäa, und ging anschließend als Scaurus' Botschafter zu Aretas III., um diesen davon zu überzeugen, dass Scaurus gegen 300 Talente Silber keine weiteren nabatäischen Felder in Brand setzen würde. Aretas gab nach und setzte so ein verheißungsvolles Zeichen für jene zukünftigen römischen Gouverneure und Feldherrn, die ihre persönlichen Schatullen füllen wollten.

Kein Betrag schien je hoch genug für Scaurus. Bei seiner Rückkehr nach Rom 58 v. Chr. übernahm er sich jedoch, als er als Ädil mehr Geld ausgab als er besaß, in dem vergeblichen Versuch, seine Popularität zu steigern. Eine dieser Ausgaben war das Prägen von Münzen in Erinnerung an seinen Feldzug gegen die Nabatäer. Mit größerem Einfallsreichtum als Wahrheitsgehalt porträtierte er Aretas III. neben einem Kamel kniend und dem erobernden römischen Befehlshaber – ihm selbst – einen Zweig der Unterwerfung darbringend. Zu diesem Zeitpunkt war Aretas bereits seit vier Jahren tot, und Scaurus fühlte sich wahrscheinlich vor dessen Thronfolger sicher, der diese Propagandabehauptung auf die Entfernung hin höchstwahrscheinlich nicht anfechten würde.

Warum Aretas Antipater nicht zürnte – genausowenig wie Hyrkanos – bleibt ein Rätsel. Irgendwie scheint der idumäische Fuchs das Vertrauen seines alten Freundes und Verbündeten besessen zu haben, genauso wie das des römischen Repräsentanten. Möglicherweise hatte sich die nabatäische Armee aber auch noch nicht von dem Schlag erholt, den ihr Aristobulos versetzt hatte. Möglich ist auch, dass Aretas alt und krank war, denn er scheint nur wenig später gestorben zu sein und hinterließ eine dieser irritierenden Lücken in den Dokumenten über die nabatäischen Könige und ihr Reich.

Auf Aretas III. scheint kurz ein zweiter Obodas gefolgt zu sein, doch der einzige Beweis dafür sind eine Reihe von Silbermünzen, die seinen Namen und das Profil eines alternden Königs zeigen – in scharfem Kontrast zu dem relativ jugendlichen Bild, das wir von dem einzigen anderen Oboda kennen und von dem wir wissen, dass auch er rund 30 Jahre später Münzen prägen ließ. Da Obodas II. zu alt war, um Aretas' III. Sohn zu sein, könnte er möglicherweise ein Bruder gewesen sein.

Trotz seines Alters wurde Obodas II. in den etwas weniger als drei Jahren seiner Regierungszeit auf den Münzen mit unterschiedlichen Frisuren dargestellt – im ersten Jahr trägt er die Haare lang, im zweiten kurz und im dritten Jahr wieder lang. Interessant ist die Frage, warum er überhaupt Münzen prägte, die ersten seit Aretas III. in Damaskus Münzen prägen ließ. Obodas' II. Inschriften sind die ersten in nabatäischer Sprache (die frühesten Münzen trugen überhaupt keinen Schriftzug und die Münzen, die Aretas III. prägen ließ, verwendeten die griechische Schrift). Da er sie in viel zu geringer Menge herstellen ließ, um damit etwas zu kaufen, liegt die Vermutung nahe, dass sie die weiterhin bestehende nabatäische Unabhängigkeit im Gefolge des römischen Einzugs in Syrien und Judäa und angesichts der beiden abgebrochenen Versuche, auch Nabatäa zu unterwerfen, unterstreichen sollten.

Der nächste uns bekannte König ist Malichus I., auch er anhand der verschiedenen Frisuren erkennbar – auf seinen Münzen ist er als junger Mann porträtiert (auch noch nach 30 Jahren Herrschaft), dessen sorgfältig gelegte Locken gerade herabfallen. Das Bild dynamischer Jugend scheint ihm wichtiger gewesen zu sein als ein ungeschöntes Porträt – vielleicht auch deswegen, weil die meisten seiner Münzen im Krieg geprägt wurden.

Kurz nach Malichus' Thronbesteigung gerieten die Nabatäer erneut mit den Römern in Konflikt. 55 v. Chr. führte Gabinius, Scaurus' Nachfolger als syrischer Gouverneur, einen erfolgreichen Feldzug gegen sie. Auch hier kennen wir nicht den Grund für diesen Angriff (Profit ist eine Möglichkeit), und welche negativen Auswirkungen der römische Sieg auch immer auf die nabatäische Unabhängigkeit gehabt haben mag, sie wurden bereits nach kurzem durch den nahezu zwei Jahrzehnte dauernden römischen Bürgerkrieg hinfällig. Dieser nahm 49 v. Chr. seinen Anfang mit den Kämpfen zwischen Pompeius und Julius Caesar, wurde fortgesetzt zwischen Cassius und Brutus, Caesars Mördern, auf der einen Seite und Marc Antons und Caesars unbekanntem Erben Octavian auf der anderen und endeten mit dem Sieg Octavians über Antonius in der Schlacht von Actium 31 v. Chr.

Da entweder die eine oder die andere Seite (oder beide) um Unterstützung baten, sah sich der immer noch unabhängige Malichus gezwungen, das gefährliche Spiel »Entdeck den Sieger« in den hektischen Veränderungen im römischen Machtgefüge zu spielen. Zunächst wurde er von dem unermüdlichen und gerissenen Antipater beraten, der immer noch die rechte Hand Hyrkanos' II. war. Ungerührt durch Pompeius frühere Unterstützung für Hyrkanos, die ihn zu einem natürlichem Verbündeten gemacht hätte, oder durch Julius Caesars Unterstützung für Aristobulos, die ihn zu einem natürlichen Feind gemacht hätte, erkannte Antipater, dass Caesar das größere Stehvermögen besaß. Nach Aristobulos' Ermordung durch Pompeius' Anhänger, gelang es Antipater, Hyrkanos Caesars Unterstützung zu sichern, und 47 v. Chr., kurz nach Pompeius Tod, überredete er Malichus, seine nabatäischen Truppen mit jenen Judäas zu vereinigen und an der letzten Schlacht Caesars bei Alexandria teilzunehmen, der Kleopatra wieder in ihre Rechte einsetzte. Das war zunächst einmal von direktem Nutzen für Antipater und nicht so sehr für Malichus, denn der Idumäer wurde zum Procurator von Judäa ernannt, in welcher Position er dank Hyrkanos' II. »unentschlossene(n) und energielose(n) Charakter(s)« nahezu königlichen Status genoss. Dies und die zunehmende Macht seiner Söhne, vor allem des dynamischen und rücksichtslosen Herodes, ließ viele Juden sich gegen Antipater wenden. Seine Ermordung durch Gift im Jahr 43 v. Chr., nur ein Jahr nach Caesars Ermordung, beraubte Malichus um einen weisen, wenn auch eigennützigen Ratgeber in der Frage, welchen Römer er nun unterstützen sollte.

Cassius und Brutus waren nach Osten geflohen und schmiedeten erfolgreich eine Allianz gegen Octavian und den damals berühmteren Marc Anton. Sowohl Marc Anton als auch Octavian blieben zunächst in Italien und überließen so ihren Gegnern die Propaganda im Osten. Die Nabatäer, genauso wie Hyrkanos II., der jetzt von Antipaters Sohn Herodes beraten wurde, schlugen sich auf die Seite von Cassius und Brutus – ein schlechter Schachzug, wie sich herausstellen sollte, denn sie wurden 42 v. Chr. durch Antonius und Octavian bei Philippi geschlagen. Antonius' Politik der Großmut jenen gegenüber, die sich zunächst auf die falsche Seite geschlagen hatten, ermöglichte den Nabatäern und Judäern, nachdem Antonius die Befriedung des Ostens übertragen worden war, ihre Loyalitäten zu wechseln und von ihrer verspäteten Einsicht zu profitieren. Nachdem er Kleopatra zu politischen Gesprächen über die Rolle Ägyptens in seinen neuen Plänen für die Welt zu sich gerufen hatte und sie dann nach Alexandria zurückbegleitete, um sich mit ihr angenehmeren Dingen zu widmen, hatte Antonius nun wichtigere Dinge zu tun als seine früheren Gegner zu verfolgen.

Um das Bild weiter zu verkomplizieren, hatte Titus Labienus – der Sohn eines von Caesars Feldherrn, der Pompeius abtrünnig geworden war – die Parther überredet, Brutus und Cassius zu unterstützen. Nach ihrer Niederlage bei Philippi nahm sich Labienus der Sache des Antigonos an, Sohn des bereits gestorbenen Aristobulos, und fachte so den Konflikt im hasmonäischen und römischen Lager erneut an, denn jetzt standen Antonius und Hyrkanos gegen Labienus, Antigonos und die Parther. Auch wenn die Nabatäer nicht direkt in den Konflikt verwickelt waren, hatte er doch schwerwiegende Folgen für sie.

Zu Beginn des Frühlings 40 v. Chr. nahmen Labienus und seine parthischen Verbündeten Jerusalem ein. Phasael, Antipaters ältester Sohn, wurde gefangen genommen und beging Selbstmord; Hyrkanos II. inhaftiert und ihm wurden die Ohren abgeschnitten. Da niemand Hohepriester sein konnte, der missgebildet oder verstümmelt war, wurde Hyrkanos so automatisch seines Amtes enthoben und Antigonos wurde als König und Hohepriester installiert. Herodes gelang es zu fliehen und sich seinen Weg bis nach Petra zu bahnen, dies wohl bekannte Refugium für jüdische Dissidenten, um den nabatäischen König um Hilfe zu bitten. Falls Malichus bereit gewesen wäre, Herodes den Schutz zu gewähren, um den er bat, so war er jedoch ganz sicher nicht bereit, ihn mit Geld und der Rückgabe jener Städte zu unterstützen, die Herodes' Vater Antipater 25 Jahre zuvor an Aretas III. zurückgegeben hatte. Es ist erstaunlich, dass er dies überhaupt forderte, doch Chuzpe gehörte seit jeher zu Herodes hervorstechendsten Eigenschaften. Malichus hingegen war, verglichen mit Herodes und einigen seiner eigenen Vorfahren, eher vorsichtiger Natur. Jetzt, wo er eine neue Wendung in den Geschicken des Nahen Ostens und den Niedergang der römischen Macht bemerkte, unterstützte er die Parther, die nicht nur Judäa und Syrien überrannt hatten, sondern fast ganz Kleinasien beherrschten.

Herodes stellte, nachdem er Petra verlassen hatte, einmal mehr seine Chuzpe unter Beweis, indem er spontan beschloss, nach Rom zu gehen und dort seinen Fall Antonius, Octavian und dem Senat vorzulegen. Indem er Antigonos als Feind Roms und sich selbst als den erprobten und standfesten Freund Roms darstellte, gewann Herodes die begeisterte Unterstützung des Senates, der ein offizielles Dekret erließ, dass ihn zum König Judäas bestimmte und ihm die militärische Unterstützung Roms zusagte, damit er Antigonos und die Parther aus Jerusalem verjagen konnte. Dies glückte ihm schließlich 37 v. Chr., als es dem römischen Feldherrn Ventidius Bassus gelang, die Parther aus Syrien zu vertreiben und sie bis zu ihrem Stammland weiter östlich zurückzudrängen. Ventidius verhängte zudem eine hohe Geldstrafe gegen die Nabatäer und schlug damit zwei Fliegen mit einer Klappe: Er bestrafte sie dafür, ein weiteres Mal die Falschen unterstützt zu haben und füllte gleichzeitig die leeren römischen Schatztruhen. Malichus' Willfährigkeit zeigte, dass er erneut auf die römische Seite gewechselt war.

Als Antonius im Herbst 37 v. Chr. nach Syrien kam, um die Region neu zu organisieren, war Kleopatra an seiner Seite. Sehr wahrscheinlich weniger aus Liebe als vielmehr in der Hoffnung, ihren geschrumpften Besitz und Reichtum wieder zu vergrößern. Sie bat ihn, ihr Judäa und Nabatäa zu geben, doch dies war einer der wenigen Wünsche, die Antonius ihr nicht erfüllte. Trotz seiner Verliebtheit war noch nicht einmal er bereit, einen so vernichtenden Schlag gegen Herrscher zu tun, deren Loyalität er sich nun sicher zu sein glaubte. Stattdessen schloss er einen Kompromiss und gab ihr Teile der phönizischen Küste, die heißgeliebte Balsamhaine des Herodes nahe Jericho und Teile des nabatäischen Auranitis' sowie ein Stück ihrer Küste, von dem man glaubt, dass es am Roten Meer lag. Herodes und Malichus mussten dann ihr einstiges Territorium für die exorbitante Summe von jeweils 200 Talenten pachten. Herodes wurde, zweifelsohne weil man ihn für den besseren Freund Roms hielt, zum Bürgen für Malichus' Zahlungen eingesetzt – eine Vereinbarung, die die bittere Feindschaft, die bereits zwischen ihnen herrschte, weiter vertiefte. Als wenige Jahre später Malichus seinen Zahlungen nicht nachkam, überredete Kleopatra Antonius, Herodes mit einem Feldzug gegen die Nabatäer zu beauftragen – selbst damals sah dies nach einer gut geplanten Verschwörung aus, um die beiden Königreiche sich gegenseitig zerstören zu lassen, so dass die ägyptische Königin beide annektieren konnte.

Herodes der Grosse, der 37 v. Chr. Antonius, Octavian und den römischen Senat überredete, ihn zum König von Judäa zu machen. Dieses Relief aus dem frühen 13. Jahrhundert zeigt ihn, wie er das Massaker an den Kindern befiehlt. (Kathedrale Massa Martana, Italien; Bridgeman Art Library)

Eine romantisierte Ansicht des Treffens zwischen Antonius und Kleopatra von Sebastien Bourdon, einem Maler des 17. Jahrhunderts. (Louvre; Bridgeman Art Library)

In diesen zwei Jahren des Krieges mit Herodes ließ Malichus die einzigen bekannten Bronzemünzen seiner Regierungszeit prägen. Sie sind auf das 27. und 28. Jahr seiner Regierung datiert – 33 bis 31 v. Chr. –, als selbst der reiche nabatäische König Geld brauchte, um seine Truppen unterhalten zu können. Herodes erster Angriff gegen die Nabatäer kam bei Diospolis (Lydda), doch seinem Sieg folgte bald eine verheerende Niederlage bei Kanatha (dem heutigen Qanawat) in Auranitis, als die Nabatäer von einem Feldherrn Kleopatras unterstützt wurden, der sich mit Herodes überworfen hatte. Die prekäre Lage des judäischen Königs wurde noch durch ein Erdbeben zu Hause verschärft, das so große Schäden anrichtete, dass das Land einige Zeit nicht handlungsfähig war. Herodes flehte die Nabatäer um Frieden an, doch Malichus, überzeugt, dass er die Judäer zur Flucht zwingen konnte, ließ dessen Boten töten. Es ist eine der wenigen Handlungen unnötiger Brutalität, die aus dem nabatäischen Königreich bekannt sind. Als nächstes plante Malichus einen Einmarsch in Judäa.

Herodes reagierte schnell. Er verlegte seine Armee, die von dem Erdbeben bemerkenswert wenig betroffen war, nach Transjordanien, wo sie in einer Schlacht nahe Philadelphia auf die Nabatäer trafen. Diesmal siegten die Judäer und brachten den Nabatäern eine verheerende Niederlage bei. Doch weder der judäische Sieg noch die nabatäische Niederlage brachte am Ende die Entscheidung. 31 v. Chr., etwa zu der Zeit als sich Herodes und Malichus im Krieg befanden, verlor Antonius bei Actium gegen Octavian und die Karte des Römischen Reiches wurde neu gezeichnet, diesmal durch einen einzigen, ungeheuer mächtigen Herrscher. Innerhalb kürzester Zeit wurde Octavian zu Kaiser Augustus.

Oberflächlich betrachtet, musste sich Herodes wegen des neuen Herrschers größere Sorgen machen als Malichus. Obwohl beide Antonius unterstützt hatten, war Malichus weniger begeistert gewesen. Tatsächlich hatte er sich so über Kleopatras Habgier (und Antonius Mittäterschaft) geärgert, dass er Truppen nach Suez schickte, um dort die Schiffe der ägyptischen Königin zu verbrennen, die nach der Schlacht bei Actium geborgen werden konnten und die man hier aus dem Wasser gezogen hatte, um sie auf dem Landweg zum Roten Meer zu bringen. Es überrascht nicht, dass Octavian dieses taktische Meisterstück begrüßte und hätte Malichus noch gelebt, wäre er für diese Form der diplomatischen Brandstiftung wohl belohnt worden, doch er starb noch im selben Jahr. Ihm folgte ein König gänzlich anderen Schlages auf den Thron. Nachdem Kleopatra 30 v. Chr. Selbstmord begangen hatte, annektierte Octavian ihr Königreich und machte daraus die neue römische Provinz Ägypten.

Herodes verfolgte eine vorhersehbar andere Taktik als Malichus – er ermordete den achtzigjährigen Hyrkanos II., der einmal mehr auf Asyl in Nabatäa gehofft hatte. Aber sein Brief, in dem er Malichus um Asyl bat, war durch Herodes Männer abgefangen worden. Herodes öffentliche Begründung für die Hinrichtung des Hyrkanos war, dass sich sein alter Förderer des Hochverrats schuldig gemacht habe. Zudem war ihm klar, dass Hyrkanos' Tod ihm bequemerweise den einzigen Rivalen um den Thron vom Hals schaffen würde. Herodes wiederholte nun seine schon einmal mit Erfolg vorgebrachte Bitte um Unterstützung aus Rom bei einem Treffen mit denjenigen, die an der Macht waren. Diesmal hatte er es nur mit einem einzigen zu tun – dem ihm entfremdeten Octavian, der sich gerade auf Rhodos befand. Herodes wusste, dass dies sein großer Tag war. Als sichtbare Geste der Unterwerfung legte er sein Diadem ab und behauptete mit seiner üblichen Eloquenz, dass seine Loyalität zu Antonius ein Hinweis auf seine zukünftige Loyalität dem neuen römischen *princeps* gegenüber sei. Ganz sicher passte dies zu Octavians Plänen und er schien Herodes' Beteuerungen unbesehen zu glauben. Er bestätigte ihn als König von Judäa und fügte seinem Königreich noch Samaria, Teile der Küste und der Dekapolis sowie ein Gebiet nahe Jericho hinzu.

Die Bühne scheint bereitet für einen Aufstieg Judäas und den Fall Nabatäas. Niemand hätte es für möglich gehalten, dass innerhalb der nächsten drei Jahrzehnte das exakte Gegenteil geschah.

KAPITEL 4

# TAGE DES RUHMS, TAGE DES STAUBS

## Von der Unabhängigkeit bis zur Annexion durch die Römer

»Der Araberkönig Obodas, der ein unthätiger, träger Charakter war, liess seine meisten Geschäfte durch einen scharfsinnigen und wohlgestalteten jungen Mann, Syllaeus mit Namen, verwalten.«[1] So führt Josephus rund ein Jahrhundert später Malichus' I. sanftmütigen Nachfolger auf dem Thron und seinen hyperaktiven Minister ein. Der zeitgenössische griechische Geograph Strabon, obwohl weniger vernichtend in seinem Urteil über den nabatäischen König, zeichnet ein ähnliches Bild: »König Obodas (, der) sich um die öffentlichen und besonders den Krieg betreffenden Geschäfte nicht sehr kümmerte..., sondern Alles der Willkür des Statthalter Syllaios überliess.«[2] Und in Strabons Augen war Syllaios der Inbegriff der Arglist und Verderbtheit.

EINE GRUPPE VON DREI MUSIKERN – ZWEI FRAUEN UND EIN MANN IN IHRER MITTE – AUS TON GEFORMT UND IN PETRA GEFUNDEN. SIE SITZEN AUF EINER BANK UND IHRE FÜSSE RUHEN AUF ETWAS, DAS EIN KISSEN ZU SEIN SCHEINT. EINE DER FRAUEN SPIELT EINE LEIER, DIE ANDERE EIN NICHT BESTIMMBARES SAITENINSTRUMENT, WÄHREND DER MANN EINE DOPPELFLÖTE SPIELT. MUSIKER WIE DIESE SPIELTEN BEI HEILIGEN FESTEN, WIE STRABON SIE BESCHREIBT, AUF. (ARCHÄOLOGISCHES MUSEUM, AMMAN)

Wenn Octavian – oder Caesar Augustus wie er durch den römischen Senat seit 27 v.Chr. hochtrabend genannt wurde – seine Aufmerksamkeit in den 21 Jahren der Herrschaft Obodas III. auf Nabatäa gelenkt hätte, dann wäre das Königreich vielleicht schon 130 Jahre früher eine römische Provinz geworden. Stattdessen war er in den ersten Jahren seines Prinzipats ganz von der Idee eingenommen, seine Herrschaft auf die gesamte arabische Halbinsel auszudehnen, und – so dachte er – wenn seine Truppen schon dort waren, dann könnten sie auch die Quelle des Weihrauchs und der Myrrhe finden, für die die Römer einen so hohen Preis auf dem heimischen Markt zahlten.

Augustus befahl den Feldzug seinem Präfekten der neuen römischen Provinz Ägypten Aelius Gallus, einem engen Freund Strabons. Herodes, ängstlich darum besorgt, seine Bündnistreue dem neuen Kaiser unter Beweis zu stellen, schickte eine 500 Mann starke Truppe und die Nabatäer stellten 1000 Soldaten zur Verfügung, einschließlich eines Mannes, der den Feldzug führen sollte und der niemand anderes war als der junge und unermüdliche Statthalter Syllaios. Mit insgesamt 11 500 Mann zogen sie 26 v.Chr. los.

Es scheint überraschend, dass die Nabatäer so aktiv an dieser Expedition teilnahmen, die sie doch eigentlich als einen Angriff auf ihre eigenen wirtschaftlichen Interessen begreifen mussten. Gleichermaßen ungewöhnlich ist, dass Augustus einem Nabatäer einen so wichtigen Posten wie den des Führers anvertraute. Zwar kannte niemand das Gebiet besser als die Nabatäer – oder zumindest ihre Weihrauchhändler –, doch sie hatten immerhin am meisten zu verlieren, sollte die Expedition ein Erfolg werden. Die Zwickmühle, in der sie sich befanden, muss dem nabatäischen König schmerzhaft bewusst gewesen sein: Sei erfolgreich, und du wirst einen Großteil deines Geschäftes und den Reichtum, den es einbringt, verlieren; scheitere, und du wirst das Wohlwollen des mächtigsten Mannes der Welt verlieren. Im Falle eines Erfolges konnten für den ehrgeizigen Syllaios die persönlichen Vorteile jedoch beträchtlich sein – die Dankbarkeit des römischen Kaisers und alles, was damit einhergehen würde. Es war jedoch, ohne Zweifel, genauso wahrscheinlich, dass die Expedition scheiterte – eine Armee, zudem eine überwiegend westliche Armee, anstelle einer friedlichen Kamelkarawane in das schwierige und unwirtliche Gebiet von Arabia Felix zu führen, hieß, die Feindschaft derjenigen geradezu heraufzubeschwören, die dort lebten und seit Jahrhunderten ihre aromatischen Geheimnisse bestmöglichst geschützt hatten und die das Gelände zudem besser kannten als jeder Fremde.

Der Plan des Augustus, zumindest soweit es die Öffentlichkeit betraf, war, die südarabischen Völker, in deren Ländern Weihrauch wuchs, zu Verbündeten zu machen. Doch im Falle eines Scheiterns seiner Charme-Offensive würde die römische Armee sie erobern. Mit dem ihm eigenen atemberaubenden Selbstbewusstsein erwartete Augustus, so Strabon, »entweder reiche Freunde zu erwerben, oder reiche Feinde zu besiegen«. Doch lange bevor sie die Weihrauch-Königreiche erreichte, war die römische Armee geschwächt »durch Hunger, Drangsale, Krankheiten und andere Uebel..., eine Wirkung des Wassers und der Kräuter«. Es ist nicht das erste noch

Die Landschaft bei Hegra, wo um 25 v. Chr. eine kranke römische Armee (und 1000 nabatäische Soldaten) von Aretas, dem nabatäischen Gouverneur der Region und ein Verwandter König Obodas' III., versorgt wurde.

das letzte Mal gewesen, dass das östliche Wasser und Essen von der westlichen Konstitution nicht vertragen wurden.

Nachdem sie mehrere Monate an der Küste des Roten Meeres lagerten, »zur (Wieder-)Herstellung der Kranken«, marschierte die Armee auf die im Landesinnern gelegenen Gebiete des Hejaz zu, wo die Nabatäer bereits über eine Basis verfügten. Hier, wahrscheinlich in der Nähe von Hegra (dem heutigen Mada'in Saleh), das nur wenig später eine bedeutende nabatäische Stadt wurde, wurde die Armee von einem Aretas, einem Verwandten König Obodas, freundlich begrüßt. Er schickte die wieder genesene Armee weiter nach Süden zu dem einst großen Handelskönigreich Ma'in, das damals bereits im Niedergang begriffen war. Die Römer und ihre Allierten eroberten die Stadt Negrana kampflos und marschierten weiter nach Süden durch die eintönige Landschaft des Wadi Jawf, das minäische Kernland. Nachdem sie keinen Versuch gemacht hatten, die Araber »zu befreunden«, was ja ihr offizieller Auftrag war, schlugen sie dort die erste Schlacht mit den »Barbaren« (wie Strabon die Minäer mit kühler Herablassung nennt), und es »fielen ihrer gegen zehntausend, der Romaner hingegen zwei«. Aelius Gallus errichtete eine Garrison in einer Stadt, die Strabon »Athrula« (heute: Baraqish) nennt und die sich ebenfalls kampflos ergab. Dann marschierte er weiter über die glühend heißen östlichen Ebenen auf Marib zu, die sabäische Hauptstadt und die größte Stadt Südarabiens. Die Römer müssen auf dem Weg nach Marib verzagt sein angesichts der weiten Flächen vulkanischer Lava – schwarz, rasierklingenscharf und seltsam verformt seit der Zeit ihrer urzeitlichen Schmelze, eine Landschaft wie aus ihren schrecklichsten Alpträumen.

Aelius Gallus belagerte Marib sechs Tage, »aber wegen Wassermangels stand er ab«. Es ist seltsam, dass Wassermangel ausgerechnet in Marib zum Problem wurde, denn es war berühmt für seinen Damm, der damals bereits fünfhundert Jahre alt war und der nur wenig entfernt in einem fruchtbaren Tal auf der anderen Seite der Stadt lag. Die Römer scheinen von seiner Existenz nichts gewusst zu haben, und die Sabäer fanden offensichtlich Mittel und Wege, sie vom Wasser fernzuhalten. Damit war klar: Die Expedition packte

Die »Altstadt« von Marib. Unter den verlassenen Gebäuden liegen die unausgegrabenen Ruinen der antiken Hauptstadt des sabäischen Königreiches, die die römische Armee sechs Tage lang belagerte. Trotz des nahe gelegenen grossen Marib-Damms, mussten die Römer wegen Wassermangel ihre Belagerung abbrechen.

zusammen und machte sich auf den langen Heimmarsch. Er dauerte sechzig Tage – im Gegensatz zu den sechs Monaten, die sie für den Hinweg benötigt hatten. Vor allem dies überzeugte Strabon, dass sein Freund Aelius Gallus verräterisch irregeleitet worden war durch seinen Führer Syllaios. Zu Syllaios' Glück sah Augustus das anders: Sein ganzes Leben lang scheint der Kaiser diese militärische Expedition als Erfolg betrachtet zu haben – seine Armee war auf der arabischen Halbinsel, mit all ihrem vermeintlichen Reichtum an aromatischen Substanzen, weit vorgedrungen, sie hatte die arabische Armee besiegt und arabische Städte erobert. Nicht einmal Augustus' Held Alexander hatte das geschafft.³ Die Tatsache, dass die Römer die Weihrauchgebiete nicht erreicht hatten, wurde geflissentlich übersehen. Und was den ehrgeizigen Syllaios betraf: Er kehrte nach Petra zurück und nahm sein Leben so wieder auf wie zuvor.

Das Petra Obodas' III. kennen wir vor allem aus den anschaulichen Beschreibungen Strabons, dessen Freund Athenodoros, ein Philosoph, dort einige Zeit gelebt hatte. Was er beschreibt, ist eine kosmopolitische Stadt, in der neben den Nabatäern »viele Romaner und viele andere Fremde« lebten. Was Athenodoros besonders beeindruckte, war, dass die Nabatäer untereinander keine Rechtsstreitigkeiten führten – nur die Ausländer zogen vor Gericht, sowohl gegen andere Fremde als auch gegen einige Nabatäer. Er berichtete, dass die »Eingebornen hingegen Keine einander verklagen« und dass dies seiner Meinung nach vor allem darauf zurückzuführen sei, dass die Stadt eine »wohlgesetzliche Verfassung« hat. Der König hat einen »Statthalter« (Kanzler), »einen seiner Freunde, welcher sein Bruder heisst«. Dieser Begriff bezeichnet keine tatsächliche Blutsverwandtschaft, sondern war von den Höfen der hellenistischen Könige übernommen worden, die ihre wichtigsten Berater so nannten. Obodas' III. »Bruder« war Syllaios.⁴

Diese von Strabon als »mässig und erwerbsam« beschriebenen Nabatäer, führten ein gänzlich anderes Leben, als das von Hieronymos von Kardia 300 Jahre zuvor beschriebene. Sie mussten sich nicht länger den asketischen Prinzipien, die ein Nomadenleben notwendig macht, unterwerfen – jetzt, im Schutz ihrer Hauptstadt, lebten sie in teuren aus Stein gebauten Häusern und sie setzten »sogar dem sein Vermögen Vermindernden obrigkeitliche Strafen, dem Vermehrenden Belohnungen« aus. Zwar scheint dies darauf hinzudeuten, dass persönliche Bereicherung honoriert wurde, aber ist es doch wahrscheinlicher, dass hier das Eigentum des gesamten Volkes so scharf verteidigt wurde. Die Nabatäer waren zudem Bauern geworden, die Obst anbauten und weißflauschige Schafe, Vieh und Kamele züchteten, allerdings keine Pferde. Ihre Kleidung war einfach und wurde von einem Gürtel an der Hüfte zusammengehalten; sie trugen Pantoffeln an ihren Füßen. Nur der König trug purpur.

Trotz all ihres neuen Reichtums, erzählt uns Strabon, hielten sie auffallend wenig Sklaven, die sonst in der römischen Welt allgegenwärtig waren. Das ist vor allem deshalb bemerkenswert, weil sie in dieser Zeit die Anzahl der architektonischen Projekte vervielfachten, sowohl was die Konstruktion von Gebäuden als auch das Meißeln von Grabfassaden in den Bergen um Petra angeht. Die große Menge an Arbeitskräften, die für diese Projekte benötigt wurden, bestand nachweislich zum größten Teil aus nabatäischen Bürgern – mit dem Beginn des Friedens hatten vielleicht viele Soldaten ihre Schwerter mit Meißeln vertauscht.

Das Fehlen von Sklaven würde auch bedeuten, dass jeder Mann (oder seine Verwandten) einen Großteil jener Arbeiten erledigte, die für das tägliche Leben wie für die regelmäßig stattfindenden

Petra, die Hauptstadt der nabatäischen Könige, erfuhr ihren grössten Aufschwung in der Regierungszeit Obodas' III. Strabon zufolge, verklagten die »Eingebornen hingegen Keine einander«.

Ein Steinmetz bei Restaurationsarbeiten an Petras Monumenten, der ähnliche Werkzeuge benutzt, wie sie auch von den Nabatäern rund 2000 Jahre früher verwendet wurden.

Bankette notwendig waren. Strabons Bericht können wir entnehmen, dass diese Bankette in großem Stil gefeiert wurden. Das Mahl wurde in Gruppen zu 13 Personen eingenommen, die von zwei singenden Mädchen unterhalten wurden. Einen weiteren vollständigen Wandel in der Einstellung gegenüber den nabatäischen Tagen des Nomadentums kann man auch an seiner Beschreibung der Trinkgelage des Königs erkennen; diese wurden »in großem Prunk« gefeiert, aber niemand »trinkt mehr, als elf Becher, und immer aus anderem goldenen Trinkgeschirr«. Da von den Nabatäern bekannt ist, dass sie Wein herstellten, kann man davon ausgehen, dass diese Becher nichts Alkoholfreies enthielten. In dieser bemerkenswert gleichen Gesellschaft war sogar der König »so herablassend, dass er ausser der Selbstbedienung sogar den Uebrigen gegenseitige Bedienung leistet«. Nicht nur das: Er musste auch »vor dem Volke Rechenschaft« ablegen, ein Vorgehen, dass sicherlich auf wenig Gegenliebe oder gar Verständnis bei Obodas' III. autokratischen Zeitgenossen Herodes der Große und Kaiser Augustus gestoßen ist. Vielleicht ist auch dies der Grund für seine angebliche Inkompetenz.

In der Regierungszeit von Obodas III. erscheint wahrscheinlich erstmals das Profil der Königin zusammen mit dem des Königs auf den Münzen. Obwohl ihr Name nicht genannt ist, ist allein der Umstand, dass sie überhaupt auftaucht, ein Zeichen für die wachsende Bedeutung der Königin in der nabatäischen Gesellschaft – und vielleicht sogar der Frauen im Allgemeinen. Ein Großteil ihres Kopfes und ihrer Frisur wird vom Kopf des Königs verdeckt; Obodas trägt ein Haarband, das um seinen Kopf gebunden ist, von dem sein Haar auf der einen Seite in engen Locken und auf der anderen Seite in den Wellen eines Pagenkopfes herabfällt. Auf frühen Münzen ist er als junger Mann abgebildet und anders als sein Vorgänger Malichus I., der dieses jugendliche Bild bis zum Schluss bewahrte, ließ sich Obodas III. später auch mit den gereifteren Gesichtszügen des mittleren Alters porträtieren. Dieses Akzeptieren der Wirklichkeit steht auf anrührende Weise in Einklang mit dem Charakter eines Königs, der, entgegen der Trends seiner Zeit, seine Frau auf den Münzen mit abbilden ließ, andere bediente und Rechenschaft über seine Amtsgeschäfte ablegte. Doch keine seiner außergewöhnlichen Qualitäten konnte Obodas' Ruf, inkompetent zu sein, verringern, den der Jude Josephus und der römisch-griechische Strabon begründeten, die nichts an diesem Vorgehen bewunderungswürdig fanden.

Bei seiner Rückkehr von der arabischen Expedition hatte Syllaios offensichtlich besseres zu tun, als sich dem gemäßigten Lebensstil in Petra hinzugeben. Das Schwert dem Meißel vorziehend, begann er energisch an seiner Karriere zu arbeiten, die nichts weniger als glänzend sein sollte, und stellte seinen Wert als »Bruder« des demokratischen Obodas III. unter Beweis. Josephus zufolge war er jung, klug und gutaussehend, und all diese Qualitäten sicherten ihm, als er sich bei Herodes zu Besuch in Jerusalem befand, die Aufmerksamkeit Salomes, der willensstarken Schwester des judäischen Königs, die genauso wie ihr Bruder halb-nabatäischer Herkunft war. Diese rastlose zweimalige Witwe – ihre beiden Ehemänner waren wegen übermäßigem Ehrgeiz exekutiert worden – war auf der Suche nach einem neuen Ziel. Nach kurzer Zeit hatten sie und Syllaios (die ein ähnliches Temperament hatten) eine leidenschaftliche Affäre, über die ganz Jerusalem sprach. Spione berichteten Herodes, dass man »aus ihren Mienen und Winken leicht entnehmen (könne), dass sie einverstanden seien«. Für Syllaios, der das Schicksal von Salomes beiden toten Ehemännern übersah, muss die Möglichkeit einer dynastischen Ehe mit der Schwester des judäischen Königs, der zudem auf gutem Fuße mit dem römischen Kaiser stand, wie ein Geschenk seiner Götter vorgekommen sein.

Doch als Syllaios zu Herodes ging und ihn um die Hand seiner Schwester bat, fand er ihn unzugänglich. In dem Versuch, an Gunst zu gewinnen, wies er daraufhin, dass er bereits jetzt der mächtigste Mann hinter dem nabatäischen Thron war, und ließ zudem einige, nur wenig verhüllte Andeutungen fallen, dass seine Position sich in Zukunft noch verbessern könnte – offensichtlich war er sich nicht bewusst, dass Herodes sich von jeher jedem widersetzte, der hochfliegende Pläne verfolgte. Herodes' Bedingung, dass Syllaios erst zum Judentum übertreten müsse, bevor er Salome heiraten könne, ließ die Leidenschaft des Nabatäers merklich abkühlen, denn er wusste, dass er dann von seinen eigenen Leuten gesteinigt würde. Die enttäuschte Salome wurde gezwungen, die nächstbeste Hofschranze zu heiraten, einen idumäischen Höfling namens Alexas, dessen Mangel an Ehrgeiz ihn zweifellos als Schwager empfahl.

Auch als Syllaios auf Freiersfüßen wandelte, arbeitete er gegen die Interessen seines Schwagers in spe; und mit der Ablehnung seines Antrages verstärkte er vermutlich noch seine subversiven Bemühungen. Die Verstimmungen gehen zurück auf das Geschenk des Antonius an Kleopatra: Teile von Auranitis, Trachonitis und Batanäas. Nach dem Sieg bei Actium hat Augustus diese Gebiete, die an Nabatäa angrenzen, an den Sohn des regionalen Herrschers, der sie hatte abtreten müssen, zurückgegeben. Dieser Zenodoros verkaufte oder verpachtete das Land um Auranitis zum Vorzugpreis von 50 Talenten sofort an die Nabatäer. Der nabatäische König hatte jedoch, entweder aus Nachlässigkeit oder aus einem Gefühl der Unabhängigkeit heraus, versäumt, seinen Titel durch Augustus bestätigen zu lassen; und als der Kaiser entschied, diese Gebiete Herodes zu geben, verloren die Nabatäer nicht nur das Land, sondern auch ihr Geld. Herodes erhielt also zu verschiedenen Zeiten die aneinander grenzenden Gebiete Batanäa, Gaulanitis und das Räubern Zuflucht gewährende Trachonitis und bildete so ein festes Bollwerk aus judäisch kontrolliertem Land an der nördlichen Grenze Nabatäas. Die unbotmäßigen Einwohner Trachonitis wurden nun gezwungen, das Land zu bestellen, eine Arbeit, die sie weder für die Spannung noch für den entsprechenden Profit ihres vorherigen Banditenlebens entschädigte. Es dauerte daher nicht lange, bis sie gemeinsame Sache mit den verstimmten Nabatäern und dem abgewiesenen Verehrer Syllaios machten.

12 v. Chr. erlaubte Syllaios, der Kanzler, Banditen aus Trachonitis eine Basis im nabatäischen Königreich einzurichten, von der aus sie wiederholt Raubzüge auf judäischem Gebiet verübten. Herodes war selbstverständlich wütend und 9 v. Chr. reichte er vor dem römischen Legaten Syriens, Gnaeus Sentius Saturninus, Klage ein, der stattgegeben wurde. Saturninus befahl den Nabatäern, zudem rund 60 Talente an Herodes zurückzuzahlen, die dieser Obodas III. zuvor geliehen hatte. Als nach Ablauf der Frist weder die Banditen noch das Geld überreicht worden waren, erlaubte Saturninus dem Herodes seine Armee nach Nabatäa zu führen und die Stützpunkte der Banditen zu zerstören. Die nabatäische Armee griff gleichfalls zu den Waffen, doch in dem, was nur als unbedeutendes Gefecht bezeichnet werden kann, wurden sie zurückgeschlagen und verloren rund 20 Soldaten, unter anderem ihren General.

Syllaios hatte das Land bereits verlassen. Herodes hatte sich große Vorteile verschafft, indem er seine Beschwerden direkt in Rom vor Augustus vorbrachte, und jetzt folgte Syllaios seinem Beispiel und segelte nach Rom, um seinen Fall dem Kaiser vorzulegen. Mit Tränen in den Augen behauptete er, dass Herodes sein Land ohne jeden Grund und ohne Erlaubnis durch die Römer angegriffen hätte und dass 2500 Nabatäer massakriert worden waren. Es war der dreiste Versuch, Herodes mit dessen eigenen Waffen zu schlagen – und es wirkte: Augustus war von Syllaios beeindruckt und zweifelte sowohl an der Aufrichtigkeit als auch am Wert des judäischen Königs. Für Syllaios hatte die Anerkennung des Kaisers als aufrichtiger Unterhändler und Sprecher der Nabatäer ohne Zweifel berauschende Wirkung, aber es reichte nicht: Er spielte um weit höhere Einsätze.

Obodas III. starb, als Syllaios in Rom war und sich in der Gunst des Augustus sonnte. Der Kanzler musste sich zur rechten Zeit am rechten Ort fühlen, um des Kaisers Unterstützung für seinen eigenen Anspruch auf den Thron zu gewinnen. Beim Zeugen eines Erben scheint Obodas genauso erfolglos gewesen zu sein wie beim Bemühen, als tatkräftiger Regent anerkannt zu werden. Syllaios glaubte zweifellos, dass sein Anspruch auf den Thron berechtigter war als der anderer, und sein Einvernehmen mit dem Kaiser schien ihm dies zu garantieren. Es muss ein herber Schlag für ihn gewesen sein, als er nach Petra zurückkam und erfahren musste, dass ein Mann namens Aeneas der neue nabatäische König war. Nichts ist bekannt über dessen Herkunft, doch eine Inschrift, die in Petras Regierungsbezirk az-Zantur gefunden wurde, legt nahe, dass er durch Malichus I. mit der königlichen Familie verwandt war. Wie dem auch sei, bei seiner Krönung nahm Aeneas den königlicheren Namen Aretas an. Wir kennen ihn als Aretas IV., für sein Volk war er »Aretas, der König, König der Nabatäer, der sein Volk liebt«.

»Dies sind die Orte, die … der Sohn des Diodorus, Kommandeur der Kavallerie, für das Leben des Aretas (IV.), König der Nabatäer, und Hageru, die Königin, Tochter des Malichus (I.), König der Nabatäer, seine … und seine Kinder errichtet hat; im Monat Shebat, im 18. Jahr (9 n. Chr.).« Dies könnte bedeuten, dass Hageru, Tochter des Malichus I., Aretas' Mutter gewesen sein könnte, was seinen Anspruch auf den Thron erklären würde.

Der neue König wurde jedoch nicht vom römischen Kaiser geliebt. Augustus war empört, dass dieser die Macht an sich gerissen hatte, ohne dazu vom Kaiser aufgefordert oder bestimmt worden zu sein. Es gibt jedoch keinen bekannten Präzedenzfall dafür, dass Rom einen der früheren nabatäischen Könige vorher billigte, und Aretas sah wahrscheinlich keinen Grund, im eigenen Fall um Erlaubnis nachzusuchen. Um seinen Anspruch entschieden zu vertreten, verteilte Syllaios Bestechungsgelder an kaiserliche Höflinge und überreichte Augustus reiche Geschenke, mit dem Versprechen, das mehr Geld folgen würde. Doch dann empfing Augustus Botschafter von Aretas, die ihm Geschenke brachten, unter anderem eine schwere goldene Krone. Sie überbrachten außerdem einen Brief, in dem Aretas den Syllaios beschuldigte, Obodas vergiftet zu haben und zu dessen Lebzeiten die königliche Macht an sich gerissen zu haben[5]. Zudem habe er die Ehefrauen der Nabatäer verführt und öffentliche Gelder für seine eigenen Zwecke benutzt. Augustus, der immer noch von Syllaios eingenommen war, scheint Aretas' Worte als zwangsläufigen Ausdruck der Feindseligkeit zwischen den beiden Anwärtern auf den nabatäischen Thron abgetan zu haben.

Syllaios mag den Tod des Obodas angeregt haben, doch seine Abwesenheit zur Tatzeit ist ein wasserdichtes Alibi. Wir können uns jedoch diesen verschlagenen Mann vorstellen, wie er zu Hause seinen Anti-Herodes Besuch in Rom plant und plötzlich erkennt, dass er zwei Fliegen mit einer Klappe schlagen kann: Herodes in Augustus' Wertschätzung ersetzen und den kaiserlichen Segen für seinen Anspruch auf den nabatäischen Thron gewinnen. Wenn er seine Pläne sorgfältig geschmiedet hat und Obodas während seine Aufenthaltes in Rom ermordet wurde, konnte keine Schuld auf ihn fallen. Hatte er schließlich nicht auf seiner Reise nach Rom zwei Inschriften sowohl in Nabatäisch als auch in Griechisch zu Ehren des Königs in Auftrag gegeben, eine als sein Schiff in Milet anlegte und eine andere auf der Insel Delos? Er, der den großen Gott der Nabatäer, Dushara, angefleht hatte, für das Leben und die Gesundheit Obodas' III. zu sorgen und dies in Stein meißeln ließ – wie konnte er an dessen Tod beteiligt sein?

Kaiser Augustus, dessen Intervention 9 v. Chr. um die Nachfolge auf dem nabatäischen Thron nach dem Tod des Obodas III. den Nabatäern beinahe ihre streng gehütete Unabhängigkeit gekostet hätte. (Bridgeman Art Library)

In diesem Moment kam ein Sprecher des Herodes in Rom an, Nikolaus von Damaskus, der Herodes verteidigte, in dem er Syllaios angriff. Er legte so überzeugende Beweise vor und brachte Zeugen für die Lügen und Missetaten des Syllaios bei, dass Augustus schließlich davon überzeugt war, dass er seinem bevorzugtem Nabatäer nicht glauben könne. Augustus erkannte: Wenn Syllaios in Bezug auf Herodes gelogen hatte, dann könnte er in puncto Obodas genauso unaufrichtig gewesen und Aretas' Anschuldigungen könnten gerechtfertigt sein. Aber er war immer noch verärgert, dass Aretas nicht um seine Erlaubnis, König zu werden, nachgesucht hatte, und er spielte mit dem Gedanken Nabatäa dem bestehendem judäischen Königreich des Herodes zuzuschlagen. Vielleicht erkannte er aber auch, dass er damit einen Sturm entfesseln könnte, groß genug um die römische Macht im Osten hinwegzufegen. Die Zwietracht unter den Religionen zu erhalten, war sicherer. Herodes hatte ohnehin schon alle Hände voll zu tun: Intrigen und Aufstände wurden zum Teil sowohl von seinen Söhnen als auch von anderen Mitgliedern seiner Familie unterstützt, die der König mit seinen unberechenbaren Justizmorden an engen Verwandten gegen sich aufgebracht hatte.

Widerstrebend erkannte Augustus Aretas als König der Nabatäer an. Zur selben Zeit und wahrscheinlich mit weniger Widerwillen verurteilte er Syllaios zum Tode; die Exekution sollte bis nach seiner Rückkehr aus Judäa aufgeschoben werden, wo er sich um die Anschuldigungen, die Herodes vorgebracht hatte, kümmern und Schadenersatz leisten wollte. Aus irgendeinem Grund – vielleicht, weil Herodes zu beschäftigt war, die Ermordung seiner Söhne zu planen – wurde das Urteil nicht vollstreckt und Syllaios überlebte, um eine neue, wenn auch kurze Karriere als politischer Auftragsmörder anzustreben, in der er mehrere prominente Nabatäer beiseite schaffte. Um 6 v. Chr. wurde – vor der Tat – entdeckt, dass er einen von Herodes' Leibwächtern bestochen hatte, einen Anschlag auf das Leben seines Königs zu verüben. Syllaios floh aus Rom, wahrscheinlich um erneut zu versuchen, Augustus von seiner Version der Ereignisse zu überzeugen. Josephus schweigt sich darüber aus, was weiter mit ihm geschah, doch wissen wir von Strabon, dass dieser zwielichtige Nabatäer sein wohlverdientes Ende fand: Er wurde enthauptet.

Aretas IV. wurde so von einem gefährlichen Rivalen befreit und konnte die heikle Aufgabe angehen, das Vertrauen des Kaisers zu gewinnen. Dies war bei Augustus selten leicht, und vorübergehend mag Nabatäa daher von Rom annektiert worden sein – einzig eine kurze Bemerkung Strabons legt diesen Schluss nahe, denn er erwähnt, dass zu der Zeit, zu der er schrieb (wahrscheinlich 3 v. Chr.), sowohl die Nabatäer als auch die Syrer Untertanen Roms waren; dies deckt sich mit einer Zeitspanne von drei Jahren (3 – 1 v. Chr.), in der Aretas IV. keine Münzen prägen ließ. Schließlich gelang es jedoch dem nabatäischen König, seine Position als Freund Roms zu sichern und es gelang ihm auch, dass der Kaiser seine Unabhängigkeit (wahrscheinlich nur teilweise) anerkannte. Zu dieser Zeit könnte auch jene Gedenkinschrift für einen unbenannten nabatäischen König (von dem angenommen wird, dass es sich hierbei um Aretas handelt) auf dem Capitol im Herzen Roms[6] angebracht worden sein – Aretas IV. war eindeutig in seinen Rechten bestätigt worden.

König Herodes starb kurz nach Syllaios' Exekution, um 4 v. Chr. Drei seiner Söhne, die die wiederholten mörderischen Attacken ihres Vaters überlebt hatten, folgten ihm auf den Thron. Kurz vor seinem Tod hatte Herodes nochmals sein Testament geändert, und die Brüder, zerfressen von gegenseitigem Misstrauen, begaben sich nach Rom, um Augustus die letzte Entscheidung über ihr Erbe zu überlassen.

Die jüdische Bevölkerung, die Herodes gehasst hatte und auch in seinen Söhnen nichts erkennen konnte, was sie aufatmen ließ, unterstützte mit großer Mehrheit einen Aufstand, der mit militärischer Hilfe der Römer niedergeschlagen wurde. Auch Aretas IV., der Josephus zufolge »aus Hass gegen Herodes ein Freund der Römer geworden« war, hatte sich daran mit einem großen Kontigent aus Infanterie und Kavallerie beteiligt. Es war in jedem Fall das stillschweigende Eingeständnis, dass seine Unabhängigkeit vom guten Willen des Kaisers abhing.

Was die drei überlebenden Söhne Herodes anging, so hielt Augustus die wichtigsten Bestimmungen des Letzten Willens (insbesondere das Vermögen, das ihm selbst zugesprochen worden war) aufrecht, und jeder Bruder erhielt einen Teil des Königreichs seines Vaters – Archelaos wurde Ethnarch von Judäa, Samaria und Idumäa (um zum König befördert zu werden, sollte er sich dessen erst würdig erweisen), sein jüngerer Bruder Herodes Antipas wurde zum Tetrachen der aufgeteilten Gebiete Galiläas und Peträas ernannt und der Halbbruder Herodes Philippos wurde Tetrach von Gaulanitis, Trachonitis, Batanäa und der Stadt Paneas.

Auch dem römischen Syrien wurden Teile aus Herodes' Territorium zugeschlagen – einschließlich Gaza, das der wichtigste Umschlagplatz für den Export des nabatäischen Weihrauchs und Myrrhe nach Europa war. Dieser wichtige Hafen, dessen Besitz so oft zwischen Judäern und Nabatäern gewechselt hatte, wurde nun eine römische Enklave – ein Hinweis auf des Kaisers stetes Anliegen, den Weihrauchhandel zu kontrollieren oder zumindest von den einträglichen Steuern, die man ihm auferlegen konnte, zu profitieren. Es gibt jedoch keine Anzeichen dafür, dass der nabatäische Handel schon zu diesem Zeitpunkt unter dem Wechsel des Besitzers gelitten hätte.

Archelaos, weit entfernt davon, vom Ethnarchen zum König befördert zu werden, wurde, nachdem Augustus wiederholt zugetragen wurde, dass sein Volk sich über ihn beschwerte, 6 n. Chr. abgesetzt und nach Gallien verbannt. Seine Gebiete kamen dann unter direkte römische Herrschaft und wurden zur Provinz Judäa mit einem Procurator an der Spitze, der durch den Kaiser ernannt wurde. Sowohl Herodes Antipas als auch Herodes Philippos regierten ihre Tetrachien (zumeist friedlich) mehr als dreißig Jahre. Doch alle wurden noch von Aretas IV. übertroffen, der 40 n. Chr. starb, nach einer Regierungszeit von 49 Jahren.

Nach den turbulenten ersten Jahren seiner Regierungszeit kam Aretas in einer langen Periode des Friedens, Wohlstands und der politischen Stabilität zur Ruhe – dem goldenen Zeitalter des nabatäischen Königreiches. Ein Indikator für die blühende Wirtschaft seiner langen Regierungszeit ist die außerordentliche Anzahl an Münzen, die er sowohl in Silber als auch in Bronze prägen ließ – die meisten als Währung, andere als Erinnerung an wichtige Ereignisse. Achtzig Prozent aller bekannten nabatäischen Münzen stammen aus der Regierungszeit des Aretas IV. Ein Grund für diesen Wohlstand liegt sicherlich darin, dass er einen *modus vivendi* mit dem Kaiser fand, der auch den Tod des Augustus im Jahr 14 n. Chr. und die Thronbesteigung durch Tiberius überstand.

Die römische Herrschaft über Syrien und die anderen, weiter nördlich gelegenen Provinzen war nicht immer friedfertig. Tacitus[7] berichtet, wie Aretas IV., wahrscheinlich ungewollt, die bittere Rivalität zwischen Germanicus, Neffe und Adoptivsohn des Kaisers Tiberius, und Gnaeus Calpurnius Piso, Legat von Syrien, weiter anfachte. 17 n. Chr. war Germanicus zum Prokonsul mit der Oberhoheit über alle östlichen Provinzen, einschließlich Syriens, ernannt worden. Er erhielt den Auftrag, nicht nur die Provinzen, sondern auch die unabhängigen Königreiche der Region zu befrieden. Im folgenden Jahr traf er Piso im nördlichen Syrien, im Winterquartier der 10. Legion bei Antiochia. Es scheint, dass Aretas die Gelegenheit beim Schopf ergriff, um nach Norden zu reisen und den neuen Prokonsul dort zu begrüßen. Bei einem Bankett, das er ausrichtete[8], überreichte er Germanicus und dessen Frau Agrippina schwere goldene Kronen und Piso und anderen Gäste leichtere. Piso bekam daraufhin einen Wutanfall, warf seine Krone zu Boden und fügte »noch viele Bemerkungen gegen den Luxus hinzu«. Tacitus schließt diese Szene mitfühlend mit dem Kommentar, dass Germanicus diese Worte, obwohl »sie ihn kränkten, doch ruhig« hinnahm; die Bestürzung, die den Gastgeber Aretas ergriffen haben mochte, beschäftigte ihn hingegen nicht. Germanicus starb im darauf folgenden Jahr, 19 n. Chr., in Antiochia, wahrscheinlich wurde er vergiftet.

Nach der Absetzung des Archelaos erfreute sich Aretas des Friedens mit seinem direktem Nachbarn, denn seine Anerkennung durch den Kaiser bedeutete, dass weder die neue römische Provinz Judäa noch die abhängigen Tetrachien von Herodes' Söhnen, Antipas und Philippos ihm Ärger bereiten konnten. Tatsächlich waren seine Beziehungen zu den Herodäern so gut, dass er sogar eine seiner Töchter mit Antipas vermählte. Es wird angenommen, dass sie entweder Phasa'el oder Schu'dat hieß.

EINE BRONZEMÜNZE, DIE DIE PROFILE VON KÖNIG ARETAS IV. UND SEINER ZWEITEN FRAU, KÖNIGIN SHAQILATH, ZEIGT.

Dank der Inschriften, in denen diese Namen genannt werden, wissen wir mehr über die Familie von Aretas IV. als über die all seiner Vorgänger. Wir wissen, dass er zwei Ehefrauen hatte, Huldu und Shaqilath – anscheinend nacheinander und nicht gleichzeitig – und das Profil einer jeden ist auf den Münzen hinter seinem eigenen abgebildet. Im Gegensatz zu Obodas' III. Gemahlin, deren Name nicht erwähnt wurde, werden ihre Namen genauso wie der des Königs auf den Münzen erwähnt – Huldus vom ersten Regierungsjahr Aretas bis 16 n. Chr. und Shaqilaths ab 18 n. Chr. Da keine weiteren Inschriften aus den dazwischen liegenden Jahren bekannt sind und in dieser Zeit auch der seltene Fall eintrat, dass keine Münzen durch Aretas IV. geprägt wurden, wissen wir nicht genau wann oder warum Huldu aufhörte, Königin zu sein, noch wann Shaqilath neue Königin wurde. Von Huldu wird angenommen, dass sie die Mutter der Söhne Malichus, Obodas und Rabel (von denen angenommen wird, dass sie vor der Thronbesteigung ihres Vaters bereits geboren waren) und der Töchter Phasa'el (vermutlich im fünften Regierungsjahr ihres Vaters geboren), Schu'dat und Hageru ist. Von Hageru berichten zwei Inschriften, dass sie einen Sohn namens Aretas gebar, zweifelsohne erhielt er diesen Namen zu Ehren seines Großvaters.

Eine Frage, die nie vollständig geklärt werden konnte, ist, ob die nabatäischen Könige ihre eigenen Schwestern heirateten, wie die uns bekannten Inschriften nahe legen – »Shaqilath, seine Schwester, Königin der Nabatäer«. Wir wissen, dass die Nabatäer die hellenistische Gepflogenheit übernahmen und »Bruder« als Ehrentitel für den Kanzler verwendeten und dass damit nicht der tatsächliche Verwandschaftsgrad gemeint war. Wenn das hellenistische Modell auch für den Begriff der Schwester galt, dann sind mit Schwester-Königinnen nicht unbedingt blutsverwandte Schwestern gemeint. Die nabatäische Praxis ist absolut unklar – selbst wenn das Heiraten von Schwestern vorgekommen sein mag, ist es genauso möglich, dass der Ehefrau eines nabatäischen Königs der Ehrentitel »Schwester« verliehen wurde. Zudem wissen wir, dass Aretas IV. bei seiner Thronbesteigung selbst einen typisch königlichen Namen annahm, und dies mag genauso für eine Königin gegolten haben, die einen neuen Namen aus dem begrenzten Repertoire an weiblichen royalistischen Namen wählte. Es wäre dann höchst wahrscheinlich, dass diese nicht verwandten Schwester-Königinnen denselben Namen wie die mit ihnen verwandten Schwestern trugen. Verwirrenderweise scheint dies auch in umgekehrter Richtung gegolten zu haben, denn einige Inschriften bezeichnen blutsverwandte Schwestern des Königs (aufgeführt als Kinder desselben Vaters) als »Königinnen der Nabatäer«, obwohl es keinen Hinweis darauf gibt, dass sie mit ihrem Bruder, dem König, verheiratet waren. 1961 wurde in einer Höhle der judäischen Berge jedoch das Archiv einer Frau namens Babatha (siehe Kapitel 8) gefunden, das unter anderem ein Dokument aus dem Jahr 99 n. Chr. enthielt und das eindeutig zu sein scheint in Bezug auf zwei Frauen, von denen angenommen wird, dass sie Ehefrauen Rabels II. waren: »Gamilat und Hageru, seine Schwestern, Königinnen der Nabatäer, Töchter des Malichus des Königs, König der Nabatäer, Sohn des Aretas, der sein Volk liebt, König der Nabatäer«. Doch ist auch hier denkbar, dass von seinen leiblichen Schwestern die Rede ist und nicht von seinen Ehefrauen; beide könnten dieselben Namen getragen haben und beide könnten »Königinnen der Nabatäer« gewesen sein. Bis keine weiteren eindeutigen und klärenden Funde auftauchen, wird sich wohl der Schleier, der über dem Ganzen liegt, nicht lüften lassen.

Der Frieden, der das Königreich Aretas' IV. umgab, war ein idealer Nährboden für die Schaffung weiteren Wohlstandes. Mehr als zwei Jahrzehnte lang mussten keine Armeen mehr mobilisiert und bezahlt werden, und des Königs Ressourcen konnten so für die Vergrößerung und Verschönerung seiner Städte verwendet werden. Obwohl weder Josephus noch Strabon über Aretas IV. und die ihm folgenden nabatäischen Könige berichten, ist die archäologische Beweislage eindeutig: Die Nabatäer dieser Zeit gaben zunehmend ihr altes Nomadenleben auf und siedelten sich in kleinen bäuerlich geprägten Dörfern oder Städten an. Petra, die Hauptstadt, wurde von Grund auf verändert (siehe Kapitel 5) und prachtvolle Grabfassaden, Tempel, öffentliche Gebäude und Häuser wurden geschaf-

Eine Gruppe von nabatäischen getöpferten Tellern und Schüsseln aus dem 1. nachchristlichen Jahrhundert. Auf einem Rad gefertigt, verwendeten die Töpfer eine Sorte Ton (von einem Flöz direkt vor den Toren Petras), die es ihnen ermöglichte, ausserordentlich dünnwandige Töpferwaren herzustellen, die sie mit Mustern in einem dunkleren Rot verzierten und die entsprechend ihrer nichtbildlichen Tradition aus geometrischen oder pflanzlichen Motiven bestanden.

fen. Diese wurden oft reich verziert, und die neuen Vorstellungen wurden sowohl in Skulpturen als auch in Wandmalereien mit großer Kunstfertigkeit umgesetzt. Ihre Töpferwaren hatten die Stärke von Eierschalen und waren mit zarten einfarbigen Mustern bemalt. Petra war jedoch nicht die einzige Stadt, die derart verändert wurde – sowohl der neue nabatäische Vorposten bei Hegra (siehe auch S. 153–164) im Nordwesten der arabischen Halbinsel als auch Bostra, die wichtigste Stadt Auranitis' im südlichen Syrien, wurden nicht nur größer und ihre Monumente wurden nicht einfach nur schöner, sondern sie wurden zudem Zentren der nabatäischen Verwaltung. Selbst die alten Handelsposten entlang der Weihrauchstraße durch den Negev (vor allem Oboda, Elusa und Nessana) erhielten, obwohl sie keine Residenzstädte waren, neue Bedeutung als Militärbasen oder Glaubenszentren.

Die Nabatäer erweiterten und verschönerten nicht nur im Nahen Osten ihre Handels- und Militärposten. In Alexandria und auf Rhodos, in Puteoli an der italienischen Westküste bei Neapel gelegen und anderswo entlang der Seerouten nach Europa hatten die nabatäischen Händler bereits seit langem Handelsniederlassungen und Tempel errichtet. Hier, so weit von zu Hause entfernt, konnten sie mit ihren eigenen Göttern verkehren. Eine Inschrift, die in Puteoli gefunden wurde, hält die Restauration »älterer Heiligtümer … die im achten Jahr (51 v. Chr.) der Regierungszeit von Malichus, König der Nabatäer« entstanden waren, fest. Das wieder hergestellte Heiligtum wurde »dem Leben Aretas', König der Nabatäer, und Huldus, seiner Frau, Königin der Nabatäer, und ihren Kindern im Monat Ab (August) des 14. Jahres (5 n. Chr.) seiner Regierungszeit« geweiht. Sechs Jahre später ließen wahrscheinlich zwei nabatäische Händler in Puteoli eine weitere Inschrift anfertigen, die an ein vom höchsten Gott erhörtes Gebet erinnern sollte und an die Gaben – vermutlich Votivfiguren aus kostbarem Metall – die aus Dankbarkeit dargebracht wurden: »Dies sind zwei Kamele von Zaidu, Sohn des Thaimu, und Adelze, Sohn des Haniu, dem Gott Dushara geopfert, da er uns erhörte. Im 20. Jahr der Regierung Aretas', König der Nabatäer, der sein Volk liebt«.

Bereits zu der Zeit, als diese Inschriften gemeißelt wurden, verlagerte sich der Handel mit Gewürzen, Gold und anderen kostbaren Waren aus Südarabien immer mehr vom Landweg auf den Seeweg, wurden die Waren per Schiff direkt über das Rote Meer zur römischen Provinz Ägypten transportiert. Nur wenig später verstärkte sich dieser Trend noch dadurch, dass europäische Händler Waren aus Indien importierten. Diese Revolution wurde eher unabsichtlich ausgelöst.

Um 20 n. Chr. bemerkte Hippalos, ein griechischer Händler und Seemann, dass der Wind im Indischen Ozean von Mai bis Oktober stetig von Südwesten her wehte, von November bis März jedoch von Nordost. Eines Sommers folgte er einer Eingebung und segelte mit dem Südwest-Wind bis zur Landzunge Ras Fartak an der südarabischen Küste, um dann, anders als jene Seeleute, die sich die arabische Küste entlanghangelten, mutig in die offene See hinauszusegeln. Er erreichte Indien nahe der Indus-Mündung und kehrte im Winter genauso erfolgreich mit dem Nordost-Wind zurück. Hippalos machte sich einen Namen damit, dass er der erste Europäer war, der nicht nur erkannte, wie sich die Monsunwinde drehten, sondern der sie auch entsprechend nutzte. Doch diese Entdeckung bedeutete den Anfang vom Ende der goldenen Jahrhunderte für den Handel der Südaraber und der Nabatäer. Von da ab hatten die Römer es immer weniger nötig, sich auf die teure Überlandroute zu verlassen, um kostbaren Weihrauch und Gewürze ins römische Gebiet zu liefern.

Es dauerte mehrere Jahrzehnte, bis die Auswirkungen, die die Entdeckung des Hippalos hatte, voll spürbar waren – tatsächlich wurden in der Zeit des nabatäischen Königreichs die Landwege nie gänzlich aufgegeben. In der Zwischenzeit hatte das zunehmend sesshaftere Leben der Nabatäer dazu geführt, dass die landwirtschaftliche Produktion anstieg, was es in der Folge nötig machte, auch die Mittel der Kanalisierung und der Wasserbevorratung zu erweitern. Sie wurden Wasseringenieure von großer Kunstfertigkeit und schufen ausgeklügelte Bewässerungssysteme in allen nabatäischen Landesteilen – um Petra, im Hejaz, dem Negev und Auranitis. Diese Fähigkeit, ihre Fertigkeiten den neuen Anforderungen anzupassen, ermöglichte es den Nabatäern den langsamen Niedergang ihrer Handelsstraße zu überleben. Waren sie zunächst fast vollständig vom Handel abhängig, so gelang es dem Königreich, seine äußerst erfolgreiche Wirtschaft zu diversifizieren und sich vor allem mit der Landwirtschaft eine solide Basis zu schaffen.

Auf dieses Bild kultureller und schlichter Größe warfen jedoch erneut zwischenmenschliche Beziehungen einen Schatten. 27 n. Chr. stattete Herodes Antipas, Tetrach von Galiäa und Peräa und ein Sohn Herodes' des Großen, Kaiser Tiberius in Rom einen Besuch ab. Während seines Aufenthaltes dort verliebte er sich leidenschaftlich in seine Nichte Herodias, die mit einem seiner Halbbrüder verheiratet war. Sie zu heiraten bedeutete, die jüdische religiöse Meinung gegen sich aufzubringen – nicht so sehr, weil sie seine Nichte war, mit der eine Heirat nicht erlaubt wäre, sondern weil das Gesetz es verbot, dass ein Mann die Frau seines Bruders heiratete, wenn dieser noch am Leben war. Trotzdem leitete Antipas die Scheidung von seiner Frau ein, einer nabatäischen Prinzessin, mit der er seit einigen Jahren verheiratet war und heiratete entgegen

Die auf einer Bergspitze gelegene Palastfestung des Herodes bei Machaerus, östlich des Toten Meeres. Hierher flüchtete sich Aretas' IV. Tochter, als sie erfuhr, dass ihr Gatte, Herodes' Sohn Herodes Antipas, sich von ihr scheiden lassen wollte. Johannes der Täufer wurde am selben Ort gefangen gehalten und exekutiert, weil er Antipas' Scheidung und anschließende Heirat mit Herodias verurteilte.

der öffentlichen Meinung und zur Empörung Aretas, des Vaters seiner ersten Frau, Herodias. Der Bericht der Evangelien[9] erwähnt die nabatäische Ehefrau nicht; stattdessen lesen wir die berühmte Geschichte, wie Johannes der Täufer mutig die skandalöse Wiedervermählung des Antipas verurteilt und dafür eingesperrt wird. Die angeklagte Herodias drängt aus Rachsucht ihre Tochter aus erster Ehe (die bekannte Salome), vor Herodes zu tanzen und eine Gunst von ihm zu erbitten. Zu des Tetrachen Bestürzung – denn er fürchtete ein politisches Nachspiel, sollte sein Gefangener sterben – war die »Gunst«, die sie erbat, der Kopf Johannes, des Täufers.

Weniger bekannt ist hingegen, wie die verschmähte Ehefrau reagierte und welch wichtige Konsequenzen dies auf die judäisch-nabatäischen Beziehungen hatte. Als Herodes Antipas nach Jerusalem zurückgekehrt war, unternahm er zunächst alle Anstrengungen, seine neuen Heiratspläne vor seiner Frau geheimzuhalten. Doch die nabatäische Prinzessin erfuhr davon und bat ruhig um Erlaubnis, Machairus zu besuchen, eine Bergfestung am östlichen Ufer des Toten Meeres, die noch Herodes der Große renovieren ließ.[10] Antipas glaubte, dass sie von nichts wusste und war nur zu glücklich, sie aus dem Weg zu haben. Machairus war gut gewählt, denn es lag nahe der nabatäischen Grenze, von wo aus sie, wie uns Josephus berichtet, »von einem Festungskommandanten (*strategoi*) zum anderen geleitet, in kurzer Zeit zu ihrem Vater« nach Petra eskortiert wurde. Von Madaba, der nächsten Stadt unter nabatäischer Kontrolle kennen wir sogar den Namen des *strategos*, der sie begleitet hat: Eine örtliche Grabinschrift von 37 n. Chr. ist einem ʿAbdʿobodat gewidmet, der als Nachfolger seines Vaters mehrere Jahre als *strategos* der Region gedient hat.

Wütend, wie er durch die Behandlung seiner Tochter war, stürzte sich Aretas jedoch nicht sofort in einen Krieg mit seinem ehemaligen Schwiegersohn und neuem Feind, sondern wartete die richtige Zeit und den richtigen Ort zum Handeln ab. Es ist nicht ganz klar, wann dies geschah, doch mag es stattgefunden haben nachdem Antipas' Bruder, Herodes Philippos 34 n. Chr. gestorben war und seine Tetrachie Gaulanitis, Trachonitis und Batanäa vorübergehend der römischen Provinz Syrien angegliedert wurde. Es scheint, dass Lucius Aelius Lamia, von 32 n. Chr. für zehn Jahre Prokurator (Provinzgouverneur) Syriens, nie auch nur einen Fuß in seine Provinz setzte, zudem scheint sich sein Nachfolger nicht länger als ein Jahr gehalten zu haben und der nächste Prokurator von dem wir wissen, wurde nicht vor 35 n. Chr. eingesetzt. Hätte Aretas tatsächlich das Jahr 34 n. Chr. gewählt, um seine Truppen nach Gaulanitis, in der nordwestlichen Ecke von Philippos' Land gelegen, zu schicken, wäre er in der Abwesenheit eines römischen Prokurators auf wenig Gegenwehr gestoßen. Antipas im benachbarten Galiläa fühlte sich jedoch bedroht genug, um seine Armee zu mobilisieren und wurde von den Nabatäern vernichtend geschlagen. All dies geschah, ohne Rom um Zustimmung zu bitten und Antipas nutzte genau dies, als

er sich nach seiner Niederlage bei Tiberius über den Angriff von Aretas beschwerte. Zu jener Zeit war der Kaiser vielleicht durch sein skandalöses Leben auf Capri zu sehr abgelenkt, um die Sache genauer zu untersuchen, doch im nächsten Jahr befahl er Lucius Vitellius, seinem neuen Prokurator in Syrien, die Nabatäer anzugreifen. Falls es nicht schon längst geschehen war (vgl. S. 216, Anm. 8 zu Kap. 4), könnte es sein, dass die Nabatäer zu jener Zeit nach mehr als einem Jahrhundert Damaskus wieder unter ihre Kontrolle brachten. Wenig hätte Aretas in der Abwesenheit eines römischen Prokuratoren in Syrien davon abhalten können, seine Truppen nach ihrem Einmarsch in Gaulanitis und ihrem Sieg über die Herodäer bis Damaskus vordringen zu lassen.

Es ist wenig überraschend, dass die Kreuzigung des Jesus von Nazareth kurz vor diesen Ereignissen von den Nabatäern nicht zur Kenntnis genommen wurde. Weder seine Geburt in den letzten Jahren der Regentschaft von König Herodes noch Jahre als herumreisender Prediger in der römischen Provinz Judäa und den Tetrachien von Antipas und Philippos noch der Tod dieses bescheidenen jüdischen Lehrers, der in keiner Beziehung zu den Göttern oder der Politik der Nabatäer stand, waren von besonderem Interesse für sie. Nichtsdestotrotz weckten die Aktivitäten seiner Jünger ihren Argwohn. Paulus, der sich in der Stadt aufhielt, als die Nabatäer dort ihre Herrschaft erneut festigten, berichtet von der außerordentlich würdelosen Flucht, als König Aretas' Ethnarch »die Stadt der Damaszener (bewachte) und … mich gefangennehmen (wollte), und ich wurde in einem Korb durch ein Fenster die Mauer hintergelassen und entrann seinen Händen«[11]. Nach der Ankunft von Vitellius (35 n. Chr.), der den Befehl hatte, die Nabatäer anzugreifen, konnten diese Damaskus nicht mehr lange besetzt halten: Die schiere Selbsterhaltung hätte dem nabatäischen König einen schnellen Abzug seiner Truppen und ihre Neuformierung im Süden seines Kernlandes diktiert.

Erst zu Beginn des Frühlings 37 n. Chr. konnte Vitellius jedoch andere militärische Einsätze in der Provinz beenden und gegen die Nabatäer zu Felde ziehen. Josephus erzählt eine merkwürdige Geschichte von Aretas IV., der seine Seher bezüglich des bevorstehenden Angriffs auf Petra befragte: Seine Propheten sagten ihm, dass es dazu nie kommen würde, da einer der drei betroffenen Herrscher bald sterben werde – der, der sie befohlen habe, oder der, der sie führte, oder der, gegen den sie gerichtet war. Als sich Vitellius auf seinem Weg nach Süden in Jerusalem aufhielt, um mit den Juden Passah zu feiern, traf aus Italien die Nachricht ein, dass Kaiser Tiberius am 16. März gestorben war. Ihm folgte der Sohn des Germanicus, der labile Gaius, besser unter seinem Spitznamen Caligula (»kleine Stiefel«) bekannt. Der Feldzug gegen Aretas wurde aufgegeben.

Drei Jahre später starb Aretas und ihm folgte sein Sohn Malichus, bekannt als Malichus II., auf dem Thron. Wenn er, was angenommen wird, der älteste der drei Söhne Aretas war und vor der Thronbesteigung seines Vaters im Jahr 9 v. Chr. geboren wurde, dann muss Malichus mindestens mindestens 53 Jahre alt gewesen sein, als er den Thron bestieg, also vier Jahre älter als sein Vater bei der Inthronisation. Da er 31 Jahre lang regierte, erreichte er offensichtlich ein ungewöhnlich hohes Alter, doch wie bei seinem Namensgeber ein Jahrhundert zuvor, verraten seine Porträts auf den Münzen nichts von seiner erstaunlichen Langlebigkeit. Nur eine Königin wird mit ihm zusammen auf den Münzen abgebildet – Shaqilat mit Namen, wie die zweite Frau Aretas' IV.

Malichus scheint nur wenige Münzen geprägt zu haben, die zudem wesentlich leichter waren, wobei Silbermünzen nur einen geringen Silberanteil enthielten. Dies wird manchmal als Hinweis darauf gewertet, dass sich das nabatäische Königreich bereits im Niedergang befand. Zwar sind die Einkünfte aus dem Landweg der Handelsroute rückläufig, aber sie wird nach wie vor rege genutzt. Der unbekannte griechische Seemann, der nachweislich in der Regierungszeit Malichus' II. seinen *Periplus* (Umseglung) *der Erythräischen See* schrieb und die Küsten und Häfen des Roten Meeres und des Indischen Ozeans beschreibt, berichtet, dass Schiffe, »wenn auch kleine«, mit Gütern aus Arabien beladen im Hafen von Leuke Kome am Roten Meer anlegten, der von einer nabatäischen militärischen Garnison bewacht wurde. Dort wurde die Handelsware mit einer extrem hohen Steuer von 25 Prozent belastet, die von einem Eintreiber (zweifelsohne einem Nabatäer) erhoben wurde, bevor sie über Land nach Petra transportiert wurde »zu Malichus, König der Nabatäer«. Neben dem Handel blühte auch die Landwirtschaft. Dass aus den letzten acht Regierungsjahren Malichus' II., von 63 bis 70 n. Chr., keine Münzen mehr überliefert sind, hat wohl mehr mit dem römischen Bedarf an Gold- und Silberbarren zur Finanzierung ihrer Kriege zu tun als mit dem Niedergang der Nabatäer.

Strabon war bereits lange vor Malichus' Thronbesteigung gestorben und Josephus erwähnt den neuen König nur einmal im Zusammenhang mit den frühen Jahren des ersten jüdischen Aufstands gegen die römische Herrschaft (66–74 n. Chr.). Im Jahr 67 sammelten zwei zukünftige Kaiser, Vespasian und sein Sohn Titus, Truppen in Akra, denen auch Kontingente der abhängigen und halb-unabhängigen Königreiche der Region angehörten. Ihre Kämpfe endeten 70 n. Chr. mit der Schleifung Jerusalems und des Tempels. Genau wie Aretas IV. mehr als sechzig Jahre zuvor, der eine große Streitmacht zur Unterstützung der Römer bei der Niederschlagung des Aufstands nach dem Tod Herodes des Großen schickte, so entsendete auch Malichus (der rund achtzig Jahre alt war), » tausend Reiter und 5000 Mann Fußtruppen, größtenteils Bogenschützen«. Beide Beiträge waren deutliche Eingeständnisse der römischen Vormachtstellung im Nahen Osten.

Als Malichus II. 70 n. Chr. starb, folgte ihm sein Sohn Rabel II. auf den Thron. Für einen Achtzigjährigen ungewöhnlich, scheint sein Erbe noch minderjährig gewesen zu sein, denn in den ersten sechs Jahren seiner Regierungszeit regierte er zusammen mit seiner Mutter Shaqilath. Das wirft mehrere Fragen auf: Warum hatte Malichus nicht, schon lange bevor er im Alter von 50 Jahren König wurde, bereits einen Erben gezeugt? Hatte er eine unbekannte erste Ehefrau, die entweder nicht in der Lage war, Kinder zu bekommen oder deren Söhne jung gestorben waren? Warum hatte Shaqilath nicht bereits zu Beginn der 31-jährigen Regierungszeit Kinder von Malichus bekommen? Selbst wenn sie wesentlich jünger war als Malichus, wirft ihr Versagen, nicht früher einen Erben zur Welt gebracht zu haben, weitere Fragen auf. Hatte Malichus vielleicht zwei aufeinander folgende Ehefrauen, die Shaqilath hießen? Wenn nicht, dann ist die späte plötzliche Fruchtbarkeit der Königin wirklich bemerkenswert. Aus dem Dokument, das sich in den Archiven der Babatha gefunden hat (S. 69) wissen wir, dass Malichus zwei Töchter hatte, Gamilat und Hageru; allerdings wissen wir nicht, ob sie älter oder jünger waren als ihr Bruder Rabel. Irritierenderweise wirft diese Geschichte mehr Fragen auf, als sie beantwortet.

Von 76 bis 102 n. Chr. erscheint Gamilat auf Rabels Münzen als »Königin der Nabatäer«, dann wird sie bis zum Ende von Rabels Regierungszeit 106 von Hageru abgelöst. Beide konnten oder konnten nicht die leiblichen Schwestern des Königs gewesen sein, die in Babathas Dokument erwähnt werden. Aus dem gleichen Dokument kennen wir den Namen eines Sohns von Rabel – Obodas – und ein anderes Dokument erwähnt einen zweiten Sohn namens Malichus. Rabel II. war sicherlich nicht aus Mangel an Erben der letzte König der Nabatäer.

Während Malichus II. mit keinem Epithat belegt wurde, erhielt sein Sohn kurz nach dem Ende von Shaqilaths Regierung in Inschriften den Beinamen »Rabel der König, König der Nabatäer, der sein Volk wiederbelebt und errettet hat«. Von was er sein Volk errettet hat, ist unklar – doch solch ein Beiname lädt gerade zu allen möglichen Spekulationen ein. Wurde Malichus' II. Regierungszeit als schlecht angesehen, im Gegensatz zu der die blühende Wirtschaft und der Frieden unter Rabel als etwas Erinnerungswürdiges angesehen wurde? Doch selbst wenn die goldenen Zeiten vorüber waren, scheint der Wohlstand erhalten geblieben zu sein. Wurde Rabel dieser Titel wegen einer politischen Errungenschaft verliehen, von der wir nichts wissen? Oder gab er ihn sich selbst im eitlen Versuch seine Untertanen dazu zu ermutigen, ihn so zu sehen, wie er gesehen werden wollte?

Es ist möglich, dass Rabel mit den Römern einen Handel abschloss, der seinem Königreich seinen halbautonomen Status bis zu seinem Tode erhielt, nachdem es dann friedlich in eine römische Provinz überführt werden sollte. Sollte dies so sein, müssen die Römer angesichts seiner langen Regierungszeit – dies scheint eine Familientradition gewesen zu sein – schier verzweifelt sein, denn er regierte 36 Jahre lang, in denen er fünf römische Kaiser kommen und gehen sah. So Krieg und Blutvergießen vorzubeugen, konnte vielleicht als eine Art »Wiederbelebung und Errettung« verkauft werden, obwohl die sprichwörtliche Freiheitsliebe der Nabatäer dem entgegenzustehen scheint. Doch sie haben sich sicherlich zunehmend isoliert gefühlt – Judäa im Westen, Ägypten im Süden und Syrien im Norden waren schon lange Opfer der römischen Expansionspolitik geworden. Im ersten Jahrzehnt von Rabels Regierungszeit gingen mehrere kleine Königreiche der Region in der Provinz Syrien auf und nach dem Tod von Herodes Agrippa II. 93 n. Chr., dem letzten der Herodäer, ging auch sein Königreich in der Provinz Syrien auf. Selbst die Dekapolis scheint ihre Unabhängigkeit in dieser Zeit verloren zu haben. Gegen Ende des ersten nachchristlichen Jahrhunderts war Nabatäa das einzige noch fehlende Teilchen im römischen Puzzle des Nahen Ostens.

Falls tatsächlich ein entsprechender Handel für einen friedfertigen Übergang zu römischer Herrschaft abgeschlossen wurde, kann man darüber spekulieren, wie Rabels Erben, Obodas oder Malichus zu diesem Handel standen. Und falls es einen solchen Handel gab, wurde er vielleicht abgeschlossen, weil sie unfähig waren zu regieren – Produkte einer Generation von Verbindungen mit den leiblichen Schwestern? Wir werden es wahrscheinlich nie wissen.

Was wir hingegen wissen ist, dass die Menschen in weiten Teilen von Rabels Herrschaftsgebiet in den letzten Jahren des nabatäischen Königreichs in Frieden und Wohlstand lebten. Im Süden expandierten sowohl Petra als auch Hegra weiter. Die von den Nabatäern regierten Teile der Auranitis (dem heutigen Hauran) und das fruchtbare Hinterland von Bostra, der wichtigsten Stadt im Norden des nabatäischen Königreichs waren sehr wohlhabend. Es war eine außerordentlich ertragreiche landwirtschaftliche Gegend, vor allem reich an Weinstöcken, der sich oft als Motiv an den prä-römischen und römischen Gebäuden in ganz Hauran findet. Außerdem wurde dort viel Weizen angebaut, der es zur Kornkammer sowohl des römischen Syriens als auch des nördlichen Nabatäas machte. Bostra – Zentrum und Treffpunkt verschiedener nördlicher Handelsrouten, die mit dem Rückgang des Verkehrs auf den südlichen Handelsrouten an Bedeutung gewannen – wurde Rabels II. bevorzugte Residenz und daher zweite nabatäische Hauptstadt. Dies zeigt sich auch an einer Inschrift aus dem Jahr 93 n. Chr., die den König als »unser Herr, der in Bostra ist« erwähnt. Um seine auserwählte Stadt als Residenz einem König würdig zu machen, wurden neue Bauvorhaben begonnen, von denen nur ein schönes Bogentor und einige Säulenkapitelle im einfachen aber kräftigen Stil, der typisch ist für die Nabatäer, erhalten geblieben ist. Was immer sonst vom nabatäischen Bostra erhalten blieb, wurde entweder als Baumaterial in der römischen Stadt wieder verwendet oder liegt noch unter dessen Mauern und Straßen begraben.

Rabels II. Regierungszeit endete 106 n. Chr., acht Jahre nachdem Trajan römischer Kaiser geworden war. Im selben Jahr, so berichtet

Teil eines gemeisselten Reliefs auf der Fassade eines Gebäudes aus schwarzem Basalt im Hauran. Der landwirtschaftliche Reichtum der Gegend, vor allem in Bezug auf seine Weinberge, führte dazu, dass Wein ein beliebtes dekoratives Motiv war.

der Historiker Cassius Dio, »bezwang Palma, der Statthalter von Syrien, das petraïsche Arabien und machte es den Römern untertan«.[12] Es ist die einzige uns bekannte Erwähnung der Annexion und Eingliederung des nabatäischen Königreichs in die neue römische Provinz Arabien, die zum größten Teil aus diesem bestand. Wir wissen nicht, ob Cornelius Palma eine militärische Expedition nach Nabatäa leitete, doch das vollständige Fehlen, egal welche Quelle man heranzieht, von Berichten über einen Aufruhr scheint daraufhin zu deuten, dass er dies nicht nötig hatte. Selbst die römischen Münzen, die kurz nach der Annexion geprägt wurden, erwähnen »Arabia adquisita« und nicht »capta« wie es sonst üblich war, um neue römische Territorien zu feiern – das nabatäische Königreich wurde angeeignet, nicht erobert.

Bostra, im Norden des nabatäischen Königreichs gelegen, wurde von den beiden letzten Königen Malichus II. und Rabel II. zur zweiten Hauptstadt ausgebaut. Obwohl die Stadt von den Römern neu gebaut wurde, blieben dieser Torbogen und einige charakteristisch einfachen »nabatäischen« Kapitelle aus früheren Zeiten erhalten.

Kasr al-Bashir, eines der Festungen, die die Römer bauten, um ihre östliche Grenze zu sichern. Der Bau von Festungen und Strassen war eine der Hauptbeschäftigungen der römischen Legionäre in den Anfangsjahren der römischen Provinz Arabien.

Nur die Regierungsspitze wurde ausgewechselt – der nicht-ansässige Kaiser, die ansässigen Prokuratoren, Generäle und einige wenige altgediente Beamte, römische Legionen wurden überall in dem früheren Königreich stationiert und, da wenig gekämpft werden musste, scheint ihre Hauptbeschäftigung darin bestanden zu haben, Festungen oder Straßen zu bauen oder beides. Julius Appolinaris, ein römischer Soldat der dritten Kyrenaika-Legion, die in Bostra stationiert war, schrieb im März 107 an seinen Vater, dass seine Untergebenen tagein, tagaus Steine schnitten. Eine Aufgabe, von der er dank seines höheren Ranges befreit war und den er besonders genoss, da er erst kürzlich befördert worden war. Eine große Menge an geschnittenen Steinen wurde benötigt, da Festungen an strategisch wichtigen Orten der Provinz gebaut wurden und zwischen 111 und 114 n. Chr. wurde die 400 Kilometer lange Via Nova Traiana (Trajans neue Straße) von Bostra über Petra nach Aela (Akaba) am Roten Meer gebaut, die den alten Wegen folgte. Mit einer solchen Straße, die durch die gesamte Provinz führte, hatten die Römer wenig Schwierigkeiten, für Ordnung unter ihrer neu hinzugekommenen Bevölkerung zu sorgen.

Die Nabatäer wurden quasi über Nacht zu neuen Untertanen Roms. Im Laufe der Zeit wurde die königliche Armee als sechs »peträische Kohorten« in die römischen Hilfstruppen integriert, insgesamt 4500 bis 6000 Mann. Die nicht-militärische Mehrheit – Landbesitzer, Hausfrauen, internationale Händler, regionale Händler, Bauern, Steinmetze, Töpfer, Schreiber, Priester, Musiker, Jongleure oder kleinere Beamte – blieb zum größten Teil, wo sie war, zahlte ihre Steuern an die neuen Machthaber und führte ihr alltägliches Leben mehr oder weniger unverändert weiter.

Teil der Via Nova Traiana, der neuen Strasse, die von 111 bis 114 n. Chr. durch Kaiser Trajan gebaut wurde, um Bostra im Norden der römischen Provinz Arabien mit Petra und dem Roten Meer-Hafen Aela (Akaba) im Süden zu verbinden.

KAPITEL 5

# DAS WUNDER PETRA

Die Entstehung der Hauptstadt

Das ad-Deir (Kloster), von nahem betrachtet sehr gross, erscheint in dieser Luftaufnahme zwerghaft im Vergleich zu den phantastisch erodierten Bergen, aus denen es herausgearbeitet wurde.

Ob man sich vom Norden oder vom Süden her nähert, von einem bestimmten Punkt der Straße aus, kann man, nachdem man einer Biegung gefolgt ist, einen ersten Blick auf das grandiose Panorama der Berge werfen, in deren Mitte die antike Hauptstadt der Nabatäer versteckt liegt. Die Berge selbst setzen einen in Erstaunen: Sandstein und Porphyr in vielfarbigen Zerklüftungen, die durch die urzeitlichen Umwälzungen des Großen Grabenbruchs, der sich vom Süden der Türkei bis zum nördlichen Mosambik erstreckt, geformt wurden, und dann über Jahrmillionen von Wind und Regen in eine Traumlandschaft verwandelt zu werden.

Wir wissen nicht, ob die Nabatäer bewegt waren von dem, was wir heute als schön in der Natur empfinden: Ob ihre Wahl dieses Ortes von seiner Schönheit und Erhabenheit beeinflusst wurde oder ob sie ihn aus rein strategischen Gründen wählten, wegen seines gut geschützten und ausreichend Wasser enthaltenden Talkessels inmitten des Schutzwalls der Berge. Doch wir können raten. Denn hier, mitten in den extravaganten Formen der Natur, haben sie einige der erstaunlichsten Werke der Menschheit geschaffen, die vollkommen mit ihrer Umgebung harmonierten. Es ist dieses Zusammenspiel von Natur und Kunst – jedes für sich genommen außergewöhnlich –, das Petra seinen besonderen Zauber verleiht.

Die Nabatäer verfügten über keine hoch entwickelte Technologie: Petra erscholl täglich vom Klang der Spitzhacke und des Meißels, mit denen die Männer die Berggipfel begradigten, um Heiligtümer für die Anbetung der Götter anzulegen und großartige Treppen für Prozessionen zu den hoch gelegenen Opferplätzen zu schaffen. Um Wasser auch von entfernten Quellen an jeden Ort in der Stadt leiten zu können, schlugen sie Kanäle in die Felsen. In den wenigen Jahrhunderten ihres Aufstiegs schmückten sie Petra mit ausgezeichnet konstruierten Tempeln und Kolonaden, Palästen, ornamentalen Teichen, Brunnen, öffentlichen Gebäuden und Privathäusern. Vor allem meißelten sie Fassaden von architektonisch eindringlicher Schönheit in die Felsen, die die Stadt überblicken,

Rechts: Das »Seiden-Grab« (auch »Buntes Grab« genannt), das seinen Namen von den vielfarbigen Streifen seiner Fassade, die an changierende Seide erinnern, erhalten hat. Es ist eines aus einer Reihe von »Königsgräbern«, die Petra im Osten überblicken.

Aus dem Felsen gearbeitete Stufen, die vom Wadi Farasa zum Grossen Opferplatz auf dem Gipfel von Jabal Madhibah führen.

und in einfachen Räumen hinter diesen monumentalen Arbeiten begruben sie ihre Toten. Allein das Ausmaß dieser Bautätigkeit ist atemberaubend; doch noch erstaunlicher ist ihre schöpferische Vorstellungskraft, mit der sie die Berge und Täler Petras in eine Art Kunstgalerie für nabatäischen Stil unter der arabischen Sonne verwandelten.

Es war eine allmähliche und langsame Veränderung. Als die ersten Gruppen von Nabatäern hier ihre Zelte aufschlugen, war dieses Gebiet nicht unbewohnt. Im siebten Jahrhundert v. Chr. hatten die Edomiten in Tawilan, östlich von Petra, und auf dem Felsen Umm al-Biyara, der Petra überblickt, gebaut. Obwohl sie diese Siedlungen Ende des sechsten vorchristlichen Jahrhunderts aufgaben, weil sie dann zu ihrem vorherigen Nomaden- und Hirtendasein zurückkehrten, hatten die Edomiten zweifellos ein gewisses territoriales Interesse an Petra. Das hat jedoch die durchreisenden nabatäischen Händler nicht ausgeschlossen, die sich bereits seit einiger Zeit frei in Edom bewegten und das Land mit ihren Zelten und ihren großen Kamelkarawanen durchquerten, die Lasten aus Weihrauch und Gewürzen das letzte Stück Weges ihrer Reise von Arabia Felix zum Mittelmeer brachten.

Die ältesten bekannten Gebäude Petras wurden im Herzen der Stadt selbst gefunden in der Nähe des Flussbettes, unterhalb dessen heute die gepflasterte Straße verläuft. Diese einfachen Gebäude aus grob behauenen Steinen und mit einem Boden aus festgestampften Lehm stammen wahrscheinlich aus dem dritten vorchristlichen Jahrhundert. Sie wurden vermutlich direkt neben den Zelten, in denen die Nabatäer wohnten, errichtet, und in ihnen bewahrten die Nabatäer den Teil ihrer Waren auf, den sie zunächst nicht mit sich führen wollten, sondern den sie erst nach ihrer Rückkehr nach Petra wieder benötigten. In Zelten zu wohnen und Gegenstände in Häusern aufzubewahren ist ein Lebensmuster, das sich bis heute im gesamten Nahen Osten findet. Als die Nabatäer sesshaft wurden, gingen sie dazu über, die Häuser als Wohnraum zu nutzen. Über Jahrhunderte hinweg waren ihre Wohnhäuser einfach und aus Stein gebaut. Erst später entstanden größere Villen, die sich unter die einstöckigen Häuser, die die Hänge Petras bedeckten, mischten.

An der Konstruktion ihrer Tempel und noch deutlicher an der Gestaltung ihrer Gräber lassen sich jene Fertigkeiten und architektonischen Ideen ablesen, die die Nabatäer in jenen Ländern kennen gelernt hatten, mit denen sie Handel trieben, und die sie nutzten, um eine Stadt zu schaffen, die bereits in ihrer Zeit eine Legende war. Ihre Architektur war eine eklektische Mischung von Ideen, die sie selbstbewusst von jenen Kulturen borgten, mit denen sie in Kontakt kamen. Assyrische, ägyptische, hellenistische und römische Einflüsse wurden weder gemieden noch als unnabatäisch betrachtet noch wurden sie einfach imitiert, als seien sie den nabatäischen Konzepten überlegen, sondern sie wurden durch die Originalität ihres Geistes zu etwas einmalig Nabatäischem.

Auch wenn es uns heute seltsam anmutet, Gräber am Eingang zu einer Stadt zu finden, wäre es dies nicht für die Nabatäer gewesen. Im syrischen Palmyra, den griechischen Städten Kleinasiens, Rom und anderswo befanden sich die Grabstätten gerade außerhalb der Stadtgrenzen und schränkten nicht den Lebensraum in der Stadt selbst ein. Genauso war es in Petra. Mit zunehmendem Reichtum der Stadt wurden nabatäische Händler, die die Stadt durch einen ihrer drei Hauptzugänge betraten, zuerst von den Grabmalen begrüßt. Die Händler werden auch die graduelle Entwicklung schärfer wahrgenommen haben als andere. Nach wochen- oder gar monatelanger Abwesenheit konnte ein Händler zurückkehren, um an Stellen, die bei seiner Abreise blanker Fels gewesen war, nun ein neues Monument vorzufinden, für das eine Nische aus dem Fels geschlagen wurde, um es so vor Wind und Sanderosion zu schützen, oder eine Fassade, deren Grundstrukturen bei seiner Abreise gerade erkennbar waren, zeigte nun, bei seiner Rückkehr, bereits die frisch gemeißelten und voll erkennbaren Giebelzinnen in Form eines schmalen horizontalen Bandes mit vielen Stufen (eine Anleihe aus Assur) oder eine einzelne, monumentale Stufe, hellenistische Simse, Pilaster und Kapitelle.

Einige der Handelskarawanen, die von der arabischen Halbinsel kamen, mögen in der nabatäischen Frühzeit in dem weiten Tal östlich von Petra angekommen sein, zwischen den honigfarbenen Sandsteinhügeln, die enger zusammenrückten, je weiter sie hineinritten. Heute wird es auf Arabisch Bab as-Siq (Eingang zur Schlucht) genannt, denn es führt durch eine große natürliche Spalte in einen Felsen, der als Siq bekannt ist, dem dramatischsten Zugang Petras. Noch immer steht hier eine Gruppe von drei nabatäischen Gräbern, jede in Form eines quadratischen Turms aus dem Grundgestein geschnitten. Heute werden sie Djinn-Blöcke genannt, und ihre Fremdheit wird fantasievoll mit den bösen Geistern der arabischen Märchen späterer Zeiten assoziiert. Diese Blöcke und andere ihnen ähnliche wurden an Orten aufgestellt, von denen die Beduinen glaubten, dass sie am stärksten von solchen Geistern bewohnt wurden; doch dieselben Beduinen gaben diesen Turm-Grabstätten, vielleicht um den schlechten Einfluss abzuwehren, auch den prosaischeren Namen *sahreej* (Zisterne), was sie jedoch eindeutig nicht sind.

Es gibt insgesamt zwanzig Djinn-Blöcke, die sich an den Rändern Petras verteilt finden. Zwei von ihnen stehen in der Mitte einer großen Nekropolis, nahe dem südwestlichen Zugang der Stadt, und werden überragt von einer außergewöhnlichen Skulptur, die als das Schlangenmonument bekannt ist. Dieser gewaltige Monolith, der so alt ist wie alles in Petra, ist in Form der unteren Ringel einer riesigen Schlange gemeißelt. Es ist leicht zu übersehen – was erstaunlich ist angesichts seiner Größe, zumal das Monument auf den hohen quadratischen Sockel deutlich hervorgehoben ist –, doch in der nabatäischen Vergangenheit, als es spiralförmig bis zur

Eine Gruppe früher nabatäischer Turmgräber, allgemein bekannt als Djinn-Blöcke, steht in Bab as-Siq, direkt vor dem Siq, der zum Hauptzugang nach Petra wurde.

ursprünglichen Höhe aufgerichtet war, muss es die Landschaft dieses herrlichen Friedhofs dominiert haben. Die Funktion bleibt jedoch rätselhaft. Allerdings repräsentierten Schlangen in vielen antiken Kulturen die Geister der Unterwelt, die die Toten bewachten. Zudem gibt es in Petra genügend Darstellungen von Schlangen im Zusammenhang mit Begräbnisstätten, sodass man vermuten kann, dass sie auch im nabatäischen Glauben eine ähnliche Rolle spielten.

Das Gesicht der Stadt hat sich in den ersten Jahrhunderten, in denen sich die Nabatäer in Petra niederließen (ungefähr vom Beginn des dritten bis zum Beginn des ersten vorchristlichen Jahrhunderts), wahrscheinlich nur geringfügig verändert. Die Häuser waren einfach, und zumeist wurden wahrscheinlich Grabmale mit nicht-bildlichen Dekorationen hinzugefügt, deren Erhabenheit je nach dem wirtschaftlichen Status der Person variierte, sowie kleinere am Wegrand liegende Nischen zu Ehren eines oder mehrerer Götter (gewöhnlich in Form von rechteckigen Blöcken). Außerdem gab es vermutlich eine große Menge an Treppen, um die hoch gelegenen Plätze für Opfer und Gottesdienst bzw. die Installationen zur Wasserspeicherung und –verteilung zu erreichen. Und es kamen Inschriften hinzu, die in der schönen Schrift der Nabatäer in die Felsoberflächen gemeißelt wurden, jener Schrift, die sie aus dem Aramäischen, der Lingua franca des antiken Nahen Ostens, entwickelten.

In dieser Zeit mag der Siq am deutlichsten über die Veränderungen in der nabatäischen Hauptstadt Aufschluss gegeben haben. Über seine gesamte Länge wurden im Halbschatten seiner steil aufragenden Felswände zu allen Zeiten des Königsreiches Votivnischen in den Fels gemeißelt, die den ehemals rein funktionalen Durchgang in einen heiligen, die Gegenwart der Götter fühlbar machenden Weg verwandelten. Selbst nach der Annexion durch die Römer änderte sich an dieser Praxis nichts, denn einige der Nischen und Widmungen tragen ein Datum aus dem zweiten nachchristlichen Jahrhundert. Dass die Nabatäer jedoch die moderne Trennung von Säkularem und Heiligen nicht kannten, lässt ein erst kürzlich bei Ausgrabungen im Siq entdecktes Relief vermuten. Es zeigt in eineinhalbfacher Vergrößerung zwei Kamele mit ihren jeweiligen Führern, die auf einer Seite der Felswand eingemeißelt sind und sich beidseits einer Wegbiegung des Siq befinden. Beide sind dieser Weg-

Der Siq wurde, nachdem die zerstörerischen Wassermassen nach Regenfällen aus ihm abgeleitet wurden, für die kontrollierte Kanalisierung von Wasser in die südöstlichen Gebiete Petras genutzt. Auf der Südseite (im Bild links) wurde der Kanal von Steinplatten verdeckt, auf der Nordseite wurden hingegen Hochdruckröhren aus Keramik in den Kanal gelegt.

ÜBER DIE GESAMTE LÄNGE DES SIQ MEISSELTEN DIE NABATÄER NISCHEN IN DEN FELSEN, DIE BAITYLEN ENTHIELTEN, RECHTECKIGE BLÖCKE, DIE IHRE GÖTTER REPRÄSENTIERTEN. WER IMMER DIESE NISCHE MIT IHREN ZEHN BAITYLEN IN AUFTRAG GAB, SCHEINT SEINE WETTE, WELCHEN GOTT ER MEHR EHREN SOLLTE, GESCHICKT ABGESICHERT ZU HABEN.

biegung zugewandt, als würden sie zu einem Altar schauen, der nicht mehr existiert. Wie alt sie auch immer sein mögen, sind sie doch beredtes Zeugnis einer Stadt, die ihre Existenz und ihren Reichtum dem Karawanenhandel und seinem überragenden Langstrecken erprobten Lasttier, dem Kamel, verdankt.

Der Siq, die Hauptwasserleitung zwischen den östlichen Bergen und der Stadtmitte, muss zu bestimmten Zeiten in den Wintern der ersten Jahre ein Furcht einflößender Ort gewesen sein. Von Mai bis Oktober (oft auch länger) war er knochentrocken, ein ruhiger und schattiger Weg in die Stadt. Doch mit dem Einsetzen der Winterregen, die manchmal auch wolkenbruchartig einsetzten, verwandelten die ersten Kaskaden, die über die Felsen in den Siq hineinstürzten, diesen schnell in einen reißenden Fluss. Gelegentlich kam es durch einen Wolkenbruch über den östlichen Bergen zu einer verheerenden Flutwelle, die mit einem anschwellenden Tosen ankündigte, dass eine Wasserwand in diese natürliche Schlucht niederstürzte. Deren Enge verstärkte die Geschwindigkeit und die Kraft der Wassermassen, dass große Felsbrocken durch den Kanal geschleudert wurden, als seien es bloße Kieselsteine. Menschen und Tiere konnten gleichermaßen von ihnen fortgerissen werden. Zweifellos kam es zu Tragödien, und die ernüchterten Nabatäer mußten sich der Herausforderung stellen, wie sie das Wasser kontrollieren, umleiten und bändigen sowie kanalisieren und speichern könnten, um es zu ihrem Nutzen zu verwenden und nicht von ihm zerstört zu werden.

Kein Detail entging der Aufmerksamkeit dieser begabten Ingenieure, die sachkundig ihre Entscheidungen trafen und diese umsetzten. Zunächst schnitten sie einen Tunnel durch den felsigen Berg nahe des Eingangs zum Siq, dann bauten sie einen Damm, sodass zukünftige Hochwasser durch einen zweiten zusätzlichen Wasserlauf abgeleitet wurden, der um den Fuß des als Jabal al-Khubtha bekannten Berges führt. Der Großteil dieses umgeleiteten Wassers kam an der nordöstlichen Ecke des Berges wieder zum Vorschein. Anschließend wandte es sich nach Westen und folgte dem Lauf des Wadi Mataha, der sich durch die hohen Felsen nach Süden wandte und wenig später die gepflasterte Straße erreichte. Hier

Eines der beiden Paare von Kamel und Kamelführer, die in anderthalbfacher Vergrösserung (im Vergleich zur natürlichen Grösse) aus einer Felsoberfläche im Siq skulptiert wurden. Es könnte eine Anerkennung sein für die Rolle, die das Kamel und die Karawanen für die Entwicklung des nabatäischen Reichtums spielten.

wurde das Wasser dann in einem Reservoir aufgefangen, das durch die Konstruktion einer Dammmauer über dem Ende der Felsen entstand. Hier bauten die Nabatäer neben der Straße ihr Nymphäum, ein Brunnenhaus, das mit Nymphenstatuen dekoriert wurde und das in allen griechisch-römischen Städten ein Muss war und von der orientalischen Welt übernommen wurde – die Wassermenge im Nymphäum bemaß den Status einer Stadt.

Doch diese Umleitung der Hochwasserfluten war nur eine Teillösung. Entlang des Siqs kanalisierten Seiten-Wadis die Winterregen in den Hauptwasserkanal und schufen so neue Gefahren. Die Nabatäer stauten sie, nicht so sehr, um das Wasser aufzufangen als vielmehr um die Durchflussrate zu verringern, und so die Sicherheit zu erhöhen. In Rinnen, die zu schmal waren, um die Wassermassen einzudämmen, schnitten sie Stufen, um die Geschwindigkeit des Wassers bei seinem Lauf durch den Siq zu verringern. Um die Geschwindigkeit des Wassers weiter zu verringern, veränderten sie zudem vom Eingang neben dem Damm bis zu einem Punkt einen Kilometer weiter, wo es erneut ins Freie trat, sorgfältig den Neigungswinkel der Straße durch den Siq auf gleichmäßige und sanfte fünf Prozent.

Dies waren die Vorkehrungen für den Winter. In den langen Sommermonaten wurden jedoch andere Vorrichtungen benötigt, denn nun bestand das Problem in einem Mangel an Wasser und nicht einem gefährlichen Übermaß. Trotz Strabons Versicherung, dass Petra »sowohl zum Hausbedarf als zur Gartenpflege (über) reichliche Wasserquellen« verfügte, war das so gewonnene Wasser nur so lange in ausreichender Menge vorhanden, so lange nur wenige Menschen dort wohnten. Wir können uns leicht vorstellen, wie die rührigen nabatäischen Wasseringenieure sich trafen, um das Problem des peträischen Wasserverbrauchs im Sommer zu besprechen, der das Angebot der beiden Quellen in der Stadt überstieg: Mehr Dämme müssen gebaut werden über den Enden der kleinen Wadis, und jedes Nachbarschaftsgebiet – tatsächlich jedes Haus – sollte über eine eigene Zisterne verfügen, mit überdachten Kanälen, um einen Großteil des Regenwassers aufzufangen. Sowohl die Dämme als auch die Zisternen sollten das Regenwasser der Winter aufbewahren, damit es in der trockenen Jahreszeit genutzt werden konnte. Einige Jahre später mussten sich die Wasseringenieure erneut zusammensetzen – mehr Wasser wurde benötigt, um die Bedürfnisse einer wachsenden Bevölkerung zu befriedigen und um die in den letzten Jahren angelegten Teiche und Brunnen zu versorgen, die sich in ihre architektonisch anspruchsvolle Umgebung einpassten und die Petras Status begründeten. Diejenigen, die bereits die Vorteile der beiden reichen Quellen in den östlichen Bergen – 'Ain Mousa (Mosesquelle) und 'Ain Braq – entdeckt hatten, wo sie per Esel oder Kamel gefüllte Wasserhäute nach Petra brachten, haben wohl den verzagenden Wasserwerkern vorgeschlagen, dass die Ingenieure der Stadt große Wasserreservoirs in der Nähe der Berge konstruieren könnten, um dort das Wasser der Winterregen aufzufangen und das der östlichen Quellen zu speichern. Kanäle könnten dann von den Quellen zu den Reservoiren und von diesen nach Petra gebaut werden, sodass das Wasser dann abgelassen werden könnte, wenn es benötigt würde.

Und warum sollte man den Siq nicht auf neue Weise nutzen? Ein Wasserkanal könnte in die Südfelsen geschnitten und mit Steinplatten bedeckt werden, um es so sauber zu halten; und was die nördlichen Felsen angeht: Warum nicht hier eine tiefe Rille schneiden und keramische Wasserröhren, die auch hohem Druck standhielten, hineinlegen? Von der sprudelnden Quelle in Dibdibeh, drei Kilometer nördlich von Petra in den östlichen Bergen gelegen, könnte ein weiterer abgedeckter, ebenerdiger Aquädukt gebaut werden oder in den Felsen geschnitten werden bzw. mithilfe eines gut platzierten Bogens über die Klamm geführt werden (je nachdem wie es das Gelände verlangte), um noch mehr Wasser an das nördliche Ende der Stadt zu führen. All dies und noch viel mehr wurde über die Jahrhunderte umgesetzt, um sicherzustellen, dass der Bevölkerung Petras ausreichend Wasser für ihre häuslichen Bedürfnisse und ihre Herden zur Verfügung stand sowie zur Bewässerung jener Gebiete fruchtbaren Landes, auf dem Getreide und Früchte wuchsen, die die Lebensqualität des sesshaften Lebens erhöhten.

Irgendwann in der ersten Hälfte des ersten vorchristlichen Jahrhunderts beschleunigte sich die Entwicklung Petras – nicht nur, um mit der wachsenden Bevölkerung Schritt zu halten, sondern auch, um eine Hauptstadt zu entwerfen, die einer der reichsten und mächtigsten Nationen im Nahen Osten würdig war. Die Stadtplanung hinterließ deutliche Spuren in Petra, das in den folgenden Jahrhunderten bis zum Ende des nabatäischen Königreichs und darüber hinaus bis 106 n. Chr. ständig erneuert und modernisiert wurde.

Da nur wenige Monumente durch Inschriften datiert wurden – und selbst diese wenigen oft mehrdeutig sind – sind wir bei der Datierung auf die Ähnlichkeiten der Gestaltung zwischen diesen wenigen, wichtigen und anderen, undatierten, Monumente angewiesen.[1] Es ist einem dreidimensionalem Puzzle vergleichbar, dessen verwirrende Komplexität noch durch eine vierte und weitgehend unkalkulierbare Dimension erhöht wird: die Dimension der Zeit.

Die älteste bekannte Inschrift, die ein Monument datiert, findet sich im Innern einer Felsenkammer, die außerhalb der eigentlichen Stadt in der Nähe der Djinn-Blöcke liegt, in einem Seitenwadi des Bab as-Siq. Die Kammer ist ein Triklinium, ein Raum, der auf drei Seiten von Steinbänken umgeben ist und in dem Festmahle zu Ehren eines Toten stattfanden. Er enthielt außerdem eine Wasserstelle sowohl für die Bequemlichkeit der Gäste als auch derjenigen, die das Festessen vorbereiteten und nachher aufräumten: »Dies sind die Hallen und Zisternen, die Aslah, Sohn des Aslah gemacht hat ... zu Ehren Dusharas, dem Gott Mankatus[2], zur Zeit der Regierung Obodas', König der Nabatäer, Sohn des Aretas, König der Nabatäer, in dessen erstem Jahr.«

Diese Inschrift muss sich auf Obodas I., Sohn des Aretas II. beziehen und, da Obodas den Thron um 96 v. Chr. bestieg, muss dieses Triklinium zu dieser Zeit entstanden sein. Wir kennen kein anderes Monument aus der Zeit dieses Königs, der posthum zu »Obodas, der Gott« wurde. Seine relativ kurze Regierungszeit (um 96–85 v. Chr.) war bestimmt von erfolgreichen Kriegen gegen die Seleukiden und Hasmonäer, sodass sowohl er als auch die meisten nabatäischen Männer im kampffähigen (oder arbeitsfähigen) Alter für längere Zeit von zu Hause weg waren und daher wenig Zeit hatten, die Hauptstadt zu verschönern.

Im Hauptwadi unterhalb des Aslah-Trikliniums befindet sich neben einem Pfad, der nach Petra führt, eine eigenartige Grabstätte. Sie wird das Spitzpfeiler-Grab genannt, obwohl es treffender wäre,

Das Spitzpfeiler-Grab mit dem Bab as-Siq-Triklinium, aus einer Felswand gehauen und in dem Tal stehend, das in den Siq führt. Die vier Pyramiden sind Gedenkstelen für diejenigen, die in dem Grab bestattet wurden. Festmahle zu ihren Ehren fanden im Triklinium statt, dessen Spitze unterhalb des Grabes sichtbar ist.

sie als Pyramiden-Grab zu bezeichnen, denn vier Pyramiden – sicherlich Gedenkstelen (*nfesh*) für vier darin bestattete Menschen – stehen auf der oberen Hälfte ihrer Fassade. Einige Archäologen haben vorgeschlagen, dieses Grab und sein direkt unter diesem befindliches prächtiges Triklinium nach einer Inschrift zu datieren, die sich auf der gegenüberliegenden Seite des Pfades findet und die sich auf die Regierungszeit Malichus II. in der Mitte des ersten nachchristlichen Jahrhunderts bezieht. Die Verbindung dieses Monumentes mit dieser Inschrift (die nur eine Grabstätte erwähnt, ohne auf eine angegliederte Einrichtung wie das Triklinium einzugehen) wird von anderen Wissenschaftlern jedoch angefochten, von denen einige eine frühere Entstehung annehmen. In Petra selbst oder an anderen nabatäischen Stätten findet sich keine vergleichbare Konstruktion. Doch die Nabatäer waren nicht die einzigen experimentierfreudigen und eklektischen Bauherrn der Region, und die Konstruktion erinnert an die Beschreibung eines bemerkenswerten Grabes, die in einem der apokryphen Bücher der Makkabäer enthalten ist. Dieses wird als prachtvoller als unser Spitzpfeiler-Grab beschrieben und wurde mehr in den Felsen gebaut als aus ihm herausgemeißelt. Simon, der Bruder des Judas Makkabäus, hat es in der Heimatstadt der Familie in Modeïn nahe der mediteranen Küste für einen anderen Bruder, Jonathan, der 143 v. Chr. starb, in Auftrag gegeben. Je eine Pyramide repräsentieren dort die Eltern und ihre fünf Söhne: »… hoch und weithin sichtbar, hinten und vorn aus gehauenen Steinen, und darauf ließ er sieben Pyramiden setzen, eine der andern gegenüber: dem Vater, der Mutter und den vier Brüdern. Und er ließ um sie herum große Säulen setzen«.[3]

Die Makkabäer und ihre hasmonäischen Nachkommen – vor allem Alexander Jannai, Zeitgenosse von Obodas I. und Aretas III. – haben wie die Nabatäer Entwürfe derselben hellenistischen oder anderer Quellen genutzt, und zweifelsohne haben sie auch Ideen voneinander übernommen. Gräber, die Pyramidenkonstruktionen integrierten, sind von der Eisenzeit bis ins erste nachchristliche Jahrhundert aus Jerusalem bekannt. Wir haben leider keine Möglichkeit zu bestimmen, ob das Spitzpfeiler-Grab in Petra sowohl hinsichtlich der Konstruktion oder der Entstehungszeit eine direkte Beziehung zu den frühen Jerusalemer Grabstätten oder zu dem Grab in Modeïn hat, noch gibt es eine sichere Verbindung, die es uns ermöglichen würde, es auf das erste nachchristliche Jahrhundert zu datieren. Da bekannt ist, dass das Gebiet östlich des Siq der Ort war, an dem Gaia lag, eine frühe Siedlung der Nabatäer (vielleicht sogar ihre ursprüngliche Hauptstadt), wäre es nicht überraschend, hier einige der ältesten nabatäischen Monumente zu finden.

Vielleicht können wir Aretas III. (85–62 v. Chr.), Sohn des Obodas I., das berühmteste Monument Petras – die Khazne oder Schatzkammer – zuschreiben, obwohl einige Archäologen es auf Ende des ersten vorchristlichen Jahrhunderts und die Regierungszeit von Aretas IV. datieren. Das Fehlen jeglicher Inschrift macht jedoch jede Datierung spekulativ. Wer immer es in Auftrag gab: Es ist nicht zu übersehen, dass seine spektakuläre und kunstvoll gestaltete Fassade mit der Absicht errichtet wurde, jeden zu beeindrucken und zu überwältigen, der, ob Nabatäer oder Fremder, von dieser Seite her die Stadt betrat. Nach der langen und verwunschenen Dämmerung des Siq steht man plötzlich diesem herrlichen und erstaunlichen Monument gegenüber. Während die internationalen Händler sich an die architektonischen Stile und figurativen Ornamente anderer Kulturen gewöhnt haben mögen, müssen die durchschnittlichen daheimgebliebenen Nabatäer mit Bewunderung zugeschaut haben, wie diese Formen und dekorativen Elemente langsam dem sie umschließenden Felsen entrissen wurden. Nichts in ihrer bisherigen Erfahrung konnte sie darauf vorbereitet haben. Denn zu dieser Zeit gab es kein anderes so überwältigendes Monument in Petra, auch waren die Nabatäer gewohnt, ihre Götter als einfache rechteckige Blöcke behauenen Steins darzustellen, eine strenge und schlichte Repräsentation, die gut zu einem Volk mit asketisch-nomadischer Herkunft passte. Bedenkt man außerdem, dass der Boden vor der Khazne damals gut vier Meter tiefer lag als heute, dann verstärkt dies noch die Dramatik dieses neuen und ungewöhnlichen Monuments, das sich hoch über den Köpfen der Vorübergehenden erhob.

Zunächst mag es die schiere Größe gewesen sein, die die faszinierten Betrachter erstaunte. Und als die Grundlinien unter den Meißeln der Steinmetze erkennbar wurden und große, formlose Brocken stehenblieben, die später zu einem Ziergiebel, einem Kapitell oder einem Fries verfeinert wurden, mag es ihnen so vorgekommen sein, als würden sie sich, trotz der ungeahnten Größe des neuen Monuments immer noch in ihrer vertrauten nicht-figurativen Welt befinden. Doch dann tauchte eine verschwenderische Fülle an menschlichen Formen auf und nabatäische und griechische Götter sowie Figuren der griechischen Mythologie begannen die Nischen und Winkel der neuen Fassade zu bevölkern. Obwohl die Figuren inzwischen erodiert sind und einige dem Vandalismus antiker Bilderstürmer zum Opfer fielen, können wir noch heute auf jeder Seite der unteren Stufen jeweils neben einem Pferd stehend die Dioskuren erkennen, die himmlischen Zwillinge Castor und Pollux, die die Seelen der Toten zu den Elysischen Feldern führten.

Die Khazne (das Schatzhaus), die berühmteste und kunstvollste aller Fassaden, die in Petra aus dem Fels gemeisselt wurden, gibt immer noch Rätsel bezüglich ihrer Datierung, ihres Auftraggebers und ihres Nutzens auf. Doch die vielen Begräbnissymbole der Skulpturen legen nahe, dass es mit dem nabatäischen Totenkult verbunden war.

Zwischen den Säulen in der Mitte der runden Tholos an der Spitze der Khazne steht eine Göttin, die ein Füllhorn trägt; sie enthält Symbole der al-'Uzza/Aphrodite/Tyche-Darstellungen, zudem trägt die gemeisselte Plakette zu ihren Füssen das Symbol noch einer weiteren Göttin: Isis.

Ein Fries aus Blättern und Früchten im oberen Teil der Khazne; das menschliche Gesicht in der Mitte wurde in der Antike zerstört.

Über ihnen, in der oberen Hälfte, schwingen Amazonen ihre Äxte, stehen geflügelte Victorias, Medusenköpfe, Greife und Adler. All diese stehen symbolisch mit dem Begräbnisritual in Verbindung.

Über dieser eklektischen Gruppe steht in der Mitte der Tholos (des Rundbaus im oberen Teil der Fassade) eine weibliche Figur, die ein Füllhorn trägt, ein Attribut Tyches, der griechischen Göttin für Glück und den Schutz der Städte. Der Akroter auf der Spitze des unteren Giebels, der wie eine Plakette an den Sockel der Göttin angebracht ist, trägt das Emblem der Isis, der höchsten Göttin des ägyptischen Pantheons, die als Begleiterin von Osiris über die Unterwelt und die Geister der Toten herrscht. Isis wurde gewöhnlich sowohl mit Tyche als auch mit der griechischen Göttin der Liebe, Aphrodite, gleichgesetzt; und Aphrodite wurde mit der nabatäischen al-'Uzza, der großen Göttin Petras, assoziiert. Allein diese eine Figur, Schutzherrin der Stadt und Göttin der Liebe und Unsterblichkeit, führt uns vor Augen, wie problemlos die Nabatäer zahlreiche Götter der anderen Völker assimilierten. All diese Figuren werden auf Friesen, Kapitellen und Giebeln von genau gearbeiteten Vasen, Rosetten, Blumen, Blättern und Früchten umrahmt, von denen viele noch immer außerordentlich gut erhalten sind.

Obwohl konservative Teile der Bevölkerung Petras verstört gewesen sein mögen angesichts der vollkommenen Loslösung von ihrer seit alters nicht-figurativen Tradition, scheint dies nicht die religiösen Gesetze der Nabatäer verletzt zu haben. Figurative Elemente – vor allem die Gestaltung von Früchten, Blumen oder realen bzw. mythologischen Tieren – blieben nichts Einmaliges, sondern wurden in ganz Petra aufgegriffen: Mythologische Figuren und ausländische Pendants zu den eigenen Göttern wurden neben den traditionelleren Baityle auch in menschlicher Gestalt dargestellt. Die meisten Nabatäer haben in diesen Skulpturen der Khazne wahrscheinlich nicht mehr gesehen als exotische Ornamente und bewunderten oder kritisierten diese einfach auf der Grundlage ihres ästhetischen Geschmacks; sie wurden nicht als im Widerspruch stehend zu den wahren Objekten des eigenen Glaubens betrachtet.

Diese Darstellung der idyllischen Welt der Götter ist sowohl hinsichtlich der Ikonographie als auch in ihren architektonischen Details stark von der zeitgenössischen hellenistischen Welt beeinflusst, deren kreatives Zentrum und künstlerische Hauptstadt Alexandria war. Bauliche Ideen und Entwürfe, die ursprünglich im

Griechenland des fünften und vierten vorchristlichen Jahrhunderts entstanden, nahmen in Alexandria neue und individuellere Formen an. Die Kapitelle der Khazne, deren Sockel mit Akanthusblättern und Girlanden von Palmwedeln und Blumen verziert sind, sind eng mit den aus dem zweiten und ersten vorchristlichen Jahrhundert und aus Alexandria stammenden Kapitellen verwandt, die ihrerseits bereits Adaptionen des klassischen korinthischen Stils waren. Sowohl der gebrochene Giebel in der Spitze der Khazne als auch die runde Tholos in der Mitte mit ihrem zeltähnlichen Dach sind architektonische Charakteristika des hellenistischen Alexandria; beide finden sich auch in Wandgemälden des zweiten pompejanischen Stils (dreidimensionalen architektonischen Darstellungen, die naturgetreu gebaut werden konnten), für die wiederum Alexandria die Inspiration lieferte. Es wird angenommen, dass alexandrinische Handwerker nach Petra geholt wurden, um diese Fassade zu gestalten und die ortsansässigen Bildhauer und Steinmetze auszubilden, damit diese ihre Entwürfe umsetzen konnten. Doch entstehen hier keine unselbständigen Kopien der griechischen Originale, sondern hellenistische Entwürfe werden auf brillante Weise in ein Kunstwerk mit höchsteigenen nabatäischen Zügen umgesetzt.

Nur in unserer Fantasie können wir die ursprüngliche Pracht der Khazne wieder erstehen lassen, als der ihr vorgelagerte Hof mit schönen und großen sechseckigen Kalksteinplatten gepflastert war, vier Meter tiefer lag als heute und eingerahmt war von steilen rotfarbenen Felsen. Die Vielzahl an antiken Dämmen und Wasserkanälen in allen Spalten des Felsens, die den Hof umgeben, legt nahe, dass sie zu dem Zweck angelegt wurden, einen großen Teich oder Wassergarten zu bewässern. Und über dieses Wasserparadies, in den westlichen Felsen gemeißelt, erhob sich dieses atemberaubende Monument.

Nur eins ist sicher, was die Khazne betrifft: Sie war ganz sicher keine Schatzkammer. Ihr vollständiger arabischer Name ist Khaznet Fara'oun[4] (Schatzkammer des Pharaos) und bezieht sich auf ein arabisches Märchen, das diese Fassade mit dem mythischen Schatz gleichsetzt, der in der sie krönenden Urne von einem bösen und fabelhaft reichen Zauberer versteckt wurde und von dem geglaubt wurde, dass er niemand anderer war, als jener Pharao, der Moses und seine Anhänger aus Ägypten ziehen ließ und der sie dann bis zum Wadi Mousa, dem Tal des Moses, verfolgte. Der Pharao, so wurde vermutet, nahm auf seinen Reisen in jedem Fall den ganzen Reichtum Ägyptens mit; doch scheint dieser bis zur Ankunft in Petra als so große Behinderung empfunden worden zu sein, dass er hier zurückgelassen werden musste. Wo sonst als in dem prächtigsten Bauwerk konnte er deponiert werden? Zeitliche Probleme, wie zum Beispiel, dass die Khazne nahezu 1200 Jahre nach der angenommenen Lebenszeit von Moses entstand, waren für die Entstehung des Mythos offensichtlich nicht ausschlaggebend.

Es gibt eine Unmenge an Theorien darüber, welche Funktion

IM PORTIKUS DER KHAZNE FÜHREN AUS DEM STEIN GEHAUENE PORTALE IN KLEINE RÄUME, WOMÖGLICH WACHRÄUME, DIE ZU BEIDEN SEITEN DER ZUM HAUPTRAUM FÜHRENDEN TREPPE ZU FINDEN SIND.

die Khazne tatsächlich hatte, bis jetzt allerdings konnte man sich noch nicht einigen. Doch angesichts des Reichtums der Bestattungssymbole in seinen Skulpturen, ist der Zusammenhang mit dem nabatäischen Totenkult eindeutig; zudem weist die Pracht auf einen königlichen Auftraggeber hin. Wenn es stimmt, dass Aretas III. es in Auftrag gab, dann könnte es entweder sein eigenes Grab gewesen sein oder ein Gedenkmausoleum zu Ehren seines Vaters, des zum Gott erhobenen Obodas I. Das Fehlen von Begräbnisnischen scheint für die zweite Alternative zu sprechen, denn von Obodas wird angenommen, dass er im Negev in Oboda, der Stadt, die seinen Namen trägt, bestattet wurde. Auch die starken hellenistischen Anleihen der Khazne würden für einen König als Auftraggeber sprechen, dessen Beiname, Philhellene, seine Verbundenheit mit der griechischen Kultur betont. Genauso lässt die vielgestaltige Beschäftigung mit der Unsterblichkeit in den gemeißelten Ornamenten auf den Kult eines Herrschers schließen, der in die Reihen der Unsterblichen aufgenommen wurde.

Die Feldzüge von Aretas III. waren von mehreren längeren Phasen der Ruhe unterbrochen, in den Bauvorhaben realisiert werden konnten, seine beiden unmittelbaren Nachfolger hatten dazu wahrscheinlich wesentlich weniger Gelegenheit. Obodas II., über den nur sehr wenig bekannt ist, regierte lediglich zwei Jahre; und Malichus I. war wiederholt in Kriege für oder gegen die Römer sowie in die Machenschaften der Kleopatra und den Konflikt mit Herodes dem Großen verwickelt. Erst mit der Thronbesteigung durch Obodas III. im Jahr 30 v. Chr., die gleichzeitig mit der Ernennung des Augustus zum römischen *princeps* stattfand, befriedete die Pax Romana die Region so hinreichend, dass die Nabatäer Zeit fanden ihre Stadt prächtig auszugestalten. Dies entfaltete seine größte Wirkung vor allem in der langen und größtenteils friedvollen Regierungszeit von Aretas IV., »der sein Volk liebt«, dem Erben Obodas' III., und der ein anderer möglicher Auftraggeber für die Khazne sein könnte.

DAS STARK VERWITTERTE KORINTHISCHE GRABMAL, SO GENANNT, WEIL EIN REISENDER DES 19. JAHRHUNDERTS, LÉON DE LABORDE, GLAUBTE, DASS SEINE KAPITELLE KORINTHISCHER PROVENIENZ WAREN. DER ENTWURF DES GRABES SPIEGELT JENEN DER KHAZNE WIDER, OBWOHL SEINE PROPORTIONEN WENIGER ÄSTHETISCH UND SEINE MEISSELARBEITEN VON NIEDEREM RANG SIND.

Mehr als ein Jahrhundert nach ihrer Entstehung war die Khazne Vorbild für zwei weitere aus dem Fels geschlagene Monumente – eines der Königsgräber auf der westlichen Seite des Jabal al-Khubtha und die große Fassade des weit oben in den Bergen liegenden ad-Deir-Klosters. Ersteres, das Korinthische Grab, erhielt seinen Namen von einem der ersten Besucher Petras, dem französischen Aristokraten Léon de Laborde, der 1828 hierher kam und mit der typischen klassizistischen Tendenz seiner Zeit und Gesellschaftsschicht dieses als ein Monument korinthischer Provenienz beschrieb. Tatsächlich sind die Kapitelle im neo-korinthischen Stil gehalten, der in Alexandria entwickelt wurde. Sie sowie die gesamte Fassade scheinen eine halbherzige Reproduktion einiger Elemente der Khazne zu sein; im Unterschied zu dieser findet sich hier allerdings ein Bogengiebel über dem Eingang und, zwischen der oberen und unteren Ordnung, eine Reihe kleinerer Säulen und Kapitelle sowie ein gebrochener Giebel. Das Grab ist heute stark verwittert,

DAS AD-DEIR (KLOSTER), IM FRÜHEN 19. JAHRHUNDERT VON DAVID ROBERTS, RA, GEZEICHNET. DER AUS DEM FELSEN GEARBEITETE TEMPEL, VON DEM AUS ER DIESE ZEICHNUNG ANFERTIGTE, KANN NOCH HEUTE BEWUNDERT WERDEN, GENAUSO WIE EINE SCHÖN GEARBEITETE HEILIGE NISCHE AUF SEINER RÜCKSEITE UND DIE VEREINZELTEN ÜBERRESTE EINER SÄULENREIHE AN SEINER STIRNSEITE.

Das ad-Deir (Kloster), das aus dem honigfarbenen Sandstein des Jabal ad-Deir, nordwestlich vom Stadtzentrum Petras gelegen, gearbeitet wurde. Wie das Korinthische Grab wurde es nach dem Vorbild der Khazne gestaltet, allerdings ohne die »fremdenartigen« Skulpturen. Eine der grössten und doch eine der harmonischsten, Fassaden Petras lässt die Menschen auf Ameisengrösse schrumpfen. Es könnte zu Festmahlen zu Ehren des Gottkönigs Obodas I. genutzt worden sein.

Teil des dorischen Frieses an der Spitze des Deirs mit schlichten runden Metopen, die sich mit Triglyphen, Gruppen von drei vertikalen Blöcken, kleinen Pilastern ähnlich, abwechseln.

Eine riesige Steinurne auf einer nabatäischen Kapitelle krönt das Deir.

was einen Vergleich mit seinem besser erhaltenen Vorbild nicht zu seinem Vorteil gereichen lässt, sondern im Gegenteil seine gröberen, weniger ästhetischen Proportionen und die Minderwertigkeit seiner Gestaltung stärker hervortreten lässt. Es scheint, als hätten die Handwerker, die es bauten und gestalteten, ihren Enthusiasmus für die exotischen Details und Ornamente verloren, die bei der Gestaltung der Khazne so beispielgebend waren und so eindrucksvoll umgesetzt wurden.

Mit seiner Tholos und dem gebrochenen Giebel sowie seinem fehlenden zusätzlichen Geschoss zwischen den beiden Teilen lassen sich zwischen dem Deir und der Khazne größere Ähnlichkeiten im Gesamtentwurf erkennen – zudem ist die Fassade des Deir eine der harmonischsten und originellsten nabatäischen Fassaden, da sie von besseren Handwerkern gestaltet wurde als jenen, die das Korinthische Grab fertigten. Die Größe des Deir ist enorm und lässt heute wie vor 2000 Jahren Menschen, die sich vor ihm einfinden, auf Ameisengröße schrumpfen. Die Nischen, offensichtlich dazu gemacht, Statuen von Königen oder Göttern in Menschengestalt zu beherbergen, sind heute leer und auch alle anderen Ornamente – das schöne und einfache dorische Fries aus einander abwechselnden Triglyphen (drei vertikale Blöcke) und runden Metopen sowie den schlichten Säulenkapitellen – sind rigoros nicht-figurativ. Nachdem sie die klaren Formen gesehen hatten, die sie vor dem Skulptieren fein gearbeiteter floraler Kapitelle im alexandrinischen Stil aus dem Fels geschlagen hatten, scheint es so, als hätten die nabatäischen Steinmetze beschlossen, dass die nur angedeutete

DAS KUNSTVOLL GESTALTETE GRAB DES SEXTIUS FLORENTINUS, EINEM DER ERSTEN RÖMISCHEN GOUVERNEURE DER PROVINZ ARABIA, DER UM 129 N. CHR. STARB UND AUF SEINEN WUNSCH HIN IN PETRA BESTATTET WURDE.

Eine schlichte nabatäische Kapitelle, mit einem am linken »Horn« eingesetzten Stück Stein, das vielleicht einen Fehler des Meissels ausgleichen soll. Die Reparatur ist vermutlich durch den Putz und die Farbe, mit dem es verkleidet wurde, verdeckt worden.

Form stärker und schöner war und zudem besser zum nabatäischen Ethos passte. Bei diesen schlichten »nabatäischen« Kapitellen hätte jede Form figurativer Ornamentik fehl am Platz gewirkt.

Die Größe des Deir, der lange Anstieg des Prozessionsweges, der zu ihm hinführt, die Überreste des mit Kolonaden bestanden Vorhofes und die riesige runde Konstruktion dahinter – all dies weist auf ein Monument besonderer Bedeutung hin. Vor kurzem vorgenommene Aufräumarbeiten im inneren Raum haben zu Tage gebracht, dass es sich um ein Triklinium handelt, und eine in der Nähe gelegene Inschrift, die zu Beginn des 20. Jahrhunderts gefunden wurde, könnte einen Hinweis darauf liefern, zu Ehren welcher Person hier Festmahle stattfanden: »Lasst uns 'Ubaydu, Sohn des Waqihel, und seinen Gefolgsleuten im Symposium Obodas, des Gottes, gedenken.« Der zum Gott erhobene Obodas starb um 85 v. Chr., doch sollte sich die Inschrift auf dieses Monument beziehen, dann wurde ihm auch über ein Jahrhundert später noch gehuldigt, denn vom Deir wird angenommen, dass es Mitte des ersten nachchristlichen Jahrhunderts gebaut wurde.

Auch wenn weiterhin figurative Fassaden in Petra aus den Felsen gehauen wurden, scheinen sich die meisten nabatäischen architektonischen Formen vom Ausgeklügelten hin zum Einfachen, vom Figurativen hin zum Anikonischen entwickelt zu haben – von der Khazne zum Deir – also das genaue Gegenteil dessen, was sonst allgemein angenommen wird. In den Fassaden des Urnengrabs, eines der Königsgräber, und des nicht königlichen Grabs des römischen Soldaten im Wadi Faras (das trotz seines Namens nabatäisch ist) finden sich menschliche Figuren, wahrscheinlich Darstellungen der dort Bestatteten, in einem ansonsten strikt nicht figurativen Rahmen. Selbst dann, wenn komplexe Entwürfe umgesetzt wurden – wie zum Beispiel in dem großen und extravaganten Palastgrab und dem Bab as-Siq-Triklinium –, wurden florale und andere figurative Elemente zugunsten des Anikonischen aufgegeben. Eine bemerkenswerte Ausnahme stellt das Grab des Sextius Florentinus dar, eines der wenigen Monumente, das eindeutig datiert werden kann, da von diesem römischen Gouverneur der Provinz Arabia bekannt ist, dass er um 129 n. Chr. starb. Auf seinen eigenen Wunsch hin wurde er in Petra bestattet, an einem etwas abseits gelegenen Ort, auf der anderen Seite eines Felsvorsprungs in der Nähe der beeindruckend großen Königsgräber – eine Bescheidenheit, die ihm vielleicht durch die nabatäischen Könige aufgezwungen wurde, die bereits die großartigsten Orte für ihre Gräber gewählt hatten. Sein Grab ist zudem merklich kleiner als die der Könige. Doch was ihm an Größe fehlt, macht es mit Ornamentik wieder wett. Hier befinden wir uns wieder in der Welt der klassischen Vorstellungen, die die nabatäische Fantasie adaptierte. Unterhalb des Bogengiebels finden sich (wahrscheinlich) ein Medusenhaupt, darüber ein Adler, schlichte »nabatäische« Kapitelle und eine lateinische Inschrift, die dieses Grab Titus Aninius Sextius Florentinus weiht.

Bis jetzt haben wir uns vor allem den »königlichen« Monumenten gewidmet. Doch die überwiegende Mehrheit der peträischen Gräber wurde für ganz normale Bürger angefertigt, deren unterschiedlicher wirtschaftlicher Status an den verschiedenen Größen und der Qualität der Steinmetzarbeiten abgelesen werden kann. Die von den reicheren Bürgern bevorzugten Entwürfe werden heute Proto-Hegra- und Hegra-Stil genannt, weil sie den Grabmälern Hegras am meisten ähneln. Ersterer hat ein einfaches Gesims mit Hohlleiste unter einer einfachen monumentalen assyrischen Giebelzinne, während letzterer zudem ein klassisches Gesims, Fries und Architrav unterhalb des Gesims enthält. Beide verwenden oft Halbpilaster mit nabatäischen Kapitellen auf jeder Seite der unteren Hälfte, und oft, jedoch nicht immer, findet sich in der Mitte eine Tür im klassischen Stil mit eingebundenen Pilastern und Kapitellen, manchmal auch mit einem Giebel darüber.

Eins dieser peträischen Gräber im Hegra-Stil (Grab Nr. 825) wurde in den vergangenen Jahren gründlich erforscht, letztendlich mit dem Ziel, diese zunehmend baufälligeren Monumente besser erhalten zu können. Dabei konnten einige faszinierende Details über die Arbeitsweise der nabatäischen Steinmetze zu Tage gefördert werden. Es war bereits bekannt – von mehreren, nicht fertig gestellten Fassaden in verschiedenen Teilen Petras –, dass die Arbeiten an der Spitze begonnen wurden. Zunächst wurde in die natürliche Felsoberfläche eine genau abgemessene Nische geschnitten, die etwas größer als das eigentlich geplante Bauwerk war, erst dann begann man mit den eigentlichen Steinmetzarbeiten, wobei sich die Steinmetze von der Spitze nach unten vorarbeiteten. Dabei konnten sie sich entweder abseilen oder an wackligen hölzernen Gerüsten hochklettern bzw. sie konnten eine Art Bord aus dem Fels schneiden, das groß genug war, um sich frei darauf zu bewegen, und das sich mit dem Fortschreiten der Arbeiten nach unten verlagert wurde.

Mindestens vier verschiedene Arten von Werkzeugen konnten bisher identifiziert werden. Eins von ihnen, eine einfache Picke, kannte man bereits von einer in Fels geritzten Zeichnung eines antiken Nabatäers, der vermutlich sein Steinmetzhandwerk darstellen wollte. Ein solches Werkzeug wurde dort eingesetzt, wo ein grober Abschluss ausreichend war, zum Beispiel an der Spitze von Gesimsen und Giebeln, die von unten nicht gesehen werden konnten. Auch ein spitzer Meißel konnte in anderen Teilen eingesetzt werden, in denen ein grober Abschluss ausreichend war, zum Beispiel dort, wo einzelne Steine eingesetzt wurden, um beschädigte oder minderwertige Teile des Felsens zu ersetzen. Um eine Fläche paralleler Linien herzustellen, die eine charakteristische Eigenschaft der nabatäischen Architektur sind, konnte entweder dieser spitze Meißel oder – was wahrscheinlicher ist – ein gezahnter Meißel benutzt werden. Diese parallelen Linien wurden, entsprechend dem, was auf dem derart vorbereiteten Untergrund angebracht werden sollte, von der Vertikale aus in einem Winkel von 15 bis 45 Grad angebracht. Für noch feinere Arbeiten, zumeist bei aneinander grenzenden gerillten Flächen, wurde ein flacher Meißel benutzt.

Noch immer finden sich Putzspuren an den geschnittenen Oberflächen in einigen Teilen des Grabs 825 und weisen darauf hin, dass die gesamte Fassade verputzt war und dann höchstwahrscheinlich bemalt wurde. Reste von Wandgemälden in anderen peträischen Monumenten zeigen, dass die Nabatäer sowohl ihre aus dem Fels gearbeiteten Fassaden als die Gebäude insgesamt mit kräftigen Farben bemalten, vor allem satten Rot- und Gelbtönen, wahrscheinlich nicht willens, den außerordentlichen Farbreichtum, den die Natur ihnen aufdrängte, zu nutzen. Der Putz hatte den zusätzlichen Nutzen, dass er den weichen Sandstein schützte und jegliche Fehlerhaftigkeit überdeckte. Tatsächlich ist es sehr erhellend zu sehen, wie die Nabatäer Flächen fehlerhaften Steins – und manchmal auch schlechter Handwerksarbeit – überdeckten. Sie schnitten Vertiefungen in den Stein und setzten dann andere Steine ein, die in derselben Weise bearbeitet wurden wie der Untergrund. Später, als man die keramischen Wasserröhren in die nördliche Wand des Siq und in das Stadtzentrum verlegte, wurden diese Verkleidungstechniken neu genutzt, um die Rille, die direkt durch die Vorderseite des Grabes geschnitten wurde, sowie die eingesetzten Leitungen, die von kleinen Steinen und Mörtel gehalten wurden, zu verstecken. Sorgfältiges Verputzen und Streichen haben vermutlich die Leitungen vollkommen unsichtbar gemacht.

Über und neben dem Grabmal meißelten die Steinmetze ein Netz von Kanälen, um das Regenwasser von der Fassade wegzuleiten und so das Risiko, das Putz und Farbe sowie der Fels selbst Schaden nähmen, zu vermindern. Ein Großteil der Schäden an dieser und anderen Fassaden wurde durch Wasser verursacht, das in den Jahrhunderten, die seit der Verstopfung der Kanäle vergangen sind, an der Fassade ablief.

DIE SÄULENSTRASSE IM ZENTRUM PETRAS, IM OSTEN VON DEN KÖNIGSGRÄBERN ÜBERRAGT, DIE IN DEN JABAL AL-KHUBTHA GEMEISSELT WURDEN. DIE STRASSE WAR DER MITTELPUNKT DES ÖFFENTLICHEN LEBENS DER STADT UND DER AUSGANGSPUNKT FÜR DAS STADTPLANUNGSSYSTEM, NACH DEM TEMPEL UND ANDERE ÖFFENTLICHE GEBÄUDE ERRICHTET WURDEN.

Was die Quellen der Inspiration der Steinmetze betrifft – an zwei Stellen auf dem geglätteten Felsen neben dem Grabmal wurden eingeritzte Profile eines Gesims gefunden, vermutlich vom Steinmetzmeister als Vorlage für jene Handwerker angefertigt, die daran arbeiten sollten. Das fertig gestellte Gesims stimmt zudem genau mit der Vorlage überein. Neben diesen eingeritzten Vorlagen findet sich der Umriss eines rechteckigen Blockes, die Darstellung des Gottes Dushara – vielleicht von einem Handwerker hergestellt, der diese Arbeit dem großen Gott widmete.

Auch wenn Petra heute wie ein großer und beeindruckender Friedhof wirkt, zur Zeit des nabatäischen Königreiches bis weit in die römische und byzantinische Ära hinein war es vor allem ein Ort für die Lebenden. Häuser, Tempel und öffentliche Gebäude beherrschten die Stadtmitte, und die herrlichen Gräber, die aus den

VORIGE SEITEN: QASR AL-BINT, DER HAUPTTEMPEL PETRAS. IM VORDERGRUND SIND DIE RESTE EINES ALTARS ZU SEHEN UND ZWISCHEN DIESEM UND DEM BOGENTOR LIEGT DAS LANGE UND SCHMALE TEMENOS ODER DER HEILIGE BEZIRK, IN DEM SICH DIE GLÄUBIGEN VERSAMMELTEN.

umgebenden Bergen herausgearbeitet wurden, sind damals nicht so dominant gewesen wie heute, wo so wenig von der Struktur der antiken Stadt übrig geblieben ist. Gebäude, selbst die beeindruckendsten Tempel, sind wesentlich anfälliger für die Erschütterung eines Erdbebens als dies aus dem Fels gehauene Fassaden sind. Je mehr dieser Gebäude durch Ausgrabungen von Staub und Erde befreit werden, desto leichter sollte es werden, sich den Aufbau dieser prächtigen Stadt, die sich hier einst befand, vorzustellen.

Irgendwann zu Beginn des ersten vorchristlichen Jahrhunderts wurden die einfachen Gebäude neben dem Wassergraben eingeebnet, um eine Terrasse zu schaffen, auf der die erste Straße, die diesen Namen wirklich verdient, angelegt wurde – eine fast 18 Meter breite Sand- und Schotterstraße, die von Säulen und Portikos sowie Gebäuden aus sorgfältig gesetzten Quadermauern gesäumt wurde. Die Kolonadenstraße wurde der Mittelpunkt des öffentlichen Lebens und reichte von dem Punkt, an dem die Wadi Mataha die umgeleiteten Wasser des Siq in den Hauptwadi leitete und an dem das Nymphäum gebaut wurde, bis zum bogenförmigen Tor am westlichen Ende. Wie andere Städte der Zeit hatte nun auch Petra eine große zeremonielle Straße, auf die ihre Bürger stolz sein konnten. Sie war keine Durchgangsstraße, denn sie führte nirgendwo hin, vielmehr war sie das Ende des Weges für diejenigen, die die Stadt von Osten her betraten. Sie ist vor allem der Ausgangspunkt für das Hippodamische System, auf dessen zugrunde liegendem Rechteckgitter in der Folge viele großartige neue Tempel und andere öffentliche Gebäude gebaut wurden. Diese wurden durch das Bogentor im Westen, zwei Treppen im Süden und Brücken, die den Wasserlauf im Norden überspannten, erreicht. Zu einem unbekannten Zeitpunkt im ersten nachchristlichen Jahrhundert mag die Schotterstraße durch eine mit Steinen gepflasterte ersetzt worden sein, die entlang derselben Linie verlegt wurde.

Entgegen der Ausrichtung der Straße und an ihr Ende wurde der Tempel gebaut, der allgemein als Qasr al-Bint bekannt ist. Dies ist eine Abkürzung seines vollen arabischen Namens Qasr al-Bint Fara'oun (Palast der Pharaonentochter). Auch dieser Name geht auf ein örtliches arabisches Märchen zurück, in dem es diesmal um die tugendhafte Tochter desselben bösen Pharao der Khazne geht. Sie testete ihre Verehrer, indem sie sie bat, ihr Wasser in den Palast zu bringen. Von den beiden, die diese Aufgabe gleichzeitig erfüllten und von verschiedenen Quellen in den Bergen Wasser brachten, wählte die Prinzessin den bescheideneren Verehrer, der seinen Erfolg Gott und seinem eigenen Können zuschrieb.

DAS DORISCHE FRIES, DAS DEN GESAMTEN OBEREN TEIL DES QASR AL-BINT UMLIEF, ENTHIELT URSPRÜNGLICH GÖTTERBÜSTEN DIE MIT ROSETTEN ABWECHSELTEN; DURCH SPÄTERE UMGESTALTUNGEN WURDEN DIE BÜSTEN DURCH NEUE ROSETTEN ERSETZT.

Weit entfernt davon, ein Palast zu sein oder auch nur in irgendeiner Beziehung zum Pharao zu stehen, ist Qasr al-Bint ein nabatäischer Tempel, vermutlich sogar der Haupttempel Petras. Er steht unterhalb des al-Habees-Felsen am westlichen Ende des mit einer langen Mauer eingefassten und gepflasterten Temenos, oder heiligen Bezirks, das seinen Ausgang am Ende der Säulenstraße zwischen Wasserlauf und den südlichen Ausläufern des Petrabeckens nimmt. Der Tempel wurde im ersten vorchristlichen Jahrhundert gebaut, vielleicht zur Zeit Obodas III., und ersetzte anscheinend einen früheren Bau. Dieser solide, quadratische Tempel, der aus rötlichen Sandsteinquadern gebaut ist, ist das einzige der peträischen Monumente, das nahezu intakt die wiederholten Erdbeben in der Region überlebt hat, im Gegensatz zu den anderen Gebäuden, die dadurch weitgehend zerstört wurden. Allerdings stürzten die vier großen Säulen ein, die am Eingang vor dem hochaufragenden Bogen standen, der in den Tempel führte. Diese Säulen trugen einmal Kapitelle, vermutlich ähnlich denen der Khazne, und auf diesen Kapitellen ruhte ein Gebälk, das mit einem schönen dorischen Fries geschmückt war, der das gesamte Gebäude umlief. Ursprünglich enthielten die runden Elemente des Frieses, die Metopen, große offene Blüten, die sich mit Büsten abwechselten. Von den Büsten ist jedoch keine erhalten geblieben, anscheinend fielen sie einer nicht figurativen Bearbeitung oder Zerstörung in der Antike zum Opfer. Eine Büste wurde jedoch vor einigen Jahren in einem Abfallhaufen nahe des Bogentores gefunden. Die Mauern waren innen wie außen vollständig mit Tafeln dekorativer Stuckornamente verkleidet, die Steinmetzarbeiten nachahmten und von denen noch heute einige an den Außenwänden angeschaut werden können. Innen sind nur kleinere Fragmente erhalten geblieben, aber die Wände sind voll mit Löchern, die einst die alles bedeckenden Tafeln an ihrem Platz hielten. Diese waren zudem in den kräftigen Farben, die die Nabatäer bevorzugten, bemalt; wären sie erhalten geblieben, würde Petra bei den meisten heutigen Betrachtern einen knallbunten Eindruck hinterlassen.

Gläubige betraten das Temenos durch das Bogentor am Ende der Straße und gingen dann zum offenen Altar, an dem dem Gott, dessen Statue im hinteren Teil des Tempels dem Altar gegenüber stand, durch Priester Opfer dargebracht wurden. 1959 fand der britische Archäologe Peter Parr im Innern des Tempels eine riesige Marmorhand, die Teil einer mindestens sechs Meter großen Kultstatue gewesen sein muss, und in der Cella, dem Heiligsten des Heiligen, im zentralen Raum im hinteren Teil des Tempels stand. Die Funde sind etwas widerstreitend, was die Beantwortung der Frage angeht, welcher Gott hier verehrt wurde. Obwohl es merkwürdig wäre, wenn so ein bedeutender Tempel nicht, zumindest ursprünglich, Dushara gewidmet worden wäre, konnte doch keine nabatäische Inschrift, die dies bestätigen könnte, hier gefunden werden, geschweige denn irgendeine Erwähnung Dusharas. Doch finden sich immerhin zwei griechische Widmungen, die aus der römischen Zeit stammen: Die eine wendet sich an Aphrodite (mit al-'Uzza, der

Der Tempel der Löwen-Greifen mit seinen dicht gestellten Säulen, die den höher gelegenen Altar umgeben, steht an einem Hang nördlich der Säulenstrasse. Auf dem gegenüberliegenden Hang erkennt man den Grossen Tempel.

Hauptgöttin Petras, gleichgesetzt) und die andere an »Zeus *hypsistos*« (der Höchste), mit diesem Beinamen wurde üblicherweise der syrische Gott Ba'al-Schamin belegt und nicht der nabatäische Gott Dushara. Dies mag darauf hinweisen, dass der Tempel zweifach geweiht worden war – einmal zu Ehren al-'Uzzas/ Aphrodites und zum anderen zu Ehren von Ba'al Schamin/Zeus.

Einige Jahre (oder Jahrzehnte) nachdem Qasr al-Bint fertig gestellt worden war, wurde ein neuer Tempel auf den Hängen nördlich der Hauptstraße gebaut. Wie um zu beweisen, dass die Nabatäer im Tempelbau keinen strengen Regeln folgten und offen waren für neue architektonische Experimente, präsentiert dieser Tempel – heute Tempel der Löwen-Greifen genannt – einen völlig neuen Baustil. Ein Eingangsportikus führt in die Cella, in der ein erhöhter Altar steht, der von einer großen Zahl an Säulen umgeben ist. Die meisten Kapitelle, mit ihren Girlanden aus Palmwedeln und Blüten, ähneln denen der Khazne und des Qasr al-Bint. Diejenigen Säulen, die dem Altar am nächsten standen, hatten an den Voluten der Kapitelle lebhaft flügelschlagende Löwen und diesem ungewöhnlichen Element verdankt das Bauwerk seinen heutigen Namen. Sie befinden sich heute nicht mehr in situ. In seiner ursprünglichen Form war der Tempel verschwenderisch mit dekorativen Gesimsen und anderen Zierleisten verziert. Einige der Säulen waren aufwändig mit Stuck versehen. Diese dünne Kalkputzschicht wurde dann mit schönen Blumen- und Blättermotiven, menschlichen Büsten, Kelchen und Delphinen bemalt – ein Augenschmaus für alle, die einen Hang zur Ornamentik hatten.

Die Ausgrabungen, die seit 1974 von einem amerikanischen Team unter der Leitung von Dr. Philip Hammond durchgeführt wurden, haben nicht nur den Tempel selbst, sondern auch die Krypten, Nebengebäude und Wohnräume, die ihm westlich angegliedert waren, freigelegt. Drei Arbeitsstätten von Handwerkern wurden dort gefunden, offensichtlich um die Erhaltung des Tempels sowie die Ausführung laufender Reparaturen sicherzustellen. Ein Werkraum wurde von Malern benutzt – Keramikschüsseln, Trichter und andere Gefäße wurden hier gefunden, von denen einige kleinere immer noch Reste der Farbpigmente enthielten, die für die Auffrischung der Wandgemälde im Innern des Tempels benutzt wurden. Der zweite Arbeitsraum wurde von Metallarbeitern genutzt und der dritte von Marmorsteinmetzen.

Die »Göttergattin von Hayyan, Sohn des Nybat« aus dem Löwen-Greifen-Tempel stellt wahrscheinlich al-'Uzza dar, die Hauptgöttin Petras, die gleichgesetzt wird mit Isis und Aphrodite. In der Mitte ihres Stirnbandes könnte sich ein Halbedelstein mit einer Gravur des Isis-Symbols befunden haben. (Petra-Museum)

Im Werkraum der Steinmetze wurde eine nahezu vollständige Widmungsinschrift gefunden, die exakt auf den »4ten Tag des Monats 'Ab im 37. Jahr von Aretas, König der Nabatäer, der sein Volk liebt« datiert war – sie bezieht sich auf Aretas IV. im August 27 n. Chr., zufällig zu jener Zeit, als seine Tochter von Herodes Antipas geschieden wurde. Die Inschrift mag sich auf die erste Fertigstellung des Tempels oder eine spätere Umgestaltung beziehen, als die ursprünglichen detailreichen Fresken und Zierleisten vollständig überputzt wurden. Dies scheint absichtlich gemacht worden zu sein, um die reiche Ornamentik zu verringern – die exotischen Elemente der nabatäischen Monumente – und um so zu dem schlichteren, traditionelleren Stil zurückzukehren, zu dem sich viele Nabatäer offensichtlich eher hingezogen fühlten.

Einer der außergewöhnlichsten und schönsten nabatäischen Idolsteine wurde in einer Nische der Cella des Löwen-Greifen-Tempels gefunden – ein kleiner rechteckiger Steinblock, mit mandelförmigen Aussparungen als Augen unter auffälligen Augenbrauen, einer langen, geraden Nase und einem ovalen Mund, die alle von einem einfachen Rahmen umschlossen werden. Dies ist der reine nabatäische Stil ohne jeglichen hellenistischen Einfluss, die stilisierten Gesichtszüge sind das einzige Zugeständnis an eine anthropomorphe Darstellung eines Gottes. Über den Augenbrauen erkennt man ein Stirnband aus Blättern mit einer sorgfältig gemeißelten Einfassung in der Mitte, von der angenommen wird, dass sie einen Halbedelstein gehalten hat, der eine Gravur mit dem Symbol der Gottheit enthielt. Irritierenderweise konnte die Identität nicht eindeutig geklärt werden, da die nabatäische

Der Grosse Tempel am Hang nördlich der Säulenstrasse. Dieses spektakuläre Gebäude wurde im ersten vorchristlichen Jahrhundert begonnen und im nächsten Jahrhundert vollständig umgebaut mit einem Theater in seinem Zentrum.

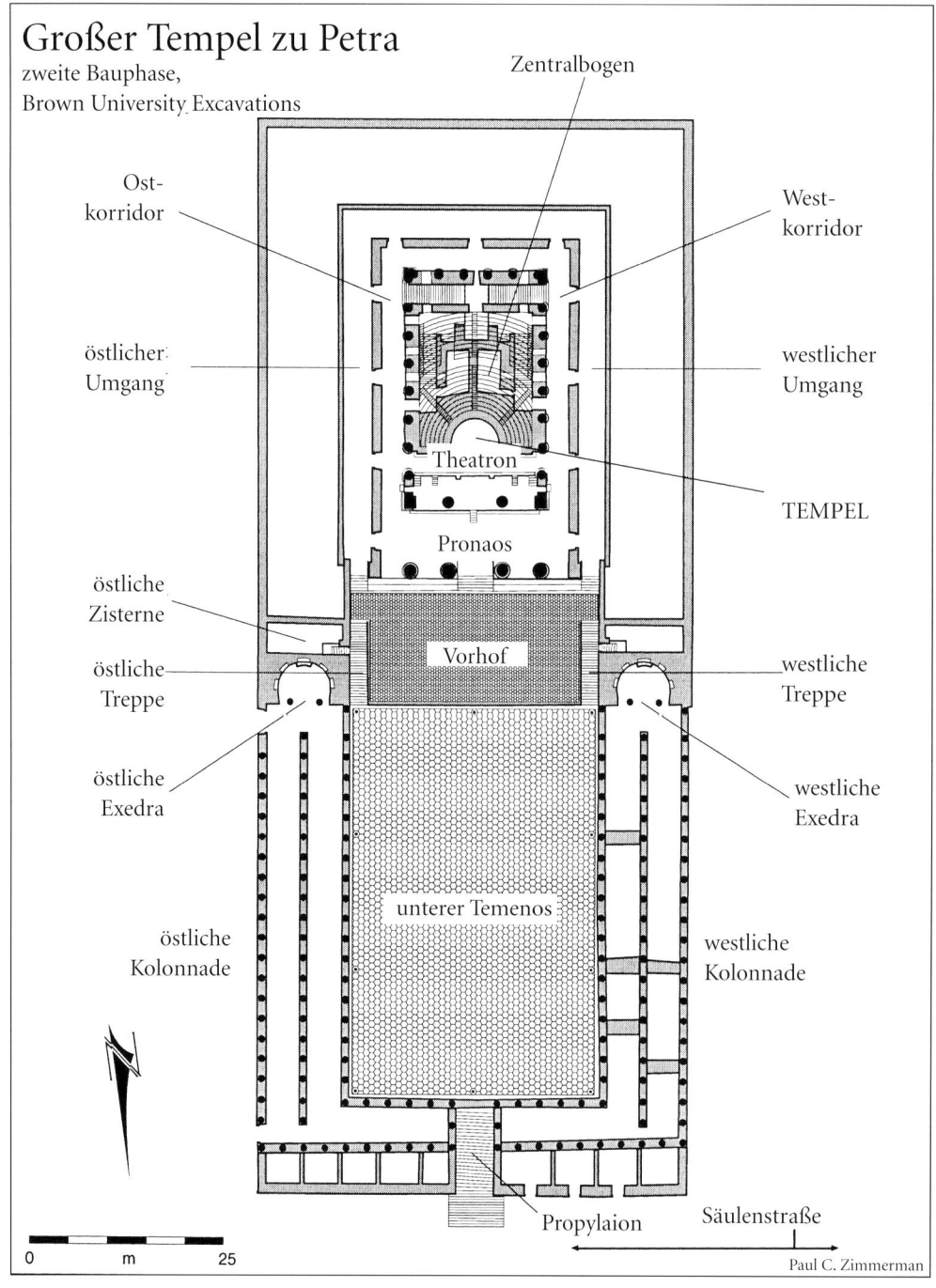

Dieser Plan der ausgegrabenen Stätte des Grossen Tempels zeigt die zweite Bauphase, die im ersten nachchristlichen Jahrhundert ausgeführt wurde. Zwei Treppen führen von der grossen unteren Terrasse mit dreifachen Kolonnaden an jeder Seite zu dem grossartigen Gebäude auf der oberen Terrasse, auf der sich jetzt ein Theater mit 600 Sitzen befindet. (1999 von Paul C. Zimmerman gezeichnet; Reproduktion mit freundlicher Genehmigung der Brown University Excavations)

Inschrift am unteren Rand nicht mehr preisgibt, als dass es sich hierbei um »die Göttergemahlin von Hayyan, Sohn des Nybat« handelt. Ein Hinweis könnte jedoch in der keramischen Votivfigurine stecken, die im Tempel gefunden wurde und die die ägyptische Göttin Isis in Trauerhaltung[5] zeigt, sowie eine Statuette ihres Begleiters Osiris. Ein weiterer Hinweis könnte sich auch auf einem weniger sorgfältig bearbeitetem Stein verbergen, auch hier kann man die stilisierten Augen und ein Stirnband erkennen, in das das Symbol der Isis eingemeißelt ist. Vielleicht lässt sich daraus schließen, dass auch das fehlende Symbol im Stirnband der namenlosen Göttin das der Isis ist. Sollte dies der Fall sein, und angesichts ihrer Gleichsetzung mit der griechischen Aphrodite und der Gleichsetzung der Aphrodite mit al-ʿUzza, würde dies bedeuten können, dass dieser Tempel der peträischen Hauptgöttin in ihrer Verkörperung als Isis entweder allein oder zusammen mit Dushara, verkörpert als Osiris, gewidmet war.

Etwa um dieselbe Zeit, als Qasr al-Bint gebaut wurde bzw. wenig später, begannen die Nabatäer ein anderes Großprojekt südlich der Säulenstraße – es wird seit 1993 von einem amerikanischen Ausgrabungsteam der Brown University unter Leitung von Dr. Martha Sharp Joukowsky erschlossen. Aus einem einst sanft ansteigenden Hügel mit wenigen eingefallenen Säulen, die die Natur wie Speichen eines steinernen Katharinenrades arrangiert hat, haben die Archäologen nach und nach die Struktur sowie einiges der architektonischen Geschichte dieses einzigartigen und rätselhaften Gebäudes freigelegt (Plan S. 108).

Zunächst wurde eine große Terrasse geebnet mit einem ausgeklügelten System von Wasserkanälen sowohl für die Versorgung mit Wasser als auch für die Entwässerung. Dann errichtete man eine Steintreppe vom unteren Ende des Hangs an der Straße zur Mitte der nördlichen Ecke der Terrasse. Ein großes Gebäude wurde auf der Terrasse errichtet, wahrscheinlich mit zwei Außenwänden, zwischen denen sich ein Umgang befand – die äußere Wand könnte jedoch auch später hinzugefügt worden sein. Am nördlichen Eingang standen vier Säulen zwischen den inneren Seitenwänden, die am südlichen Ende auf eine weitere Wand trafen, die das Ende des Gebäudes markierte. Innerhalb dieser inneren Wand standen entlang jeder Seite acht Säulen, und in der Nähe des Eingangs waren zwei Pfeiler auf jeder Seite von zwei Säulen, direkt hinter den vier großen Säulen der Fassade platziert. Auf jede dieser Säulen war ein schön skulptiertes Kapitell gesetzt, dessen untere Ordnung aus einer Krone von sich kräuselnden Akanthus-Blättern bestand, die die Basis bildeten, von der aus sorgfältig gearbeitete Girlanden von Blumen, Weinranken, Ranken und Früchten sich als obere Ordnung erhoben, an deren Ecken sich eng spiralige Volutes nach oben richteten. Sie sind nahezu identisch mit den Kapitellen der unteren Ordnung der Khazne.

Auf mehreren Säulen findet sich noch teilweise die ursprünglich dicke Lage aus Putz und eine dünne Schicht aus Stuck. Jede Säule war in der oberen Hälfte weiß und elegant kanneliert, die glatte untere Hälfte war von Säule zu Säule wechselnd in kräftigem Gelb oder tiefem Rot gestrichen. Ursprünglich waren alle Säulen des gesamten Innenraumes derart verziert. Die Wände hinter den Säulen waren ebenfalls verputzt und in breiten Streifen mit leuchtenden Farben bemalt – wiederum hauptsächlich in Rot und Gelb –; sie wurden von kunstvollen Stuckleisten eingerahmt. Zudem wurden weitere Fragmente des Wandschmucks gefunden mit sorgfältig ausgeführten Zeichnungen von Blumen, Palmwedeln, Tieren und menschlichen Gesichtern und Gestalten.

Seitdem zu Beginn des zwanzigsten Jahrhunderts die ersten Ausgrabungen in Petra vorgenommen wurden, hat man angenommen, dass es sich bei diesem Gebäude, wegen der weit verstreuten Säulen, um einen Peripteraltempel handelt, dessen Cella also von einem überdachten Säulengang umgeben war und der einer der klassischen Tempelbaustile ist, die der römische Architekt Vitruv zu Beginn des ersten vorchristlichen Jahrhunderts unterschied. Wegen seiner Größe und weil er noch keinen arabischen Namen hatte, nannte man ihn den Großen Tempel. Doch die Ausgrabungen haben gezeigt, dass die Säulen im Gebäude selbst standen und nicht davor und zudem auf eine Weise angeordnet waren, die mehr Vitruv' Entwürfen einer Basilika entspricht – eine Bauform, die in der griechisch-römischen Welt nicht mit Tempeln in Verbindung gebracht wurde, sondern mit einer Reihe säkularer und ziviler Tätigkeiten. Wie sich aus ihrem Namen erkennen lässt, war die Basilika griechischen Ursprungs und wurde vom König genutzt.[6] Von einer königlichen Audienzhalle (der Audienz folgte oft ein Bankett) entwickelte sie sich zu einer großen Versammlungshalle, die sowohl für königliche als auch nicht-königliche Zwecke genutzt wurde; sie fand sich zumeist in unmittelbarer Nachbarschaft der Agora und konnte auch für die Abwicklung geschäftlicher Transaktionen genutzt werden, als Börse, Geldwechselstube oder für Läden. Häufig wurde sie jedoch als Gerichtsgebäude genutzt.

Es mag nicht entscheidend sein, Vitruv als Gewährsmann aufzurufen, da die orientalische Welt im Allgemeinen und die Nabatäer im Besonderen ihre eigenen architektonischen Regeln und Baustile hatten und wir bereits gesehen haben, dass sie sich nicht auf einen einzigen Tempelbaustil beschränkten. Aber wir haben auch gesehen, dass sie klassische Ideen aufnahmen und sich so zu Eigen machten, wie es ihren Zwecken entsprach. Sollten die Nabatäer ähnlich wie die Griechen und Römer Stil und Funktion miteinander verbunden haben, könnte es möglich sein, säkulare Gebäude von Tempeln zu unterscheiden. Bislang ist uns dies jedoch noch nicht gelungen. Dieses Gebäude könnte ein Tempel gewesen sein; doch angesichts der Existenz weiterer Tempel in Petra und angesichts des Fehlens eines anderen Gebäudes, das für zivile oder königliche Zwecke genutzt wurde, wurde eine andere Funktion hierfür ins Spiel gebracht.

Athenodoros, der sich etwa zu der Zeit in Petra aufgehalten haben könnte, in der dieses Gebäude fertig gestellt worden war, berichtete seinem Freund Strabon, dass »die Fremden zwar ... häufig sowohl mit einander als mit den Eingebornen Rechtsstreit führen, der Eingebornen hingegen Keine einander verklagen, sondern Alle in vollkommenem Frieden unter sich selbst leben«. Es scheint unwahrscheinlich, dass die Nabatäer ein Gebäude nur für prozesssüchtige Ausländer gebaut haben; zudem hätte die Anzahl der Prozesse zwischen Ausländern und Nabatäern kaum ein so großes und beeindruckendes Gebäude gerechtfertigt.

Auf der anderen Seite berichtet Strabon aber auch davon, dass der König »oft auch ... vor dem Volke Rechenschaft (gibt); zuweilen sogar wird sein Lebenswandel untersucht«. Wenn es kein Tempel war, könnte es gut jenes Gebäude gewesen sein, in dem das »Volk« zusammenkam und in dem die Nabatäer ihren demokratischen Tendenzen erstmals Ausdruck verliehen. Da solche Versammlungen wahrscheinlich nicht besonders häufig stattfanden, könnte dieses Gebäude auch für eine Anzahl weiterer Funktionen genutzt worden sein – es könnte zum Beispiel der Ort gewesen sein, an dem königliche Audienzen gewährt wurden und der König seinen »Bruder«, den Kanzler, und andere Berater um sich geschart hatte. Und wenn man sich an persischen oder hellenistischen Vorbildern orientiert, dann könnten als Auftakt zu einem königlichen Bankett im Anschluss an die Audienzen tragbare Bänke hereingebracht und Opfer dargebracht worden sein. Während des Banketts spielten vielleicht Musiker auf, und eventuell folgte ihm eines der prachtvollen Trinkgelage des Königs. Beide Feste werden von Strabon erwähnt (s. S. 65). Etwas prosaischer gesehen, könnte das Gebäude auch die Treffen der verschiedenen Verwaltungseinheiten der Stadt (von denen wir jedoch nicht wissen, ob es sie tatsächlich gab) beherbergt haben – vielleicht sogar die unserer imaginären Wasseringenieure.

Würden wir mehr darüber wissen, wie der ursprüngliche Innenraum gestaltet war, könnten wir vielleicht mit größerem Erfolg erraten, was die eigentliche Funktion des Gebäudes war. Doch die frühe innere Anordnung wurde zu einem späteren Zeitpunkt durch die nahezu vollständige Umgestaltung zerstört. Diese wandelte das Gebäude in etwas um, für das wir keine exakten Parallelen finden können, und es bleibt daher in seiner Funktion genauso rätselhaft wie sein Vorgänger. Zweifellos gab es gute Gründe für eine so vollständige Veränderung, aber wir kennen sie nicht.

In dieser zweiten Bauphase wurde eine weite untere Terrasse angelegt, die mit sechseckigen Kalksteinplatten gepflastert wurde, zu jeder Seite wurde in perfekter architektonischer Harmonie eine dreifache Kolonnade mit einem Steindach errichtet, bei der jede Reihe aus 20 bis 23 Säulen bestand und die in einer tiefen, runden Exedra endete, die mit zwei Eingangssäulen geschmückt war. Um die Dramatik dieser neu gestalteten Terrasse noch zu erhöhen, wurden die Säulen der dreifachen Kolonnade mit Kapitellen in der Form von Elefantenköpfen, anstelle der üblicherweise verwendeten Eckvoluten. Diese schönen und ungewöhnlichen Köpfe wurden sorgfältig skulptiert und zeigen die faltige Haut und die vergleichsweise kleinen Ohren des indischen Elefanten. Die Augen sind in den Falten ausgespart; Stoßzähne wurden in Löcher eingesetzt und darunter ringelt sich ein Rüssel, der in das Maul reicht.

Dass dieses exotische Tier an einem der Hauptgebäude der nabatäischen Hauptstadt skulptiert wurde, ist nur ein weiteres Indiz für die weit reichende Vorstellungskraft und den eklektischen Geschmack dieses bemerkenswerten Volkes. Der indische Elefant war in der griechischen Welt bekannt seit Alexander des Großen erstmals in der Schlacht gegen die Perser 331 v. Chr. auf ihn traf; er wurde sowohl in der hellenistischen Bildhauerkunst als auch auf Münzen seit dem frühen dritten vorchristlichen Jahrhundert dargestellt. Auch in der indischen Kunst finden sich seit etwa dieser Zeit Darstellungen; zudem kamen viele nabatäische Handelswaren ursprünglich aus Indien, vor allem Gewürze. Die Nabatäer könnten dieses Motiv durch hellenistische Quellen kennen, es ist aber auch denkbar, dass Indien der Liste jener Kulturen hinzugefügt werden muss, von denen sie Motive für Skulpturen übernahmen und ihren eigenen Vorstellungen anpassten. Allerdings scheinen die Nabatäer jedoch die Ersten gewesen zu sein, die Voluten in Form von Elefantenköpfen gestalteten.

EIN ELEFANTENKOPF-KAPITELL, EINES VON VIELEN, DIE DIE BEIDEN DREIFACHEN KOLONNADEN DER UNTEREN TERRASSE DES GROSSEN TEMPELS KRÖNTE. DIE FALTIGE HAUT UND DIE KLEINEN OHREN WEISEN DARAUFHIN, DASS ES SICH HIER UM INDISCHE ELEFANTEN HANDELT, DIE DIE GRIECHISCHE WELT KENNEN LERNTE, ALS ALEXANDER DER GROSSE IHNEN IN DER SCHLACHT GEGEN DIE PERSER 331 V. CHR. GEGENÜBERSTAND.

Die neue Terrasse zusammen mit der vollständigen Umstrukturierung des ursprünglichen Wasserkanalsystems des gesamten Komplexes machte eine neue bauliche Trennung der oberen von der unteren Terrasse nötig. Eine stabile Futtermauer wurde nun zwischen den beiden Terrassen errichtet, die so die zentralen Treppen überflüssig machte. Diese wurden ersetzt durch zwei neue Treppen, die neben den Exedras an der westlichen und östlichen Seite des Temenos zur oberen Terrasse führten. Auch die obere Terrasse war mit sechseckigen Kalksteinplatten gepflastert, die denen auf der unteren Terrasse ähnelten, allerdings im Format kleiner waren; von hier führten sieben bis neun Stufen zum Eingang in der Mitte des Gebäudes.

Die weitläufige untere Terrasse mit ihren spektakulären dreifachen Kolonnaden und den abwechselnd zentral und seitlich geführten Treppenaufgängen, die die beiden Ebenen miteinander verbanden, bildete für die zeitgenössischen Nabatäer einen prachtvollen Zugang zu dem großen Monument, das sich darüber erhob. Welchen Zweck dieser Platz erfüllte, hängt wesentlich von der Funktion des Gebäudes selbst ab. Sollte es ein Tempel gewesen sein, so war die untere Terrasse das Temenos, der heilige Bezirk, in dem sich die Gläubigen sammelten. Doch seine wesentlich tiefere Anlage sowie die vollständige Veränderung des Gebäudes führte dazu, dass die Gemeinde so nicht mehr verfolgen konnte, was im Innern des Tempels geschah. War es hingegen ein säkulares Gebäude, dann könnte die Terrasse die Agora gewesen sein, auf der sich die Menschen zum Markt oder zu anderen Geschäften getroffen haben könnten, wo die neuesten Nachrichten diskutiert wurden oder der Klatsch des Tages ausgetauscht wurde. Bislang konnte keine andere Agora in Petra gefunden werden.

Die Änderungen, die das Gebäude selbst betrafen, waren noch gravierender als jene der Terrasse. Im Innenraum waren zwischen die Säulen Wände gezogen worden, die Bogentüren und -fenster enthielten; die Fläche zwischen den alten Säulen und den neuen Wänden war anschließend verputzt und bemalt worden, um so den ehemals freistehenden Säulen das Aussehen schlankerer Halbsäulen zu verleihen, die vor glatten Wänden standen. Die nördliche Front des neu gestalteten Monuments muss nun einigen der Fassaden geglichen haben, die in die die Stadt umgebenden Felsen gehauen worden waren; zudem muss sie nun einen klassischen Eingang gehabt haben, der vermutlich einen Teil des Raums zwischen der neuen Mauer und den beiden zentralen Säulen einnahm. Dieser Eingang führte in eine Vorhalle, die an jeder Seite zu einem Umgang entlang der inneren Säulenreihe führte.

Am Aufsehen erregendsten war jedoch, dass der gesamte Innenraum dieser Säulenhalle in ein Theater umgebaut worden war, das ca. 600 Sitzplätze enthielt, die sich in geschwungenen Rängen nach hinten erhoben. Die obersten Ränge konnte man über vier große Treppen erreichen, von denen zwei an den Seiten und zwei auf der Rückseite des Gebäudes entlang geführt wurden. Die Sitzreihen wurden von den neuen Säulenwänden und durch mehrere Tonnengewölbe getragen, die in der Mitte des Gebäudes gebaut worden waren. Einige dieser Räume wurden zur Aufbewahrung genutzt – drei von ihnen enthielten Stapel von nicht genutzten Dachziegeln und warfen so die Frage auf, ob das Theater überdacht war oder nicht bzw. ob ein Dach zwar geplant war, jedoch nicht fertig gestellt wurde. Gegenüber der halbrunden Orchestra war eine Bühne errichtet worden (bereits zu diesem Zeitpunkt oder später), in die die Säulen und Stufen an der Rückseite der Vorhalle eingebaut waren. Der Schwerpunkt des Innenraumes war um 180° gedreht worden.

Wahrscheinlich wurde dieses außergewöhnliche Theater irgendwann im ersten nachchristlichen Jahrhundert noch zu Zeiten des nabatäischen Königreiches gebaut, eine genauere Datierung ist allerdings nicht möglich. Zudem haben wir keine Ahnung, was dort aufgeführt wurde. Sollte das Gebäude zuvor tatsächlich ein Tempel gewesen sein, könnten die Nabatäer es notwendig gefunden haben, einen besonderen Veranstaltungsort zu schaffen – vielleicht um dort religiöse Dramen oder Musik, die mit dem Kult des einen oder anderen Gottes in Verbindung standen, aufzuführen. Schließlich gab es im rituellen Kontext eine lange nahöstliche Tradition des Tanzes, der Akrobatik und des Jonglierens, und wir wissen, dass Jongleure, die womöglich aus Petra kamen, im zweiten vorchristlichen Jahrhundert dem chinesischen Kaiser zu dessen Unterhaltung gesandt wurden (siehe S. 41). Vielleicht gaben ihre Nachkommen zwei Jahrhunderte später hier immer noch Vorstellungen.

Wurde das ursprüngliche Gebäude jedoch bereits zu säkularen Zwecken genutzt, dann hatte auch das neue Theater mit Sicherheit eine nicht-religiöse Funktion und wurde vermutlich wie sein Vorläufer für unterschiedliche Zwecke genutzt – es könnte für königliche oder administrative Versammlungen gedient haben, zum Beispiel als Buleuterion, in dem in hellenistischen Städten die Versammlungen der *boulē* bzw. des Stadtrates stattfanden. Wir wissen aus den Babatha-Archiven, (siehe Kap. 8) dass es in der römischen Zeit eine *boulē* in Petra gegeben hat und dass der römische Gouverneur hier die Assisen in Petra abhielt. Bis jetzt wurden aber noch keine Hinweise für eine der möglichen Veranstaltungen gefunden, doch dieses Theater hätte sicherlich alle praktischen Anforderungen erfüllt. Es könnte auch dieselben Einrichtungen enthalten haben, wie sie im griechisch-römischen Odeon für musikalische Wettbewerbe oder Veranstaltungen gefunden wurden. Das Gebäude weist auffällige Parallelen zu den kleinasiatischen Buleuterien von Priene, das um 200 v. Chr. (wenn auch mit quadratischem Grundriss) gebaut wurde, sowie mit dem von Milet auf, das um 170 v. Chr. entstand und dem Odeon des Agrippa, das um 15 v. Chr. in der Mitte der alten Agora Athens gebaut wurde.

Die Freilegung eines skulptierten Altars, der in der unteren Ter-

Eine peträische Skulptur aus dem frühen ersten nachchristlichen Jahrhundert, von der angenommen wird, dass sie eine mit einem Lorbeerkranz geschmückte Melpomene, die Muse der Tragödie, darstellt. Sie hält eine Maske, die entweder eine Darstellung Pans oder eines Satyrs ist – vielleicht ein Indiz für die Art von Vorstellung, die im grossen Theater gegeben wurde. (Archäologisches Museum Amman)

rasse während der Ausgrabungen im Sommer 2000 gefunden wurde, mag darauf hindeuten, dass der ganze Komplex doch zu religiösen Zwecken genutzt wurde. Das Einzige, das klar zu sein scheint, ist, dass das Gebäude seinen ungeklärten Nutzen auch in der römischen Periode bis ins dritte oder frühe vierte nachchristliche Jahrhundert beibehielt. Zu dieser Zeit scheint es stark beschädigt und aufgegeben worden zu sein; sein Schicksal wurde dann durch das starke Erdbeben von 363 n. Chr. besiegelt, dem die meisten Gebäude Petras zum Opfer fielen.

Auf der Terrasse, die sich östlich des Theaterbaus anschließt und die seit den ersten Ausgrabungen in Petra als der Untere Markt bekannt ist, findet sich ein weiteres bemerkenswertes Bauwerk. Während es Zweifel daran gibt, ob der Große Tempel tatsächlich ein Tempel gewesen ist, scheint es gewiss zu sein, dass der Untere Markt niemals ein Markt gewesen ist. Vielmehr ist er eindeutig als Teil des Großen Tempel-Komplexes gebaut worden, denn der Haupteingang befand sich auf dieser Seite. Auf der südlichen Seite dieser Terrasse befand sich ein großer Zierteich, in dessen Mitte ein rechteckiger Pavillon auf einer Insel stand, die über eine Brücke auf der Nordseite erreicht werden konnte. Innen war der Pavillon reich mit Marmor und gewundenem und bemalten Gipsarbeiten verziert. Die noch vorhandenen Treppenstufen zeigen deutlich, dass der Teich zum Baden genutzt wurde. Sein Wasser wurde durch Kanäle

von den südlichen Hängen herangeführt und durch ein durchdachtes System von Leitungsrohren zum unteren Teil der nördlichen Terrasse geleitet. Obwohl dieser tiefer gelagerte Bereich noch nicht ausgegraben wurde, ist es wahrscheinlich, dass sich hier ein eingefriedeter architektonischer Garten befand.

Die Kombination von Garten und Teich erinnert sehr an diejenigen des alten Persiens oder der hellenistischen Paläste des Ptolemäischen Ägypten. Ähnlich wie ihr Nachbar Herodes in Judäa fanden es die Nabatäer ohne Zweifel wünschenswert, Wasser und grüne Pflanzen um sich zu haben, um die Öde ihrer Umgebung zu mildern. Beide scheinen daher Anleihen für Gärten und Gartenarchitektur in diesen anderen Ländern gesucht zu haben. In Petra selbst gab es nicht genügend Raum, um ein wahres *paradeisos* zu schaffen – einen weitläufigen Jagdbezirk oder bewaldeten Garten, der von allen Arten Wildes wimmelte und den die Perser und Griechen so schätzten. Doch die Gärten und Teiche, die hier angelegt wurden, müssen den Vorstellungen der wüstenerfahrenen Nabatäer von einem leuchtendgrünem Paradies nahe gekommen sein. Vielleicht wurde der Teich auch für gelegentliche Maioumas-Feste genutzt – einem nahöstlichen Wasserfest, dessen große Beliebtheit zweifellos etwas mit seinem etwas zwielichtigen Ruf zu tun hatte.

Der Umbau des Großen Tempels mag schon in vollem Gange gewesen sein, als die Nabatäer beschlossen, dass sie ein Theater im

DAS GROSSE THEATER VON PETRA, DAS IN DER REGIERUNGSZEIT ARETAS IV. (9 V. CHR. – 40 N. CHR.) AUS DEM HANG GEMEISSELT WURDE UND DAS CA. 5000 MENSCHEN PLATZ BOT. DIE NABATÄER MEISSELTEN WASSERKANÄLE UM UND ÜBER DAS THEATER, UM ES SO VOR EINER ÜBERFLUTUNG DURCH DIE WINTERREGEN ZU SCHÜTZEN – WIE DIES IM MÄRZ 1991 GESCHEHEN IST. DANACH WURDEN DIE KANÄLE VOM SCHLAMM DER JAHRHUNDERTE GEREINIGT.

griechisch-römischen Stil brauchten. Sollte dies so gewesen sein, dann müssen sie sehr konkrete Vorstellungen davon gehabt haben, was wo inszeniert werden sollte. In Petra einen Ort zu finden, der groß genug und ungenutzt war, muss ein großes Problem gewesen sein, das dadurch gelöst wurde, dass man das neue Theater an den Rand der Nekropolis platzierte und von einer Reihe von Gräbern die Fassaden abschnitt. Vermutlich waren die Gräber so alt, dass man keinen Aufstand trauernder Verwandter provozierte. Der amerikanische Archäologe Philip Hammond vertritt die Ansicht, dass das Theater unter der Regierung von Aretas IV. gebaut wurde, der sein Volk offensichtlich so liebte, dass er ihnen einen besonders prächtigen Ort zur Unterhaltung und zur Erfüllung ihrer kulturellen Bedürfnisse bauen ließ. Es wurde auch vorgeschlagen, dass die Begeisterung, die Herodes der Große, der zu Beginn der Regierungszeit Aretas' IV. starb, für den Theaterbau hegte, den nabatäi-

Ein nabatäisches Haus auf den südlichen Hängen Petras. Während die öffentlichen Monumente in der Stadtmitte entsprechend eines Stadtplanungssystems gebaut wurden, wurden die Häuser in jedem erdenklichen Winkel gebaut, der den Erfordernissen des Geländes oder der Laune des Besitzers geschuldet war. Zudem waren die Bauanforderungen weniger streng.

schen König veranlasst haben könnte, dem nicht nachzustehen. Einige kleinere Änderungen wurden in der Regierungszeit von Aretas' Sohn und Erben Malichus II. gemacht, auch in römischer Zeit gab es verschiedene Reparaturen, die vielleicht durch das Erdbeben von 113/114 n. Chr. nötig geworden waren.

Dieses Theater wurde trotz seiner exakten Einhaltung der durch Vitruv niedergelegten Regeln für den Bau eines römischen Theaters, was Form, Proportion, Ausrichtung und Gestaltung der Bühne sowie das Erreichen der bestmöglichen Akustik angeht, auf typisch nabatäische Weise gebaut, in dem es mehr aus dem Fels gearbeitet wurde als dass es gebaut wurde. Auch die Blumenkapitelle sind ausgesprochen nabatäisch. Das Ergebnis ist beeindruckend – einen Halbkreis aus einer zerklüfteten Felsoberfläche zu schlagen, in dem man nichts Raffinierteres als ein Stück Seil und einige wenige, einfache Werkzeuge benutzt, zeugt von einem außerordentlich gutem Verständnis von Geometrie. Und Monate, wenn nicht gar Jahre darauf zu verwenden, die Felsoberfläche mit sich dahinschleppender, steinschlagender Handwerkskunst auszuhöhlen, ist außergewöhnlich. Um sicherzustellen, dass sich das Theater zur Zeit der Winterregen nicht in einen See verwandelte, wurde ein effektives und typisch nabatäisches Kanalisierungssystem oberhalb und um das Theater herum gebaut, das das Wasser in Zisternen leitete.

Im Gegensatz zu der hohen Qualität der Arbeiten bei öffentlichen Gebäuden, zeigen die wenigen peträischen Häuser, die bislang ausgegraben wurden, eine merkliche Nachlässigkeit in ihrer Konstruktion. Die Beherrschung architektonischer Techniken scheint sich nicht auf den häuslichen Bereich ausgedehnt zu haben. An den Hängen oberhalb der Qasr al-Bint und des Großen Tempels – einem Bereich, der als az-Zantur bekannt ist – wurden mehrere Häuser ausgegraben, die teilweise von Gebäuden aus der römischen Zeit überbaut waren. An einigen Ausgrabungsstellen wurde bereits die Ebene der frühesten Besiedlung erreicht, in der keine Häuser

Ein in einem nabatäischen Haus gefundenes architektonisches Trompe-l'oeil-Fresko, vermutlich aus dem ersten Jahrhundert n. Chr. Die Art, in der die mit Säulen geschmückten Gebäudeflügel aus der den Hintergrund gebenden Wand hervorstehen, erinnert an die pompejanischen Fresken des zweiten Stils.

Die gemeisselte Fassade am Eingang zum Siq al-Barid (die kalte Schlucht), einer natürlichen Fels-Karawanserei im nördlichen Handelsvorort Petras. Hier, ausserhalb des Stadtzentrums, rasteten Handelskarawanen für einige Tage auf ihrem Weg zwischen der arabischen Halbinsel und der Mittelmeerküste.

gebaut wurden, sondern nur der Erdboden geebnet wurde, eindeutig zu dem Zweck, dort Zelte aufzustellen. Es scheint so, als hätte beim Übergang vom Zelt zum Haus der Besitzer die ursprüngliche, begradigte Grundfläche genutzt. Während des Aushebens von soliden Fundamenten scheint er wenig Aufmerksamkeit darauf verwendet zu haben, den Ort mit einer Futtermauer zu sichern, und nach einiger Zeit wurden einige der Hauswände schief oder fielen in sich zusammen.

Eine logische Folge dieses willkürlichen Bauens von Wohnhäusern war, dass es auch keinen Bebauungsplan für die Wohngegenden Petras gab. Die öffentlichen und amtlichen Gebäude in den unteren Sektionen der Stadt mögen nach dem rechteckigen hippodamischen Stadtplanungssystem angelegt worden sein, das in der hellenistischen Welt vorherrschte. Doch die Häuser, die sie umgaben, waren in jedem nur möglichen Winkel dazu gebaut. Schon der schweizer Archäologe Dr. Rolf Stucky hat die Wohnbezirke Petras anschaulich als steinerne Nomadencamps beschrieben[7] – ein liebenswert unregelmäßiger Rahmen für die sorgfältige Symmetrie im Herzen der Stadt.

Im Inneren waren die Böden der Häuser mit Steinplatten ausgelegt, von denen einige rechteckig, andere sechseckig und wieder

Im ersten natürlichen Innenhof des Siq al-Barid meisselten die Nabatäer in die Felsoberfläche etwas, das ein Tempel gewesen sein könnte und den die Händler während ihres Aufenthaltes nutzten.

andere kunstvolle *opus sectile*-Arbeiten waren. In den größeren Villen finden sich in einigen Räumen und Innenhöfen Säulen mit skulptierten Kapitellen. Am eindrucksvollsten war jedoch die 1996 gemachte Entdeckung eines Hauses mit spektakulären mehrfarbigen Fresken. Diese sind in einer Art *trompe l'oeil*-Technik gearbeitet, um die Illusion einer hochstilisierten Form von Architektur mit säulengeschmückten Gebäudeflügeln zu erzeugen, die scheinbar vor dem Hintergrund der Wand stehen. Jede Tafel war mit einem anderen geometrischen Muster bemalt. Die architektonischen Entwürfe sind ähnlich, aber nicht identisch mit einigen der skulptierten Fassaden der peträischen Gräber, vor allem der Khazne. Sie erinnern außerdem an die Wandgemälde des Zweiten pompeianischen Stils. Oberhalb der Freskos finden sich kunstvolle Stuckaturen, die Mauerwerk nachahmen und so den dreidimensionalen Effekt der Fresken erhöhen. Diese Arbeit wurde vorläufig auf das frühe erste nachchristliche Jahrhundert datiert.

Diese Fresken sind die komplexesten und besterhaltensten ihrer Art, die bisher in den peträischen Wohngebieten gefunden werden konnten. Von den Häusern, die auf den Zantur-Hängen ausgegraben wurden, ist es das einzige, das so verschwenderisch bemalt worden war. Hatte dieses Haus einen herausgehobenen Status, dann kann man nicht erwarten, ähnliche Funde zu machen. Sollte dies jedoch nicht der Fall sein, dann könnte dies ein anregender Vorgeschmack auf das sein, was beim weiteren Freilegen von Häusern gefunden werden könnte. Schließlich kennen wir seit langem bereits einen bemalten Raum, der sich im Inneren einer aus dem Fels gehauenen Kammer im Wadi Siyyagh befindet. Seine mit Säulen geschmückten architektonischen Tafeln ähneln den Zantur-Wandgemälden, doch fehlt ihnen die Perspektive und der dreidimensionale Effekt jener.

In einem dritten Raum finden sich Wandgemälde in einem gänzlich anderen Stil. Er findet sich ungefähr drei Kilometer nörd-

Teil eines Freskos, das sich in einem privaten Speisezimmer im Siq al-Barid findet. Obwohl durch den Rauch offener Feuer beschädigt, können wir immer noch etwas von den kunstvoll gearbeiteten Weinreben und Blumen, die von Vögeln, Cheruben und (nicht im Bild) einem flötenspielenden Pan belebt sind, erkennen.

lich von Petra in jenem als al-Beidha bekanntem Bezirk – »der Weiße« genannt, wegen der blassen Farbe seiner Felsen –, der zu Beginn des ersten nachchristlichen Jahrhunderts als nördlicher Handelsvorort der Hauptstadt erschlossen wurde. Sollten die Handelskarawanen zunächst noch bis in die Stadtmitte Petras gezogen sein, so musste irgendwann der Zeitpunkt gekommen sein, zu dem die Bevölkerungsexplosion und die städtische Entwicklung seit dem ersten vorchristlichen Jahrhundert es nicht mehr praktikabel oder wünschenswert – entweder für die Einwohner Petras oder für die Händler selbst – erscheinen ließ, dies fortzusetzen. Al-Beidha war bereits damals das Einfallstor für die nördlichen, nordwestlichen und westlichen Handelsrouten – hier kamen die Karawanen aus dem Negev, von Gaza und Askalon, von Jerusalem und der phönizischen Küste an, blieben eine Weile, um zu handeln und ihre Kamele und Esel auf al-Beidhas weitläufigen und fruchtbaren Feldern zu weiden. Die Händler selbst blieben vermutlich in der kühlen Abgeschiedenheit des Siq al-Barid, der kalten Schlucht, einer natürlichen Karawanserei, die versteckt hinter honigfarbenen Felsen lag. Dort arbeiteten sie einen Tempel, Schlafräume, Zisternen und Kultstätten aus den Felsen. Es finden sich eine Fülle von Triklinien – große, in einer beeindruckenden Reihe gemeißelt –, die jedoch ohne offensichtlichen Bezug zu Begräbnissen stehen, denn es finden sich keine Gräber. Sie erfüllten ihre Funktion hingegen als Orte zum Essen für die Händler, die Transportunternehmer der antiken Welt.

Der mit Fresken versehene Raum im Siq al-Barid findet sich in einer aus dem Fels gehauenen Kammer am Ende einer nach oben führenden Treppe. Den meisten Platz nimmt ein Biklinium ein (ein Speiseraum mit zwei Bänken statt der üblichen drei), das kleiner und intimer ist als die großen öffentlichen Speiseräume unten. Auf einer Steinwand finden sich noch beträchtliche Reste von Putz und Stuck, die so bemalt und geformt sind, dass sie den Eindruck von Quadersteinmauern erwecken – ein weiterer Beweis für den Widerwillen der Nabatäer, die Natur einfach so zu belassen. Doch die größte Zierde des Raumes ist der quadratische Alkoven an seiner Rückseite, denn auf dessen gewölbter Decke können wir – trotz zweitausendjähriger Vernachlässigung und dem Rauch der Beduinenfeuer – noch immer eine gemalte verzauberte Welt bewundern, die das Reale mit dem Mythischen oder Fantastischen verbindet. Feine Spuren von Weinreben, beladen mit Trauben, verflechten sich mit Winden und anderen Blumen und werden von Vögeln bewohnt – Störchen, Kiebitzen, Waldschnepfen und anderen, von denen manche fliegen und andere auf Zweigen sitzen. Außerdem finden sich einige cherubische Figuren, unter anderem Eros mit Pfeil und Bogen und ein flötespielender Pan – ein paradiesischer Garten aus Farbe.

Wir können uns ein exklusives Bankett vorstellen, das in diesem Raum stattfand, vielleicht von einem nabatäischen Händler ausge-

Teil des Wasserauffangsystems oberhalb des Theaters im Handelsvorort im Wadi Sabra, südlich von Petra. Regenwasser wurde kanalisiert und aus allen Richtungen in dieses Filterbecken geleitet; von dort floss es in die grosse Zisterne.

richtet, der nach dem einträglichen Verkauf seiner Waren kürzlich aus Gaza zurückgekehrt war. Während er und seine wenigen handverlesenen Gäste sich auf den Bänken zurücklehnten, wurden sie von Dienern mit Essen und Trinken bewirtet und die in dem angrenzenden Alkoven stehende Gruppe von Musikern und Sängern füllte den Raum mit sanften Klängen. Morgen würde der Händler wieder aufbrechen, mit seinen Kamelen und Zelten den langen Karawanenwegen zu den fernen Märkten von Arabia Felix folgen und seine prachtvolle Hauptstadt für ein paar harte Monate verlassen müssen. Er würde sicher sein können, bei seiner Rückkehr in Petra neue architektonische Wunder vorzufinden.

KAPITEL 6

# DIE ZARTE MAGIE DES LEBENS

Götter und Kultstätten der Nabatäer

*Im Staub, in dem wir die verstummten Völker und ihre Scheußlichkeiten begraben haben, liegt auch viel von der poetischen Magie des Lebens.*

D. H. LAWRENCE

Die Glaubenslehren, Urängste oder Vorstellungen von Göttlichkeit anderer können wir unmöglich nachvollziehen. Über die der Nabatäer können wir lediglich Vermutungen anstellen – und nach einem Zeitraum von 2000 Jahren auch dies nur unter großen Vorbehalten. Dinge, die uns nebelhaft erscheinen oder in undurchdringlichem Dunkel liegen, waren für sie sicher eine Quelle der Erleuchtung. Wie alle Menschen suchten die Nabatäer Erklärungen für die unerklärlichen Dinge des Lebens, und die Art und Weise ihrer Fragestellungen gibt uns einen lebendigen, wenn auch nur partiellen Einblick in die komplexen Beziehungen zu ihren unsterblichen Göttern.

Diese Götter hatten keine Namen. Die »Namen«, die wir für sie haben, sind einfach Bezeichnungen einer Funktion, eines Merkmals oder eines Ortes, sie sind eher die sorgfältige Vermeidung eines Namens; Beinamen, die einen einzelnen, verständlichen Aspekt einer vielschichtigen und unbegreiflichen Gottheit beschreiben. Wie können wir einen Gott benennen, den wir nicht begreifen können? Und welche Abbilder sollen wir wählen? Sollten wir einen Gott nach unserem eigenen Abbild schaffen? Die Nabatäer verwendeten dafür einen rechteckigen Block oder *Baityl*, manchmal als Relief, manchmal freistehend – ein bescheidenes Eingeständnis des Unvermögens, das Unvorstellbare darzustellen. Und doch stellte dieser Stein für sie einen Ort der tatsächlichen Präsenz des Gottes dar und war somit ein Objekt größter Heiligkeit. Diese Vorstellung teilten sie mit vielen ihrer Nachbarn – selbst der jüdische Patriarch Jakob stellte einen »Stein, der … Gottes Haus sein soll« auf.[1] Doch zur Zeit der Nabatäer hatte das Verbot von Abbildungen die Sehweise der Juden auf das Göttliche bereits in andere Bahnen gelenkt.

Für die Nabatäer verblieben die Götter in der rechteckigen Anonymität. Ihr großer Gott Dushara, ihre beiden Hauptgöttinnen Allat und al-'Uzza, sowie eine Reihe von Gottheiten mit weniger großer Bedeutung, wurden alle als *Baityl* dargestellt. Erst der Kontakt mit der Welt der Griechen, Römer und Ägypter veränderte diese Sichtweise, denn seit der Zeit Alexanders des Großen wurden viele der fremden Gottheiten, die sowohl Namen als auch menschliche Form hatten, mit ihren Entsprechungen von den Nabatäern übernommen. Solange das Königreich der Nabatäer bestand, änderte dies die traditionelle Vorstellung nicht wesentlich – das menschliche Abbild stellte eher die assimilierte fremde Gottheit als den ursprünglichen nabatäischen Gott dar. Erst nach der Annektierung von Nabatäa durch die Römer finden sich anthropomorphe Bilder nabatäischer Götter. Bis dahin war das weiteste Zugeständnis der Nabatäer an die Darstellung der Götter nach ihrem Abbild die Verzierung einiger ihrer rechteckigen *Baityle* mit schematischen Gesichtszügen – einem geraden Balken für die Nase, Augen in Form eines Quadrats, eines vierzackigen Sterns oder eines Ovals und seltener auch einem ovalen Mund.

ATARGATIS, DIE »SYRISCHE GÖTTIN«, DIE BEI KHIRBET AT-TANNUR ZUSAMMEN MIT DEM EDOMITENGOTT QOS VEREHRT WURDE. IHR ATTRIBUT, DER ADLER MIT AUSGEBREITETEN SCHWINGEN, STEHT ÜBER IHREM KOPF. IHRE ROLLE ALS GÖTTIN DER PFLANZENWELT WIRD DURCH DIE BLUMENRELIEFS NEBEN IHR UND DIE AUS GESICHT UND HALS WACHSENDEN BLÄTTER ANGEDEUTET. (ARCHÄOLOGISCHES MUSEUM AMMAN)

In manchen Fällen ist der Unterschied zwischen fremden und einheimischen Gottheiten nur geringfügig, doch ein Doppelrelief im Wadi Farasa in Petra weist eine klare Differenzierung in der Ikonographie auf: über einem einfachen *Baityl* befindet sich ein menschlicher Kopf in einem runden Medaillon. Es scheint, als hätte der Steinmetz die Identität des schmucklosen Blockes durch die reliefartig angegebenen Weinblätter um den Kopf als Dionysos, der für gewöhnlich mit Dushara identifiziert wurde, festlegen wollen. Dies zeigt, dass die abstrakten Darstellungen der nabatäischen Götter parallel zu den anthropomorphen Bildern der assimilierten Gottheiten existierten. Eine Gottheit wurde nicht durch die andere verdrängt.

Im 5. Jahrhundert v. Chr. schrieb der Grieche Herodot, die einzigen Götter, die die Araber anerkannten, seien Orotalt und Alilat, wobei ersterer mit Dionysos, letztere mit Aphrodite, die mit dem Planeten

Unter einem überhängenden Felsen im Wadi Farasa in Petra zeigt sich über einer abstrakten, rechteckigen Darstellung des grossen Gottes Dushara, ein menschliches Abbild des griechischen Gottes Dionysos, einer der vielen Gottheiten, die mit Dushara identifiziert wurden.

Venus, dem hellen Morgen- (oder Abend-)stern, assoziiert wurde, identisch seien. »Orotalt« war die phonetische Umsetzung, zu der Herodot gelangte, als er versuchte, den Namen des höchsten arabischen Gottes Ruda, der zu seiner Zeit vermutlich Rudl oder Rutl ausgesprochen wurde, in griechischer Sprache und Schrift wieder zu geben. Ruda assoziierte man mit dem Planeten Merkur, der ebenfalls zu Beginn und Ende der Nacht am Himmel zu sehen ist, wenn auch weniger hell als Venus. Die Araber der Antike verbanden also sowohl Abend- als auch Morgensterne, die den Tag von der Nacht trennen, mit ihrer Vorstellung von Göttlichkeit. Und zu diesen Arabern zählte sicherlich auch der Nomadenstamm, der bald als Nabatäer bekannt werden sollte.

Doch bei den nabatäischen Göttern gibt es keinen Hinweis auf Ruda. Die benachbarten thamudischen und safaitischen Stämme beschworen seinen Namen weiterhin in ihren Inschriften, doch der höchste männliche Gott der Nabatäer war Dushara – Dhu-Shara, »der Eine (oder Herr) von Shara«. Dieser Name, der keiner ist, wurde oft als Hinweis auf die Bergkette östlich von Petra verstanden, die bis zum heutigen Tag Jabal ash-Shara heißt. Doch die arabische Schreibweise des Namens der Berge weist einen kleinen, aber bezeichnenden Unterschied zu dem Shara im Namen des Gottes auf, der auch ein geschütztes Naturheiligtum mit Wald und Quellen bezeichnet. Der Historiker Ibn al-Kalbi schreibt in seinem »Das Götzenbuch« aus dem neunten Jahrhundert, dass Dushara auch in vorislamischer Zeit auf der Arabischen Halbinsel bekannt war, ein weiterer Beweis, dass er nicht ausschließlich auf die Region um Petra beschränkt war. Doch die Berge, die die Hauptstadt überragen, wurden sicherlich Teil des geheiligten Areals ihres großen Gottes, einschließlich der Wälder und Quellen. »Herr von Shara« könnte auch die nationale Bezeichnung der Nabatäer für Ruda, den Gott ihrer Vorfahren, gewesen sein.

Dushara selbst wurde mit einer ganzen Reihe weiterer Beinamen bezeichnet. Einer der faszinierendsten ist »der Gott von Gaia«, denn Gaia oder Ge (aramäisch für Tal) war der Name der alten nabatäischen Siedlung im Tal östlich des Siq, kurz vor Petra. Im Mittleren Osten halten sich Namen sehr lange – die heutige Siedlung von Wadi Musa war bis in die erste Hälfte des zwanzigsten Jahrhunderts als Elji bekannt, eine vereinfachte Form von El-Ge. Dieser Name sowie die Existenz einiger der frühesten Monumente und Inschriften östlich des Siq lassen vermuten, dass Gaia für die Nabatäer ein besonderer Ort war – die Heimat ihres großen Gottes und vielleicht die erste Hauptstadt ihrer Könige.

Einige Inschriften in Petra, Bostra und Hegra beziehen sich in nationalen oder Stammesausdrücken auf Dushara als »der Gott unseres Herrn« (des Königs). Doch in Hegra stellen zwei Beinamen die Funktion des Gottes in einen eher kosmischen Zusammenhang: »der Tag und Nacht trennt«, aus dem Jahre 4 n. Chr., was Dushara möglicherweise mit der Sonne oder mit Ruda/Merkur in Beziehung setzt, und, wenn auch später, der Beiname »Herr der Welt«, in dem ein vager Verweis auf eine einzelne und allumfassende Gottheit mitschwingt.

Diese Orte liegen alle im Königreich der Nabatäer, doch beschränkte sich der Glaube an Dushara offenbar nicht auf ein politisch-geografisches Gebiet. Selbst im fernen Puteoli in Süditalien, wo die Nabatäer eine Handelsstation unterhielten (siehe Seite 70), soll Dushara im Jahre 11 n. Chr. die Gebete zweier dort lebender Nabatäer, Zaidu, Sohn des Thaimu, und Adelze, Sohn des Hainu, erhört haben, woraufhin diese ihm aus Dankbarkeit zwei Kamelfiguren als Opfergabe darbrachten.

Doch auch in Ägypten ist Dushara zu finden. Im späten ersten Jahrhundert v. Chr. errichtete ein Nabatäer namens Wahb'allahi im ägyptischen Delta bei Tell ash-Shuqafiya, einen »quadratischen Schrein … für Dushara, den Gott, der in der ägyptischen (Stadt) Daphne ist; im 18. Jahr der Königin Kleopatra, welches das 26. Jahr des Malichus [II.], des Königs der Nabatäer, ist«.[2] Diese Inschrift verweist nicht nur auf eine größere Gruppe von Nabatäern im östlichen Delta, sondern auch darauf, dass diese zumindest einen ihrer Götter mitgenommen hatten. Sie beschreibt sogar die Form von Wahb'allahis Schrein – oder das Bildnis seines Gottes. Spätere griechische und römische Schriftsteller sprechen in ihrer Darstellung des arabischen Gottes vom ersten bis zum vierten Jahrhundert n. Chr. stets von »einem Stein«, »einem formlosen Stein«, oder »einem rechteckigen Stein«. Ein byzantinisches Lexikon, »Suda«, das im zehnten Jahrhundert verfasst wurde, jedoch auf älteren Quellen basiert, widmet sich ausführlicher dem Bild des höchsten Gottes der Nabatäer in Petra:

> »[Es] ist ein schwarzer Stein, viereckig und ungeformt, vier Fuß hoch und zwei Fuß breit. Er steht auf einer Basis, die mit Goldfäden bedeckt ist. Sie opfern ihm und gießen das Blut ihrer Opfer darüber, das ist ihre Form des Trankopfers. Das ganze Gebäude enthält ein Übermaß an Gold und es gibt zahllose Weihgaben.«

Zum Glück finden sich keine Beweise dafür, dass das Blut, das so großzügig als Trankopfer über den schwarzen Stein gegossen wurde, auch menschliches Blut war. Wir wissen eigentlich recht wenig über die Riten der Nabatäer, doch wie die meisten ihrer Nachbarn haben sie wahrscheinlich Tiere, Korn, Öl oder Milch geopfert, außerdem wohl auch Weihrauch, eine ihrer wertvollsten Handelswaren, dessen schwerer Duft über der im Angesicht ihres Gottes versammelten Gemeinde schwebte.

Die Basis, oder *Motab*, auf der der *Baityl* stand, hatte als Sitz oder Thron des Gottes, wie die *Suda* beschreibt, eine eigene Art der Heiligkeit. Aus der langen Inschrift am Turkmaniyya-Grab in Petra geht hervor, dass der Thron des Dushara einen eigenen Namen hatte, Harisa, und dass er gemeinsam mit »Dushara … und allen anderen Göttern« darüber wachte, dass die Vorschriften für die Verwendung des Grabes eingehalten wurden. In einer Grabinschrift in Hegra wurde der Thron des Gottes zugleich mit Dushara und zwei Göttinnen aufgefordert, jeden mit einem Fluch zu belegen, der sich nicht an die Regeln des Eigentumsrechts und die Grabsitten für dieses Grab hielt.

Die Assimilierung dieser rätselhaften nabatäischen Gottheiten mit den Göttern der klassischen Welt wirft ein wenig Licht auf ihre Funktion. Die Identifizierung Dusharas mit Dionysos wird seit Herodot in verschiedenen griechischen Quellen erwähnt. Im Gebiet der Nabatäer ist dies lediglich durch eine gemeinsame Ikonographie angedeutet, wie beim Doppelrelief in Petra. Es wird jedoch nie in einer Inschrift bestätigt. Dionysos, Gott der Reben und der Pflanzen, des Weins, der Feste und der mystischen Ekstase, wurde stets als bartloser Jüngling dargestellt, das Sinnbild ewiger Erneuerung, oft mit Weinlaubranken um den Kopf. Da die Region von Haura im südlichen Syrien für ihre Wein- und Traubenproduktion berühmt war, wurde der Dionysos/Dushara-Kult dort schnell populär. Die Tatsache dass Dushara mit dem zügellosen Dionysos identifiziert wurde, zeigt, wie weit sich die Nabatäer von ihrem früheren asketischen Nomadenleben gelöst hatten.

Die Identifizierung von Dushara mit Zeus, dem höchsten Gott der Griechen, scheint der Rolle Dusharas eher gerecht zu werden, da beides oberste Götter waren. Zeus war der Gott des blauen Himmels und des Firmaments, doch auch der Herr des Donners und des ihn begleitenden Regens, was ihm im trockenen Nahen Osten große Wertschätzung eintrug. Außerdem hielt er Ordnung und Gerechtigkeit in der Welt aufrecht, war der Garant für königliche Macht und verteilte Gut und Böse – sicherlich ein passendes Pendant für Dushara, besonders in den Augen des Königs, doch auch für die Nabatäerstämme, die ihr Nomadenleben aufgegeben hatten, in Städten und Dörfern eine neue Existenz gründeten und nun auf Ackerland Korn und Früchte anbauten.

Doch wird die Identifizierung mit Zeus nur von einigen wenigen Inschriften bezeugt, darunter eine, die der ruchlose *Minister* Syllaios auf dem Weg nach Rom in Milet aufstellen ließ und auf der er zynisch um die »Gesundheit von König Obodas« (III.) bat, dessen Ermordung er zu dieser Zeit wahrscheinlich bereits plante. Sie war Zeus/Dushara geweiht. Bei Petra bringen zwei Inschriften – eine auf Umm al-Biyara, dem hohen Felsen über der Stadt, und die andere auf dem Altar gegenüber Qasr al-Bint – den »heiligen« Zeus

DIESER KOPF DES GRIECHISCHEN SONNENGOTTES HELIOS, EINER DER GÖTTER, MIT DENEN DUSHARA WAHRSCHEINLICH GLEICHGESETZT WURDE, BEFAND SICH URSPRÜNGLICH AM DORISCHEN FRIES DES TEMPELS QASR AL-BINT IN PETRA. (ARCHÄOLOGISCHES MUSEUM AMMAN)

mit »Dushara«, so die griechische Form des Namens, in Verbindung. Strabon schreibt, die Nabatäer »beten die Sonne an, bauen einen Altar auf dem Dach, über den sie täglich Trankopfer gießen und verbrennen Weihrauch«. Diese überraschende Aussage bezieht sich offensichtlich auf einen der höchsten Götter und die Anbetung der Sonne war im frühen Arabien, besonders im Norden, sicherlich weit verbreitet. Eine griechische Inschrift aus Suweida im Haurun, wahrscheinlich aus dem zweiten Jahrhundert n. Chr. bezeichnet Dushara als *aniketos* (unbesiegt).[3] Dieser Beiname gilt üblicherweise dem Sonnengott Helios, von dem es mehrere steinerne Reliefdarstellungen gibt, erkennbar an dem Strahlenkranz um seinen Kopf. Eine davon wurde 1937 bei den Ausgrabungen in Khirbet at-Tannur gefunden, eine andere bildet heute den Teil einer Scheune in der Nähe eines schönen nabatäischen Tempels in der Stadt Qasr südlich von Kerak. Am bemerkenswertesten ist eine dritte, die sich einst in dem dorischen Fries befand, der um den Tempel Qasr al-Bint in Petra lief. Durch die Assimilierung mit Helios scheint Dushara auch als Sonnengott angesehen worden zu sein.

Zu zwei weiteren Identifikationsmöglichkeiten für Dushara zählen zum einen der ägyptische Unterweltgott Osiris, der Gemahl der Isis, der wie Dushara mit Dionysos in Verbindung gebracht wird, zum anderen Serapis, dessen Name bereits seine künstliche (und gänzlich menschliche) Erschaffung, indem man äußerliche Aspekte von Osiris und dem griechischen Gott Apis im ptolemäischen Ägypten zusammenführte, widerspiegelt, und der, Erzählungen nach, heilende und seherische Kräfte besaß. Serapis wurde im größeren Rahmen erst akzeptiert, als im Späthellenismus sein Kult mit dem der Isis vereint wurde, die sich damals sowohl innerhalb als auch außerhalb Ägyptens großer Beliebtheit erfreute. Durch seine spätere Identifizierung zunächst mit Dionysos und später mit Zeus wurde er zu einem Universalgott erhoben und als solcher mit Dushara in Petra in Verbindung gebracht, wo der Isiskult bereits etabliert war. Ein 1958 in Petra gefundener schöner Sandsteinkopf mit reicher Lockenpracht und vollem Bart wurde als Zeus/Serapis bezeichnet, eine Namenskoppelung, die wir sicherlich um Dushara ergänzen können.

Da sich die beiden letzten Könige der Nabatäer, Malichus II. und Rabel II., immer häufiger in Bostra aufhielten, verband sich Dushara mit der einheimischen syrischen Gottheit, die in einer

Inschrift bei Hegra als »A'ra, der in Bostra weilt« erscheint. Alle bekannten Beziehungen zu Dushara-A'ra stammen aus dem Hauran, entweder aus Bostra selbst oder aus der Umgebung und der zweifache Kult überlebte Rabels Königreich und dauerte bis in die Zeit an, als Arabien römische Provinz war. Bei Umm al-Jimal im südlichen Hauran wurde von »Masheko, Sohn des Awida, zu Ehren Dushara-A'ras« eine undatierte, aber sicherlich aus römischer Zeit stammende Stele aufgestellt. In Bostra selbst stand eine Stele »geweiht von Yamlik, Sohn des Masheko, für seine eigene und die Gesundheit seiner Kinder, zu Ehren Dushara-A'ras ... im Jahr 42 der Provinz« (148 n.Chr.). Wenn es sich bei Masheko beide Male um die gleiche Person handelt, so finden wir hier ein bewegendes Beispiel für die Loyalität von zwei Generationen einer Familie gegenüber dem einheimischen und dem nationalen Gott.

Den Münzen aus dem Bostra der römischen Zeit nach zu urteilen, scheint A'ra gegenüber Dushara an Bedeutung verloren zu haben, da nur letzterer abgebildet wird. Es besteht auch eine überraschende Ambivalenz bei der Darstellung von Dushara als *Baityl* oder in menschlicher Gestalt – wobei auch letztere eher arabische denn römische Züge trägt. Eine Münze von 177 n.Chr. zeigt das schöne Profil eines Jünglings mit einem Kranz um den Kopf und der Randinschrift *Bostrenon Dushara* (Dushara der Einwohner von Bostra). Die Darstellung zeigt sowohl römische als auch nabatäische Einflüsse: der Gott scheint eine Mischung aus Dionysos und dem Münzportrait eines Nabatäerkönigs zu sein. Ein fast identisches Bild des Gottes findet sich auf einer Münze von 244 n.Chr. aus der Regierungszeit des Kaisers Philippus, des ersten Arabers auf dem römischen Kaiserthron. Andere Münzen jedoch zeigen Dushara als traditionellen *Baityl*, mit je einem kleineren *Baityl* zu beiden Seiten. Auch wenn er nicht namentlich genannt wird, nimmt man an, dass einer dieser untergeordneten *Baityle* den nun offenbar degradierten A'ra darstellen soll.[4]

Die höchste Anerkennung widerfuhr Dushara unter römischer Herrschaft bei den durch das griechische Vorbild inspirierten Spielen, die in Bostra unter Philippus Arabs anläßlich der Feiern zum 1000. Geburtstag der Gründung Roms ausgerichtet wurden. Gedenkmünzen für dieses bedeutende Ereignis nennen sie Actia Dusaria und verknüpfen auf diese Weise den Sieg von Augustus bei Actium im Jahr 31 v.Chr. mit dem höchsten nabatäischen Gott. So hatte Dushara alle fremden Assimilierungen überlebt, um nun mit seinem arabischen Namen auf griechische Weise im Herzen der römischen Provinzen unter einem arabisch-römischen Kaiser geehrt zu werden.

Zwei weitere arabische Götter, die ebenfalls eher durch Beinamen als durch Namen bekannt sind, tauchen im Leben und Kult der Nabatäer auf. Shay' al-Qaum, »der das Volk begleitet«, gilt als der Schutzherr des Stammes, der mit den Handelskarawanen reist und für ihr Wohlergehen sorgt. Er war der einzige wirkliche Nomadengott im Pantheon der Nabatäer, ohne bekannte Aufgaben für sesshafte, Ackerbau treibende Gesellschaften. In der nabatäischen Zeit wird er in Hegra und im Hauran in Inschriften genannt, doch in Petra gibt es keine Erwähnung, denn in dieser zunehmend luxuriöseren Umgebung wäre er mit seinen asketischen Qualitäten sicherlich deplatziert gewesen. Er blieb stets strikt dem Alkohol abgeneigt und durch diese Eigenschaft, gepaart mit seinem starken, kriegerischen Charakter, eignete er sich bestens als Schutzpatron der Nomaden und Soldaten. Auf einer Inschrift in Palmyra, eine Weihe für zwei Altäre aus dem Jahr 132 n.Chr. von Ubaid, Sohn des Ghanim, der sich selbst sowohl als Nabatäer als auch als Reiter bezeichnet, wird »Shay' al-Qaum, der gute und großzügige Gott, der nie Wein trinkt«, angerufen. Während die sesshaften Bürger der nabatäischen Gesellschaft den Wein nicht länger ablehnten, war er doch für die Heere und Karawanen auf ihren langen Reisen durch die trockenen Wüsten ein sicherlich unangemessenes Laster. Shay' al-Qaum scheint nie mit sesshaftem Leben in Verbindung gebracht worden zu sein, ein Zeichen dafür, dass viele Nabatäer in gewisser Hinsicht stets Nomaden blieben, entweder als Soldaten oder weil sie mit den Handelskarawanen zu tun hatten.

Weit mehr Hinweise als auf Shay' al-Qaum gibt es auf den Gott al-Kutba, »den großen Schreiber«. Die syrische Literatur des dritten bis achten Jahrhunderts aus Edessa bezeichnet al-Kutba seltsamerweise als »arabische Göttin«. Die Inschriften im Reich der Nabatäer geben jedoch keine konkreten Hinweise auf einen weiblichen Gott, ganz im Gegenteil, eine Inschrift in Petra nennt »al-Kutba, den einen Gott« in einer speziell maskulinen Form. Wie sein Name besagt (vom arabischen *ktb* »schreiben«), war er der Schreiber der Götter und der Schutzpatron der Schreibkunst, der Weissagung und des Handels. Er weist eine beeindruckende Reihe von Identifikationsfiguren auf, dazu zählen zum Beispiel der arabische Ruda und der griechisch-römische Gott Hermes/Merkur. Als Hermes/Merkur scheint er auch die Rolle des Götterboten, des Vermittlers des göttlichen Willens, des Führers der Reisenden (eine Überschneidung mit Shay' al-Qaum), des Beschützers der Hirten und des Begleiters der Toten in die Unterwelt übernommen zu haben.

Außerhalb des nabatäischen Königreiches sind zwei dem al-Kutba geweihte Tempel bekannt. Bei Tell ash-Shuqafiya im östlichen Delta von Ägypten baute etwa zur gleichen Zeit, als Wahb'allahi dort im späten ersten Jahrhundert n.Chr. seinen »rechteckigen

Umm al-Jimal in der Haraun-Region im Norden des nabatäischen Königreiches, wo der Doppelgott Dushara-A'ra häufig in Inschriften genannt wird. Als wichtige Station auf der Karawanenroute wurde Umm al-Jimal von den Nabatäern errichtet, bevor es von den Römern wieder aufgebaut und in byzantinischer Zeit erweitert wurde.

Schrein« für Dushara aufstellte, ein Gläubiger einen Tempel »für al-Kutba, den Gott, für das Leben unseres Herrn Seyo, des Priesters, und für sein eigenes Leben und damit sein Name in Erinnerung bleibe«. Im gleichen Jahrhundert wurde an einer Karawanenstation im nördlichen Sinai, dem heutigen Qasr-awet, einer von zwei Tempeln der Nabatäer dem al-Kutba geweiht.

Im offenen Felsheiligtum von ʿAin Shellaleh im Wadi Rum findet sich ein faszinierender Hinweis auf den Gott. Unter zwei nebeneinander liegenden Nischen mit je einem *Baityl*-Relief befindet sich eine Inschrift, die den linken *Baityl* als die Göttin al-ʾUzza bezeichnet, während der auf der rechten Seite »al-Kutba, der in Gaia ist« genannt wird. Beide haben schematisch angegebene Stern-Augen und ein erhöhtes Band als Nase, wobei die Gesichtszüge al-Kutbas stark beschädigt sind. Die Verbindung von al-ʾUzza mit al-Kutba, die Feststellung, dass al-Kutba »in Gaia ist«, der Heimat Dusharas, und die wahrscheinliche Identifikation von sowohl al-Kutba als auch Dushara mit Ruda lassen es möglich erscheinen, dass diese beiden offensichtlich eindeutig nabatäische Götter, Dushara und al-Kutba, mit ihren Beinamen, zwei verschiedene Aspekte von Ruda verkörpern. Und wenn andere Gelehrte Recht haben,[5] ist auch Shayʿ al-Qaum ein weiterer Aspekt der gleichen Gottheit – der dritte Teil einer Art nabatäischer Trinität.

Die drei arabischen Schwestergottheiten Allat, al-ʾUzza und Manat bilden eine weitere Trinität. Die von Herodot erwähnte ›Alilat‹ – oder al-Ilat, die weibliche Form von al-Ilah (Gott) – ist eindeutig Allat, die höchste Göttin Nordarabiens. Herodot setzt sie mit Aphrodite gleich, häufiger jedoch wurde sie mit Athena, der griechischen Göttin des Krieges, und mit ʿAtarʿata (griech. Atargatis), der syrischen Erdgöttin, identifiziert. Außerhalb des Königreiches der Nabatäer wird sie in hellenistischer Zeit in lihyanitischen Texten aus Dedan, südlich von Hegra, erwähnt. Auch der Stamm Thamud verehrte sie, sie war die Göttin, die in safaitischen Inschriften am häufigsten angerufen wurde, und bei Palmyra wurde ihr ein prachtvoller Tempel geweiht.

Eines der wichtigsten Zentren für die Verehrung Allats in Nabatäa war der Wadi Rum und überall im großen Gebiet des Wadi zeugen Inschriften von ihr. Der Tempel von Rum, gebaut während der Herrschaft von Rabel II., allerdings auf dem Fundament eines Vorgängerbaus, war »Allat, der Göttin, die in Iram ist«, geweiht (Iram ist der alte Name für Rum). Im Inneren fanden die Ausgräber sowohl einen rechteckigen *Baityl* als auch das Fragment der Statue einer Göttin – möglicherweise das Original und der Ersatz aus römischer Zeit, denn Allat/Athena blieb auch in der römischen Provinz Arabien beliebt. Obwohl Rabel den Allat-Kult in Iram etablierte, war er nicht dessen Gründer, denn die Göttin wurde bereits im Felsheiligtum von ʿAin Shellaleh, nicht weit entfernt vom Tempel, verehrt. Von den Steinmetzen, die wahrscheinlich am neuen Tempel arbeiteten, wurde ihr eine Inschrift neben der Quelle geweiht, ein in Stein gemeißeltes Gebet. Sie baten um ihr Gedenken »zum Guten und zum Segen«. Des weiteren gibt es ein sehr ungewöhnliches Bild von Allat bei ʿAin Shellaleh, weder als Block noch als menschliche Figur, sondern mit Elementen von beidem: Ein runder Kopf krönt ein Rechteck, das auf einer Basis steht, an der sich Hörner zu beiden Seiten nach oben biegen. Eine daneben ste-

DAS FELSHEILIGTUM VON ʿAIN SHELLALEH, IN DEM NISCHEN UND INSCHRIFTEN ZU EHREN MEHRERER GÖTTER IN DIE FELSEN ÜBER EINEM TEICH GEHAUEN SIND. ES WAR SCHON FRÜH EINE KULTSTÄTTE DER NABATÄER IM WADI RUM.

DER TEMPEL VON ALLAT IM WADI RUM, VOM LETZTEN NABATÄERKÖNIG RABEL II. AUF DEM FUNDAMENT EINES FRÜHEREN TEMPELS ERBAUT.

hende Inschrift bezeichnet die Göttin merkwürdigerweise nicht als lokale Gottheit, sondern als »die Göttin von Bostra«.

Im Hauran war Allat die höchste Gottheit. Trotz ihrer Beziehungen zu Rum scheint sie nicht in Bostra, sondern eher weiter im Norden, in Salkhad, beheimatet gewesen zu sein. Das Datum ihrer Ankunft in Salkhad kann man anhand einer Weihung im dortigen Tempel aus dem Jahre 65 n. Chr. schließen, die von einem Rauhu dargebracht wurde, dessen Urgroßvater dort den Allat-Kult vermutlich etwa 100 Jahre zuvor eingeführt zu haben scheint. Aus zwei weiteren Inschriften erhalten wir einen Eindruck davon, welche Rolle man Allat zuschrieb. In einer ist sie »die Herrin des Ortes«, die herrschende Gottheit in Salkhad, in der anderen, deren Lesweise jedoch nicht gesichert ist, wird sie offenbar als »Mutter der Götter unseres Herrschers Rabel« (II.) bezeichnet. Dies und die Beziehungen zu Rum belegen die enge Verbindung des letzten Königs der Nabatäer zu Allat. Da Rabel seine Heimat in Bostra hatte, verwundert es, dass ihr Name dort und auch in Petra nirgendwo erwähnt wird. Lediglich eine einzelne Büste von Allat/Athene, die beim Bogentor in Petra gefunden wurde, gibt heute Zeugnis von der großen Göttin in der Hauptstadt der Nabatäer.

Die kriegerischen Eigenschaften der Athene passen nicht ganz zu den sanfteren Facetten der vielschichtigeren Allat und in einigen der menschlichen Darstellungen wird die Strenge der griechischen Kriegsgöttin bei der Assimilierung mit ihrem arabischen Pendant sichtlich gemildert. Ein in Kharaba, nördlich von Bostra, gefundenes Relief aus dem zweiten Jahrhundert n. Chr. (heute im Louvre) zeigt sie mit den Attributen der Athene, Aigis, Helm, Speer und Schild, doch strahlt das Bildnis eine reizende Einfachheit aus, sie sieht nicht aus wie eine starke Kriegerin, sondern eher wie eine scheue Schäferin vor ihrem ersten Rendezvous. Ein anderes Relief, gefunden in der Negev und wahrscheinlich aus dem dritten Jahrhundert n. Chr. stammend, wurde von einem römischen Soldaten »der Herrin Athene« gewidmet. Die Figur hat alle Attribute der Kriegsgöttin, doch anstelle des üblichen Gorgonenhauptes auf ihrem Brustpanzer befindet sich dort ein kantiges Gesicht mit stilisierten Zügen in der Art der nabatäischen »Augen-Idole«.[6] Der einheimische Steinmetz dachte sicherlich eher an die arabische Göttin als an deren griechische Assimilierung.

Der Grund, dass es Allat nicht in Petra gab, ist zweifelsohne der, dass al-ʿUzza die herrschende Göttin der nabatäischen Hauptstadt war. Ihr Name, »die überaus Starke«, taucht zunächst in lihyanitischen Inschriften in Dedan aus dem vierten oder dritten Jahrhundert v. Chr. auf, also außerhalb des Königreichs Nabatäa. Alle Darstellungen in rein nabatäischer Weise zeigen al-ʿUzza als *Baityl*, oft mit stilisierten Gesichtszügen wie auf den Reliefs bei ʿAin Shellaleh, die sie und al-Kutba darstellen. Wir kennen nur die Bildnisse al-ʿUzzas, aber nicht die Natur dieser verwirrend abstrakten Göttin. Nur durch ihre Assimilierungen mit fremden Göttinnen – besonders mit der griechischen Aphrodite und der vielschichtigen ägyptischen Isis – können wir zumindest erahnen, was für eine Rolle al-ʿUzza für das Volk von Petra spielte.

Ihre Identifizierung mit Aphrodite ist aus einer zweisprachigen Inschrift auf der Insel Kos aus dem Jahre 9 n. Chr. bekannt, zu einer Zeit, da der al-ʿUzza/Aphrodite-Kult in Petra bereits lange etabliert war. Unter römischer Verwaltung blieb der Kult bestehen, denn ein Dokument im Archiv von Babatha (siehe Kapitel 8) aus dem Jahre 124 n. Chr. ist eine Kopie des offiziellen Registers des Stadtrats, der »im Tempel der Aphrodite in Petra« untergebracht war. Wo dieses Aphrodiseion gewesen sein mag, ist ein Rätsel. In Qasr al-Bint wurde eine Weihinschrift an Aphrodite gefunden, allerdings auch eine an Zeus; und der Tempel der geflügelten Löwen schien im zweiten Jahrhundert n. Chr. keine konkrete Funktion zu haben, auch wenn er wahrscheinlich Isis/al-ʿUzza, die beide mit Aphrodite identifiziert wurden, geweiht war.

Die Assimilierung von al-ʿUzza und Isis ist, besonders in Petra, faszinierend, wo ihre vielschichtige Verbindung geprägt ist von tiefem Symbolismus und verborgenen Bedeutungen. Aus einigen ägyptischen Dokumenten – dem Oxyrhynchos-Papyrus aus dem zweiten Jahrhundert n. Chr., der aber auf früheren Quellen basiert, wissen wir, dass der Isiskult in Petra fest etabliert war. Sie wird auch als die Schutzherrin der Stadt genannt und in dieser Rolle finden wir sie auch in der Komposit-Darstellung über der Fassade des Khazneh, al-ʿUzza/Isis/Aphrodite/Tyche, erkennbar an den charakteristischen Attributen der Isis, dem Hörnerpaar um eine Sonnenscheibe, mit Weizenähren zu beiden Seiten.

Isis, eines der vier Kinder aus der Bruder-Schwester-Vereinigung von Geb (Erde) und Nut (Himmel), heiratete ihren Bruder Osiris, den wohlwollenden Herrscher Ägyptens, was sich als eine wesentlich bessere Wahl erwies als ihr anderer Bruder Seth, der Gott der Dunkelheit und des Chaos. Nachdem er Ägypten Wohlstand und Zivilisation gebracht hatte, wurde Osiris von Seth ermordet, der nun unrechtmäßig die Herrschaft übernahm und den Körper seines Bruders in eine Kiste legte und in den Nil warf. Nach langen Irrfahrten und Mühen fand die trauernde Isis den Sarg und ihre magischen Kräfte belebten Osiris, so dass sie einen Sohn von ihm empfangen konnte, den Falkengott Horus. Osiris stieg in die Unterwelt hinab, über die er als Herr der Ewigkeit herrschte. Horus trat das Erbe seines Vaters in Ägypten an und nahm später Rache an Seth, dessen schrecklicher Herrschaft und Geschwister-Mordlust er damit ein Ende setzte.

Diese Geschichte muss man kennen, denn sie ist der Schlüssel zu den Charakteristika und Funktionen nicht nur von Isis, sondern auch von al-ʿUzza, deren Pendant in Petra. Die Rolle der Isis als Mutter wurde ein so wichtiger Aspekt in ihrem Kult, dass sie allgemein als Muttergottheit oder Erdmutter anerkannt wurde, ein ägyptisches Pendant zur syrischen ʿAtarʿata. Doch war ihr Aufgabenbereich weit umfassender als der von ʿAtarʿata: als göttliche Mutter kontrollierte sie Geburten, als trauernde Witwe überwachte sie die Totenriten, als Gefährtin des Osiris herrschte sie über die Unterwelt und als Herrin der Erde verteilte sie Glück und Fruchtbarkeit. Ihre zweifellos magische Wiedererweckung des Osiris und die Empfängnis des Horus entsprechen aus ihrer Rolle als Göttin der Magie, die die Vielfalt der Verwandlungen steuert, die es in allen Lebensbereichen gibt. Sie war eine Gottheit der Gegensätze – von Licht und Dunkel, Tag und Nacht, Feuer und Wasser, Leben und Tod, Anfang und Ende –, wovon die unterschiedlich leuchtenden Farben ihrer Kleidung zeugen.

Diese strahlende Gottheit tritt in Petra in verschiedenen Formen auf. Es gibt zwei Reliefs der thronenden Isis in menschlicher Form, in wilden, schönen Schluchten am Rande Petras; eine Büste, die in einem der Häuser im Herzen der Stadt gefunden wurde und eine Terrakottafigur der trauernden Göttin im Tempel der Geflügelten Löwen und eine weitere im Ofen des Töpfers. Hier liegt die Betonung allein auf Isis. Es gibt jedoch auch ein rechteckiges »Augen-Idol«, auf dem das Isis-Zeichen in das Kopfband eingeschnitten ist und die wundervolle kleine »Göttin von Hayyan, Sohn des Nybat«, aus dem Tempel der Geflügelten Löwen, bei der die Verzierung des Stirnbandes wahrscheinlich das gleiche Motiv enthielt. Beide Darstellungen in *Baityl*-Form erzählen nicht nur von Isis, sondern auch von der mysteriösen nabatäischen Göttin, mit der sie identifiziert wurde – al-ʿUzza.

Manat, die dritte Gottheit der nabatäischen Trinität war die älteste der drei Schwester-Göttinnen. Aus ihrer früheren Vormachtstellung bei allen arabischen Stämmen – sie wird in einer Inschrift im Nordarabien des späten dritten Jahrhunderts v. Chr. als »Göttin der Göttinnen« beschrieben – wurde sie sowohl von Allat als auch von al-ʿUzza verdrängt. Ihr Name bedeutet »Schicksal« oder »Los«. Als Göttin des menschlichen Schicksals, der Maßhaltung, des Gleichgewichts und der Gerechtigkeit wurde sie mit der griechischen Nemesis identifiziert, mit der sie die Attribute Maßstab, Schwert und Schicksalsrad teilt. Einige Inschriften für Manat und Darstellungen von ihr in menschlicher Form finden sich in und um Palmyra, doch im Reich der Nabatäer wird sie am häufigsten in Hegra genannt. Das kann daran liegen, dass in Petra nur sehr wenige Grabinschriften überliefert sind und Manats Rolle entspricht am ehesten der einer Hüterin der Grab- und Begräbnisrechte, für die Hegra in der nabatäischen Welt einzigartige Dokumente bietet. In acht der vielen Grabinschriften in Hegra steht Manat (zwei mal mit einer zusätzlichen Gottheit, »ihr Qaysha«) in Verbindung mit Dus-

Ein Relief der Isis in einem Seitental westlich von Petra. Die Göttin, auf einem Thron sitzend und ihr Gewand zu einem »Isis-Knoten« gebunden, sitzt in der linken Nische, die rätselhafte Figur in der anderen Nische ist vermutlich ihr Gemahl Osiris (den sie durch Zauberei vom Tod erweckt hatte), von dem sie durch Magie ihren Sohn, den Falkengott Horus, empfing.

Im Wadi Siyyagh, das von Petra aus nach Westen verläuft, fliesst eine der reichsten Quellen der Stadt. Die vielen heiligen Nischen, die in die Felsen über dem Wasserlauf gehauen sind, machen deutlich, wie heilig den Nabatäern Wasser war. Eine der Nischen ist ʿAtarʿata geweiht, der syrischen Göttin für Fruchtbarkeit, Vegetation und Wasser.

hara. Sie verfluchen die, die später vielleicht einmal die Eigentumsrechte dieses Grabes stören:

> Dies ist das Grab, das ʿAydu, Sohn des Kuhaylu, Sohn des Alkasi, für sich, seine Kinder und seine Nachfahren machte und für alle die, die eine Vollmacht aus der Hand ʿAydus vorweisen können… Mögen Dushara und Manat und ihr Qaysha jeden verfluchen, der dieses Grab verkauft oder kauft oder verpfändet oder verschenkt oder es vermietet.

In anderen Grabinschriften hat Manat ebenfalls mit dem Bußgeld für die Nichtbeachtung der Grabgesetze zu tun, das wahrscheinlich an den Tempel abgeführt wurde: »Und wer anders tut als dieses, wird eine Strafe von 1000 haretitischen Selas an Dushara und Manat zahlen, und an unseren Herrscher Rabel, den König der Nabatäer, die gleiche Summe.«

Auch wenn sich in Hegra keine direkten Portraits von Manat finden, gibt es doch eine indirekte Darstellung. Auf der Fassade eines Grabes (in dessen Inschrift die Göttin nicht genannt wird) sind zwei einander gegenüberstehende Greifen abgebildet, mit einer in einem Kreis befindlichen Rosette dazwischen, einem stilisierten Bild des Schicksalsrades von Nemesis/Manat.[7]

Als sich die Nabatäer in Edom und Syrien niederließen, übernahmen sie einige der lokalen Gottheiten, die bereits in diesen Gegenden herrschten, und behielten auch deren unterschiedliche Charaktere bei. ʿAtarʿata – die »Syrische Göttin«, die über Vegetation, Fruchtbarkeit und Wasser herrschte, hatte ihr Heiligtum in Manbij (dem römischen Hierapolis) im nördlichen Syrien, wo sie zusammen mit Hadad, dem syrischen Gott des Himmels, des Regens und der Fruchtbarkeit, verehrt wurde. Diodor zufolge ließ die eifersüchtige Aphrodite die göttliche ʿAtarʿata sich in einen sterblichen Syrer namens Kaystros verlieben, von dem sie schwanger wurde. Aus Scham stürzt sich ʿAtarʿata ins Wasser, wodurch sie halb zum Fisch wurde. Nachdem sie Kaystros getötet hatte, setzte sie ihre Tochter in den Bergen aus, doch das Kind wurde von Tauben gerettet, die Milch und Käse von den einheimischen Schäfern stahlen, um es zu ernähren. Schließlich fanden es die Schäfer und brachten es zu ihrem Anführer, der es Semiramis nannte, »die von den Tauben kommt«. Mit dem Kult der ʿAtarʿata verbinden sich seltsame religiöse Riten, wozu unter anderem die freiwillige Kastration ihrer Anhänger gehörte.

In Petra gibt es einen *Baityl* mit quadratischen Augen und einer Inschrift für »ʿAtarʿata von Manbij« – eine merkwürdige Assimilierung im Stil der Nabatäer, denn die syrische Gottheit wurde normalerweise in menschlicher Form dargestellt. Gleichsam um die Rolle der ʿAtarʿata als Göttin der Vegetation und der Quellen zu unterstreichen, ist der *Baityl* in einen Felsen nicht weit von der Hauptquelle im Wadi Siyyagh bei Petra gemeißelt.

Neben Hadad, dessen Verehrung mit der der Atargatis verbunden war, scheinen zwei weitere Gottheiten übernommen worden zu

EINE GRABFASSADE IN HEGRA (DEM HEUTIGEN MEDA'IN SALEH IM NORDWESTEN SAUDI-ARABIENS), DIE ZWEI GEGENÜBERSTEHENDE GREIFEN ZEIGT, ZWISCHEN DENEN EINE ROSETTE IN EINEM KREIS ABGEBILDET IST; EIN STILISIERTES BILD DES SCHICKSALSRADES DER GÖTTIN MANAT.

sein. Qos, ein eher unbekannter Gott, der offenbar von den Edomiten verehrt wurde, scheint mit Hadad, dem Gott der Stürme und des Regens verwandt zu sein. Beide scheinen die gleiche Funktion für Ackerbau und Fruchtbarkeit besessen zu haben und teilten auch die gleichen Attribute: Stiere, Blitze und Adler. Beide sind wahrscheinlich mit Dushara identifiziert worden, obwohl es dafür keine direkten Beweise gibt. Doch mit Sicherheit wurden sie mit dem kanaanitisch-phönizischen Gott Baʿal-Shamin, dessen Kult sich im ersten Jahrhundert v. Chr. in Syrien und bis nach Mesopotamien verbreitet hatte, in Verbindung gebracht.

Baʿal-Shamin, dessen Name »Herr des Himmels« bedeutet, war auch der Herr der Erde und der Gott der Vegetation. Obwohl er die gleichen Attribute hatte wie Qos und Hadad, wurde er durch einen Adler mit ausgestreckten Schwingen, Weizenähren und einem Füllhorn mit Weintrauben besonders hervorgehoben. Er schien nicht mit Dushara identifiziert zu werden, ganz im Gegenteil, eine Inschrift in 'Ain Shellaleh im Wadi Rum für »Dushara und Ba'al-Shamin, die Götter unseres Herrn« (Rabel II.), weist darauf hin, dass sie sich in den Augen der Nabatäer unterschieden. Wadi Rum war nicht der einzige Ort im Herzen Nabatäas, an dem dieser fremde Gott angerufen wurde. Neben den Resten eines nabatäischen Tempels im Wadi Musa (dem antiken Gaia) wurde eine Inschrift aus dem frühen ersten Jahrhundert n. Chr. gefunden: »Dieses Heiligtum wurde für Ba'al-Shamin gebaut, den Gott von Malichus.« Es ist sogar möglich, dass er in der Hochburg Petra verehrt wurde, da in Qasr al-Bint eine Inschrift für »Zeus *hypsistos*« (den höchsten) gefunden wurde, die den für Zeus bestimmten Beinamen verwendet, mit dem Ba'al-Shamin eher identifiziert wurde als Dushara. Doch seine eigentliche Heimat lag im Hauran.

Bei Si'a im Hauran, etwa 30 km nordöstlich von Bostra, liegt ein verstecktes antikes Heiligtum ohne Verbindung zu einer Siedlung. Die Lage ist von klarer Schönheit, es liegt am Ende eines niedrigen Plateaus über den fruchtbaren, weiten Ebenen der hügeligen Landschaft, die den Vulkankegel von Jabal al'Arab umgibt. Lange Zeit hielt man es aufgrund baulicher Merkmale für nabatäisch, hauptsächlich wegen der schlichten, gehörnten Kapitelle, aber auch wegen der Schrift, in der viele der Inschriften gehalten sind (andere sind griechisch oder bilingual), einiger nabatäischer Namen in den Inschriften und vor allem, weil der Tempel angeblich Dushara geweiht war. Tatsächlich aber lag Si'a bis auf die kurze Zeit, in der

SI'A IM HAURAN LAG AUSSERHALB DES KÖNIGREICHS, AUCH WENN ES IM NABATÄISCHEN STIL UND MIT INSCHRIFTEN IN NABATÄISCHER SCHRIFT GEHALTEN WAR. EINE ZEIT LANG WURDE ES VON HERODES DEM GROSSEN UND ANSCHLIESSEND SEINEM SOHN PHILIPPOS BEHERRSCHT. DER HAUPTTEMPEL WAR BA'AL-SHAMIN GEWEIHT, DEM »HERRSCHER DES HIMMELS«.

Aretas III. seine Herrschaft bis Damaskus ausdehnte, außerhalb des nabatäischen Königreichs. Doch seine Nähe zu Bostra und dem nabatäischen Gebiet, das sich südlich anschließt, beinhaltete zwangsläufig, dass es vom nabatäischen Stil stark beeinflusst war.

Als Si'a 1861 vom französischen Archäologen M. de Vogüé zum ersten Mal erwähnt wurde, standen viele der schwarzen Basaltwände, Statuen und der meisterlich ausgeführten Weinrankenreliefs noch. 1904, als die von H. C. Butler angeführte Princeton-Expedition dort ankam, waren die Wände bereits merklich niedriger und viele der steinernen Bildnisse verschwunden, da die Türken den Ort als Steinbruch für den Bau von in der Nähe gelegenen Baracken genutzt hatten. Trotzdem war genügend erhalten, so dass die Expedition sich von den drei Tempeln mit ihren monumentalen Portalen, den heiligen Bezirken, Statuen und Inschriften ein detailliertes Bild mit Plänen und Zeichnungen machen konnte. Doch die

EINE REKONSTRUKTION DER FASSADE DES TEMPELS VON BA'AL-SHAMIN BEI SI'A. IM PORTIKUS STANDEN VIER STATUEN, DARUNTER EINE VON HERODES DEM GROSSEN. AUS H.C. BUTLERS ANCIENT ARCHITECTURE IN SYRIA, SEKTION A, TEIL 6, 1916.

Vorherige Seite: Die heiligste Opferstätte in Petra, ein flaches Rechteck, das in den Fels am Gipfel des Jabal Madhba eingetieft ist, rechts im Bild. Es liegt über der im Tal gelegenen Stadt, der Qasr al-Bint-Tempel rechts und der Felsen von Umm al-Biyara links des Zentrums.

Bauprojekte der Ottomanen dauerten an und was heute von dem einst schönsten und wichtigsten Heiligtum dieser Region zu sehen ist, sind ein paar Haufen schwarzer Basaltsteine, einige Kapitelle, Skulpturenfragmente und einige gepflasterte Bereiche.

Siʿa war sicherlich bereits in früherer Zeit eine heilige Stätte. Zwischen 33 und 2 v. Chr. bauten die Angehörigen des arabischen Stammes von Obeishat einen Tempel und weihten ihn »dem Herrn des Himmels« Baʿal-Shamin, dessen Hauptgebiet nun im Hauran lag. Von den vier Statuen, die im Tempeleingang standen, stellte eine den Stifter, Malikat, und eine andere den »Herrn, unseren König Herodes« dar – den halb-nabatäischen Herodes der Große, in dessen Reich Siʿa lag. Die Statue wurde möglicherweise zum Gedenken an seinen Tod im Jahre 4 v. Chr. kurz vor der Fertigstellung des Tempels aufgestellt. Einige Jahrzehnte später wurde ein weiterer, kleinerer Tempel nahe dem Eingang des Haupttempels errichtet und im »Jahr 33 (29 n. Chr.) unserem Herrn Philippos«, dem Sohn von Herodes dem Großen, geweiht, der diesen Teil des Reichs von seinem Vaters geerbt hatte. Butler war der Meinung, dass der Tempel dem nabatäischen Gott Dushara geweiht war, doch eine zweisprachige Inschrift auf einer Statuenbasis besagt, dass er in Wirklichkeit zu Ehren einer Göttin errichtet worden war, die den Namen des Ortes trug: Siʿa, das einheimische Äquivalent zur griechischen Göttin Tyche, der Göttin des Glücks und regionalem Wohlstand. Die Inschrift »Siʿa auf dem Ge des Hauran stehend«, könnte den Ort Siʿa mit der nabatäischen Siedlung Gaia/Ge bei Petra gleichgesetzt haben. Vom dritten Tempel blieb kaum etwas erhalten.

Hatten die Nabatäer ihre ursprünglich arabischen Götter zu einem nicht unerheblichen Teil den neuen Umständen des sesshaften Lebens angepasst und sie sogar mit fremden Göttern identifiziert, oder diese aus ganz ähnlichen Gründen übernommen, so haben sie doch nur wenig Gebrauch von der Möglichkeit gemacht, Sterbliche zu Göttern zu erheben. Dabei gab es dafür bereits regionale Vorbilder: die Ägypter sahen ihre Herrscher als Manifestationen von Horus an, und auch Alexander der Große genoss die Ehre, an der Spitze eines jeden orientalischen Pantheons zu stehen. Bei den Nabatäern gibt es dafür nur einen eindeutigen Beleg: die Vergöttlichung von König Obodas I., dem Herrscher im frühen ersten Jahrhundert v. Chr., der in mehreren Inschriften sowohl in der Hauptstadt Petra als auch in Oboda, wo er begraben wurde, als »der göttliche Obodas«, »Obodas der Gott« und »Zeus-Obodas« bezeichnet wird. Einige Jahrzehnte später übernahmen die römischen Kaiser die Idee, selbst zu Göttern zu werden.

Wie man sieht, können sowohl Khazneh als auch Deir in Petra zu Ehren »Obodas des Gottes« geschaffen worden sein, und noch im Jahre 268 n. Chr. wurde in Oboda ein Tempel sowohl dem Zeus-Obodas als auch der Aphrodite geweiht. Es gibt keine bekannte Darstellung dieses einzigartigen Gott-Königs, auch wenn eine Inschrift in Petra von 20 n. Chr. eine »Statue des göttlichen Obodas« beschreibt, die jedoch nicht erhalten ist. Ebenso gibt es keinen direkten Beweis für die Vergöttlichung eines anderen nabatäischen Königs, der einzige Hinweis, dass dies der Fall sein könnte, ist die Verwendung bestimmter Personennamen wie zum Beispiel ʿAbdʾharetat, ʿAbdʾrabel und andere, wobei der erste Namensteil, ʿAbd (Sklave), üblicherweise mit dem Namen eines Gottes verbunden wurde, wie bei ʿAbdʾallahi.

So wie ein *Baityl*, der einen Gott darstellte, als Ort der Anwesenheit des Gottes angesehen wurde, so heiligte die bloße Präsenz des Gottes das Heiligtum, in dem er oder sie angebetet wurde. Mehrere semitische Völker, darunter die frühen Juden, verehrten ihre Götter an hochgelegenen Orten unter freiem Himmel. Dies taten auch die Nabatäer. Allein in Petra sind etwa 20 Plätze bekannt, die meisten von ihnen klein und intim, vielleicht zur privaten Nutzung durch eine Familie oder einen Stamm. Sie liegen alle abseits, abgeschieden und höher als ihre Umgebung, was ihre Heiligkeit noch erhöht haben muss.

Einer dieser beeindruckenden hochgelegenen Orte, ein ganzer Komplex von Höfen, Altären, Festplätzen, Wasserbecken und hohen, gewölbten Zisternen, befindet sich auf dem Gipfel des Jabal al-Khubtha, am Ende einer langen, gewundenen, in den Felsen gehauenen Treppe. Dieser grandiose Prozessionsweg (der kürzlich restauriert wurde) und die Einrichtungen für Opferungen, heilige Speise- und Trankriten für mehr als nur eine Handvoll Leute, weisen auf die öffentliche und zeremonielle Rolle dieses Verehrungsortes bei Khubtha hin.

Doch war es ein anderer Gipfel, der zum hauptsächlichen Ort der Verehrung in Petra wurde. Den Hochplatz für Opferungen auf dem Jabal Madhbah erreichte man ursprünglich über acht Prozessionstreppen, von denen nur zwei heute noch begehbar sind, und das letzte Stück Weg wurde einst von einem mächtigen Turm überwacht. Auf dem eingeebneten Gipfel wurde ein rechteckiger Platz mit den Maßen 14,5 mal 6,5 m etwa 20 cm tief in den Fels gehauen und in der Mitte dieser Fläche war ein leicht erhöhtes Rechteck, offenbar für den amtierenden Priester vorgesehen. In der Mitte der Westseite des Plateaus führen drei Stufen zu einem Podest, in dem sich ein Schlitz für einen oder möglicherweise zwei *Baityle* befindet, die wohl die Götter darstellten, denen der Ort gewidmet war – wahrscheinlich al-ʿUzza und Dushara. Dieses Podest war der *Motab*, der Thron des Gottes, der selbst heilig war. Südlich davon war ein kreisförmiger Opferaltar in den Fels gehauen, zu dem ebenfalls drei Stufen führten. Er war mit einer Ablaufrinne versehen, in der das Blut der Opfertiere gesammelt und über die *Baityle* gegossen wurde. In die senkrechte Felswand unter dem Altar war ein Becken eingemeißelt, das Wasser für rituelle Waschungen enthielt. Die drei anderen Seiten des Plateaus bilden Bänke wie in einem Triklinium unter freiem Himmel, Sitzgelegenheiten für das heilige Festmahl, das wohl einen Teil des Rituals bildete, welches nicht nur hier, sondern an allen Hochplätzen durchgeführt wurde.

Es ist nicht bekannt, welcher Unterschied hinsichtlich des Zwecks und der Rituale zwischen Hochplätzen und Tempeln bestand. Beide verfügten offensichtlich über einen Opferaltar und ein Podest, auf dem das Bildnis des Gottes aufgestellt wurde. Vielleicht wurden die Hochplätze von einem noch nomadischen Volk entlang seiner saisonalen Routen errichtet, damit die Reisenden Jahr für Jahr die gleichen Plätze aufsuchen konnten. Sie könnten jedoch auch von verschiedenen Gruppen aufgesucht worden sein. Es hat nicht den Anschein, als wären die Heiligtümer unter freiem Himmel durch die Tempel, die die Nabatäer bauten, als sie sich allmählich in Dörfern und Städten niederließen, einfach ersetzt worden. Tempel und Hochplätze scheinen gleichzeitig genutzt worden zu sein und man findet beide über das ganze nabatäische Königreich, und sogar darüber hinaus, verbreitet – wo immer die Götter seit grauer Vorzeit verehrt wurden oder wo sich Menschen in agrarisch ausgerichteten Siedlungen niedergelassen hatten.

Eine dieser bäuerlichen Siedlungen, die heute Khirbet adh-Dharih genannt wird, liegt etwa 100 km nördlich von Petra im Wadi La'aban, einem noch unveränderten landwirtschaftlichen Gebiet, das in das große Wadi Hasa mündet, welches seinerseits am Toten Meer endet. Der Ort, der an der antiken Nord-Süd-Handelsstraße, der Straße des Königs, und in der Nähe von drei reichen Quellen, liegt, wird seit 1984 von einem französisch-jordanischen Team unter der Leitung von Dr. François Villeneuve und Dr. Zeidun al-Muheisen ausgegraben.[8] Irgendwann während des frühen ersten Jahrhunderts n. Chr. begann sich an den Hängen über dem Flussbett in einem vor langer Zeit verlassenen edomitischen Ort eine kleine Nabatäersiedlung zu etablieren. Aus drei dort gefundenen Olivenpressen geht hervor, dass die Bewohner als Bauern tätig waren, und mit wachsendem Wohlstand entwickelte sich ihre Siedlung zu einer Stadt.

Khirbet adh-Dharih, eine wohlhabende landwirtschaftliche Siedlung der Nabatäer im Wadi La'aban, etwa 100 km nördlich von Petra, ausserdem eine Pilgerstätte, deren imposanter Tempel ein Relief mit Göttern und mythologischen Figuren der 12 Sternkreiszeichen enthielt.

Etwa um die Wende vom ersten zum zweiten Jahrhundert, möglicherweise während der langen Regierungszeit von Rabel II. oder zu Beginn der römischen Zeit, wurde der kleine Tempel auf dem niedrigen Felsen über dem nördlichen Ende der Siedlung durch einen wesentlich größeren Bau ersetzt, der reich mit Reliefs aus geometrischen und floralen Ornamenten und Blattmustern, geflügelten Blitzen und Friesen mit Tieren, Vögeln und Menschen, sowie Weinranken mit üppigen Trauben verziert war. Die bemerkenswertesten dieser Reliefs sind die Hochrelief-Darstellungen von Göttern oder anderen mythologischen Figuren in menschlicher Form: Dort gibt es unter anderem Büsten von Hermes und Pan, ein Doppelporträt der göttlichen Zwillinge Castor und Pollux, darüber hinaus mehrere Standfiguren von Niken (geflügelte Verkörperungen der Victoria) in reizvoll ländlichem Stil. All diese Elemente – und wahrscheinlich noch mehr, die noch nicht gefunden wurden – bildeten einen eindrucksvollen Fries, getragen von den vier Säulen der Hauptfassade des Tempels. Die Hauptfiguren haben offenbar die zwölf Sternkreiszeichen dargestellt, wobei Castor und Pollux für die Zwillinge und Hermes wahrscheinlich für den Krebs standen. Dazwischen stand je eine Nike, die in der erhobenen Hand einen Kranz über einen der Köpfe hielt. Die Dominanz des Tierkreises in der Dekoration des Tempels lässt vermuten, dass hier zu den Hauptfeiertagen des nabatäischen Kalenders Feste abgehalten wurden. Auch wenn wir diese nicht kennen, deutet die Tendenz der Reliefs mit ihrer Göttericonographie auf eine jahreszeitlich ausgerichtete, landwirtschaftlich orientierte Abfolge der Feste hin. Doch selbst inmitten dieser üppigen figurativen Dekoration scheint das Prinzip, nur die Götter Anderer anthropomorph darzustellen, Bestand zu haben.

Schon der Tempel scheint für die kleine Stadt, in der er steht, zu groß zu sein, doch der Temenos war noch weit größer, ein Hinweis darauf, dass dies möglicherweise nicht nur ein einheimisches Heiligtum war, sondern eine regionale Pilgerstätte der Nabatäer, deren heiliges Einzugsgebiet groß genug für eine beträchtliche Zahl von Gläubigen war. Die Lage des Heiligtums an der großen Nord-Süd-Route machte es für Auswärtige leicht erreichbar, doch es gab auch mehrere zeitgleich bestehende Siedlungen im Wadi Hasa, von denen einige befestigt waren. Die Nabatäer scheinen ein strategisches Interesse an diesem Gebiet gehabt zu haben und im Heiligtum konnte man sicherlich eine große Zahl von Pilgern und Gläubigen aus der Umgebung unterbringen. Die Gebäude des Temenos sind nicht vor 150 n. Chr. vollendet worden, also erst in römischer Zeit, und der Tempelkomplex scheint von seiner Weihung an kontinuierlich bis zur Mitte des vierten Jahrhunderts n. Chr. genutzt worden zu sein. Wahrscheinlich zerstörte das große Erdbeben vom 19. Mai 363, das auch in Petra und der gesamten umliegenden Gegend großen Schaden anrichtete, das nabatäische Khirbet adh-Dharih und führte zu dessen Aufgabe.

Wie so oft bleiben unsere Erkenntnisse auch in diesem Fall frustrierend lückenhaft, denn bisher wurde keine Inschrift gefunden, die Aufschluss darüber gibt, welcher nabatäische Gott hier verehrt wurde, und somit das Ziel der vermutlich unternommenen Pilgerfahrten war. Die Plattform im Inneren des Tempels, die als *Motab* diente, hatte ursprüngliche einen Schlitz für einen einzelnen *Baityl* in der Mitte, doch nach einer Überarbeitung im späten zweiten Jahrhundert wurden zwei weitere Vertiefungen für *Baityle* hinzugefügt – die Namen dieser drei Gottheiten konnten bisher nicht ermittelt werden.

Glücklicherweise gilt diese Anonymität nicht für das außerordentliche nabatäische Heiligtum etwa 7 km nördlich von Khirbet adh-Dharih, das mit diesem Ort eng verbunden war. Ebenfalls an der Handelsstraße gelegen, jedoch ohne Verbindung zu einer Siedlung, war Khirbet at-Tannur wie das benachbarte Heiligtum eine große Pilgerstätte. Seine Lage auf dem Gipfel eines kegelförmigen Berges, der im Herzen des Wadi Hasa liegt, ist spektakulär. Es ist über einen einzigen Felspfad auf der südöstlichen Seite zu erreichen, der an einer zum Gipfel führenden Treppe endet. Das Heiligtum wurde 1937 von einem jordanisch-amerikanischen Team ausgegraben, das von Dr. Nelson Glueck aus Cincinnati geleitet wurde; Grund dafür, dass – in diesen frühen Zeiten der Grabungen in Jor-

Eine Büste von Castor und Pollux (die das Sternzeichen Zwillinge darstellen) aus dem Fries des Khirbed adh-Dharih-Tempels; zwischen den einzelnen Sternkreiszeichen hielt eine geflügelte Victoria einen Kranz über den Kopf neben ihr. (Archäologisches Museum, Jarmuk Universität, Irbid)

DER EINGANG ZUM NABATÄISCHEN TEMPEL VON KHIRBET ADH-DHARIH.

EIN TEIL DES RELIEFFRIESES AUS DEM TEMPEL VON KHIRBET ADH-DHARIH MIT EINER ZIEGE IN EINEM WEINRANKENORNAMENT.

danien – mehr als die Hälfte der besonders reichen Funde im Cincinnati Art Museum landete. Die meisten anderen Stücke befinden sich im Archäologischen Museum Amman.

Irgendwann im späten ersten Jahrhundert v. Chr. wurde auf einem vermutlich einstigen edomitischen Hochplatz unter freiem Himmel der erste kleine Schrein der nabatäischen Periode auf dem Jabal at-Tannur errichtet. Er war kubusförmig, und in seinen Ruinen fanden die Ausgräber in sorgfältig gearbeiteten Behältern die verbrannten Reste von Weizen und kleinen Tieren, die vor 2000 Jahren als Brandopfer den Göttern dargebracht wurden. Der Turm-Altar ist zwar in einem kulturell nabatäisch zuzuordnenden Kontext erbaut worden, doch hat er mehr mit der syrisch-phönizischen Tradition gemein als mit der nabatäischen.

Wahrscheinlich gegen Ende des ersten Jahrhunderts n. Chr. oder im frühen zweiten, zur Zeit, als gerade der neue Tempelkomplex bei Khirbet adh-Dharih gebaut wurde, wurde das Heiligtum auf dem Jabal at-Tannur über den gesamten Gipfel hin erweitert. Ein großer steingepflasterter Temenos mit vier Triklinen entlang der Peripherie für die rituellen Festmahle, Bestandteile des Kultes, wurde errichtet. In seiner Mitte stand der ältere Altar, der nun in einem etwa zwei

Der kegelförmige Hügel im Wadi Hasa, auf dem Khirbet at-Tannur liegt, der einstige grosse Tempel der Nabatäer und eine wichtige Pilgerstätte. 1937 von einem jordanisch-amerikanischen Team ausgegraben, sind die reichen Skulpturenfunde heute auf das Cincinnati Art Museum und das Archäologische Museum Amman in Jordanien verteilt.

Quadratmeter großen, mit Blitz- und Blattrankenreliefs verzierten Gebäude mit einem Bogeneingang an der Ostseite stand. Im Inneren befanden sich an der ursprünglichen Altarwand Sitzfiguren der zwei Gottheiten, denen der Tempel geweiht war – der edomitische Gott Qos mit einem Blitz in der Hand, flankiert von einem Stier und einem Adler, was ihn sowohl mit dem syrischen Hadad als auch mit Ba'al Shamin verbindet, neben ihm 'Atar'ata, die syrische Göttin der Vegetation, Fruchtbarkeit und der Fische. Eine größere und eindrucksvollere Darstellung der 'Atar'ata, eine von Blüten umgebene Büste, deren Kopf und Hals mit Blättern geschmückt sind, krönte den Eingang und über ihrem Kopf befand sich ein Adler mit ausgebreiteten Schwingen, ein Attribut von Qos, Hadad und Ba'al-Shamin.

Die Identität des Gottes ergibt sich nicht nur aus der eindeutigen Ikonographie, sondern auch aus dem Fragment einer Inschrift auf dem Altar: »den Qosmilik für Qos, den Gott von Harawa, machte«. Harawa »verbrannt«, könnte sich auf die auffälligen schwarzen Felsen im Wadi Hasa nahe Jabal at-Tannur beziehen.

Die syrische Göttin 'Atar'ata, mit Delfinen über ihrem Kopf, die ihre Funktion als Göttin des Wassers beschreiben, gefunden in Khirbet at-Tannur. (Archäologisches Museum Amman)

Dem edomitischen Gott Qos, der mit dem syrischen Hadad identifiziert wurde, war die Gottheit, war das nabatäische Heiligtum bei Khirbet at-Tannur geweiht, vielleicht von Nachfahren der Edomiter, die im Königreich der Nabatäer lebten und in die Bevölkerung integriert wurden. (Archäologisches Museum Amman)

Keine Inschrift erwähnt 'Atar'ata, sie ist allein an ihren Attributen erkennbar, den Löwen, die zu ihren Hauptattributen zählen, Weizenähren, Früchten, Blumen und Blättern, die ihre Rolle als Göttin der Vegetation unterstreichen, Schlangen und Delfine, die sie mit den Fischen in Verbindung bringen. Geht man von den beiden sitzenden Figuren im Zentralheiligtum, der exponierten Büste der Göttin mit dem Adler über ihrem Kopf am Eingang und der großen Anzahl von 'Atar'ata-Darstellungen aus, so ist es sehr wahrscheinlich, dass das Heiligtum sowohl ihr als auch Qos geweiht war.

Im zweiten Jahrhundert wurde eine weitere und weit größere Anlage, die auf beiden Seiten mit mehreren Büsten der 'Atar'ata verziert war, um den Tempel gebaut. Jede von ihnen hatte ein anderes Attribut, das ihre unterschiedlichen Rollen verdeutlichte. Besonders auffällig und gut erhalten sind die, die sie als Göttin des Korns und als Delfingöttin darstellen.

Mit seinem Skulpturenreichtum mag Khirbet at-Tannur wohl die am reichsten geschmückte Pilgerstätte im Reich der Nabatäer gewesen sein, und die Zahl der kleinen Weihaltäre und auch der Votivgaben aus Terracotta lassen vermuten, dass es wahrscheinlich bei den Festlichkeiten zu den höchsten Feiertagen im nabatäischen Kalender auch das Bestbesuchte war, neben Khirbet adh-Dharih. Als Beweis dafür sieht man die von einem Tierkreis umgebene Büste der Tyche (Fortuna) an, die von einer geflügelten Nike getragen wird. Die Sternkreiszeichen stehen hier nicht in ihrer normalen Reihenfolge, sondern sind in zwei Gruppen von je sechs Zeichen aufgeteilt, die dem Frühjahr und Herbst mit ihren starken landwirtschaftlichen Konnotationen entsprechen. Das Heiligtum scheint bis

ins späte dritte oder sogar bis Mitte des vierten Jahrhunderts n. Chr. besucht worden zu sein.

Die Skulpturen in Khirbet at-Tannur und Khirbet adh-Dharih sind einander so ähnlich, dass man annimmt, sie stammen von der gleichen Künstlergruppe und ihrem Stil nach aus einer der örtlichen Werkstätten. Besonders die geflügelten Nikefiguren, die in größerer Menge an beiden Orten gefunden wurden, gleichen einander wie ein Ei dem anderen. Einige unfertige Büsten in Khirbet at-Tannur zeigen, dass die Bildhauer vor Ort arbeiteten und nicht in einer entfernten Werkstatt. Die Frontalansicht, die symmetrischen Gesichtszüge, vorstehenden Augen, dicken Lippen und die stilisierte Lockenfrisur der Figuren ähneln der ländlichen orientalischen Tradition – auch wenn diese bereits von hellenistischen Einflüssen überlagert wurde – in Syrien mehr als in der Kunst der Nabatäer, wie sie sich in Petra darstellt. Dieser eigene Stil und die Darstellungen von edomitischen und syrischen Göttern lassen vermuten, dass diese »nabatäische« Stätte in Wahrheit das Werk von Nachfahren der Edomiten war, die hier im nabatäischen Königreich und auch noch während der Zeit der römischen Provinz lebten und ihren Göttern huldigten.

Eine geflügelte Victoria (Nike) aus Khirbet at-Tannur, die auf ihrem Kopf eine von einem Tierkreis umgebene Büste der Tyche trägt. Die Zeichen folgen nicht der normalen Ordnung, sondern sind in zwei Gruppen von sechs Zeichen geordnet, wobei die auf der linken Seite den Frühling und die auf der rechten den Herbst repräsentieren. Die geflügelte Nike mit dem unteren Teil des Tierkreises befindet sich im Archäologischen Museum Amman, der Tondo mit der Tyche und dem grössten Teil des Kreises sind im Cincinnati Art Museum.

KAPITEL 7

# SPRACHE, SCHRIFT UND GRAFFITI

Arabisch sprechen, aramäisch schreiben und das Meißeln von Inschriften

Im frühen sechsten Jahrhundert n. Chr. wanderte Kosmas Indikopleustes, ein weltreisender ägyptischer Händler, der Mönch geworden war, kreuz und quer über die Halbinsel Sinai. Auf jeder Etappe seiner Reise bemerkte er wundersame Inschriften auf den Felsen. Die Sprache und die Zeichen, in der sie verfasst waren, kannte er nicht, aber einige Juden, die mit ihm reisten, behaupteten, sie zu verstehen und sagten, dass sie von ihren Vorfahren, den Israeliten des Exodus, geschrieben worden seien, als sie von Moses geführt wurden.

JABAL KATERINA AM FRÜHEN MORGEN, VOM BERG SINAI AUS GESEHEN. AUF DEN FELSEN DES BERGES UND DER UMLIEGENDEN WADIS GIBT ES UNZÄHLIGE NABATÄISCHE INSCHRIFTEN, HAUPTSÄCHLICH MIT GEBETEN FÜR FRIEDEN UND ERINNERUNG.

Die Entdeckung des Kosmas traf auf eisiges Schweigen und die Angelegenheit geriet für weitere 1200 Jahre in Vergessenheit, bis ein anderer ägyptischer Mönch, ein Franziskaner aus Kairo, ebenfalls über die Inschriften berichtete, die er 1722 am von ihm so genannten »Gebel al Mokatab« (der beschriebene Berg) gesehen hatte. Er wurde auf seinen Reisen von »Leuten, die arabisch, griechisch, hebräisch, syrisch, koptisch, lateinisch, armenisch, türkisch, englisch, illyrisch, deutsch und böhmisch sprachen« begleitet, doch auch sie konnten diese Inschriften nicht deuten. »Wahrscheinlich«, so berichtet er, »beschreiben diese unbekannten Zeichen sehr geheime Mysterien und wurden wohl entweder von den Chaldäern oder von anderen Menschen geschrieben, lange vor dem Erscheinen Christi.« Diese verlockenden Vermutungen weckten nicht nur das Interesse ernsthafter Wissenschaftler, sondern auch das von Bibelfanatikern, die sich danach sehnten, in den Steinen des heiligen Landes Bestätigungen für die Bibel zu finden.

1737/1738 unternahm ein irischer Geistlicher namens Richard Pococke (später wurde er ins Bistum Ossory und dann nach Meath versetzt) ausgedehnte Reisen in den Nahen Osten und als er durch den Sinai reiste, sah auch er die Inschriften auf den Felsen. Er beschrieb sie, mit Zeichnungen, in seinem Reisebericht,[1] doch ohne eine Vermutung zu wagen, wer sie geschrieben haben könnte. Zehn Jahre später schlug ein anderer irischer Prälat, Robert Clayton, Bischof von Clogher, im Vorwort seiner englischen Übersetzung der Reiseberichte des Franziskaners[2] der Society of Antiquaries in London vor, jemanden zu ernennen, der in den Sinai reisen und diese »sinaitischen Inschriften« studieren solle. Er bot außerdem eine »Übernahme eines [Kosten-] Anteils, der Ihnen angemessen erscheint« an. Wie die Begleiter von Kosmas nahm auch Clayton an, es würde sich herausstellen, dass die Inschriften von den Israeliten des Exodus stammten. Laut Carsten Niebuhr, der den Sinai 1762 besuchte, löste Claytons Angebot (das Niebuhr mit £ 500 Sterling bezifferte, eine beachtliche Summe zu dieser Zeit) einen Sturm des Interesses in ganz Europa aus, denn »man nahm an, dass diese Inschriften Zeugnis über die Anwesenheit der Juden in der Vorzeit in diesem Gebiet geben könnten«. Doch fanden sich offensichtlich nicht einmal zwei Gelehrte, die sich über Herkunft oder Bedeutung der Inschriften einig werden konnten:

> Man nahm an, sie seien weder jüdisch noch arabisch… Manche betrachteten sie als eine Mischung aus koptischen und arabischen Zeichen. Zuletzt vermutete jemand, der in der orientalischen Literatur sehr bewandert war, dass sie phönizisch seien… Diejenigen, die sie genauer untersuchten, schlossen aus ihrer Position und der Art, in der sie in den Fels geritzt waren, dass sie nichts anderes als die Namen von Reisenden und deren Reisedaten seien… Nachdem ich die Lage und die Art des Reliefs der Inschriften untersucht habe, tendiere ich eher zur Meinung derer, die sie für bedeutungslos halten. Sie scheinen in freien Stunden von Reisenden ausgeführt worden zu sein, denen es ausreiche, den unbearbeiteten Felsen mit irgendeinem spitzen Gegenstand zu ritzen, und hinzuzufügen … einige grobe Figuren, die von einem Volk zeugen, das in den schönen Künsten nicht sehr bewandert war.[3]

Johann Ludwig Burckhardt, der 1812 als erster moderner Europäer Petra sah (dort jedoch keine Inschriften bemerkte), reiste im September 1816 durch den Sinai und schrieb an mehreren Orten Inschriften ab. Dabei bemerkte er, dass die meisten mit dem gleichen Zeichen begannen und schloss daraus, dass es sich »um kurze Sätze handelt, die einander, zumindest am Anfang, ähneln. Vielleicht sind es Gebete oder die Namen von Pilgern… Die Felsen liegen so, dass sie Reisenden während der Mittagshitze kühlen Schatten bieten.«[4]

Vier Jahre später kopierte der Pfarrer G. F. Grey 177 Inschriften im Wadi Mukatteb, die 1832 publiziert wurden und sowohl Gelehrte wie auch Fanatiker mit besserem Material für ihre Entschlüsselungsarbeiten versorgten. Ein seriöser Gelehrter, Eduard Beer, Professor für Paleographie an der Universität Leipzig, nahm die Herausforderung an, und ein Jahr bevor er 1841 im Alter von nur 36 Jahren starb, publizierte er Überlegungen zur Urheberschaft und zur Bedeutung der rätselhaften Inschriften aus dem Sinai:

Man fragt sich, wer wohl die Menschen waren, die diese Inschriften hinterließen. Es ist eine Frage des Augenblicks, da wir durch die Antwort endlich die Gegend entdecken können, in der diese Zeichen und Sprache früher gebräuchlich waren. Tatsächlich … habe ich keinen Zweifel daran, dass diese Region Arabia Petraea war, denn ich kenne nichts, was sonst damit vergleichbar wäre. Hier lebte in den Zeiten kurz vor unserem Zeitalter ein Volk, das bei Griechen und Römern gemeinhin als Nabatäer bekannt war … diese Inschriften, wenn sie möglicherweise auch nicht zum Volk dieses Königreiches gehörten, stammen sicherlich von benachbarten Stämmen und sind denen der Nabatäer sehr ähnlich, denn ihr Dialekt unterscheidet sich in jeder Hinsicht kaum vom Idiom der Nabatäer, außer dass ein paar Arabismen eingefügt sind.

Ein Fels im Wadi Mukatteb im Sinai, der mit Inschriften und Zeichnungen von Tieren übersät ist. Diese Inschriften, die man im 18. und frühen 19. Jh. für das Werk der Israeliten des Exodus hielt, wurden 1840 schliesslich von einem jungen deutschen Professor als das Werk der Nabatäer identifiziert.
(Aus Leon de Labordes *Journey Through Arabia Petraea*).

Wie einige seiner Vorgänger erkannte Beer, dass die meisten der Wörter Namen waren – das legte allein schon ihre Kürze nahe. Er ging jedoch noch einen Schritt weiter, da er die meisten dieser Namen als arabisch identifizierte. In welcher Sprache sie auch verfasst sein mochten, ihre Lage ließ es wahrscheinlich erscheinen, dass sie aus der semitischen Sprachfamilie stammten, und einige der Zeichen waren den bekannten hebräischen und arabischen Buchstaben ähnlich. Mit einer Mischung aus Intuition und geduldigem Experimentieren fand Beer das häufigste Anfangswort heraus (das Burckhardt im ersten Brief erwähnt hatte), *shlm*, das aramäisch-hebräisch-arabische Wort für »Frieden«, und das zweithäufigste, *dkyr*, »Es möge in Erinnerung bleiben«. Nachdem er eine ungefähre Entsprechung einiger solcher Zeichen gefunden hatte, konnte er versuchen, wie sie in anderen Worten passten. Allmählich entstand so ein vollständiges Alphabet. Beer stellte fest, dass manchmal zwei verschiedene Buchstaben fast identisch geschrieben wurden, dass *br*, die aramäische Form für »Sohn des« öfter verwendet wurde als das hebräische oder arabische *bn*, und dass in einigen Namen der bestimmte arabische Artikel *al* auftrat. Er schloss daraus, dass es sich um eine Form des Aramäischen mit »einigen Arabismen« handelte.

Zehn Jahre später publizierte der Pfarrer Charles Forster eine Gegendarstellung zugunsten der Bibel.[5] Forsters Meinung nach war es offensichtlich, dass die Inschriften das Werk der Israeliten Moses waren und er schmähte Beers Theorie: »Die Absurdität solch gelehrter Halluzinationen … die schiere Unhaltbarkeit der Hypothesen von Professor Beer…« – im sicheren Bewusstsein, dass sich Beer nicht mehr verteidigen konnte. Forster hatte sich ein eigenes Alphabet ausgedacht, das auf dem bizarren Prinzip basierte, dass ein Buchstabe einer unbekannten Sprache, der dem einer bekannten Sprache auch nur entfernt ähnlich sieht, auch wenn es sich um eine ganz andere Sprachfamilie handelt, den gleichen Lautwert haben muss. Anhand seiner »Harmonie der Alphabete« identifizierte er einige Zeichen der Inschriften aus dem Sinai mit Symbolen der antiken ägyptischen Hieroglyphen, andere mit Zeichen aus einem südarabischen Alphabet und wieder andere mit hebräischen, griechischen, arabischen, äthiopischen und altsyrischen Buchstaben.

Mit atemloser Vorfreude probierte er sein hybrides Alphabet an einer der von Grey kopierten Inschriften aus, die aus fünf Zeilen zu bestehen schien. Er teilte die Zeichen in Gruppen, die Ähnlichkeiten mit einigen arabischen oder hebräischen Worten hatten:

> Das Gefühl, das ich hatte, als mein neu konstruiertes Alphabet …
> die Übersetzung ergab, lässt sich weder beschreiben noch vergessen …
>
> Das Volk trinkt mit geneigtem Mund [an] den Wasserquellen
>
> Das Volk [an] den zwei Wasserquellen
> tritt [wie] ein Esel
> und schlägt mit dem Ast des Baumes
> die Quelle der Bitterkeit, die er heilt.

Mit wachsender Erregung probierte Forster sein Alphabet nun an anderen Inschriften aus und entwickelte daraus ein herrlich sprachgemischtes Lexikon. In seiner regen Fantasie ergaben seine Übersetzungen nicht nur einen Sinn, sie bezogen sich, wie er glaubte, auch eindeutig auf eine Reihe von Ereignissen, die während des Exodus stattgefunden hatten, das obige zum Beispiel auf die Begebenheit, als Moses für die rebellischen Israeliten Brackwasser in Trinkwasser verwandelte. Forsters Vertrauen in die unbestreitbare Richtigkeit seiner Annahme wurde durch eine häufig auftretende Zeichnung bestärkt, in der er einen Esel, ein Kamel oder eine Ziege erkannte, wenn diese auch noch in unmittelbarer Nähe eines Bezuges auf ein Tier stand. Wie, kommentierte er vernichtend, konnte Beer behaupten, das erste Wort der beiden obersten Zeilen (und das hunderter anderer) hieße nicht *ôm* (Volk, im Hebräischen), wie er selbst vorschlug, nämlich das Volk von Israel, sondern *shalum* (Frieden)?

Doch es war der nüchterne Beer, und nicht der visionäre Forster, der schließlich Recht behielt, und der fünfzeilige Text, dem Forster eine so lebhafte Schilderung eines Vorfalls im Buch Exodus abgerungen hatte, erwies sich als vier kurze Anrufungen um Frieden und Segen:

> Frieden! Kalbu, Sohn des Zeus, für immer.
> Frieden! 'Audu, Sohn des Wa'ilu, für immer.
> Gesegnet sei Waddu, Sohn des …
> Frieden! Aushu, Sohn des Ibn …

Beer täuschte sich jedoch in seiner Annahme, die Inschriften stammten aus dem vierten Jahrhundert n. Chr. und seien christlich.

<small>DIE ZEICHNUNG EINER VON FORSTER FALSCH ÜBERSETZTEN INSCHRIFT MIT DEN NUMMERN 1104 BIS 1107, DIE DIESE IN VIER KURZE SÄTZE TEILEN. AUS DEM CORPUS INSCRIPTIONUM SEMITICARUM, PARIS, 1902.</small>

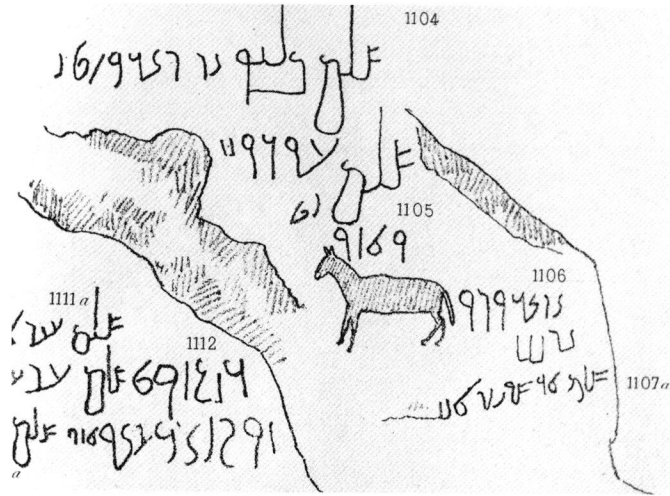

Die Inschriften aus dem Sinai sind aramäisch und zwar in der besonderen Sprachform, die die Nabatäer entwickelt hatten, und die meisten von ihnen datieren aus dem zweiten und dritten Jahrhundert n. Chr. Dennoch lag seine Vermutung weit näher an der Wahrheit als Forsters wilde Behauptung, sie stammten aus dem dreizehnten Jahrhundert. Es handelte sich tatsächlich um die ersten nabatäischen Inschriften, die die Welt kennen lernte, und es waren Beers ursprüngliche Identifizierungen und Entschlüsselungen, die schließlich zur Wiederentdeckung und zum Studium dieses bemerkenswerten Volkes führte, um das in der Geschichte nach dem byzantinischen Zeitalter Schweigen geherrscht hatte.

Die Ursprünge der nabatäischen Sprache und Schrift liegen nicht auf der arabischen Halbinsel, von der die Nabatäer kamen, sondern in Syrien. Irgendwann im 11. oder 10. Jahrhundert v. Chr. übernahm das aramäische Volk von Syrien die phönizische Schrift, die, anders als die damals übliche akkadische Keilschrift, alphabetisch aufgebaut war und von rechts nach links geschrieben wurde. Sie hatte auch den klaren Vorteil, dass sie mit Feder und Tinte auf Papyrus geschrieben werden konnte und nicht umständlich wie die Keilschrift mit einem Stift in weichen Ton geritzt werden musste. Im 8. Jahrhundert v. Chr. entwickelten die Aramäer ihre eigene Schrift. Während der darauf folgenden Jahrhunderte, als die in Keilschrift schreibenden Assyrer ihre Herrschaft weiter gen Westen ausdehnten, übernahmen sie die aramäische Sprache und Schrift, um die offizielle Kommunikation zwischen den neuen Provinzen des assyrischen Reiches zu vereinfachen. So wurde das Aramäische bald die gebräuchlichste Sprache im Nahen Osten und während der Herrschaft der Perser wurde es sogar noch weiter verbreitet. Da das Aramäische als Sprache und Schrift der Regierung noch größere Bedeutung erlangte, wurde es mehr und mehr von Menschen geschrieben, für die es nicht die Muttersprache war, die jedoch zweifellos dicke Bände offizieller Schreiben produzieren mussten. Daher neigten sie dazu, nicht funktionale kalligraphische Schnörkel wegzulassen, wodurch die Schrift sowohl einfacher und (besonders im alltäglichen Gebrauch) kursiv wurde, wobei einige Zeichen miteinander verbunden wurden.

Auch wenn sich in dieser kaiserlichen aramäischen Schrift regionale Variationen ergaben, blieb sie doch in allen Gebieten des persischen Reiches weitgehend einheitlich. Doch ein oder zwei Jahrhunderte nachdem das persische Reich im vierten Jahrhundert v. Chr. durch Alexander den Großen besiegt worden war, verstärkten sich lokale Unterschiede. Im neuen hellenistischen Reich der Seleukiden und Ptolemäer war Griechisch die offizielle Regierungssprache. Doch die Bewohner oder Stämme in diesen Gebieten waren mittlerweile zu sehr an das Aramäische gewöhnt, um sich auf eine neue, unbekannte Sprache umzustellen. So wie sich verschiedene neue Machtgruppierungen ergaben, entwickelten sich allmählich auch leichte Varianten der aramäischen Schrift, besonders in Nabatäa, Judäa, Syrien, im nördlichen Mesopotamien und in Palmyra.

Zu welchem Zeitpunkt auch immer die Nabatäer in ihrer undatierten frühen Geschichte das Land Edom besiedelten, sie sprachen jedenfalls nicht aramäisch, sondern einen der vielen Dialekte der früharabischen Sprache, die auf der nördlichen Halbinsel geläufig waren. Sie waren nicht der erste arabische Stamm, der sich in diesem Gebiet niederließ. Vom frühen fünften Jahrhundert v. Chr. an finden sich arabische Namen, sowohl nabatäische als auch die anderer Stämme, in Inschriften in den aramäisch-sprechenden Regionen südlich von Judäa: Ägypten, Gaza, in der Negev und im nördlichen Sinai. Mitte des fünften Jahrhunderts v. Chr. nennt der hebräische Prophet Nehemia »Geshem den Araber« (aus anderen Inschriften als »König von Qedar« bekannt) als einen seiner Gegner bei der Wiedererrichtung des Tempels und der Mauern von Jerusalem.

Zu diesem Zeitpunkt gab es noch keine arabische Schrift und keine einheitliche arabische Sprache. Die frühesten Inschriften, die auf die Anwesenheit von Arabern hindeuten, stammen von etwa 500 v. Chr. aus dem nördlichen Sinai und sind in Thamudisch geschrieben, das, wie Safaitisch und Lihyanitisch, von der südarabischen Schrift abstammte. Alle drei dieser Schriften fanden sich auf Reliefs in den Felsen der Gebiete nördlich von Arabien, Palästina und Syrien, wohin diese Stämme gewandert waren. Doch die Menschen, die diese verschiedenen arabischen Sprachen sprachen und schrieben, hatten selbst keine Möglichkeit, sich untereinander zu verständigen, ganz zu schweigen von der Kommunikation mit den anderen Sprachfamilien, mit denen sie in Kontakt kamen. Die einzige allgemein verständliche Sprache war das Aramäische, die Lingua Franca des gesamten Nahen Ostens.

Hätten die Nabatäer auf ihrer gesprochenen, aber nicht geschriebenen Form des Arabischen beharrt, wären sie vom Großteil der Bevölkerung des Nahen Ostens abgeschnitten gewesen. Durch die Übernahme der allgemein verwendeten Aramäischen Sprache und Schrift konnten sie sich problemlos mit den jeweiligen Behörden verständigen – von Kleinasien im nördlich gelegenen Ägypten bis zu den nördlichen Arabern im Süden, von Palästina im Westen bis nach Mesopotamien und Persien und im Osten sogar Afghanistan. Doch im täglichen Leben sprachen sie untereinander offenbar weiter Arabisch und in den wenigen Jahrhunderten der Hochblüte ihrer Kultur fanden immer mehr arabische Wörter und grammatische Strukturen Eingang in ihre offizielle aramäische Schrift.

In seiner ersten historischen Erwähnung der Nabatäer berichtet Diodor von Sizilien (bzw. seine Quelle aus dem vierten Jahrhundert v. Chr., Hieronymos von Kardia), dass sie im Jahre 312 v. Chr. an den makedonischen General Antigonos den Einäugigen in »syrischen Buchstaben« schrieben. Dies war zweifellos die kaiserliche aramäische Schrift des kürzlich untergegangenen persischen Hofes, denn es hat sicherlich einige Zeit gedauert, bis die Nabatäer diese Schrift ihrer eigenen individuellen Schreibweise angepasst hatten. Selbst die früheste bekannte Inschrift der Nabatäer, die auf etwa 168 v. Chr. datiert wird und somit aus der Zeit von Aretas I. stammt, gefunden in der antiken Stadt Elusa (dem heutigen Halutza) in der Negev, ist in der einheitlichen aramäischen Schrift gehalten, der formellen Schreibweise für Inschriften.

Einige der nabatäischen Unterscheidungsmerkmale scheinen sich kurze Zeit später entwickelt zu haben, besonders bei formlosen Schreiben mit Tinte, die dem Schreiber mehr Freiheit in Bewegung und Ausdruck erlaubte, als ein Steinmetz sie hatte. Da tintenbeschriebene Papyri jedoch leichter verloren gehen als behauener Stein, sind nur wenige dieser Schriften überliefert. Doch ein außerordentlicher neunzeiliger Text, mit Tinte auf einen Kiesel geschrieben – ein Zauberspruch in Form einer Beschwörung –, wurde 1972 in der Nähe von Beersheba in der nördlichen Negev gefunden. Er wurde auf die Zeit um 100 v. Chr. datiert und ist damit das früheste Beispiel nabatäischer Schrift in kursiver Form, bei der viele Buchstaben zusammenhängen und eine abgerundete Form aufweisen. Wie in der nabatäischen Schrift üblich, wurden die Buchstaben so eng zusammen geschrieben, dass es teilweise mühsam ist, sie in einzelne Wörter zu unterteilen. In diesem Fall erleichterte die hilfreiche Angewohnheit des Schreibers, am Beginn jedes neuen Wortes die Feder in die Tinte zu tunken und somit einen dickeren Anfangsbuchstaben zu schreiben, die Entzifferung erheblich.[6] Etwa 200 Jahre später, um 100 n. Chr., findet sich die schöne kursive Handschrift auf einigen der nabatäischen Papyrusdokumente der Babatha, sie sind ein Zeugnis für die in allen einzelnen Merkmalen vollständig entwickelte Schrift der Nabatäer.

Bei formellen, mühselig von Steinmetzen in den Fels gehauenen Inschriften wurden diese fließenden nabatäischen Formen später übernommen. Die Aslah-Inschrift in Petra [siehe S. 88] von 95 v. Chr. und zwei weitere Inschriften, eine Weihinschrift aus dem Jahre 77 v. Chr. an den Gott al-Kuthba aus dem Wadi Tumilat in Ägypten und eine Inschrift von 66 v. Chr. aus Petra, die sich auf eine Statue von Rabel I. bezieht, zeigen lediglich die Anfänge dieser Entwicklung hin zu den nabatäischen Merkmalen, die in der Handschrift bereits ausgeprägt waren. Es verwundert, dass, während sich Architektur und Bildhauerei vom Elaboraten zum Einfachen entwickelten, die Schrift der Nabatäer immer dekorativer wurde. Das ausgereifteste Beispiel ist die lange und makellos geschnittene Inschrift aus der Mitte des ersten Jahrhunderts n. Chr. am Turkmaniyya-Grab in Petra.

Diese schöne Inschrift, die von den britischen Marineoffizieren Irby und Mangles als erste moderne Europäer im Mai 1818 in Petra entdeckt wurde, erkannte ein Mitglied ihrer Gruppe als »genau gleich wie die, die er im Wati Makootub [sic], und am Fuß des Berg Sinai gesehen hatte«. Er zog auch die Verbindung zu Diodors Bemerkung zur Schrift, die »in einem Brief der Nabatäer von Petra an Antigonos« verwendet wurde. Murrays *Handbook* von 1858 nennt das »Grab mit den Sinai-Inschriften« und fügt hinzu, »es wäre sehr wichtig, festzustellen, ob diese Buchstaben mit denen im Wadi Mukatteb identisch sind«. 1876 erkannte Charles Doughty den nabatäischen Ursprung der Inschrift.

Die Turkmaniyya-Inschrift ist nicht nur aufgrund der außergewöhnlichen Eleganz ihrer Kalligraphie einzigartig, sondern weil es in Petra keine Vergleichbare gibt. Es gibt zwar viele kurze Inschriften, Weihinschriften, Gebete etc., doch das Turkmaniyya-Grab ist das einzige, auf dem sich eine detaillierte Beschreibung der gesamten Anlage findet, die zum Grab gehörte: »die große Grabkammer … und die kleine Grabkammer dahinter …, die Nischenarrangements und die Einfriedung davor, und die Portiken und Räume darin und die Gärten und der Triklinium-Garten und die Brunnen und die Zisternen und Wände«. Sie legt auch »die Verantwortung Dusharas, seines Throns und aller Götter« dafür, dass die Bestimmungen eingehalten werden, wer dort beerdigt werden darf, genau fest. Ärgerlicherweise sagt sie nichts über den Besitzer aus, nennt nicht einmal seinen Namen oder wer sonst das Recht besaß, in diesem Grab beigesetzt zu werden. Wahrscheinlich fanden sich all diese Details in den drei Mal erwähnten »Weihe-Dokumenten«, die wohl an einem anderen Ort angemessen untergebracht waren, wahrscheinlich in einem Tempel.

Wenn es auch in Petra nicht viele Grabinschriften gibt, so weist ein anderer, weniger bekannter Ort in Nabatäa eine außerordentliche Fülle davon auf: Hegra, im nordwestlichen Hejaz-Gebiet von Saudi-Arabien. Heute nennt man den Ort Meda'in Saleh, die Städte von Saleh, nach einem prä-islamischen Heiligen, dem im Koran der Rang eines Propheten

Teil der langen und elegant geschnittenen Inschrift auf dem Turkmaniyya-Grab in Petra; sie enthält eine einzigartige Aufzählung der Einrichtungen auf dem Areal, das zum Grab gehörte.

Hegra im Nordwesten der arabischen Halbinsel, die südlichste nabatäische Station an der antiken Weihrauch-Handelsstrasse, wurde während der Herrschaft Aretas IV. zu einer grossen und wohlhabenden Siedlung. Wie in Petra wurden auch hier die Toten in kunstvollen, in den Fels gehauenen Gräbern bestattet.

zugeschrieben wurde und dessen unbeachtete Prophezeiungen an das Volk von Thamud oft erwähnt werden. Hegra war bereits vor der nabatäischen Zeit eine wichtige Station an der Weihrauch-Handelsstraße. Im 6. Jahrhundert v. Chr. wurde es wahrscheinlich von der Bevölkerung des nahen Dedan (dem heutigen Khurayba) kontrolliert und zwei Jahrhunderte später von den Lihyanitern, einem Stamm aus dem Süden, die wiederum von einem nabatäischen Stammesfürsten namens Ma'sudu vertrieben wurden. Wann diese Vertreibung stattfand, ist unklar, doch Strabons Beschreibung der gescheiterten römischen Expedition unter Aelius Gallus, der die Quelle des kostbaren Weihrauchs finden wollte, verdeutlicht, dass im späten 1. Jahrhundert v. Chr. das ganze Gebiet unter nabatäischer Herrschaft stand. Zu dieser Zeit wurde es von einem Statthalter namens Aretas regiert, einem Verwandten von König Obodas III.

Am Anfang in der Regierungszeit von Aretas IV., etwa um die Zeitenwende, gewann Hegra rasch an Größe und Bedeutung. Es war der südlichste Handelsposten Nabatäas und bot den Karawanen, die entlang der reichen Handelsstraße reisten, Schutz und andere Dienstleistungen. Hier gab auch eine starke Militärpräsenz, möglicherweise, um die südliche Grenze und die Handelsreisenden gegen Überfälle durch andere arabische Stämme zu verteidigen. In Hegra betraten die weihrauchbeladenen Karawanen aus dem Süden zum ersten Mal nabatäischen Boden, den verließen sie nicht, bis sie Petra erreichten oder kurz vor Gaza und dem Mittelmeer standen. Durch die reichlich fließenden Einnahmen, die dieser Schutz eintrug, die Versorgung von Mensch und Tier, die Handelsgeschäfte, die getätigt wurden und die Zölle, die auf Handelswaren erhoben wurden, die das Gebiet passierten, wurde der Außenposten Hegra bald eine große und wohlhabende Siedlung. Er war von solch großer politischer Bedeutung, dass bereits früh in der Regierungszeit von Aretas IV. Münzen mit dem Namen »Hegra« geprägt wurden – obwohl davon erst eine gefunden wurde. Der Wohlstand Hegras hielt bis weit ins 1. Jahrhundert n. Chr. an und Soldaten und Zivilisten lebten friedlich miteinander. Hier verteidigten sie ihr Territorium und ihre Karawanen, trieben Handel und huldigten ihren Göttern, hier starben sie, und hier wurden sie auch begraben, wobei jeglicher Aufwand, den man sich leisten konnte, gerechtfertigt schien.

Charles Doughty war der erste moderne westliche Mensch, der die antike Stadt Hegra sah. 1876 startete er von Damaskus aus mit einer Karawane von Hadsch-Pilgern[7] und blieb während des folgenden Winters eine Zeitlang dort, während die Pilger weiter nach Mekka zogen. Er besichtigte alle Monumente und stellte deren Ähnlichkeit mit denen von Petra fest, das er auf dem Weg besucht hatte (und die ihm nicht gefielen), erkannte die Inschriften als nabatäischen Ursprungs und begann dann mit einigen einheimischen Helfern, Abdrücke von so vielen Grabinschriften zu machen, wie er erreichen konnte:

> Ich ging auf Reisen mit großen Bogen saugfähigen Papiers, Wasser sowie Malerpinsel und Schwamm; und sie stellten das Gerüst an einer Inschrift [sic] auf, wo ich es wollte. Ich kletterte darauf und arbeitete, unsicher auf dem Balkenkopf stehend oder auf dem Giebel, um einen Abdruck von der Inschrift zu machen. Das feuchte Papier ergab einen getreuen Abdruck (in dem man jedes Sandkorn sah) von den steinernen Tafeln und den Buchstaben… Ich wusste, dass sie diesen leichten Bögen schließlich ihr fremdes altes Rätsel anvertraut hatten![8]

Und das hatten sie tatsächlich. Die Gelehrten, die mittlerweile mit der nabatäischen Schrift vertraut waren, machten sich an die Entzifferung der Inschriften von Hegra, die 1884 von der französischen Académie des Inscriptions et Belles Lettres zum ersten Male veröffentlicht wurden. Dreißig Jahre nach Doughtys Besuch verbrachten zwei gelehrte französische Priester, die Väter Jaussen und Savignac OP von der École Biblique in Jerusalem, die erste von drei Kampagnen in Hegra, vermaßen das Gelände, nahmen alle Monumente auf und kopierten jede Grabinschrift sowie hunderte von Graffiti. Als 1909 und 1914 ihr zweibändiges, wegweisendes Werk *Mission archéologique en Arabie* herausgegeben wurde, hatte Hegra und sein Reichtum an zeitgenössischen Dokumenten einen festen Platz in der nabatäischen Epigraphik und den archäologischen Studien.

Hegra ist ein ausgesprochen attraktiver Ort und vieles von seiner Grandeur, nicht nur die Ähnlichkeit der Gräber, erinnert an die Hauptstadt der Nabatäer. Doch während Petra aus mehreren wilden Sandsteinbergen Nubiens gehauen ist, die mehrheitlich einen rostfarbenen Ton haben, so meißelten die Nabatäer in Hegra ihre Monumente in kleinere und regelmäßigere Felsen aus goldenem Quweira-Sandstein, die aus dem ebenen, sandigen Boden aufragten. Höhere Berge, von denen einige nur große Blöcke beigen Sandsteins sind, umgeben die Stadt und erwecken den Eindruck, als lägen sie um einen riesigen Sandsee, auf dem Felsschiffe hier und da zwischen den Akazienbäumen verankert sind. Die meist glatte Oberfläche der Felsen ist durch Erosion leicht vernarbt. Und verborgen unter dem Sand im Mittelpunkt von Hegra liegen noch unausgegrabene Reste von Häusern, Tempeln, Straßen, Marktplätzen und den zivilen und militärischen Bauten, die einst einen Teil der Siedlung gebildet haben müssen. Teilweise noch sichtbare Brunnen versorgten die Einwohner und die durchreisenden Karawanen mit Wasser. Eine nabatäische Sonnenuhr aus heimischem Sandstein, die hier gefunden wurde,[9] gibt einen Einblick in das Alltagsleben und Doughty fand mehrere Mahlsteine aus schwarzem Basalt in den Ruinen.

Jabal Ithlib, am nördlichen Ende der Ausgrabung – mehr eine Ansammlung hoher Felsen als ein Berg – ist die ungeordnetste aller Formationen in Hegra. Geformt von Wind und Winterregen scheinen die Felsen in verschlungenen Wirbeln aufzusteigen, wie versteinerte, goldbeige Kumuluswolken, gekrönt von gaudi-artigen Türmen und Spitzen. In ihrem Zentrum befindet sich ein länglicher freier Platz; in die ihn umgebenden Felswände sind Inschriften und Weihinschriften für die Götter, Graffiti, Zeichnungen von Kamelkarawanen, eine Steinbockjagd, heilige Nischen (einige mit *Baitylen*), ein Altar, ein Hochplateau und einige Kammern, wahrscheinlich für Rituale, gehauen. Hoch auf den Felsen waren Zisternen, deren Wasser als wichtiges Element der religiösen Zeremonien, die hier statt fanden, ins Zentrum dieses göttlichen Heiligtums geleitet wurde.

Man erreicht das Heiligtum von Jabal Ithlib durch das Siq, eine Spalte zwischen zwei hohen Felsen, die einer Miniatur der Version des Namensvetters in Petra gleicht. Rechts vom Siq-Eingang ist ein riesiges Triklinium, ein Festsaal mit Steinbänken an drei Wänden, in den Fels gehauen; es wird heute Diwan (Hof) oder Majlis as-Sultan (der Empfangsraum des Sultan) genannt. Die Zahl der heiligen Nischen und Inschriften in unmittelbarer Nähe lassen vermuten, dass der Diwan für heilige Zwecke, etwa Festmahle zu Ehren der Götter, errichtet wurde. Anders als bei den meisten Triklinien in Petra, die für die Familie oder den Stamm vorgesehen gewesen zu sein scheinen, hat dieser eine weite offene Front und vermittelt den Eindruck, dass das religiöse Mahl, das in seinem Inneren stattfand, in irgendeiner Form von vielen Menschen geteilt wurde, die auf

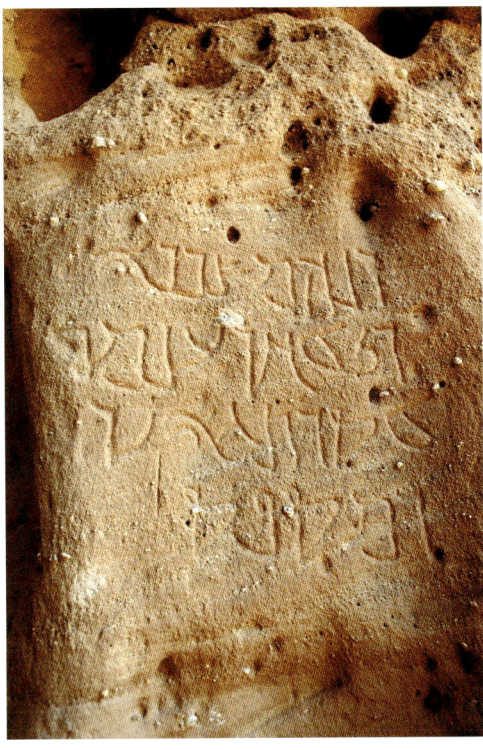

Eine nabatäische Inschrift im Heiligen Areal des Jabal Ithlib.

Jabal Ithlib, eine Ansammlung verschlungener Felsen, in deren Zentrum ein längliches Heiligtum mit in den Fels gehauenen Inschriften, heiligen Nischen und Altären liegt.

Der Zugang zum Heiligtum von Jabal Ithlib führte durch das Siq, eine kleinere Ausgabe des Namensvetters in Petra. Rechts vom Eingang befindet sich der Diwan, ein riesiges Triklinium für heilige Festmahle.

dem offenen Platz davor am Ritual teilnahmen. Das einzige Triklinium in Petra, das wohl eine ähnlich öffentliche Funktion hatte, ist das hohe und kunstvoll geschnitzte Deir, dessen einst mit einem Säulengang umgebener Hof wahrscheinlich einer großen Gemeinde Platz geboten hat, die sich zu Ehren »Obodas, des Gottes« versammelt hatte.

In Hegra beschränkte sich das nabatäische Genie für Reliefs auf die Grabfassaden, die in die goldenen Felsen um ihre Siedlung herum eingeschnitten wurden. Die meisten Gräber sind von einem kühnen Stufenornament gekrönt, mit einem oder zwei Simsen darunter, die von Pilastern mit den schlichten, schönen nabatäischen Kapitellen »getragen« werden. In der Mitte jeder Fassade ist ein klassisches dreieckiges Giebelportal. So weit sind die Gräber den meisten in Petra gefundenen Gräbern im Hegra- oder Protohegra-Stil ähnlich, doch herrscht in Hegra ein einheitlicher Dekorationsstil und es gibt keine gesprengten Giebel oder Rundtempel. Die Giebel in Petra (außer denen von Khazneh) zeigen keine Adler mit nach hinten gestreckten Flügeln oder (von ein paar Ausnahmen abgesehen) Urnen, was in Hegra mehr oder weniger Standard war. Auch finden wir in Petra kaum Gräber, die menschenähnliche Gesichter zeigen, wie die gorgonenartigen Tragödienmasken mit Schlangenhaaren, und es gibt auch keine Sphingen oder Greifen, Rosetten oder Sonnenscheiben. All dies findet man hier für gewöhnlich. Hegras größter Stolz ist jedoch der Reichtum an Inschriften, die nicht nur Aufschluss über die Menschen vermitteln, die hier lebten, ihre Namen, ihre Lebensweise, ihre Beziehungen und Berufe, sondern auch über ihre Gesetze und ihre Götter, die Stellung von Frauen und die Besitzrechte.

Von den etwa 80 Grabfassaden in Hegra tragen 37 Inschriften (manche davon mehr als eine), von denen wiederum 33 ein Datum nennen. Von diesen wiederum datieren 28 zwischen 1 v. Chr. und 74

DOPPELGRAB IN EINEM DER FELSEN VON HEGRA.

DIESES GROSSE UNVOLLENDETE GRAB IN HEGRA, DAS ALS QASR AL-FARID BEKANNT IST, HAT EINE UNGEWÖHNLICH KURZE UND RÄTSELHAFTE INSCHRIFT, DIE ENTWEDER ALS »FÜR HAYYAN, SOHN DES KUZA UND SEINE NACHFAHREN« GELESEN WERDEN KANN, ODER ALS »LIHYAN, SOHN DES KUZA, ERGRIFF HIERVON BESITZ«.

*Oben* Eines der grössten Gräber in Hegra, mit Kapitellen zwischen den Simsen und einer geschnitzten Sphinx an den seitlichen Ecken des Giebels über dem Eingang.

*Links* Ein Grab in Hegra mit Adler und Urnen über dem Haupteingang.

*Unten* Die Abendsonne beleuchtet eine Reihe von Grabfassaden, die in eine Seite der Felsformation namens Qasr al-Bint im Herzen von Hegra gemeisselt sind.

*Rechts* Eine der kleineren und einfacheren Grabfassaden in Hegra.

*Unten* Ein schlichtes nabatäisches Kapitell in Hegra.

n. Chr. – eine unvergleichliche Sammlung nabatäischer Texte aus einem klar definierten Zeitraum. Obwohl das Turkmaniyya-Grab in Petra ebenfalls in diese Zeit fällt, finden doch seine anspruchsvolle Kalligraphie und die sorgfältig geplante Aufteilung des Textes auf dem verfügbaren Platz in Hegra nicht ihresgleichen. Die Turkmaniyya-Inschrift ist ein beredtes Beispiel für das Handwerk einer Werkstatt der Großstadt, wohingegen uns in Hegra die Werke provinzieller Bildhauer mit unterschiedlicher Erfahrung begegnen. Es wird angenommen, dass die Männer, die die Inschriften schnitten, einen Text, den professionelle Schreiber auf Papyrus geschrieben hatten, auf den Stein kopierten. Bei manchen Steinmetzen ist der Text kalligraphisch ansprechend und gut aufgeteilt, andere schienen mit den Buchstaben Probleme zu haben und schnitten sie ungleichmäßig. Möglicherweise konnten sie nicht lesen. Manchmal hatte der Handwerker zu wenig Platz auf der Fläche, die ihm für die Inschrift zur Verfügung stand, entweder aufgrund seiner eigenen unzureichenden Planung oder weil sein Kunde während der Arbeit plötzlich den Text verlängerte. Die Lösungen für diese Probleme waren einfach, praktisch und durch keinerlei ästhetische Rücksichtnahme behindert: Der Steinmetz drängte einige Buchstaben auf zu engem Raum zusammen oder schnitt die restlichen Wörter einfach in die rauere Felsoberfläche unterhalb des vorbereiteten Feldes.

EIN GIEBEL ÜBER EINEM EINGANGSPORTAL ZU EINEM GRAB IN HEGRA, MIT EINEM ADLER UND ZWEI URNEN AN DEN GIEBELSPITZEN UND EINEM MASKENARTIGEN GESICHT IM GIEBELFELD, DEM SCHLANGEN AUS DEM KOPF WACHSEN WIE MEDUSENHAAR.

Wenn ein erhöhter Rand um dieses Feld verlief, schnitt er die Worte auch direkt in den Rand ein oder schlug einen Teil des linken Randes ab, um die restlichen Zeilen unterzubringen.

Fehlte auch den Handwerkern, die die Inschriften ausführten, die Erfahrung, so waren die Steinmetze, die die Fassaden der Gräber bearbeiteten, sehr gut ausgebildet. Viele von ihnen fügten am Ende der Inschrift ihre Namen hinzu: »Ruma und ʿAbdʾobodat, die Steinmetze«, oder »Aftah, Sohn des ʿAbdʾobodat, der Steinmetz, hat dies gemacht«. Die Namen mehrerer Steinmetze tauchen viele Male an verschiedenen Fassaden auf, einzeln oder zusammen mit anderen und da oftmals Patronyme verwendet wurden, gewinnt man den Eindruck, als sei das Handwerk von den Vätern an die Söhne weitergegeben worden. Eine Inschrift trägt lediglich den Namen eines Steinmetz – »Aftah hat dies gemacht« – vielleicht handelt es sich hier um ein »Designer-Grab«, das in den Fels geschnitten wurde,

Das Innere eines Grabes in Hegra mit Grabnischen in den Wänden. Einige der Inschriften geben an, welche Familienmitglieder auf welcher Seite des Grabes beigesetzt werden sollen.

ohne dass ein direkter Auftrag hierfür vorlag. Ein Grab, das von einem berühmten Steinmetz gearbeitet wurde, war sicherlich begehrt.

Die Inschriften in Hegra waren vermutlich nicht nur Statussymbole, sondern auch wichtige rechtliche Dokumente, die die Besitzrechte des Grabes klärten, Bestimmungen, die seine Verwendung und die Rechte, wer darin beigesetzt werden durfte, regelten, sie enthielten Zuweisungen für die Plätze im Grab, Drohungen gegen Missbrauch und Strafen für die Verletzung der Bestimmungen. Eine ganze Reihe verschiedener rechtlicher Aussagen wird in jedem Text gemacht, doch eine der am frühesten datierten Inschriften enthält fast alles:

Dies ist das Grab, das Kamkam, Tochter von Waʻilat, Tochter von Harammu und ihre Tochter Kulaybat für sich und ihre Nachfahren anlegten. Im Monat Tebet, dem 9. Jahr von Aretas, König der Nabatäer, der sein Volk liebt [1 v.Chr.]. Und mögen Dushara und sein Thron und Allat von ʻAmnad und Manat und ihr Qaysha jeden verfluchen, der dieses Grab kauft oder verkauft oder der es als Pfand gibt oder es verschenkt oder der es ganz oder teilweise entfernt oder wer andere darin begräbt als Kamkam und ihre Tochter und ihre Nachfahren. Und wer nicht beachtet, was oben geschrieben steht, soll an Dushara und Hubalu [ein Gott der Prophezeiung] und an Manat die Summe von 5 *shumuds* [unbekannt] zahlen und an den austreibenden Priester eine Strafe von 1000 *aretitischen Selas* [eine Silbermünze], mit Ausnahme desjenigen, der ein gültiges Dokument für dieses Grab aus der Hand von Kamkam oder Kulaybat, ihrer Tochter vorweisen kann.

Wenn, wie hier, eine Strafe auferlegt wurde, konnte der Empfänger einer oder mehrere der Götter oder Göttinnen sein (wahrscheinlich im Namen der Gottheit von einem Priester des Tempels entgegengenommen), entweder allein oder zusammen mit dem König: In mehreren Fällen ist auch der König der alleinige Empfänger. In einem Beispiel ist der Empfänger der König zusammen mit dem Statthalter von Hegra und kein Gott wird erwähnt – vielleicht sorgte sich der Besitzer mehr um weltliche Autorität. Die Nennung eines Exorzisten im oben zitierten Text als Empfänger der Strafe ist einzigartig.

Manchmal besteht die Strafe für die Missachtung der Bestimmungen nur im Fluch der Götter, in anderen Fällen ist es der Verlust der Begräbnisrechte, und manchmal werden gleichzeitig Flüche,

»Dies ist das Grab, das Taimʼallahi, sohn des Hamilat für sich machte. Und er gab dieses Grab Amah, seinem Weib, der tochter von Gulhumu, am Tag der Urkunde der Schenkung, die in ihrer Hand ist, auf dass sie damit tun kann, was ihr beliebt. Vom 26. des Ab, dem 25. jahr von Aretas, König der Nabatäer, der sein Volk liebt« (Aretas IV., 16 n. Chr.).

Geldstrafen und der Verlust der Rechte angedroht. Doch unabhängig von den individuellen Unterschieden wird die Tatsache, dass diese Inschriften rechtlich gültige Dokumente darstellten, durch die Bemerkung in einer von ihnen unterstrichen, die besagt: »Die Kopie dieser [Inschrift] ist im Tempel von Qaysha niedergelegt.« Dieser Tempel, der einer mit Manat verbundenen Gottheit, der Göttin des menschlichen Schicksals und des Rechts,[10] geweiht war, war mit Sicherheit der Aufbewahrungsort für rechtliche Dokumente. Es mag jedoch nicht der einzige Ort dafür gewesen sein, denn von anderen Tempeln weiß man, dass sie die gleiche Funktion hatten – eines der Babatha-Dokumente (siehe Kapitel 8), eine Abschrift der Protokolle des Stadtrates von Petra aus dem Jahr 124 n. Chr. (unter römischer Herrschaft), besagt, dass das Original im Aphroditetempel von Petra lag. Dies verdeutlicht, dass die religiösen Amtsinhaber in gewisser Weise Gesetzeshüter waren.

Der oben genannte Text ist ein eindeutiger Hinweis darauf, dass nabatäische Frauen volles Besitzrecht besaßen und eigenständig Rechtsgeschäfte abschließen durften, und, da die Liste auch die Namen von Müttern enthält, dass die Herkunft auch durch die weibliche Linie belegt werden konnte. In einem Grab, das von ʿAnimu und seiner Frau Arsaksah gemeinsam gebaut wurde, hat Arsaksah den doppelten Platz zur Verfügung wie ihr Mann, doch hier könnte der Grund der ungleichen Verteilung gewesen sein, dass ihr Vater der Statthalter von Hegra war. Bei einem Grab heißt es, dass ein Mann es für sich selbst gebaut hat, es dann jedoch seiner Frau Amah als Geschenk übertragen hat, »auf dass sie damit tun könne, was ihr beliebe«. Diese anrührende Wortwahl war in Wirklichkeit eine gebräuchliche legale Formel, ein umfassender Begriff, der in allen Verträgen des Babatha-Archivs vorkommt, die Besitztum betreffen. Der hohe Status von Frauen und ihre Gleichstellung hinsichtlich von Besitz ist aus vielen Inschriften ersichtlich. In einem Falle jedoch legt der (männliche) Inhaber Wert darauf, dass die Frauen der Familie nur durch ein besonderes Zugeständnis das Begräbnisrecht erhalten sollen, was allerdings darauf hin deuten könnte, dass die Frauen bereits mehr als nur das gleiche Recht hatten und dass in diesem Fall die Interessen der Männer geschützt werden sollten.

Der austreibende Priester, der eine Strafzahlung erhält, die für den Missbrauch von Kamkams Grab ausgesetzt ist, ist einer von mehreren Personen, deren Beruf in den Inschriften genannt ist. Ein Text, der von »Kahlan dem Arzt« in Auftrag gegeben wurde, liest sich wie eine pedantische Vorschrift, voller Nebenbestimmungen und legalen Wiederholungen: »und dieses Grab ist unverletzlich gemäß der Unverletzbarkeit dessen, was unverletzlich Dushara geweiht ist«. Er nennt auch die mit Abstand höchsten Geldstrafen, insgesamt 6000 aretitischen Selas, was ein Hinweis auf die gehobenen Ansprüche der nabatäischen Ärzte und die Höhe der von ihnen geforderten Honorare sein mag.

Der finanzbewusste Kahlan könnte ein Militärarzt gewesen sein, da alle anderen genannten Berufsbezeichnungen militärisch sind. Der Statthalter (*strategos*) ist in vier Inschriften genannt – er kann sowohl zivile als auch militärische Funktion gehabt haben und war wahrscheinlich ein Mann mit großer Autorität, der eigene Entscheidungen treffen konnte, denn Hegra ist über 700 km von Petra entfernt. Dass diese Position vererbt werden konnte, lässt eine Inschrift vermuten, die »Maliku, den Statthalter, Sohn des Rabibel, des Statthalters« nennt. Der Präfekt oder Reitergeneral (*hipparch*) wird ebenfalls oft genannt, außerdem gibt es einen Hinweis auf einen Kommandanten (*chiliarch*) und einen auf einen Zenturio. Ein Grabinhaber, Malkion, hat einen Beruf, der schwer zu interpretieren ist, man nimmt jedoch an, dass er ein Omen-Deuter war und da sein Vater Kommandant war, kann auch er eine militärische Funktion inne gehabt haben.

Aus den Grabinschriften geht hervor, dass in Hegra nicht nur Nabatäer lebten: »Dies ist das Grab, das Shubaytu, Sohn des ʿAliʿu, des Juden, für sich und für seine Kinder und für ʿAmirat, seine Frau, anlegen ließ. Sie mögen hierin nach erblichem Recht begraben werden ... der erste Tag des Ab, im dritten Jahr von König Malichus, König der Nabatäer« (Juli/August 42 n. Chr.). Verständlicherweise wird in dieser Inschrift kein nabatäischer Gott genannt, doch hier wie auch an anderen Orten im Reich der Nabatäer (siehe Seiten 175–180) besaßen Juden Land, tätigten Rechtsverträge, deren Kopien in einem nabatäischen Tempel niedergelegt wurden, und wurden in den gleichen Gräbern bestattet wie ihre nabatäischen Nachbarn. Die Sonnenuhr, die in der Siedlung von Hegra gefunden wurde, trägt die offensichtlich jüdischen Namen »Manasseh, Sohn des Nathan«. Außer diesem jüdischen Familiengrab gab es in Hegra auch Gräber von Taymaniten und Sahmiten (anderen arabischen Bewohnern dieser Gegend). Sie alle schienen in Hegra in enger Nachbarschaft mit der nabatäischen Mehrheit gelebt zu haben, und waren scheinbar nicht von Problemen, die sich aus kulturellen oder religiösen Differenzen ergaben, betroffen.

Eine sehr viel spätere Grabinschrift in Hegra, in nabatäischer Schrift und mit einer Zusammenfassung in thamudischer Schrift, zeigt nicht nur etwas von der späteren Geschichte dieses südlichen Außenpostens, sondern bietet eine faszinierende Vorschau darauf, wie sich die nabatäische Sprache und Schrift entwickeln sollte. Sie berichtet von der Bestattung von Raqush, der Tochter von ʿAbdmanutu vom Stamm der Thamud, im Jahr 267/268 n. Chr., 160 Jahre nach der Machtübernahme der Römer in Nabatäa. Aus einer anderen Inschrift eines Bundes der Thamud an einem Tempel in Ruwwafa, etwa 125 km nördlich von Hegra, bilingual in Nabatäisch und Griechisch, geht hervor, dass sich die römische Herrschaft auf Hejaz sowie alle anderen Teile des einstigen nabatäischen Königreiches ausdehnte. Die Thamud hatten es Kaiser Marc Aurel und dessen Bruder Lucius Verus, dem Mitkaiser von 161 bis 169 n. Chr., geweiht. Auch zwei römische Statthalter der Provinz Arabien, von denen einer als Friedensstifter zwischen Splittergruppen der Thamud agiert haben könnte, werden erwähnt. Ein Beweis für die militärische Präsenz der Römer fand sich südlich von Hegra in griechischen Graffiti von Soldaten des *ala Gaetulorum* und des *ala dromedarion* (Kamel-Korps) auf den Felsen; und in Hegra selbst wurde eine Stele für einen Maler gefunden, dessen Aufgabe es war, die Schilde der 3. Kyrenaischen Legion, die in dieser Gegend stationiert war, zu bemalen.

Diese Inschriften zeigen, dass, ähnlich wie die Nabatäer Hegra von den Lihyanitern erobert hatten, ein Bündnis des Thamud-Stammes einige Zeit nach der römischen Annektierung begann, das Gebiet des Hejaz zu dominieren, wobei sie sich wahrscheinlich friedlich mit der nabatäischen Bevölkerung mischten. Die Kultur der Nabatäer blieb sicherlich stark, denn die Inschrift von Ruwwafa weist darauf hin, dass das thamudische Volk Sprache und Schrift der Nabatäer übernahm, zumindest für formelle Inschriften. Doch erscheint die thamudische Schrift noch ein Jahrhundert später auf einer bilingualen Grabinschrift in Hegra – vielleicht eine absichtliche Botschaft, dass die thamudische Kultur nicht spurlos untergegangen war.

Bei näherer Betrachtung fanden die Gelehrten heraus, dass der nabatäische Teil der Raqush-Grabinschrift nicht ganz das ist, was sie zu sein scheint, denn obwohl die Schrift eindeutig nabatäisch ist, so ist die Sprache doch dem Arabischen mehr verwandt als dem Aramäischen. Die Entwicklung einer Schrift für die bisher ungeschriebene arabische Sprache, unter Zuhilfenahme nabatäischer Buchstaben, kann bereits einige Zeit zuvor begonnen haben, doch in der zweiten Hälfte des 3. Jahrhunderts n. Chr., als diese Inschrift in Hegra sowie viele der Inschriften im Sinai geschaffen wurden, war dieser Prozess bereits weit fortgeschritten.

Die Besiedelung der Sinaihalbinsel durch die Nabatäer begann wahrscheinlich im 3. Jahrhundert v. Chr., ungefähr zur gleichen Zeit, als andere Gruppen von Nabatäern sich in Edom und dem Hauran niederließen und das Gebiet um Hegra in Besitz nahmen. Händler und Hirten benutzten die gleichen alten Wege, die seit undenklichen Zeiten von den Nomadenstämmen, die den Sinai bevölkerten, begangen wurden und die durch Berge und Täler mit einem stets wechselnden Panorama geologischer Formationen führten. Stark verwitterte Sandsteinberge mit unterschiedlicher Farbe, vom Rot der ältesten aus dem Kambrium, etwa 600 Millionen Jahre alt, über hellgrauen Ordovizian bis hin zu weißlichem Sandstein aus dem Silur, wobei die einzelnen Farbabstufungen in einem Zeitabstand von jeweils etwa 100 Millionen Jahren entstanden. Dem Sandstein folgten aufstrebende Berge aus rotem, präkambrischem Granit im Herzen des südlichen Sinai, um die ein Ring schwarzer, vulkanischer Rhyoli-Gipfel liegt, die nur 10 Millionen Jahre alt sind. Die wildesten Berge von allen sind die stark eisenhal-

Die Nabatäer kamen wahrscheinlich im zweiten Jh. v. Chr. über alte Pfade durch die Berge und Täler auf die Sinaihalbinsel. Hier in den Granitfelsen um den Berg Sinai so wie überall auf der Halbinsel, führten sie ihre Herden oder Handelskarawanen.

tigen Sandsteinhügel im Norden, die über die Jahrtausende zu tiefem Schwarz korrodiert sind und an deren zerklüfteten Hängen der Sand entlang wirbelt. Hier und da im südlichen Sinai konnten die Nabatäer – wie die heutigen Besucher – an flachen Hängen über diesen Wegen eine friedliche Ansammlung runder Gräber sehen, deren Eingang der untergehenden Sonne zugewandt war. Diese Nabatäer konnten vor 2000 Jahren nicht wissen, dass diese Gräber bereits damals über 3000 Jahre alt waren.

Während der folgenden Jahrhunderte gaben einige Gruppen ihre Wanderungen auf und ließen sich an Orten wie dem Wadi Feiran nieder, wo eine ständige Wasserversorgung Ackerbau und ein sesshaftes Leben ermöglichte. Mehrere der mit den Nabatäern verwandten Gruppen wurden durch die Orte, an denen sie siedelten, bekannt und einige wurden von antiken Autoren benannt: Pharaniter (aus Pharan/Wadi Feiran), Garindäer (aus Gharandal nahe Suez), Raithener (aus Raithu, dem heutigen at-Tur) und Autäer (aus Qasr-awet im Norden). Andere Gruppen setzten ihr Nomadenleben fort und zogen ihrer Wege in Wadis mit steilen Felswänden, die sich an manchen Stellen breit und sandig öffnen und anderswo zu einem schmalen Pfad verengen. An dem Punkt, wo die Felsen dichter zusammen kommen, wird das Wasser höher an die Oberfläche gepresst und bildet Oasen, in denen Palmen, Tamarisken und ande-

Einige Gräber aus dem 4. Jahrtausend v. Chr., nahe einer Route der Nabatäer auf der Sinaihalbinsel. Zu dem Zeitpunkt, als die Nabatäer diese Gräber sahen, waren Sie bereits 3000 Jahre Alt.

WADI FEIRAN, EINER DER WASSERREICHSTEN ORTE IM SINAI. HIER GABEN VIELE VÖLKER, EINSCHLIESSLICH DER NABATÄER, IHRE WANDERUNGEN AUF, UM EIN BÄUERLICHES LEBEN ZU FÜHREN UND DATTELN ZU PFLANZEN. UNTER DENEN, DIE NOMADEN BLIEBEN, WAREN HIRTEN, DIE HIER IHR VIEH TRINKEN UND WEIDEN LIESSEN, UND HÄNDLER, DIE IHRE GESCHÄFTE MACHTEN.

re Pflanzen gediehen und wo man leicht an Trinkwasser kommt. Hier konnten die Hirten ihre Herden tränken und die Händler konnten ihre Geschäfte mit den Siedlern aus der Gegend tätigen.

In vielen Wadis – besonders Mukatteb im Westen, Haggag im Osten und Feiran in der Mitte – schnitzten die Stammesangehörigen, geschützt von der Sonnenhitze des Tages, ihre Namen, Friedensbotschaften und gute Wünsche in die Felsen, aber auch Bilder von Kamelen, Pferden, Eseln und Steinböcken, die zu ihrem Leben gehörten. Wie Niebuhr vermutet hatte, enthielten die meisten dieser »Sinai-Inschriften«, die im 18. und 19. Jahrhundert für solchen Aufruhr gesorgt hatten, wenig mehr als Namen, die »in Mußestunden von den Reisenden geschrieben wurden … die nur wenig Erfahrung in dieser Kunst hat«. Auch Burckhardt vermutete zu recht, dass »sie nur aus kurzen Sätzen bestehen, die einander alle ähneln«. Beer hat diese Vermutungen, die auf sorgfältigen Beobachtungen aus erster Hand basierten, bestätigt, er hatte die Inschriften richtig den Nabatäern (oder einem verwandten Stamm) zugeschrieben und während er die Sprache als aramäisch identifizierte, erkannte er gleichzeitig, dass sie auch arabische Formen, Worte und Namen beinhalteten. Er lieferte eine exakte Übersetzung mit den häufigsten Grußformeln für den Anfang, »Friede! Taimu, Sohn des Garmalba'ali«, »Gedenke Zaidus, Aushus, Harishus und Sha'dus«, »Gesegnet sei Waddu, Sohn des Noshaigu«.

Zu den hunderten von Inschriften, die im 18. und 19. Jahrhundert gefunden und kopiert wurden, kamen in neuerer Zeit noch tausende weiterer hinzu, die sich in Wadis und auf den Bergspitzen fanden; heute sind etwa 7000 nabatäische Inschriften aus dem Sinai bekannt. Die eindeutig datierbaren stammen alle aus dem 2. und 3. Jahrhundert n. Chr. und lassen sich zeitlich durch Verweise auf die römische Provinz Arabien einordnen, was vermuten lässt, dass auch der Sinai unter römischer Herrschaft gestanden hatte. Aus dem recht einheitlichen Schreibstil lässt sich ableiten, dass die meisten der Inschriften aus etwa derselben Zeit stammen. Wurden sie auch nach der Zeit geschrieben, als die nabatäische Schrift in Petra und an anderen Orten ihre elegante Form angenommen hatte, so ähneln die Sinai-Inschriften, so inoffiziell sie auch sein mögen, doch der älteren, monumentalen Schrift der Nabatäer – vielleicht ein Hinweis darauf, dass dieses provinzielle und rastlose Volk mehrheitlich selten zum Schreiben kam.

Einige der Gelehrten, enttäuscht darüber, dass die Inschriften sich nicht mit tiefgründigen Dingen über Moses und die Israeliten während des Exodus im 2. Jahrtausend v. Chr. beschäftigten, neigten dazu, sie als wertlose Kritzeleien eines unkultivierten Volkes abzutun. So schrieb einer von ihnen:

> es sind bloße Kratzer im Felsen, das Werk von Müßiggängern, die zum größten Teil nur aus Namen bestehen, mit groben Figuren von Menschen und Tieren dazwischen ... die »Sinai-Inschriften« sind so wertlos und unwichtig wie die arabischen, griechischen und europäischen *Graffiti* ... wir finden sie auch nirgendwo, wo nicht angenehmer Schatten herrscht oder ein geeigneter Lagerplatz in der Nähe ist ... Ich schätze, dass die Inschriften zum größten Teil von Händlern, Kaufleuten, Trägern und Siedlern in diesem Land stammen.[11]

Warum die Inschriften deswegen weniger interessant sein sollen, ist heute noch unverständlicher als vor einem Jahrhundert. Das Leben des einfachen Volkes ist in jeder Epoche weniger bekannt als das ihrer Herrscher und daher sind Hinweise auf die Namen, Berufe und den Glauben dieser normalerweise schweigenden Mehrheit den heutigen Archäologen und Historikern sehr willkommen. Viele Namen aus dieser Zeit und dieser Gegend der Welt sind Stämmen oder Göttern zuzuordnen, daher können sie, selbst wenn sie isoliert vorkommen, etwas über die Ursprünge und die Religion der »Müßiggänger ... Händler, Kaufleute, Träger und Siedler« aussagen, die sie vor fast 2000 Jahren in die Felsen kratzten.

Die Inschriften erzählen uns u. a., dass während die traditionellen nabatäischen Gottheiten Dushara, al-'Uzza und al-Kutba in den Sinai-Inschriften gelegentlich von den Priestern ihres Kultes genannt werden, waren es doch andere (ausschließlich männliche Götter), die in diesem Teil der nabatäischen Welt den Glauben leiteten. Wie wir bereits gesehen haben, war religiöser Synkretismus ein ausgeprägtes Merkmal der Nabatäer und hier im Sinai gibt es dafür noch mehr Beispiele. Namen wie Taim'allahi und 'Abd'allahi, sowie viele andere mit der gleichen Endung, lassen sich klar mit der Ehrung Allahs, dem höchsten Gott im prä-islamischen Nordarabien in Verbindung bringen. 'Azz'el und 'Ubaid'el waren El, dem höchsten Gott der Kanaaniter und Gott Abrahams gewidmet. Garm'alba'ali und 'Abd'alba'ali stammten von Ba'al, dem kanaanitischen Gott des Sturmes, während Namen wie Shema'yau und 'Obdyau, ebenso wie 'Abd'hyw und weitere Namen mit der Endung 'hyw sich wahrscheinlich auf die Lobpreisung Jahwehs, Moses' Gott, beziehen.

Einige dieser Götter wurden, so scheint es, auf dem antiken Hochplateau von Jabal Muneijah verehrt, einem relativ kleinen Berg, der sich steil über die Oase von Feiran erhebt. Heute ist nichts mehr von den alten Kulteinrichtungen vorhanden. Einzig ein grob konstruierter, fast ganz runder Kreis aus flachen Steinen, von denen einige nabatäische Inschriften tragen (obwohl nicht alle mit der richtigen Seite nach oben liegen), ist erhalten. Sie unterscheiden sich von den Inschriften im Wadi Mukatteb und Wadi Haggag oder den Inschriften am Wegrand, die in Felswände oder große herabgestürzte Felsbrocken geritzt sind; sie sind sorgfältiger ausgeführt und stehen auf der glatten Fläche von behauenen Steinen.

Die Inschriften vom Jabal Muneijah sind auch deshalb anders, weil über ein Drittel von ihnen einen oder mehrere Hinweise auf verschiedene Priester enthalten, auch auf einen Schreiber und einen besonderen Priester, der offenbar die für das Opfer bestimmten Tiere untersuchen sollte. Man findet Anhänger von Ba'al (drei 'Abd'alba'alis – die eventuell die gleiche Person darstellen – und einen Garm'alba'ali), zwei Allahs (Taim'allahi und 'Aush'allahi) und 'Abd'hyw, wahrscheinlich ein Jünger Jahwehs. Es gibt nicht einen einzigen Hinweis auf einen spezifisch nabatäischen Gott.

Jabal Muneijah birgt viele Rätsel. Sein Name bedeutet »Berg der Konferenz«, da er in früherer Zeit mit Moses in Verbindung gebracht wurde. Doch Moses' Treffen mit Gott hat angeblich 40 km Luftlinie entfernt auf den angemesseneren Höhen des Jabal Musa mit seinen 2285 m (Berg Moses/Berg Sinai) stattgefunden. Mit bescheidenen 764 m wird Jabal Muneijah nicht als ernsthafter Anwärter für die Ehre betrachtet, der Schauplatz für eine so wichtige Begegnung gewesen zu sein. Doch für die nabatäischen Bewohner hatte der Ort mit Sicherheit eine besondere heilige Bedeutung – sowohl für die, die im Wadi Feiran siedelten als auch für die Viehtreiber und Händler, die eine Zeitlang in der Oase rasteten, bevor sie weiter zogen. Wann die Verbindung zu Moses gezogen wurde, ist nicht bekannt, doch viele Jahrhunderte lang und sogar bis in die jüngste Zeit traten die Beduinen der Gegend mindestens einmal jährlich, vielleicht sogar öfter, eine Pilgerreise zum Gipfel des Jabal Muneijah an. Besonders verehrt wurde der Berg von den Hirten, die hier dem Moses opferten, dem großen Hirten des Sinai, und für das Wohlergehen ihrer Herden beteten. Einige Zeit nach der Etablierung des Islam wurden die Pilgerreisen mit Eid al-Adha verbunden, dem größten islamischen Fest, an dem Schafe geschlachtet werden, um das verhinderte Opfer von Ismael zu feiern.[12] Doch der Ursprung der Pilgerreisen lag wohl in nabatäischer Zeit, als den Göttern auf dem Hochplateau am Gipfel des Jabal Muneijah Opfer dargebracht wurden.

Im vierten Jahrhundert n. Chr. wurden keine Inschriften mehr im Sinai gemeißelt und sie waren auch sonst nirgendwo mehr üblich. Nach mindestens 700 Jahren arabischer Sprache und aramäischer Schrift, wurde die Situation allmählich immer angespannter.

Das antike Hochplateau auf dem Gipfel des Jabal Muneijah, im Hintergrund ragen die Spitzen des Jabal Serbal auf. Obwohl nur 764 m hoch, war Jabal Muneijah ein Ort von besonderer Heiligkeit für die Nabatäer des Sinai.

Einige der nabatäischen Inschriften, auf flachen Steinen geschrieben, die einen Teil des Baumaterials der Einfriedung auf dem Jabal Muneijah bilden. Die Inschriften verweisen auf Priester und die Anhänger anderer Götter – doch sind keine spezifisch nabatäischen Gottheiten erwähnt.

Bereits etwa 100 n. Chr. enthielt die Oboda-Inschrift wohl arabische Lyrik in nabatäischer Schrift [siehe S. 47–48]. Beer hatte Arabismen in den Sinai-Inschriften des 2. und 3. Jahrhunderts n. Chr. festgestellt und die Raqush-Grabinschrift (267/268 n. Chr.) aus Hegra erwies sich sprachlich als mehr arabisch denn aramäisch, auch wenn sie noch in der nabatäischen Schrift verfasst war. 328 n. Chr. wurde in einer Grabinschrift aus Namura im Hauran dieser Übergang noch fortgeführt, denn während die Schrift elegant und (für eine Steininschrift) ziemlich kursiv nabatäisch ist, ist die Sprache fast ganz arabisch. Doch es waren auch linguistische Traditionalisten unterwegs, die dem Trend widerstanden, die Schrift der Sprache anzupassen. 356 n. Chr., ebenfalls in Hegra, wurde eine Inschrift sowohl in nabatäisch-aramäischer Schrift sowie Sprache verfasst.

Die wenigen überlieferten Beispiele für die mit Tinte auf Papyrus geschriebene Schrift, die am besten in einigen der Babatha-Dokumente erhalten ist, zeigen, dass außerhalb der Welt der Steinmetze für gewöhnlich eine kursivere Form der nabatäischen Schrift verwendet wurde, bei der die meisten Buchstaben miteinander verbunden wurden. Wie die letzten Stufen des Übergangs vor sich gingen – vom Arabischen in der nabatäischen Schrift zum Arabischen in arabischer Schrift – ist unklar. Aus dem 5. Jahrhundert n. Chr. gibt es keine bekannten Inschriften, doch es existieren drei kurze gemeißelte Texte aus dem 6. Jahrhundert n. Chr.[13] in unterschiedlichen Formen des Protoarabischen, die sowohl der kursiven Schrift des Spätnabatäischen als auch der arabischen Schrift der frühesten Periode des Islam im 7. Jahrhundert n. Chr. zugewandt sind, die sich als Schrift des Korans zu einer Kunstform von vollendeter Schönheit entwickelte.

Bereits Beer hatte festgestellt, dass verschiedene Buchstaben des nabatäisch-aramäischen Alphabets fast gleich geschrieben wurden, daher war es schwierig, zwischen $b$ und $n$, $r$ und $z$, $p$ (das im Arabischen später zu $f$ wurde) und $q$, sowie einigen anderen Buchstabenpaaren, außerhalb eines Kontextes zu unterscheiden. Dies erforderte einige Übung in der geschriebenen Sprache. Um dieses Problem für die Leser zu lösen, führten die arabischen Schreiber diakritische Zeichen an den grundlegenden aramäischen Zeichen ein, um ihren Lautwert zu verdeutlichen und den Großteil der arabischen Konsonanten verständlich zu machen.

Die Nabatäer, eingebunden ins römische Reich, das sich im 4. Jahrhundert n. Chr. im griechischsprachigen christlich-byzantinischen Reich auflöste, folgten dem Trend ihrer Herrscher und Nachbarn. Griechisch war zur Lingua Franca des Nahen Ostens geworden und alle Menschen der Region sprachen zwar ihre eigene Sprache im Alltagsleben, verfassten aber alle offiziellen Dokumente in Griechisch. Doch Arabisch, die gesprochene und mehr und mehr auch geschriebene Sprache der Nabatäer, bestand noch lange fort, nachdem das Griechische aus dem Mittleren Osten verschwunden war.

KAPITEL 8

# BABATHA

Leben, Liebe und Rechtshändel einer
Frau bei den Nabatäern

Am 19. August des Jahres 132 n. Chr. betrat eine junge Witwe aus Mahoza, an der Südostküste des Toten Meeres, im einstigen Königreich der Nabatäer die Registratur des Ortes, um für ihren Sohn das Unterhaltsgeld für drei Monate von einem seiner offiziellen Vormunde zu erhalten. Trotz ihrer Jugend – sie war wohl noch keine dreißig – war sie bereits zum zweiten Mal Witwe. Ihr Sohn stammte aus der ersten Ehe, vom zweiten Ehemann stammten keine Kinder, zumindest keine, die überlebt hatten. In der brütenden Sommerhitze wartete sie darauf, dass eine Quittung für den Vormund ausgestellt wurde, von ihrem gesetzlichen Vertreter in ihrem Namen unterzeichnet. Dann wurde noch eine Quittung für die junge Frau selbst ausgestellt, Wort für Wort identisch mit der ersten. Auch wenn sie weder lesen noch schreiben konnte, bewahrte Babatha stets eine Abschrift auf, denn den Wert schriftlicher, beglaubigter Urkunden für jegliche Transaktionen von Geld oder Besitz kannte sie aus bitterer Erfahrung.

Der Schreiber, Germanos, Sohn des Judah, kannte Babatha gut, er hatte bereits mehrere Rechtsdokumente sowie Abschriften für seine jüdische Mitbürgerin und andere Mitglieder ihrer Familie geschrieben, wobei er stets mit seinem unvollkommenen Griechisch kämpfte. Meist handelte es sich um Gerichtsvorladungen oder Aussagen entweder von Babatha gegen einen ihrer angeheirateten Familienangehörigen oder von einem dieser Verwandten gegen Babatha – Germanos wusste eine Menge über diesen erbitterten Familienzwist. Dieser letzte Besuch musste dem Schreiber verhältnismäßig undramatisch vorgekommen sein.

Germanos rollte den Papyrus ein, band ihn mit einer Schnur zusammen und ließ die Zeugen an den vorgeschriebenen Stellen unterschreiben. Dann übergab er die Rolle Babatha, die sie vorsichtig zu einigen anderen Dokumenten, die sich alle auf ihren kleinen Sohn Jesus und den Streit mit seinen Vormunden bezogen, in ihre Ledertasche steckte. Dreimal hatte sie um einen Bescheid im römischen Vormundschaftsrecht ersucht und diese Unterlagen ver-

Die Aussicht, die Babatha wohl in ihren letzten Lebensmonaten hatte. In südöstlicher Richtung über Nahal Hever in Richtung Totes Meer könnte sie die Gänsegeier über dem Tal beobachtet haben, während auf dem Plateau 60 m über ihr die Römer ihr Lager errichtet hatten und abwarteten ...

wahrte sie ebenfalls in ihrer Tasche. Weitere Rollen waren ordentlich nach den entsprechenden Angelegenheiten zusammengebündelt – Verkaufsrechnungen für das Land, das sie in und um Mahoza besaß, eine offizielle Erklärung über all ihren Besitz, die knapp fünf Jahre zuvor bei der römischen Volkszählung ausgestellt worden war, sowie der Heiratsvertrag mit ihrem zweiten Ehemann, Judah, Sohn des Eleazar Khthusion, mit einer detaillierten Aufstellung aller ihrer Rechte und Pflichten im Falle seines Todes; aus der Zeit nach dem Tod von Judah gab es langwierige Auseinandersetzungen um das Vermögen mit seiner ersten Frau und weitere mit den Vormunden der Waisen von Judahs Bruder. Jeder Fetzen offiziellen Papiers, der als Zeugnis ihrer gesetzmäßigen Rechte gelten konnte, wurde sorgfältig aufbewahrt für den Fall, dass eine dieser Streitigkeiten wieder aufleben sollte.

Doch nun mussten alle möglicherweise noch unerledigten Geschäfte zunächst einmal ruhen. Babatha und die anderen jüdischen Einwohner von Mahoza waren zutiefst verunsichert. In der Provinz Judäa im Westen leitete Simon Bar Kochba seit kurzem den zweiten jüdischen Aufstand gegen die römische Herrschaft und hatte damit großen Erfolg. Im August 132 nahm er den Titel Herrscher von Israel an und eroberte das Land des Kaisers Hadrian bei 'Ein Gedi an der Westküste des Toten Meeres. Gab es nur wenig direkte Zeugnisse für Unruhen in der Provinz Arabien, so deutet doch vieles darauf hin, dass der römische Statthalter Haterius Nepos alle verfügbaren Kräfte mobil machte, um den Aufstand in Judäa niederzuschlagen, der weit erfolgreicher verlief, als die Römer es zunächst erwartet hatten.[1] Obwohl sich die Juden in Arabien ausgezeichneter Beziehungen zu ihren nabatäischen Nachbarn erfreuten, mussten sie sich nun doch angreifbar gefühlt haben, denn es erschien ihnen nicht unwahrscheinlich, dass die Römer Vergeltungsmaßnahmen ergriffen, da sie sie, wenn auch nicht als aktive Kollaborateure, so doch zumindest als passive Anhänger von Bar Kochbas Putsch ansahen. Die Juden kamen zweifellos zu dem

Schluss, dass sie sich in 'Ein Gedi, das fest in der Hand der Rebellen war, sicherer fühlen würden.

Wir können nur vermuten, was Babatha veranlasste, in den Judenstaat zu fliehen, den Bar Kochba errichten wollte. Ihr zweiter Ehemann war wie viele andere der jüdischen Einwohner Mahozas in 'Ein Gedi geboren und es erscheint sinnvoll, dass sie zunächst dorthin gingen. Doch dann schickte Hadrian seine besten Generäle gegen die Aufständischen ins Feld, darunter Julius Severus, der hastig von seinem prestigeträchtigen Statthalteramt in Britannien abgezogen wurde, um in diesem Notfall in Judäa eingreifen zu können. Als die Römer auf 'Ein Gedi zumarschierten, flohen die Bewohner in die Hügel des Umlandes, wobei sie so viel von ihren wertvollsten Besitztümern mit sich nahmen, wie sie nur tragen konnten. Babatha floh mit ihrem Sohn und einigen Nachbarn aus Mahoza anscheinend mit einer Gruppe führender Bar-Kochba-Anhänger in einen großen Höhlenkomplex in den steilen Hängen des Nahal Hever, eines Tales nur ein wenig südlich von 'Ein Gedi. Die Römer entdeckten ihr Versteck und schlugen ihr Lager auf dem darüber liegenden Plateau auf, woraufhin die Flüchtlinge ihre Habseligkeiten, zu denen auch Briefe von Bar Kochba selbst gehörten, in den Spalten und Rissen der Höhlenwände versteckten. Babatha legte ihre kostbare Ledertasche, in Sackleinen gewickelt, mit Seil umwunden und in einen Wasserschlauch gehüllt, in einen Spalt in einer Ecke der Höhle. Darüber legte sie (oder ein anderer Flüchtling) ein Weidenkörbchen mit einer bemalten Schmuckschachtel, vier Holztellern, einem Paar Sandalen, Schlüsseln, Messern und einer Sichel. Auch andere Wasserschläuche mit persönlichem Besitz wurden hineingezwängt und die Öffnung wurde mit Steinen verschlossen, die das Versteck wirkungsvoll verbargen.

Erst über 1800 Jahre später, im März 1961,[2] fand ein Archäologenteam bei Ausgrabungen auf den Spuren Bar Kochbas in dieser Höhle im Nahal Hever nicht nur dessen Briefe, sondern mehrere Verstecke mit Dokumenten, Kleidern und Haushaltsgeräten, die, obwohl zum größten Teil zerfallen oder von Motten und Würmern zerfressen, von hoher Qualität waren. Sie gehörten offensichtlich einmal reichen Leuten. Unter ihnen befand sich auch Babathas Papyrussammlung mit 35 Dokumenten – sechs in der nabatäischen Form des Aramäischen, drei in jüdischem Aramäisch und die restlichen in Griechisch (obwohl einige davon nabatäische und aramäische Unterschriften haben). Zusammen ergeben sie das bisher wohl umfassendste Bild vom Leben und der Gesellschaft auf dem Lande sowie vom Familien- und Besitzrecht in der Zeit gen Ende des nabatäischen Reiches bis in die frühen Jahre der römischen Provinz Arabien.[3]

Die Dokumente zeugen von den guten Beziehungen zwischen den nabatäischen Bewohnern von Mahoza und den jüdischen Neuankömmlingen: Sie verkauften einander Land und die Wasserrechte wurden sorgfältig verteilt oder, bei benachbarten Besitztümern, geteilt. Nabatäer fungierten als Vormund für jüdische Kinder und sie stellten sich gegenseitig als Zeugen oder Rechtsbeistand für die Prozesse der jeweils anderen zur Verfügung. Scheinbar hatten sie Kontakte in jeder Beziehung, möglicherweise sogar durch Heirat. Dafür gab es bereits Vorbilder: Die Mutter von Herodes dem Großen war eine Nabatäerin und einer seiner Söhne, Herodes Antipas, heiratete eine Tochter von Aretas IV. (von der er auch wieder geschieden wurde). Einige Namen und Patronyme in Dokumenten und Inschriften weisen darauf hin, dass auch in weniger hochgestellten Kreisen der Gesellschaft Mischehen vorkamen. Babathas Ehemänner waren jedoch beide Juden.

Die meisten Schriftstücke in Babathas Archiv sind »Doppeldokumente«, bei denen zwei Abschriften des gleichen Ausgangstextes auf einem Bogen stehen. Seltsamerweise wurde der untere Text zuerst geschrie-

Römische Soldaten im Kampf, Galeriusbogen in Saloniki (Foto: F. H. C. Birch, Sonia Halliday Photographs).

'Ein Gedi, die Stadt an der Westküste des Toten Meeres, in die Babatha 132 n. Chr. zusammen mit ihrem Sohn zu Beginn des Bar-Kochba-Aufstandes zog. Ihr zweiter Mann Judah sowie mehrere ihrer Nachbarn aus Mahoza waren in 'Ein Gedi geboren.

ben und zwar vollständig, danach wurde die gleiche Information auf dem oberen Teil des Bogens wiederholt, manchmal wörtlich, manchmal aber auch als Zusammenfassung der wichtigsten Punkte, wobei zwischen den beiden Texten eine Lücke von etwa 2 cm gelassen wurde. Oft ist die Handschrift des oberen Textes kleiner und stärker kursiv als die des unteren, und manchmal wirkt sie schnell hingeschrieben, als hätte der Schreiber versucht, sich die Mühe mit der sich ständig wiederholenden Rechtsterminologie zu verkürzen. Waren beide Kopien geschrieben, so rollte der Schreiber den oberen Teil des Papyrus bis zur Lücke zwischen den Texten zusammen und zog eine starke Schnur durch fünf oder sieben Löcher in dem unbeschriebenen Streifen, um diesen Teil der Rolle sorgsam zu verknoten. Dies geschah in Anwesenheit von fünf oder sieben Zeugen, die jeweils neben einem der Knoten auf der Rückseite unterschrieben. Dies war der versiegelte »innere« Text, der beglaubigte, dass der untere Teil des Dokuments, der »äußere« Text, nicht manipuliert worden war. Der Einfachheit halber wurde der äußere Text aufgerollt, ohne verknotet zu werden.

Diese Art fälschungssicherer Dokumente war in Israel wohl seit etwa dem 6. Jahrhundert v. Chr. in Gebrauch, und sie waren sicher seit dem 4. Jahrhundert v. Chr. in der griechischen und römischen Welt bekannt, obwohl sie im späten 1. Jahrhundert v. Chr. allmählich aus der Mode kamen, da immer mehr offizielle Registraturen oder Archive eingerichtet wurden, die jederzeit exakte Kopien des Originaldokuments zur Verfügung stellen konnten. Dies war jedoch in den römischen Provinzen Arabien und Judäa sowie in Mesopotamien nicht der Fall – nicht weil die Registraturen nicht existierten, sondern eher, weil die Einheimischen dem offiziellen System nicht trauten. Im Königreich der Nabatäer wurden rechtliche Dokumente, wie man in Hegra gesehen hat, in einem Tempel aufbewahrt, während eine öffentliche und deutlich sichtbare Kopie in Stein gemeißelt wurde. Wurde eine Bußgeldzahlung an den König oder den Statthalter verhängt, so wurde wahrscheinlich eine Kopie in einer Art ziviler Registratur aufbewahrt. Babatha wollte ihre Dokumente jedenfalls zur Hand haben – eine reiche Quelle für die wichtigsten Fakten ihres kurzen, aber bewegten Lebens. Diese Dokumente, die über fast 2000 Jahre erhalten blieben, geben uns einen bewegenden Einblick in die persönliche Geschichte jener jungen Frau.

Dabei hatte alles so verheißungsvoll begonnen. Am 18. Dezember im Jahre 99 n. Chr., während der Regierungszeit von Rabel II., kaufte Babathas Vater, Simon, Sohn des Menahem, von einer nabatäischen Bürgerin einen Dattelhain in Mahoza. Am gleichen Tag kaufte er eine weitere Plantage, von der jedoch keine weiteren Angaben überliefert sind. Über Simons Herkunft ist nicht bekannt, ob er in Judäa geboren und ins Königreich der Nabatäer ausgewandert war oder ob er als Sohn früherer Auswanderer in Mahoza geboren war. Wir wissen auch nicht, ob er vor diesen spontanen Ausgaben bereits anderen Grundbesitz gekauft hatte. Die Gärten lagen wahrscheinlich in den fruchtbarsten Gebieten, denn einer grenzte an den »Hain unseres Herrn und Königs Rabel«.

Mahoza – »der Hafen« oder »die Stadt« – lag im Bezirk des größeren Ortes Zoar. Die exakte Lage ist unbekannt, doch »das Meer« (das tote Meer) grenzte zumindest an eines von Simons Grundstücken und in dieser Gegend wuchsen Datteln im Überfluss. Der vollständige aramäische Name von Mahoza lautete Mahoz 'Aglatain[4] – »Hafen (oder Stadt) der beiden Färsenkälber«. Der Name könnte sich von 'Ain 'Aglain, »Quelle der beiden Bullenkälber« herleiten (wenn auch mit einer Veränderung des Geschlechts), ein Ort, der laut der Bibel (Hesekiel 47, 10), am Südende des Toten Meeres liegt. Das südöstliche Ende, nahe dem heutigen Ghor as-Safi, wurde seit der frühen Antike mit Zoar, der Heimat von Abrahams Neffen Lot, in Verbindung gebracht und ist seit langem für seine Dattelpalmen berühmt. Die Gegend ist dank der ständigen Wasserversorgung aus dem Wadi Hasa auch heute noch landwirtschaftlich ergiebig. Außer den Dattelhainen gab es noch Oliven- und Feigenplantagen sowie Weingärten.

Simon war keinesfalls der erste Jude, der in Mahoza Land kaufte. Bereits in den 60er Jahren n. Chr. kaufte Eleazar, Sohn des Nikarchos, aus 'Ein Gedi hier Grundbesitz. Er war möglicherweise ein Vorreiter, einer aus einer Reihe wohlhabender Landbesitzer, die sich den drohenden Unruhen des ersten jüdischen Aufstandes gegen die Römer (66-74 n. Chr.) zu entziehen versuchten, indem sie Land an den Grenzen des nabatäischen Reiches kauften. Schließlich lag es nicht weit von seiner Heimatstadt 'Ein Gedi, zumal das Tote Meer, das die Orte trennte, damals als Transportweg für Menschen und Güter zwischen den beiden Ufern genutzt wurde. Nach der Zerstörung Jerusalems durch die Römer im Jahre 70 n. Chr. und der Vernichtung 'Ein Gedis wurde aus dem Rinnsal von Einwanderern bald

Das reiche Landwirtschaftsgebiet von Ghor as-Safi am Südostende des Toten Meeres könnte die Lage der antiken Stadt Mahoza bezeichnen, wo Babatha lebte. Die Gegend ist seit der Antike für ihre Dattelhaine berühmt.

eine Flut von Emigranten. Viele Juden flüchteten in Gebiete, wo sie sich vor dem langen Arm der römischen Vergeltung sicher fühlten. Trotz der Tatsache, dass König Malichus II. kurz vor seinem Tod eine starke Streitmacht zur Unterstützung der Römer bei der Belagerung von Jerusalem entsandt hatte, flohen einige auf nabatäisches Gebiet. Die Juden, die es sich leisten konnten, kauften Land in fruchtbaren Gebieten wie bei Mahoza, wo sie sowohl von der fortschrittlichen Wassertechnologie als auch der lange etablierten Verwaltung profitierten, die sowohl landwirtschaftliche als auch soziale Angelegenheiten regelte.

Es ist schon schwerer nachzuvollziehen, warum die dort lebenden nabatäischen Besitzer ihr Land verkaufen wollten. Es könnte daran gelegen haben, dass sowohl Malichus II. als auch Rabel II. zunehmend mehr Zeit in Bostra verbrachten und viele Nabatäer lieber in die reichen Landwirtschaftsgebiete um die Hauptstadt im Norden zogen. Der Verkauf des Grundbesitzes könnte auch ein Hinweis darauf sein, dass einige Nabatäer, die erst seit den Tagen von Aretas IV. ein Leben als sesshafte Bauern führten, den Drang verspürten, zu ihren Wurzeln zurückzukehren und ihr altes Nomadenleben wieder aufzunehmen.

Simon erhielt für jedes Stück Land einen Kaufvertrag, verfasst in nabatäischer Schrift, in der nabatäischen Registratur von Mahoza. Der Dattelhain, den er am 18. Dezember des Jahres 99 n. Chr. kaufte, gehörte einer Nabatäerin namens 'Abi'adan, Tochter von Aftah, der er die Summe von 168 *sela'in* zahlte. Doch nur einen Monat zuvor hatte 'Abi'adan einen praktisch identischen Kaufvertrag für dasselbe Grundstück mit einem gewissen Archelaos, dem *strategos* – trotz seines griechischen Namens ein nabatäischer Bürger – geschlossen, zu einem Kaufpreis von nur 112 *sela'in*. Was war in diesem einen Monat geschehen, das den Kaufpreis um 50 % ansteigen ließ? Wir können nur vermuten: Vielleicht trat Archelaos vom Kauf zurück, doch es erscheint wahrscheinlicher, dass 'Abi'adan in Anbetracht des höheren Kaufpreises ihre Vereinbarung mit Archelaos schlichtweg aufkündigte, als sie von Simon ein besseres Angebot bekam. In beiden Fällen scheint es jedoch, dass diese Dokumente nicht den endgültigen Anspruch auf den Besitz besiegelten, es muss einen weiteren Schritt bei der Besitzübertragung gegeben haben. Möglicherweise war dies die Registrierung des Grundstücks auf den Namen des neuen Besitzers »bei den öffentlichen Behörden«, wie es in einem späteren Dokument steht. Beide 'Abi'adans Dattelhain betreffenden Dokumente, gingen an Simon über und von ihm an Babatha.

Simon mag beim Lesen der nabatäischen Schrift Schwierigkeiten gehabt haben, doch für jemanden, dem die jüdische Form des Aramäischen vertraut war, war die gesprochene Sprache zumindest verständlich. Da sowohl Juden als auch Nabatäer in der Tradition des so genannten »aramäischen Gewohnheitsrechts« standen, werden die rechtlichen Begriffe keine Schwierigkeiten dargestellt

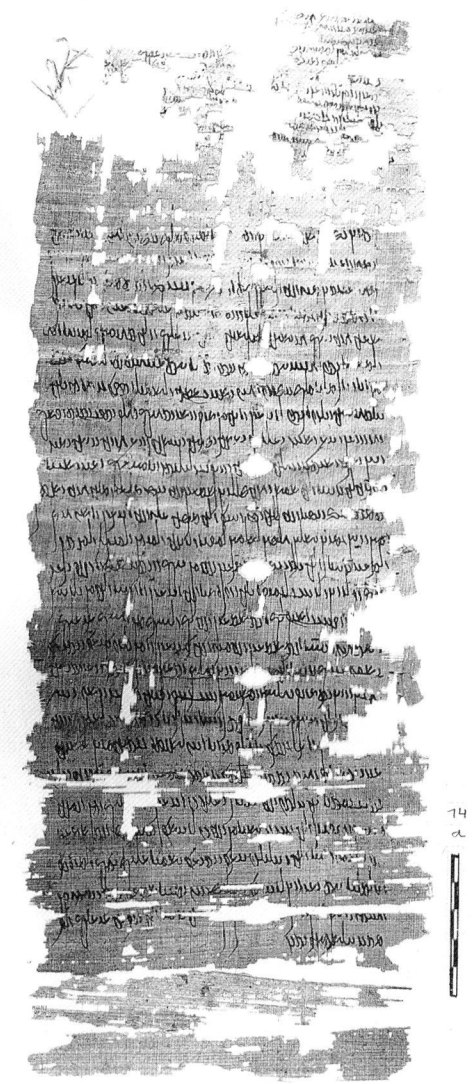

»Am 3. Kislev, im 28. Jahr von König Rabel, ... der seinem Volk Leben und Erlösung brachte ... und zu Lebzeiten von Obodas (seinem) Sohn ... und von Gamilat und Hageru, seinen Schwestern, den Königinnen der Nabatäer, Kinder von Malichus [II.] ...« Dieses »Doppel«-Dokument vom 19. November 99 n. Chr. nennt die Namen von Rabel II. und seiner Familie (siehe Seiten 69 und 72–73) und den Preis (112 sela'in), für den 'Abi'adan ihren Dattelhain an Archelaos, den strategos ver-kaufen wollte, sowie die gesetzlichen Rechte und die Wasserrechte, die er erhält. Doch nur einen Monat später verkaufte 'Abi'adan den gleichen Besitz für 168 sela'in an Babathas Vater. (Foto: Israel Museum)

Eine Mosaik-Karte aus dem sechsten Jh. in Madaba, Jordanien, zeigt Schiffe, die über das Tote Meer fahren – wahrscheinlich denen aus Babathas Zeit sehr ähnlich. Die menschlichen Figuren wurden zu Zeiten des Bildersturms durch undefinierbare Formen ersetzt (Foto: Michele Piccirillo).

haben. Hier in Mahoza stellten die Vertreter beider Gemeinden fest, dass sie nach mehreren Jahrhunderten großer räumlicher Trennung den gleichen geografischen Raum bewohnten, und dass sie die Bestimmungen in den Rechtsdokumenten des anderen immer noch verstanden, da sie der gleichen Tradition entstammten. Selbst mehrere Jahre nach der Übernahme durch die Römer wurden sogar für ausschließlich unter Juden getroffene Vereinbarungen einige Dokumente noch in nabatäischer Schrift ausgestellt, obwohl von der Registrierungsbehörde in Mahoza bereits griechische Dokumente erstellt wurden.[5]

Wenn Mahoza eine eigene Registrierungsbehörde hatte, können wir davon ausgehen, dass auch die meisten Ortschaften vergleichbarer Größe im Königreich der Nabatäer über eine eigene Behörde verfügten – ein beeindruckendes und weitreichendes Verwaltungsnetzwerk. Die Definition des Grundbesitzes, wie sie im Kaufvertrag festgelegt wurde, richtete sich danach, an wessen (oder welche) Grenzen er an jeder Seite stieß – normalerweise in der Reihenfolge Osten, Westen, Süden und Norden. Dies war ein alter Brauch, dessen Ursprünge in Mesopotamien lagen und der sich bis ins Mittelalter erhielt. In frühen Dokumenten waren alle Nachbarn Nabatäer, in späteren zeigt sich eine Mischung nabatäischer und jüdischer Nachbarn. Alle Kaufverträge benannten auch detailliert die Bewässerungsrechte. In solch trockenen Gegenden war es wichtig, dass der Zugang zu den Wasserquellen ordentlich geregelt war, um Streitigkeiten zu vermeiden. Daher heißt es in den Wasserrechten für den Dattelhain, den Simon von ʿAbiʿadan kaufte, »einschließlich der Bewässerungsgräben und der [zugeteilten] Bewässerungszeiten, nämlich eine halbe Stunde an jedem ersten Tag der Woche, jede Woche, auf ewig«. In einem späteren Dokument, das nach der Machtübernahme durch die Römer ausgestellt wurde, bleiben die alten nabatäischen Wasserrechte eindeutig unberührt: »am ersten

Das ganzjährig fliessende Wasser des Wadi Hasa liefert seit der Antike Bewässerungsmöglichkeiten für Feldfrüchte und Wasser für den Haushalt. In nabatäischer Zeit erhielten die Bauern eine strenge zeitliche Zuteilung für die Bewässerung durch »die Wasser des Wadi«.

Tag der Woche, eine halbe Stunde vom Wasser des Wadi [zweifellos das heutige Wadi Hasa mit seiner nie versiegenden Wasserfülle], gemeinsam mit den Erben von [Simon dem] Kleidermacher, und am zweiten Tag der Woche eine halbe Stunde von den drei zugeteilten Wasseranteilen«. Vielleicht waren die exakt verteilten Wasserrechte einer der Aspekte, für die Strabon die Nabatäer so bewunderte, die, wie er schrieb, »weil sie ausgezeichnet regiert wurden … in jeder Weise in Frieden miteinander lebten«.

Simon wurde außerdem das Recht gewährt, den Besitz »zu kaufen und zu verkaufen und als Sicherheit zu verpfänden, zu vererben oder zu verschenken, und mit dem Kauf zu tun, was ihm beliebt, vom Tage an, an dem die Urkunde ausgestellt wurde, in Ewigkeit«. An jedem Punkt wurden mehrere allgemeine Klauseln eingefügt, um sicher zu stellen, dass jeder Aspekt der Vereinbarung rechtlich abgedeckt war. Damit hatte Simon ein Recht auf »absolut alles, ob klein oder groß, was für ihn in Bezug auf den Kauf angemessen erscheint, sowohl in sonnigen Bereichen als auch dort, wo Schatten hinfällt«. Gleichzeitig war er vor jedem Gesuch oder Anspruch auf den Besitz »von jedem Mann von nah und fern« geschützt. Die Bedingungen in diesen Verträgen sind das genaue Gegenteil von denen in den Inschriften in Hegra, da sie die positive Seite des Gesetzes zeigen, die Rechte, die gewährt werden, und nicht die negativen Verbote, die in Hegra belegt sind. Andere Klauseln jedoch sind identisch, zum Beispiel musste Simon, falls er seine Verbindlichkeiten nicht erfüllen könnte, eine Strafe zahlen, teilweise an den Verkäufer und teilweise an »unseren Herrn Rabel, den König, wie es der Brauch ist«.

In dieser wohlgeordneten Gesellschaft wurde Simon wohlhabend und erwarb im Laufe der Jahre mehr Land. Schließlich heiratete er Miriam, die Tochter von Joseph von Menasseh und sie hatten eine Tochter, die sie Babatha nannten. Wir wissen nicht, in welchem Jahr sie geboren wurde, aber es war wahrscheinlich um die Zeit der Annektierung Nabatäas durch die Römer im Jahr 106 n. Chr. Für Simon und Miriam muss sich das Leben grundlegend geändert haben, denn sie hatten nicht nur die neue Verantwortung der Elternschaft für ihr erstgeborenes (und wie sich herausstellte, einziges) Kind, sondern befanden sich plötzlich auf einer Achterbahn von politischen und rechtlichen Veränderungen. Zunächst befand sich der benachbarte Dattelhain von »unserem Herrn Rabel, dem König« nun im Besitz von »unserem Herrn Caesar«, dem römischen Kaiser. Doch wichtiger war das neue römische Rechtssystem, dem sie sich anpassen mussten, und das nun parallel zum bestehenden nabatäischen System existierte.

Simon brauchte wohl seine ganze Intelligenz und Findigkeit, um mit den Veränderungen der Rechtslage Schritt zu halten, und sich auszurechnen, welche Auswirkungen sie auf seine Familie und seinen Besitz in der neuen und unerforschten römischen Provinz Arabien haben würden. Einige Veränderungen waren abzusehen – zum Beispiel dass der Anteil der Strafe für Vertragsbruch, der zuvor an den König der Nabatäer ging, nun stattdessen and »unseren Herrn, den Kaiser, wie es der Brauch ist« entrichtet wurde. Die Datierung eines Dokuments richtete sich, da man sich nicht mehr auf das Jahr der Regierungszeit des Königs beziehen konnte, nach den amtierenden römischen Konsuln – die für die Bewohner der Provinz nur Namen waren, da diese wichtigen Persönlichkeiten meist in Rom blieben. Manchmal wurde das Jahr danach angegeben, wie lange der Kaiser regierte, doch für Simon war es leichter verständlich, wenn die Schreiber angaben, wie viele Jahre seit der Einrichtung der neuen Provinz vergangen waren. Dazu kamen die neumodischen römischen Monatsnamen mit ihren »Kalenden«, »Nonen« und »Iden«, auch wenn zumindest die Schreiber normalerweise auch die makedonischen Namen dazuschrieben. Diese waren bekannt, da sie seit der Zeit von Alexander dem Großen geläufig waren. Nur selten verwendeten sie noch wie zu Zeiten Rabels die semitischen Monate, die im nabatäischen und jüdischen Kalender die gleichen waren. Man brauchte seine Zeit, um sich an alles zu gewöhnen.

Auch die Sprache stellte ein Problem dar. Trotz der Unterschiede zwischen der nabatäischen und jüdischen Form des Aramäischen konnten sich die beiden Gruppen verständigen, zumindest mündlich. Doch nun war in der neuen Provinz Griechisch die Regierungssprache, und die meisten offiziellen Dokumente wurden in dieser Sprache verfasst. Das war für Simon und die anderen Juden nicht so schlimm, da sie das aus der römischen Provinz Judäa kannten. Zweisprachige jüdische Schreiber, deren Griechisch wie das von Germanos wohl eher ausreichend als gelehrt war, konnten bei den örtlichen Registraturen Arbeit finden. Doch die arabisch sprechenden und aramäisch schreibenden Nabatäer mussten fast alle erst lernen, griechisch zu schreiben.

Einem syrischen Historiker aus dem 4. Jahrhundert, Ammianus Marcellinus, zufolge war die neue Provinz Arabien »gezwungen, unseren Gesetzen von Kaiser Trajan zu gehorchen«. Tatsächlich wurde das römische Rechtssystem wohl nicht zwangsweise durchgesetzt, sondern stellte lediglich eine Alternative zum bestehenden System dar, und die nabatäischen Gesetze wurden wohl nur dann absichtlich ersetzt, wenn sie den römischen zuwider liefen. Die römische Gerichtsbarkeit mit ihren römischen Gesetzen waren für alle, die dort lebten, maßgeblich, und sie ersetzten die nabatäischen Gesetze wohl nicht deshalb so schnell, weil sie für großzügiger erachtet wurden, sondern weil die meisten Menschen die römischen Gesetze als durchsetzungsfähiger ansahen. In wichtigen Angelegenheiten hatten Verträge, die in Griechisch unter römischem Recht geschlossen wurden, vor einem römischen Gerichtshof eher Bestand – jeder, der zum römischen System gehören wollte, musste die römische Verfahrensweise übernehmen.

Wurde ein Dokument nabatäisch oder aramäisch geschrieben, wurde auch die Angelegenheit nach dem geltenden örtlichen System verhandelt. Daher wurden Urkunden, die sich mit geringfügigen Geschäften zwischen Ortsansässigen beschäftigten, noch immer in nabatäischer Schrift verfasst, auch wenn keine der betroffenen Parteien selbst nabatäisch war. Dies wurde auch noch einige Jahre nach der römischen Übernahme fortgeführt, da solche Probleme leicht nach den örtlichen Bestimmungen geregelt werden konnten. In einem der nabatäischen Dokumente pachtete Babathas zweiter Ehemann, Judah, Sohn des Eleazar Khthusion, einen Palmenhain von einem jüdischen Mitbürger, kaufte die künftige Dattelernte für drei aufeinanderfolgende Jahre und vereinbarte, die Ernte des Jahres 120 im Jahr 119 zu bezahlen, und so weiter bis zur Ernte des Jahres 122. Es scheint verwunderlich, dass Babatha dieses Dokument überhaupt aufbewahrte. Dieser Handel wurde einige Jahre vor ihrer Ehe mit Judah abgeschlossen und der Pachtvertrag war abgelaufen – vielleicht war er erneuert worden und dieses neue Dokument ging verloren.

Trotz Babathas offensichtlicher Intelligenz hielt man es wohl nicht für notwendig, dass sie lesen und schreiben könnte. 'Abi'adan, Tochter von Aftah, die Nabatäerin, von der Babathas Vater 99 n. Chr. ein Grundstück gekauft hatte, konnte jedoch zumindest ihren eigenen Namen in nabatäischer Schrift unter den Kaufvertrag setzen. Babathas Analphabetentum tat ihrer Rolle als begehrte Braut jedoch keinen Abbruch und ihr Vater suchte in der gleichen gesellschaftlichen und ökonomischen Schicht, in der er selbst verkehrte, nach einem Ehemann für sie. Unter jüdischem und römischem Recht wurde ein Mädchen mit 12 Jahren und einem Tag heiratsfähig, doch geschah es häufig, dass sie noch minderjährig verheiratet wurde. Das genaue Alter Babathas bei ihrer ersten Heirat ist unbekannt, doch kann sie kaum älter als 15 gewesen sein. Es ist auch nicht sicher, in welchem Jahr sie Jesus, Sohn des Jesus, heiratete, obwohl vieles auf das Jahr 120 n. Chr. deutet, wie man noch sehen wird.

Eines der Dokumente, die Babatha so sorgfältig aufbewahrte, zeigt, dass Jesus und seine Familie alle sozialen und finanziellen Erwartungen erfüllten, die ihre Eltern hatten. Sowohl der Vater als auch der Onkel von Jesus waren in Mahoza geboren worden, denn sie werden in dem Dokument als »Einwohner von Mahoza« bezeichnet; wäre der Geburtsort ein anderer gewesen, so wären sie als »aus X, wohnhaft in Mahoza« beschrieben worden. Die beiden Brüder scheinen gemeinsam Geschäfte gemacht zu haben und als Jesus

Senior starb, ließ Joseph ein Dokument aufsetzen, das am 2. Juni 110 in der Registrierungsbehörde von Mahoza in Griechisch geschrieben wurde und das bestätigte, dass er im Namen seines Neffen eine beträchtliche Summe Geldes verwaltete. Es lautete:

> als ein Guthaben aller Besitztümer in Silber, Schuldverträge, Investitionen in die Werkstätte, dem Wert von Feigen, dem Wert von Wein, dem Wert von Datteln, dem Wert von Öl und von jeder Art [von Ding] klein und groß, von allem, das gefunden wurde [als Besitz] von deinem Vater und mir, zwischen mir und ihm [nämlich] 1000 und 120 »schwarze«[6] Silbermünzen, darüber hinaus 700 »schwarze« Silbermünzen, die deine Mutter als [Auszahlung ihres] Heiratsgeld[es] erhielt, das sie [als Pfandrecht] gegenüber deinem Vater besaß.

Joseph war wirklich auf der Höhe der Zeit – nur vier Jahre nach der Machtübernahme durch die Römer war das Dokument griechisch geschrieben, es nannte die Namen der in Rom amtierenden Konsuln, und die Strafe, die zuvor an den König der Nabatäer gegangen wäre, war nun für »Caesar« bestimmt. Doch die Tatsache, dass Babatha ein Dokument in ihrem Besitz hatte, das erstellt wurde, lange bevor sie und Jesus heirateten, weist darauf hin, dass Joseph seinem Neffen nie bezahlt hatte, was er ihm schuldete und dass Babatha das Dokument als Beweis des Anspruchs ihres eigenen Sohnes auf das Erbe seines Vaters mit sich führte.

Babathas Vertrag für diese höchst erstrebenswerte Heirat befindet sich nicht in ihrem Archiv. Dies liegt höchstwahrscheinlich daran, dass ihr Jesus' Familie nach seinem Tod das versprochene Brautgeld gab – ein wesentlicher Punkt des Heiratsvertrages – und das Dokument damit ungültig und an Jesus' Familie zurückgegeben wurde. Was allerdings erhalten blieb, ist eine Schenkungsurkunde vom 13. Juli 120, in dem Babathas Vater seiner Frau Miriam »alles, was ich in Mahoza besitze« schenkt. Da das Land, das Simon im Jahre 99 von 'Abi'adan, Tochter von Aftah, kaufte, nicht dazu zählt und es sieben Jahre später offenbar in Babathas offizieller Grundbesitzbeschreibung auftaucht, scheint es, als habe Simon bereits zuvor einigen Grundbesitz an seine Tochter übergeben – wenn dies so ist, so fehlt dieses Dokument jedoch. Der wahrscheinlichste Zeitpunkt für ein solches Geschenk wäre Babathas Hochzeit gewesen und nachdem für die Zukunft seiner Tochter gesorgt war, wollte er möglicherweise die Position seiner Frau absichern, falls er vor ihr sterben sollte. Geht man von dieser Reihenfolge der Ereignisse aus, so scheint es wahrscheinlich, dass Babatha Jesus kurz vor dem 13. Juli 120 geheiratet hat. Zu diesem Zeitpunkt war sie mit Sicherheit bereits verheiratet, da eine der Klauseln in der Schenkungsurkunde für Miriam besagt, dass, sollte Babatha Witwe werden, sie das Recht habe, in einem der Häuser zu leben, das nun an ihre Mutter ging.

Es scheint, als hätten unter dem Recht der römischen Provinz weder eine Tochter noch die Ehefrau automatisch einen Anspruch auf das Erbe des Vaters oder Ehemanns, obwohl sie Land – und im Falle von Babatha sogar recht viel Land – besitzen durften. Daher musste durch eine Schenkungsurkunde besondere Vorsorge getroffen werden.[7] Geschah dies nicht, so hatten der Bruder des Verstorbenen, seine Söhne oder andere männliche Verwandte Vorrang vor Frau und Tochter. Auch die jüdischen Erbfolgegesetze übergingen in dieser Zeit Ehefrauen, doch hatten Kinder unabhängig von ihrem Geschlecht Vorrang vor dem Bruder des Mannes oder dessen Söhnen. Das Gesetz der Nabatäer ist nicht eindeutig, es könnte jedoch dem jüdischen Recht entsprochen haben. In Hegra gibt es eine Grabinschrift aus dem Jahre 16/17 n. Chr. »Taim'allahi … gab dieses Grab Amah, seiner Frau … vom Tage der Schenkungsurkunde, die in ihrem Besitz ist, auf dass sie damit tue, was ihr beliebt.« Dies könnte bedeuten, dass Amah im Falle von Taim'allahis Tod nicht automatisch das Grab geerbt hätte, und dass sie die Schenkungsurkunde brauchte, um ihren Besitzanspruch geltend zu machen und die Erbfolgegesetze zu umgehen.

So sehr Simon seine Frauen auch zu schützen suchte, wollte er doch seine eigene Position nicht aufs Spiel setzen. Wo käme er denn hin, wenn er seinen gesamten Besitz verschenkte? Seiner Tochter einige Parzellen Land als Mitgift zu geben, war eine Sache, doch was würde geschehen, wenn Miriam sich von ihm scheiden lassen wollte? Oder wenn ihre Vorstellung von der Bewirtschaftung der Grundstücke sich von seiner unterschied und er nicht mehr genügend Geld zum Leben besäße? Simon war offenbar entweder selbst sehr schlau, oder er zog einen sehr schlauen Anwalt zu Rate, vielleicht auch beides. Die Schenkungsurkunde, geschickt zwischen den Feinheiten des römischen und des lokalen Gesetzes manövrierend, gab alles – und nichts. Miriam erhielt seinen gesamten verbleibenden Besitz in Mahoza »zusammen mit allem, was ich von dieser Zeit an erwerbe oder was in meinen Besitz gelangt … als ein Geschenk auf ewig«. Doch diese Großzügigkeit war an zwei wesentliche Bedingungen geknüpft:

> Dass du meine Frau bist wie zuvor und aus diesem Geschenk wie zuvor meine Bedürfnisse stillst bis zu dem Tag, an dem ich mich zur ewigen Ruhe begebe … [und] dass ich den Nutzen genieße und den Besitz [des Landes] und die Zahlung der Grundbesitzsteuern verwalte, dass ich für den Rest meines Lebens in den Höfen und Häusern lebe und andere dort leben lasse. Und wenn ich mich zur ewigen Ruhe begebe, wirst du der rechtmäßige und bevollmächtigte Eigentümer dieses Geschenks oder dessen, was ich davon hinterlasse und was nicht als Sicherheit verpfändet oder für meinen eigenen Unterhalt verkauft wurde.

Zu einem unbekannten Zeitpunkt nach ihrer Heirat gebar Babatha einen Sohn, den sie nach seinem Vater und dem Großvater väterlicherseits Jesus nannte. Zu einem ebenfalls unbekannten Zeitpunkt, wahrscheinlich kurz nach der Geburt seines Sohnes, starb Babathas

Ehemann – und ihre Probleme begannen. Bis zu diesem Zeitpunkt war sie zuerst Tochter, dann Ehefrau gewesen und stand unter dem Schutz ihres Vaters und dann ihres Mannes. Dies entsprach den Gesetzen der römischen Provinz, nach denen eine einheimische Frau, selbst wenn sie wie hier aus einer wohlhabenden Familie kam, nicht den gleichen Status hatte wie ein Mann, nicht einmal wie ein einheimischer Mann und mit Sicherheit nicht wie ein Römer oder sogar eine Römerin. Unter den Nabatäern war dies anders gewesen, dort weist alles darauf hin, belegt durch die Inschriften in Hegra, dass Frauen einen hohen Status hatten, zum Teil sogar mit Männern gleichberechtigt waren. Doch damals musste man sich noch nicht mit übergeordneten Römern oder dem römischen Rechtssystem auseinandersetzen.

Als Witwe mit Landbesitz genoss Babatha zwar die materiellen Vorteile, die dieser Besitz mit sich brachte, war jedoch rechtlich praktisch genauso ungleich gestellt wie jede andere einheimische Frau. Kein Elternteil wird in einem weiteren Dokument erwähnt, daher ist es möglich, dass ihre Eltern ebenfalls verstorben waren, oder zumindest ihr Vater. Damit war Babatha in einer zunehmend von Männern dominierten Welt auf sich allein gestellt; unfähig, die Dokumente zu lesen, von denen ihr Lebensunterhalt abhing, musste sie sich auf Freunde verlassen, die lesen konnten und ihr halfen, sich in den Untiefen der römischen Gesetze zu behaupten. Diese römischen Gesetze gewährten ihr nicht einmal das Recht, Vormund für ihren eigenen Sohn zu sein – dieses Recht besaß auch keine Römerin.[8] Als jedoch Rabel II. im Jahre 70 n. Chr. als Minderjähriger den Thron bestiegen hatte, war seine Mutter nicht nur sein Vormund gewesen, sondern sie hatte als Regentin fungiert und in seinem Namen etwa sechs Jahre lang das Königreich regiert. Alles, was Babatha den römischen Gesetzen nach tun durfte, war, in ihrem eigenen Haus für ihren Sohn zu sorgen.

Jesus senior war offenbar sehr plötzlich gestorben, sonst hätte er vor seinem Tod wohl offizielle Vormunde für seinen Sohn bestimmt. Stattdessen musste sich nun Babatha allein durch den Dschungel von Bürokratie und Gesetzgebung kämpfen, um die Vormunde für »Jesus, die Waise« zu bestimmen und von ihnen den Unterhalt für seine Erziehung zu erhalten. Im ersten Halbjahr 124 bestimmte der griechisch orientierte Stadtrat von Petra[9] zwei Vormunde für »die Waise Jesus«. Dass sich ein so erhabenes Organ wie der Stadtrat von Petra mit der Ernennung eines Vormunds für ein Kind aus einer fernen Stadt befasste, passte zur römischen Praxis im ganzen Imperium. In der arabischen Provinz befanden sich die Stadträte, deren Rechtsprechung nunmehr in Griechisch aufgeschrieben wurde, nur noch in Orten mit der Bezeichnung *polis*, ein Status, der vom Kaiser zu Verwaltungszwecken mehreren Orten verliehen wurde. Die nächste *polis* bei Mahoza war Rabbath Moab, doch der Ort lag im Verwaltungsbezirk von Petra. Die oben angesprochene Zusammenfassung des Protokolls des Stadtrats scheint aus einer griechischen Übersetzung des gleichen lateinischen Dokuments zur Ernennung eines Vormunds (*tutoris datio*) zu stammen, das vom römischen Magistrat verwendet wurde.

Von den zwei bestimmten Vormunden war der eine ein jüdischer Mitbürger, Johannes, Sohn des Eglas (d. h. »des 'Aglatain«), der andere war Nabatäer, 'Abd'obodas, Sohn des Illouthas. Dass es keinerlei Schwierigkeiten gab, einen Vormund mit einem anderen religiösen und ethnischen Hintergrund zu ernennen, weist – im scharfen Gegensatz zum römischen Vormundschaftsgesetz – auf eine tolerante und pragmatische Haltung seitens der Nabatäer und Juden hin. Der jüdische Pragmatismus erweist sich auch in der Tatsache, dass das Protokoll des Rates in einem einen Juden betreffenden Fall »im Tempel der Aphrodite in Petra« aufbewahrt wurde. Dies passt zur Begräbnispraxis in Hegra, wo, wie wir gesehen haben, Juden in ähnlichen Gräbern beigesetzt wurden wie Nabatäer. Es galten die gleichen Gesetze und wahrscheinlich wurden die Originaldokumente für die Grabeigentumsrechte in einem nabatäischen Tempel aufbewahrt. Noch bezeichnender für die Unbekümmertheit der Juden bei Kontakten mit anderen Religionen zu dieser Zeit – zunächst der der Nabatäer und dann der Römer – ist die Tatsache, dass Babatha in ihrer Grundbesitzerklärung vom Dezember 127 nicht zögert, »bei der Tyche unseres Herrn Caesar zu schwören, dass ich mit gutem Gewissen das oben Geschriebene aufgezählt habe«.

Da Babatha nicht der Vormund für »die Waise Jesus« sein konnte, wurde das Geld, das er von seinem Vater erbte, treuhänderisch von seinen offiziellen Vormunden als Kapital verwaltet, aus dem sie ein monatliches Einkommen für den Unterhalt ihres Schützlings zahlten. Obwohl kein Betrag genannt wird, lässt sich aus der späteren Entwicklung schließen, dass sich das Vermögen auf die bedeutende Summe von 400 *denarii* belief. Im weiteren Verlauf des Jahres richtete Babatha eine Eingabe an den Statthalter der Provinz, weil sie eine angeblich zu geringe Summe für den Unterhalt ihres Sohnes erhalten hatte. Das römische Gesetz erlaubte zumindest einem engen Familienangehörigen, nachlässige Vormunde beim römischen Statthalter selbst zu verklagen – »sogar Frauen erhielten die Erlaubnis, jedoch nur solche, die dies als Familienpflicht taten, zum Beispiel eine Mutter«. In ihrer Petition, von der nur Fragmente erhalten sind, beschreibt Babatha zunächst das Fehlen jeglicher Zahlung seitens des Bruders ihres verstorbenen Mannes, Joseph, trotz des Reichtums seiner Familie. Darüber hinaus hätten die beiden Vormunde »die vor mehr als vier Monaten bestimmt wurden«, ihr bisher lediglich den lächerlichen Betrag von monatlich zwei *denarii* ausgezahlt. Daher wende sie sich nun an den Statthalter, damit er sie dazu aufrief, das Vermögen profitabler zu verwalten. Babatha erhielt offensichtlich das Recht, ihren Fall zu verfolgen, denn am 11. Oktober 125 stellte sie eine Vorladung für den jüdischen Vormund, Johannes, Sohn des Eglas, aus, »am Gerichtshof des Statthalters Julius Julianus in Petra, der Hauptstat von Arabien, zu erscheinen« und zu erklären, warum er seinen Teil des vereinbarten Unterhalts nicht gezahlt habe, »wie ʿAbdʿobodas, Sohn des Illouthas, dein [nabatäischer] Kollege, es gegen Quittung getan hat«.

Am gleichen Tag beantragte Babatha die Absetzung beider Vormunde. Der Antrag wurde, wie wir wissen, »in ihrem Auftrag geschrieben, da sie nicht lesen und schreiben kann«. Darin stellt sie fest, dass die zwei *denarii* pro Monat, die sie bisher von ihnen erhalten hatte – lediglich 0,5 % des gesamten Erbes – keinesfalls ausreichten, um ihren Sohn »in einem ihm angemessenen Stil« aufzuziehen. Daher schlug sie vor, dass sie selbst das Vermögen zur Verwaltung erhalten sollte, wobei ihr mehr als ausreichender Grundbesitz als Sicherheit gelten sollte. Sie könnte es dann profitabler anlegen und damit drei mal so viel Zinsen auf das Kapital erwirtschaften wie die Vormunde, 1,5 % oder sechs *denarii* pro Monat, »womit mein Sohn in prachtvollem Stil erzogen werden könnte, dank der gesegneten Zeit der Statthalterschaft von Julius Julianus… Anderenfalls dient diese Aussage als Beweisdokument dafür, dass ihr vom Geld der Waise profitiert«.

Babatha mag Analphabetin gewesen sein, aber zählen konnte sie und sie konnte Misswirtschaft (oder Betrug) erkennen, wenn sie damit konfrontiert wurde. Sie wusste, dass das römische Gesetz verlangte, dass die Unterhaltszahlungen dem sozialen und wirtschaftlichen Status der Familie entsprächen und auch, dass sie sich an eine so erhabene Person wie den Statthalter der Provinz wenden konnte, wenn einer der Vormunde seine Zahlungen vernachlässigte. Sie (oder ihr Anwalt) konnte geschickt mit Worten umgehen und gleichzeitig die Vormunde anklagen und sich dankbar gegen den Statthalter zeigen. Es war ein entschiedener Versuch von Babatha, mehr Einfluss auf das Leben (und das Vermögen) ihres Sohnes zu erlangen – doch er schlug fehl. Die beiden Vormunde blieben im Amt.

In diesen beiden Dokumenten gegen die Vormunde vom 11. Oktober 125 taucht Babathas zweiter Ehemann zum ersten Mal als ihr *epitropos* oder gesetzlicher Vertreter auf.[10] In den Inschriften von Hegra findet sich kein Hinweis darauf, dass jemand eine Frau vertrat, sie schienen alle in ihrem eigenen Namen zu handeln. Auch in den nabatäischen Dokumenten in Babathas Archiv aus den Jahren 94 und 99 brauchten die nabatäischen Landbesitzerinnen keinen gesetzlichen Vertreter, um ihre Verträge abzuschließen. In der Schenkungsurkunde ihres Vaters für seine Frau Miriam – aramä-

Das Theater mit 600 Sitzplätzen im grossen Tempel in Petra. Wenn dieses Gebäude kein Tempel, sondern ein säkulares Gebäude war, könnte sich dort der boule (Stadtrat) von Petra versammelt haben, um die Vormunde von Babathas verwaistem Sohn zu bestimmen.

isch geschrieben, also unter geltendem lokalem Recht – gibt es keinen Hinweis auf einen *epitropos* oder ähnlichen gesetzlichen Vertreter, der in Miriams Namen handelte. Ein *epitropos* taucht nur in griechischen Dokumenten auf, die unter römischem Recht erstellt wurden. In den römischen Provinzen musste ein Mann eine einheimische Frau in jeder geschäftlichen oder rechtlichen Angelegenheit vertreten (ausgenommen, sie war sowohl eine Römerin als auch Mutter von mehr als drei Kindern). Diese Rolle wurde üblicherweise vom Ehemann der Frau übernommen, sofern sie verheiratet war, ansonsten konnte es auch jeder andere Mann sein, vorzugsweise aber ein Verwandter. Judah, Sohn des Eleazar Khthusion, wird hier nicht als ihr Ehemann bezeichnet, er könnte es jedoch bereits gewesen sein. Leider ist ausgerechnet das Datum auf dem Ehevertrag von einer hungrigen antiken Motte gefressen worden, so dass uns hierfür die Bestätigung fehlt.

Babathas sorgfältige Aufbewahrung des Vertrages oder *ketubba* für die Ehe mit Judah geschah aus dem einfachen Grund, dass ihr das Brautgeld nach seinem Tod wenige Jahre später noch nicht ausbezahlt worden war. Er ist in Aramäisch aufgesetzt und stellt einen üblichen jüdischen *ketubba* dieser Zeit dar »gemäß dem Gesetz Mose und der Judäer«. Ihr Brautgeld wird mit der nicht unbeträchtlichen Summe von 400 *denarii* festgesetzt, zusätzlich sollte Judah für »ihr Essen und ... ihre Kleidung und ... ihr Bett [ihre ehelichen Rechte?], in einer einer freien Frau angemessenen Weise sorgen«.[11] Die 400 *denarii* würden an Judah übergehen und er hätte die volle Verfügungsgewalt darüber, doch sie blieben Babathas Eigentum und mussten zurückgezahlt werden, wenn sie es im Gegenzug für die Rückgabe des Vertrages verlangte, in anderen Worten, wenn sie sich scheiden lassen sollte. Würde Judah vor ihr sterben, wie es der Fall war, so musste das Brautgeld aus seinem Besitz an Babatha bezahlt werden und wenn seine Erben damit zögerten, sollte sie »in meinem Haus leben und von meinem Besitz bis zu dem Tag, an dem meine Erben [es] dir zu geben wünschen«. Da Judahs Erben offensichtlich nicht wünschten, Babatha ihr Geld zu geben, behielt sie den Ehevertrag als wichtiges schriftliches Beweisstück für dieses Versäumnis. Es ist interessant, dass auf diesem Vertrag unter anderen Unterschriften auch die Worte »Babatha, Tochter des Simon, in ihrem eigenen Namen« auftauchen – die Analphabetin wollte selbst ihren Namen unter den Ehevertrag setzen, wahrscheinlich mit Hilfe von vorgeschriebenen Buchstaben.

Judah wurde in 'Ein Gedi geboren, wo seine Familie Land besaß, sie waren aber nach Mahoza gezogen, wo sein Vater noch mehr Besitz erwarb. Es wird nicht direkt gesagt, aber es wird klar, dass Judah bereits eine Frau hatte, die durchaus noch lebendig war und von der er nicht geschieden war – durch dieses Archiv erfuhr man, dass Polygamie in der jüdischen Gesellschaft in dieser Zeit weit mehr verbreitet war als bisher angenommen. Seine erste Frau, Miriam, stammte ebenfalls aus 'Ein Gedi, doch es gibt einige Beweise dafür, dass auch sie mit Judahs Tochter Shelamzion nach Mahoza gezogen war. Auf jeden Fall musste Babatha in einer so kleinen Gemeinde, wo jeder jeden kannte und Verwandte in 'Ein Gedi hatte, bereits von dieser Ehe gewusst haben, bevor sie Judahs zweite Frau wurde. Trotz der Probleme, die dies mit sich brachte, schien ihre zweite Ehe für sie eine kurze Zeit relativer Ruhe bedeutet zu haben.

Judah schien trotz des beachtlichen Grundbesitzes seiner Familie an beiden Ufern des Toten Meeres gelegentlich unter Geldmangel gelitten zu haben. Am 6. Mai 124 lieh er sich »in 'Ein Gedi, Stadt des Herrn Caesar« von Magonius Valens, einem römischen Zenturio, 60 *denarii* und hinterlegte ein Grundstück der Familie in 'Ein Gedi als Sicherheit. Er hat diesen Kredit wohl ausgehandelt, kurz bevor er Babatha heiratete – oder als er gerade frisch vermählt war – möglicherweise ohne ihr Wissen, denn es ist schwer vorstellbar, dass sie sich mit den Bedingungen einverstanden erklärt hätte. Römische Soldaten mit regulärem Sold und wenig Gelegenheit, ihn in der Provinz auszugeben, scheinen sich schwarz als Geldverleiher betätigt zu haben, um den Betrag, den sie am Ende ihrer Dienstzeit nach Hause mitnahmen, zu vergrößern. Der im Vertrag vereinbarte Zins für die Anleihe beträgt 1 % (das Doppelte von dem, was Babatha von den Vormunden ihres Sohnes erhielt), doch Magonius Valens baute möglicherweise eine heimliche Wucherklausel ein, die Judah akzeptieren musste, wenn er das Geld dringend brauchte. Der im Vertrag genannte Betrag lautete ursprünglich 40 *denarii*. Dies wurde später ausradiert und stattdessen 60 hingeschrieben – entweder benötigte Judah eine größere Summe, nachdem das Dokument aufgesetzt worden war oder Magonius sah plötzlich die Chance, ein zusätzliches Geschäft über 20 *denarii* plus Zinsen machen zu können. Und falls Judah mit seinen monatlichen Zahlungen in Rückstand geriet, die bis zum Januar 125 abgeschlossen sein sollten, hatte Magonius Anspruch auf einen Hof in 'Ein Gedi, der Judahs Vater Eleazar gehörte. Judah zahlte die Summe zurück, denn dieser Hof taucht vier Jahre später in einer Schenkungsurkunde an seine Tochter Shelamzion auf.

Im Jahre 127 n. Chr. erließ der Statthalter der römischen Provinz Arabien, Titus Aninius Sextius Florentinus,[12] einen Befehl zur Volkszählung aller Einwohner der Provinz, die zu Steuerzwecken eine detaillierte Auflistung ihres Grundbesitzes abgeben mussten. Das war nichts Neues. Auch die Nabatäer hatten Steuern erhoben, doch war das System ein anderes. Am 2. Dezember ging Babatha, wieder mit Judah, Sohn des Eleazar Khthusion als ihrem gesetzlichen Vertreter, in die Hügel im Nordosten, nach Rabbath Moab, wo Priscus, der Präfekt der römischen Reiterei oder der Bezirksbefehlshaber, seinen Amtssitz hatte. Sie benannte vier Besitztümer, alles Dattelhaine, die sie in Mahoza besaß und nannte für jeden den Namen, das Gebiet (berechnet nach der Hafermenge, die darauf gesät werden konnte – ein sehr alter Brauch, der auf sumerische Zeit zurückgeht) und die Menge von Datteln (oder deren Gegenwert in Geld), die als übliche Steuern fällig waren und ebenso die »Kronensteuer« (nur Geld). Zwei Tage mußte Babatha in Rabbath Moab warten, es war sehr kalt dort im Winter, da die Stadt im Hochland lag. Dann erhielt sie eine Mitteilung von Priscus, die aus dem Lateinischen ins Griechische übersetzt war und besagte, dass er ihre Erklärung erhalten hätte. Fünf Zeugen, alles Nabatäer, unterschrieben neben den Knoten auf der Rückseite des Dokuments. Danach durfte Babatha nach Hause gehen, hinunter in die angenehme Wärme am Toten Meer, und sie nahm ihr kostbares neues Dokument mit sich. Obwohl der innere Text eindeutig aussagt, dass das Originaldokument in der Basilika von Rabbath Moab hinterlegt sei, zog sie es vor, eine Kopie davon in ihren Händen zu halten.

Im Februar 128 hatte Judah ein weiteres Bargeldproblem. Dieses Mal machte er, statt zu Wucherzinsen einen Kredit von einem römischen Zenturio aufzunehmen, eine »Anleihe« in Höhe von 300 *denarii* bei Babatha – die hier zum ersten Mal als »seine angetraute Frau« bezeichnet wird. Da sie dieses Rechtsgeschäft mit ihrem Mann tätigte, musste jemand anderes als ihr *epitropos* fungieren, vorzugsweise ein Familienmitglied, daher wurde der ansonsten unbekannte Jakob, Sohn des Jesus (möglicherweise ein Bruder des verstorbenen ersten Mannes von Babatha) zu diesem Zwecke eingetragen. Hätte Judah einen normalen Kredit aufgenommen, so wäre sicherlich ein fester Terminplan für die Rückzahlung im Dokument genannt worden, doch bei der flexibleren Art der Anleihe wurde die Rückzahlung offen gelassen »bis zu dem Zeitpunkt, wenn es Babatha gefällt … die vorgenannten *denarii* der Anleihe von besagtem Judah zurückzufordern«. Die Strafe für das Versäumnis, seine Frau auf deren Verlangen prompt auszuzahlen, war hart:

> gemäß dem Gesetz für Anleihen soll er verpflichtet sein, die Anleihe in doppelter Höhe zurückzuzahlen, zusätzlich zu Schadenersatz, … besagte Babatha … hat das Vollstreckungsrecht über Judah und all seine Besitztümer überall – sowohl die, die er besitzt als auch die, die er rechtlich dazu erwirbt – in jeder Art, die die Vollstreckerin für die Vollstreckung wählt.

Judah hat das Geld wohl gebraucht, um seine Tochter zu verheiraten, denn der Heiratsvertrag zwischen Shelamzion und einem anderen Judah (mit dem Nachnamen Kimber), Sohn des Ananias, trägt ein nur sechs Wochen späteres Datum. Judah Kimber besaß ebenfalls Land sowohl in 'Ein Gedi, seiner Geburtsstadt, als auch in Mahoza, seinem Wohnort. Das Brautgeld betrug 500 *denarii*, von denen 200 von ihrem Vater kamen (in »weiblichem Schmuck in Silber und Gold und Kleidung«) und 300 vom Bräutigam – insgesamt angemessen mehr (aber nicht viel), als Babathas Brautgeld bei ihrer zweiten Heirat, und Zeugnis für den Reichtum beider Parteien der Verbindung. Da der Bräutigam über das gesamte Geld der Braut verfügte, wundert man sich, was er wohl mit den 200 *denarii* in Form von »weiblichem Schmuck und Kleidung« angefangen haben mochte!

Anders als Babathas aramäischer *ketubba*, der nur ein paar Jahre zuvor verfasst wurde, ist dieser Vertrag griechisch geschrieben und statt »gemäß den Gesetzen Mose und der Judäer« ist er »gemäß griechischem Brauch« verfasst. In griechisch-römischen Städten dieser Gegend war es Sitte, dass der Vater seine Tochter in die Ehe gab, wie es Judah, Sohn des Eleazar hier tut, wohingegen der Vertrag nach jüdischem Brauch vom Bräutigam veranlasst worden wäre – es sei denn, die Braut war minderjährig, und dafür gibt es bei Shelamzion keinen Hinweis. Es ist ein völlig anderes Dokument als Babathas *ketubba*, ein Zeichen, dass Juden (und höchstwahrscheinlich auch Nabatäer) selbst für ihre Hochzeiten mehr und mehr auf Vertragsformen zurückgriffen, die die römische Gerichtsbarkeit anerkannte. Der Bräutigam, Judah Kimber hatte, wie viele seiner nabatäischen Zeitgenossen, einen römischen Nachnamen angenommen, wahrscheinlich, um sich bei den neuen Herrschern beliebt zu machen.

Elf Tage später entwarf Judah, Sohn des Eleazar, eine Schenkungsurkunde für seine Tochter. Shelamzion erhält darin »all meine Besitztümer in 'Ein Gedi« – darunter den gleichen Hof, der bei seinem Kredit von dem römischen Zenturio vier Jahre früher als Sicherheit gegolten hatte. Sein eigener Vater, Eleazar, der ihn im Jahr 124 noch besaß, muss zwischenzeitlich verstorben, und Judah nun der rechtmäßige Besitzer geworden sein. Doch er gab Shelamzion den Besitz nicht vollständig, sie erhielt »die Hälfte des Hofes … einschließlich der Hälfte der Zimmer und der Zimmer im oberen Stockwerk« sofort und die andere Hälfte nach seinem Tod. Von da an sollte der ganze Besitz ihr gehören »rechtmäßig und sicher für alle Zeit, zum Bauen, Ausbauen, Erhöhen, Ausgraben, Vertiefen, Besitzen, Nutzen, Verkaufen und Verwalten auf welche Art es ihr beliebt, vollständig rechtmäßig und sicher«. Er versprach außerdem, »wann immer Shelamzion besagten Judah [ihren Vater] dazu auffordert, dies bei den öffentlichen Behörden zu registrieren«.

Shelamzions Schenkungsurkunde wurde – vielleicht auf Drängen ihrer Stiefmutter Babatha – sorgfältig bei Babathas eigenen Dokumenten aufbewahrt. Zwei Jahre später, nach dem Tod von Judah und seinem Bruder (ein weiterer Jesus), erhob Besas, der Vormund der Waisen dieses Jesus, für seine Schützlinge Anspruch auf einen Hof, der Shelamzion direkt von ihrem Großvater übergeben worden war. Sicherlich wurde ein Beweisdokument gebraucht, bevor Besas und die »Erzieherin« der Waisen, Julia Crispina, ihren Anspruch zugunsten Shelamzions aufgaben. Darüber hinaus bot Besas an, den Hof bei den offiziellen Behörden für Shelamzion zu registrieren, vorausgesetzt, Shelamzion zahle die Gebühr dafür. Auch das Dokument für die Aufgabe des Anspruchs wurde zusammen mit der Schenkungsurkunde, in Babathas Ledertasche verwahrt. Es war das erste Dokument, das Germanos für die streitbare

Familie schrieb und jedes weitere Dokument in Babathas Besitz sollte nun aus seiner Feder kommen.

Babathas Interessen zu wahren war nicht so leicht möglich wie bei Shelamzion. Judahs Tod löste eine Reihe von Ansprüchen auf seinen Besitz in Mahoza aus – von Besas für Judahs Neffen, und von Miriam, Judas erster Frau, für sich selbst. Babatha behielt die Kontrolle über einen Teil seines Besitzes, da ihr das *ketubba*-Geld noch nicht ausgezahlt worden war. Wie Judah eigenhändig in ihrem Heiratsvertrag geschrieben hatte, hatte sie bis zur Auszahlung des Geldes das Recht, »in meinem Haus [zu] leben und von meinem Besitz«. Babatha hielt sich genau an diesen Wortlaut. Als sie im September 130 die Ernte von drei Dattelhainen Judahs verkaufte, wurde festgehalten, dass sie das Eigentum beschlagnahmt habe »anstelle meiner Mitgift und der Schuld«, wobei mit »Schuld« möglicherweise die »Anleihe« von 300 *denarii* vom Februar 128 gemeint war. Würde ihr nicht bezahlt, was man ihr schuldete, so müsse Babatha ihren Anspruch auf Unterhalt aus Judahs Besitz geltend machen.

Zwei Monate nach dem Verkauf der Datteln forderte Besas im Namen von Judas Neffen einen Dattelhain von Babatha, »den du durch Gewalt in deinem Besitz hast«. Er lud Babatha vor, damit sie vor Gericht zur Anklage Stellung nehmen sollte, vor dem Statthalter der Provinz, Haterius Nepos, der mittlerweile Sextius Florentinus abgelöst hatte, »in Petra oder an einem anderen Ort der Provinz«. Scheinbar hielt der römische Statthalter nach einem festen jährlichen Terminplan an mehreren Orten Gerichtstage ab. Am gleichen Tag stellte Besas ein weiteres Dokument gegen Babatha aus, in dem er sie aufforderte klarzustellen, mit welchem Recht sie nicht weiter spezifizierte »Dattelhaine« in Besitz habe, die, obwohl sie von ihrem verstorbenen Mann auf ihren Namen registriert worden waren, »rechtmäßig zum Erbe der Waisen« gehörten. Babatha muss wohl gewünscht haben, die Vormunde ihres eigenen verwaisten Sohnes hätten sich auch so gut um die Interessen ihres Schützlings gekümmert.

Acht Monate später sollte der 9. Juli 131 ein anstrengender Tag für den Schreiber Germanos werden. Besas, oder, da er krank war, eher die in seinem Namen handelnde Julia Crispina, stellte im Fall der umstrittenen Dattelhaine eine Vorladung zu einer Anhörung am Hof des Statthalters in Petra für Babatha aus. Julia Crispina war, wie ihr respektabler Vorname andeutet, eine Einheimische mit römischem Bürgerrecht und als solche brauchte sie im Gegensatz zu Babatha keinen *epitropos*. Möglicherweise war sie die Enkelin eines kaiserlichen Ratgebers, die Tochter eines Konsuls und sie hat vielleicht selbst über viel Grundbesitz in Ägypten verfügt. Babatha antwortete noch am gleichen Tag und im gleichen Dokument mit einer scharfen Gegenvorladung, wobei sie den Termin vom Datum, an dem Haterius Nepos in Petra sein würde (wahrscheinlich Oktober oder November) auf den Tag vorverlegte, an dem er in Rabbath Moab war – noch im gleichen Monat. Ihr *epitropos* war Maras, Sohn des ʿAbdʿalgos – warum diesmal ein Nabatäer gewählt wurde, können wir nur vermuten, vielleicht war er als Mitglied der einheimischen Gemeinde unparteiischer und verlieh ihrem Fall so mehr Gewicht.

Am gleichen Tag ging Babatha auch gegen Miriam, Judahs erste Frau, vor und lud sie für die erste mögliche Sitzung des Statthalters vor, »wo immer sein Gefolge auch ist, um zu erklären, warum du alles im Haus von Judah, Sohn des Eleazar Khthusion, meinem und deinem verstorbenen Ehemann, genommen hast«. Miriam entgegnete in einer leidenschaftlichen Antwort, dass sie Babatha schon einmal gewarnt habe, Judahs Besitz anzurühren, auf den sie keinen Anspruch habe. Tatsache war, dass beide Frauen einen *ketubba* besaßen, der ihnen unveräußerliche Rechte auf Judahs Besitz sicherte und jede war der Meinung, den höheren Anspruch zu haben. Wir wissen nicht, welches Ende dieser Kampf der Frauen nahm, leider endet dieser Teil von Babathas Dokumenten an dieser Stelle.

Im folgenden Jahr, am 19. August 132 ging Babatha zur Registratur in Mahoza, wo Germanos sein letztes und eher zahmes Dokument für sie schrieb. Es spiegelte einen früheren Kampf wider, den sie verloren hatte – in den acht Jahren, die seit ihrer Verhandlung mit den Vormunden vergangen waren, war Johannes, Sohn des Eglas, durch seinen Sohn, Simon den Buckligen, abgelöst worden, doch die Quittung für ihre Auszahlung lautete über die selben zwei *denarii* pro Monat, die sie zuvor schon als unangemessen erachtet hatte.

Babatha packte ihre wichtigsten Dinge und ging mit ihrem kleinen Sohn, ihrer Stieftochter und einigen Nachbarn nach ʿEin Gedi, das ihnen, da es erst kürzlich von Simon Bar Kochba in seinem Aufstand gegen die Römer erobert worden war, sicherer erscheinen mußte als Mahoza. Als die Römer auf ʿEin Gedi zumarschierten, floh sie mit einigen Anhängern Bar Kochbas in das große Höhlengeflecht hoch in den Felsen nördlich von Nahal Hever. Besonders für die Kinder war es eine anstrengende Kletterpartie dort hinauf, über schmale Vorsprünge oder Felsspalten, die nur wenig Halt für Hände und Füße boten, hoch über einem felsigen Abgrund und schließlich mußte der Anstieg über den nackten Fels zum Vorsprung vor dem Haupteingang der Höhlen bewältigt werden. Geier schwebten unheilverkündend über dem Wadi, zeichneten sich manchmal hoch über ihren Köpfen als Silhouette gegen den Himmel ab, dann wieder glänzten ihre ausgebreiteten Flügel unter ihnen in der Sonne. Im Inneren der echoreichen Höhle gab es Fledermäuse, die, aufgeschreckt vom flackernden Licht der Öllampen, kreischend über den Köpfen der Flüchtlinge flatterten oder in den engen Durchgängen zwischen den einzelnen Kammern der Höhlen flüchtig ihre Haare streiften.

Dann entdeckten die Römer das Versteck und schlugen ihr

NAHAL HEVER, EIN TAL SÜDLICH VON 'EIN GEDI AM WESTUFER DES TOTEN MEERES. BABATHA UND IHR SOHN FLOHEN ZUSAMMEN MIT EINIGEN NACHBARN AUS MAHOZA UND ANHÄNGERN DES REBELLENFÜHRERS BAR KOCHBA IN EINE HÖHLE IN DEN SÜDLICHEN FELSEN, ALS DIE RÖMER AUF 'EIN GEDI ZUMARSCHIERTEN. DIE HÖHLE LIEGT GENAU UNTERHALB DER FELSEN, DIE DAS RÖMISCHE LAGER BEGRENZTEN, IM VORDERGRUND.

Lager auf dem Plateau genau oberhalb der Höhle auf, um den Ausgang des Dramas abzuwarten, eine andere Art von Geiern, weit schrecklicher als die im Wadi. Die Römer mussten lange warten – ein Teil der steinernen Befestigungsmauer ihres Lagers und der Gebäude darin steht noch 2000 Jahre später. Irgendwann wagte sich Babatha tief in die Höhlen vor und deponierte ihre Ledertasche mit den kostbaren Dokumenten in einem Spalt an einer unzugänglichen Stelle, so wie es andere mit ihren Wertsachen taten. Vielleicht plante die Gruppe einen Ausbruch im Schutz der Dunkelheit und sie hofften, wenn sich die Lage verbessern würde, könnten sie wieder zurückkehren, um sich das wieder zu holen, was sie so sorgfältig verborgen hatten.

Wenn Babatha noch einen Funken Hoffnung besaß, dass sie ihren Kampf um Gerechtigkeit für sich und ihren Sohn wieder aufnehmen könnte, so war diese Hoffnung trügerisch. Wie die Besitzer der anderen Verstecke konnte sie ihren Besitz nicht wieder erlangen. Vielleicht war eines der weiblichen Skelette, die in der Höhle gefunden wurden, das ihre und eines der Kinderskelette mag das ihres Sohnes Jesus gewesen sein. Es ist grausame Ironie, dass sie vor den Gefahren floh, die ihr zu Hause in Mahoza drohten, nur um an dem Ort, an dem sie auf Schutz und Überleben hoffte, in noch größere Gefahr zu geraten und dort umzukommen.

KAPITEL 9

# NACHKLÄNGE DES KÖNIGREICHS

Die Nabatäer und das Christentum im Byzantinischen Reich

»Zölle, Bäder, Theater und Steuern« – so fasste im 1. Jahrhundert n. Chr. der Rabbi Gamaliel II, der geistige Führer der Juden, die zehrenden Auswirkungen der römischen Herrschaft in den Provinzen zusammen. Sein Aphorismus beschreibt zwar die römische Politik des Gebens und Nehmens im Umgang mit den neuen Untertanen, doch er lässt die Armee außen vor, deren Unterhalt und Sold der Hauptgrund für die Erhebung von Steuern war. Claudius Severus, der erste Statthalter der Provinz Arabien (107 – um 115 n. Chr.), beaufsichtigte den Bau von Befestigungen für die römischen Legionäre, die Recht und Gesetz aufrecht erhalten sollten, an strategisch wichtigen Orten. Zusätzlich wurden aus anderen Teilen des Imperiums Hilfstruppen entsandt und es gab mindestens sechs Kohorten nabatäischer Soldaten, die *Cohortes Ulpiae Petraeorum* (nach dem Kaiser Marcus Ulpius Traianus benannt), zu denen wahrscheinlich auch das alte königliche Heer zählte. Bei ihrer Entlassung wurden diese Nabatäer vermutlich mit der römischen Staatsbürgerschaft belohnt. Nach der Fertigstellung der Via Nova Traiana im Jahre 114 n. Chr., die von Bostra im Norden über Petra zu der im Süden gelegenen Hafenstadt Aela am Roten Meer führte, war es für die Römer einfach, Männer und Waffen schnell dorthin zu schicken, wo sie gebraucht wurden.

Im Süden entsprach die Form der neuen Provinz in etwa der des alten Königreichs, sie reichte von der östlichen Wüste über das Wadi Araba bis zur Negev und umfasste Teile des Hejaz, Außenposten im Wadi Sirhan, und wahrscheinlich den Sinai. Die größte Veränderung fand im Norden statt, wo Teile der bisherigen Dekapolis zum Gebiet der Provinz Arabien kamen und die Grenze zu Syrien nun nördlich von Bostra bis zu einem unbestimmten Ort am See Tiberias verlief, wo die Provinz Judäa begann.

In der gesamten Provinz blühten Städte auf und wurden als Zentren der römischen Verwaltung, des Handels und der Gottesanbetung größer und prächtiger. Dort wurden nicht nur Bäder und Theater, sondern auch Tempel, Basiliken, Marktplätze und Säulengänge gebaut, die Grundelemente jeder griechisch-römischen

Ein Mosaik aus dem 6. Jahrhundert im Nordschiff der Kirche von Petra zeigt einen Storch mit fantasievollem Kopfschmuck.

Stadt, die etwas auf sich hielt. Viele von ihnen erhielten den neuen Status einer *polis*, also einer Stadt, und verfügten somit über einen Stadtrat oder eine *boulē*. Rabbat Moab, wo Babatha ihre Grundbesitzerklärung einreichte, war eine der in dieser Weise ausgezeichneten Städte. Sie erhielt später den griechischen Namen Areopolis.

Petra und Bostra gehörten zu zwei verschiedenen Kategorien: Sie waren lange Zeit die beiden Hauptzentren des nabatäischen Königreiches gewesen und hatten sich während der Herrschaft der letzten beiden Könige die Rolle der Hauptstadt möglicherweise geteilt, je nachdem, wo der König sich gerade aufhielt. Petras Aufgabe als *metropolis*, »Mutterstadt«, beschreibt eine Inschrift von 114 n. Chr., also kurz nach Annektierung des Königreichs; sie wurde in einem Säulengang gefunden. Bostra wurde vom Kaiser auf andere Weise ausgezeichnet und erhielt auch dessen Namen, Nea Traiane Bostra (Trajans neues Bostra), was seinen aktiven Anteil am Wiederaufbau der Stadt verdeutlichen sollte. Bostra bot zweifellos Vorteile: die landwirtschaftlich fruchtbare Umgebung, die zur Zeit der Herrschaft von Malichus II. und Rabel II. stark gefördert worden war, sowie ein Netz von neuen kaiserlichen Handelsstraßen, die von dort ausgingen. Trotzdem war es notwendig, die Stadt in einen Zustand zu bringen, der ihrem neuen kaiserlichen Namen gerecht wurde. Trajans Nachfolger Hadrian benannte Petra im Jahr 130 nach sich, Hadriane Petra, und unter Severus Alexander (222–235) wurden beide Städte in den Stand einer Kolonie erhoben.

Was vom nabatäischen Bostra übrig geblieben war, wurde zum Bau der neuen, prachtvollen römischen Stadt verwendet, die an seiner Stelle errichtet wurde. Bäder, Säulengänge, Bögen, ein Stadion, Marktplätze und Basiliken sowie das riesige Theater aus schwarzem Basalt wurden im Laufe des 2. und 3. Jahrhunderts erbaut. In dieser

Das Theater von Bostra aus schwarzem Basalt, wahrscheinlich aus dem späten 2. Jh. n. Chr., wurde während des römischen Wiederaufbaus der Stadt nach der Annektierung des nabatäischen Königreiches erbaut.

neuen imposanten Stadt hielt 247 der Kaiser Philippus Arabs die Actia Dusaria (siehe S. 126) ab, prachtvolle Spiele im griechischen Stil für Athleten, Musiker, Schauspieler und dergleichen, um das römische Millennium zu feiern. Der Name der Feiern verband die griechische Kultur sowohl mit dem Ruhm des römischen Imperiums, personifiziert im Sieg des Augustus in der Schlacht von Actium. als auch mit der immer noch aktiven nabatäischen Religion, vertreten durch Dushara. Drei schlaflose Tage und Nächte lang gaben sich die Einwohner von Bostra dem Treiben und dem Prunk der Spiele hin. In Anerkennung der bedeutenden Rolle von Bostra verlieh Philippus der Stadt den begehrten Status einer *metropolis*.

Petra war bereits prachtvoll. Nach dem Erdbeben 113/114 waren lediglich einige Reparaturen notwendig, bei denen Teile des Theaters und wahrscheinlich auch einige andere Gebäude erneuert wurden, doch ansonsten musste sein Ruhm kaum erhöht werden und sein anhaltender Wohlstand sorgte dafür, dass es auch so blieb. Der Bau des Trajansbogens mit seiner Inschrift und eventuell die Pflas-

EIN GROSSES HAUS IN KURNUB, URSPRÜNGLICH EIN KLEINER NABATÄISCHER POSTEN IN DER NÖRDLICHEN NEGEV, WURDE VON DEN RÖMERN ZU EINER GROSSEN STADT AN DER NEUEN UND LEICHTER PASSIERBAREN STRASSE ZUM MITTELMEER AUSGEBAUT. IN DER BYZANTINISCHEN ZEIT WURDE DER NAME ZU MAMPSIS.

terung der Straße zur Via Nova gaben der Stadt ein römisches Aussehen, doch gab es nach dem Ende des Königreiches der Nabatäer kaum größere bauliche Veränderungen. Die wesentlichen Änderungen vollzogen sich auf administrativer Ebene, und wie Babathas Archiv zeigt, übernahm Petra mit dem Stadtrat, der Gerichtsbarkeit des Statthalters und dem öffentlichen Archiv im Tempel der Aphrodite schnell alle Institutionen einer graeco-romanischen Stadt.

In der Negev stellten die Römer zunächst die antiken Handelsstraßen wieder her, bauten sie zum Teil aus Stein auf, setzten Meilensteine, bauten die meisten schützenden Befestigungen wieder auf und richteten die Karawansereien wieder ein. Die Stätten der Nabatäer in der Negev waren bis dahin keine festen Wohnorte gewesen. Nicht einmal Oboda war eine feste Siedlung, obwohl es mit seiner starken Militärpräsenz und seinen Tempeln sowohl eine wichtige Militärbasis zum Schutz der Karawanen als auch eine Kultstätte für die Stämme der Umgebung darstellte. Lediglich Elusa hatte ein Theater aus spätnabatäischer Zeit und könnte somit eine sesshafte Bevölkerung gehabt haben. Wahrscheinlich begann man nicht vor der Herrschaft Diokletians (284–305) damit, sich an anderen Plätzen in der Negev niederzulassen, dort Wohnorte zu bauen und diese Plätze zu urbanen Zentren auszubauen.

Ebenfalls unter Diokletian wurde eine neue und bessere Straße in der nördlichen Negev angelegt. Ohne einen ernsthaften Feind, gegen den man die Handelsstraße verteidigen musste, brauchten die Römer den natürlichen Schutz nicht, den das unübersichtliche Terrain den Nabatäern geboten hatte. Ihre neue Straße stieg vom Wadi Araba durch den heutigen Skorpionspass zum westlichen Hochland auf, vorbei an einer kleineren nabatäischen Befestigung namens Kurnub (in byzantinischer Zeit als Mampsis bekannt, das heutige Mamshit) und verlief von dort durch leichtes, offenes Gebiet über Beersheba zur Küste. Kurnub wurde nun zu einer größeren Stadt, der einzigen in der Negev, die eine umlaufende Mauer besaß, und da die neue Straße den Verkehr von der alten südlichen Route aufnahm, ging Oboda allmählich unter und Kurnub wurde das neue Zentrum der Negev. Es lag nicht im ertragreichsten Ackerland und die einheimischen Nabatäer mit ihrer Kenntnis des Landes und Erfahrung in der Wasserwirtschaft lachten die Römer wohl heimlich aus, als sie sahen, wie sie im Wadi drei große Dämme neben der neuen Stadt anlegten. Als Arbeiter angeheuert, wurden sie in römischer Münze bezahlt und machten wahrscheinlich zu Hause ihre Witze darüber. Möglicherweise brachten die Dämme kurzfristig landwirtschaftlichen Erfolg, doch bald waren sie mit Schlamm zugesetzt, und die ganze Arbeit war umsonst.

In Oboda wurde 268 ein Tempel, der wohl unter Rabel II. erbaut worden war, dem Zeus-Obodas geweiht. Andere Weihungen an Aphrodite und Apis belegen, dass es auf der Akropolis dieser antiken Stätte wohl mehr als einen Tempel gegeben haben muss, doch der vergöttlichte König Obodas blieb an dem Ort, der seinen

EINER DER DREI STAUDÄMME, DIE DIE RÖMER BEI KURNUB BAUTEN (EIN WEITERER IST HÖHER IM WADI ERKENNBAR). HÄTTEN SIE DIE NABATÄER UM RAT GEFRAGT, DIE HERVORRAGENDE WASSERINGENIEURE WAREN, HÄTTEN DIE RÖMER SICHERLICH NICHTS GEBAUT, WAS SO GRANDIOS UND SO NUTZLOS WAR: DIE DÄMME WAREN SCHNELL ZUGESCHWEMMT.

Die spärlichen Überreste eines Tempels in Oboda, möglicherweise der, der »Obodas dem Gott« geweiht war, im Gedenken an den grossen nabatäischen König des frühen 1. Jh. v. Chr., Obodas I.

Treppen innerhalb eines römischen Militärturms, der 293 n. Chr. in Oboda erbaut worden war. In einer Inschrift auf einem Sturzbalken über dem Eingang zum Turm wird Zeus-Obodas um Hilfe angerufen, ein Verweis auf den immer noch populären nabatäischen Gottkönig Obodas I.

Namen trug, sicherlich der wichtigste Adressat für die Gebete der Gläubigen. Außer der Tempelweihung wurden mehrere andere Inschriften für »Zeus-Obodas« oder »Obodas, den Gott« gefunden, darunter eine griechische aus der Zeit Diokletians auf dem Sturzbalken eines römischen Militärturms: »Für gutes Gelingen. O Zeus-Obodas, hilf Eirenaios, der den Turm unter guten Vorzeichen im Jahr 188 (293/294 n. Chr.) mit Ouaelos dem Baumeister, einem Petraer, erbaut.«

Ouaelos der Baumeister beweist durch seinen nabatäischen Namen und seinen angegebenen Geburtsort das Überleben der alten Strukturen und Namen. Über die ethnische Herkunft von Eirenaios, mit seinem griechischen Namen, können wir nur Vermutungen anstellen. Bei Nabatäern und anderen Bewohnern der Gegend waren seit längerer Zeit Namen modern, die mit der herrschenden hellenistischen Kultur in Einklang standen. Die beiden während der Herrschaft des Kaisers Gallienus (253–268) lebenden Sophisten aus Petra namens Kallinikos und Genethlios waren wahrscheinlich auch Nabatäer, doch blieb ihre Herkunft hinter dem gleichen hellenisierenden Schleier verborgen. Sie waren gebildet genug, um im Herzen der griechischen Kultur, in Athen, die Rhetorik zu lehren; und sie waren nicht die einzigen Männer aus dem nabatäischen Königreich, die auf dem Gebiet der griechischen Kultur und Lehre Großes erreichten. Der große Rhetoriker Zenobios, der im frühen 4. Jahrhundert der Sophist des syrischen Antiochia wurde, wurde in Elusa in der Negev geboren. Dort unterrichtete er als Lehrer den Philosophen und Schriftsteller Libanios, den berühmtesten Mann der Schrift seiner Zeit.

Diese Sophisten waren Bürger der römischen Welt und durften überall hin reisen, wohin ihre Talente und ihre Fantasie sie führten, denn nach der Niederschlagung des Aufstandes von Bar Kochba im Jahr 135 erfreute sich das gesamte römische Imperium einer längeren Zeit des Friedens, verlässlicher Gesetze und Ordnung. Der Redner Aelius Aristides, ein Bürger von Smyrna in der römischen Provinz Asien, sagte:

> Kriege liegen so lange zurück, dass sie fast Legenden aus der Vergangenheit sind... Ein Mann reist einfach von einem Land zum anderen als wäre es sein Heimatland. Wir fürchten nicht länger... die schmalen sandigen Wege, die von Arabien nach Ägypten führen. Die Höhe der Berge schüchtert uns nicht mehr ein... und auch nicht die ungastlichen Stämme der Barbaren. Römischer Bürger zu sein, nein, nur einer eurer Untertanen, ist eine ausreichende Garantie für persönliche Sicherheit.[1]

Für christliche Untertanen war die persönliche Sicherheit allerdings in weit geringerem Maße garantiert. Seit der Zeit von Jesus von Nazareth hatten seine Anhänger eine eigene Lebens- und Denkweise entwickelt, beruhend auf ihrem Neuen Testament, ihrer Glaubenslehre und ihrer Liturgie. Auch wenn die heidnische Mehrheit sie als eine Art jüdische Sekte ansah, waren der Monotheismus und die entschiedene Ablehnung von Götzenanbetung das Einzige, was sie mit den Juden gemein hatten. Schließlich begann man sie als Störenfriede ganz eigener Art zu betrachten, getragen von einer effizienten Organisation, einer Hierarchie von Bischöfen, Pfarrern und Diakonen, mit einem beeindruckenden gegenseitigen Hilfssystem unter den Laien und mit dem Ruf, anderen in Zeiten von Pest oder Überfällen durch Barbaren zu helfen. Und ihre Zahl wuchs stetig an.

Nicht nur die Behörden, die über die Heiligkeit der römischen Götter und des Kaisers wachten, sahen dies mit wachsendem Argwohn, sondern auch immer mehr Angehörige der zivilen Gesellschaft. Christen wurden als unreligiöse Menschen angesehen, die danach trachteten, die alten polytheistischen Traditionen zu untergraben und den anerkannten göttlichen Status des Kaisers anzugreifen, von dem alle Segnungen des Friedens und Wohlstands ausgingen. Die außerordentliche Bedrohung, die sie für die zivilisierte Gesellschaft darzustellen schienen, führte dazu, dass man sie moralischer Vergehen der übelsten Sorte anklagte und ihnen Inzest, Kannibalismus, »Atheismus« und fehlenden Patriotismus unterstellte. Man gab ihnen die Schuld an allem Unglück, das geschah: Dürre, Hunger, Pest und Überschwemmungen.

Trajan und selbst Hadrian versuchten die schlimmsten Christenverfolgungen im Zaum zu halten, indem sie darauf bestanden, dass keine Strafe verhängt würde, wenn der Beschuldigte nicht ordentlich angeklagt und der Fall vor einem ordentlichen Gerichtshof verhandelt worden sei. Anderes, so Trajan, »entspräche nicht dem Geist der Zeit«. Doch die Woge der Christenfeindlichkeit stieg an und die folgenden Kaiser, selbst der tugendhafte und gelehrte Marc Aurel, wurden davon erfasst. Es wurden Edikte erlassen, die die Versammlung von Christen verboten, Eigentum beschlagnahmten, Christen aus öffentlichen Ämtern entfernten oder jeden zwangen, sich vom Magistrat ein Zeugnis ausstellen zu lassen, dass er den Göttern geopfert habe. Obwohl die Umsetzung dieser Edikte nicht konsequent durchgeführt wurde und es ruhige Zeiten und vernünftige Koexistenz gab, gab es doch auch Zeiten brutaler Verfolgung. In diesem Fall richteten die Provinzstatthalter über Christen, die von den städtischen Beamten und den Soldaten anhand von Zählungslisten aufgespürt wurden – alle sozialen Schichten beteiligten sich an der Jagd. Jeder, der sich weigerte, zu widerrufen und den römischen Göttern zu opfern, wurde zu Folter oder Tod, oft auch beidem, verurteilt.

Doch wenn manche Kaiser oder der empörte Mob meinten, sie könnten die Christenplage durch Hinrichtungen oder Folter auslöschen, dann hatten sie sich getäuscht. Obwohl viele Christen sich beeilten, den römischen Göttern zu opfern, um ihr Leben zu retten, zogen viele andere die grausamsten Todesarten dem Verrat ihres Glaubens vor. Die Verfolgungswellen – am schlimmsten unter Septimus Severus (193–211), Decius (249–251), Diokletian (284–305) und Galerius (305–311) – erreichten ihr Ziel, den christlichen Glauben auszurotten, nicht. Im Gegenteil, die Zahl der Gläubigen nahm weiter zu.

Diese Bigotterie musste den toleranten Nabatäern, für die der religiöse Synkretismus zum Leben gehörte, ziemlich erbärmlich erscheinen. Lange Zeit waren ihre Götter mit denen aus Griechenland und Ägypten assimiliert worden und bereits vor der Besetzung durch die Römer hatten sie sie auch mit den römischen Pendants identifiziert. Die meisten Nabatäer brauchten keine kaiserlichen Befehle, um Dushara in der Gestalt von Jupiter und al-ʿUzza unter dem Namen von Aphrodite oder Venus zu opfern. In ihr Leben trat keine Folter. Allerdings gab es auch in Petra Christen, die sich weigerten, sich Diokletians Erlassen zu fügen. Sie wurden von den Behörden verfolgt und besonders vom Präfekten Maximus, dessen Begeisterung für diese Tätigkeit so groß war, dass er nach Philadelphia (Amman) geschickt wurde, um dort gleiches zu tun und man ihn zum Statthalter der Provinz ernannte.[2] Auch auf nabatäischem Gebiet wurden Christen zur Zwangsarbeit in den Kupferminen von Phaeno (dem heutigen Feinan) verurteilt, wo sie gefesselt, verstümmelt und unter erbarmungsloser militärischer Bewachung gehalten wurden. Viele von ihnen starben. Obwohl die meisten von denen, die zur Arbeit in den Minen verurteilt worden waren, aus Ägypten oder Palästina stammten, gab es zweifellos auch einige Nabatäer unter ihnen.

Auf offizieller Ebene lag es nicht im Interesse der Nabatäer, sich mit Diokletian anzulegen, im Gegenteil, ihm zu Ehren wurden Weihinschriften und Monumente in Petra und an anderen Orten aufgestellt. Und Diokletian brachte auch Vorteile. Sein Ordnungssinn verlangte überall nach Harmonie, allerdings unter seiner Kon-

Ein Teil der römisch-byzantinischen Ruinen von Feinan, wo Christen in den Kupferminen in den umliegenden Hügeln arbeiten mussten.

trolle. Er reorganisierte das Steuersystem des gesamten Imperiums, was nicht ganz so populär gewesen sein mag, wie seine Beamten es glauben machen wollten, und er erließ ein Edikt, das die Preise für Waren und Dienstleistungen regelte, was wohl eher die Haushälter erfreute als die Händler. Am weitreichendsten jedoch war die Reform des gesamten römischen Imperiums in den 290er Jahren, die letztendlich darauf abzielte, die Macht der Provinzstatthalter einzuschränken. Die uneingeschränkte Macht wurde unter vier Tetrarchen aufgeteilt: zwei höhere Herrscher – er selbst im sich schnell entwickelnden Osten, der andere im Westen – und zwei untergeordnete Cäsaren. Im Osten verlegte er den südlichen Teil der Provinz Arabien in die Provinz Syria Palaestina, das gegen Ende des 4. Jahrhunderts eine eigene Provinz wurde, Palaestina Tertia, mit Petra als Hauptstadt. Zu dieser Zeit war Petra zumindest zum Teil christlich und bereits Bischofssitz.

313 erließen die Cäsaren von Ost- und Westrom, Konstantin und Licinius, gemeinsam ein Edikt, das zur religiösen Toleranz ermahnte und Christen offizielle Anerkennung und Sicherheit bot. Dies geschah wahrscheinlich eher aus Kalkül als aus Überzeugung, denn trotz der Verfolgungen waren die Christen mittlerweile die größte und bestorganisierteste Gruppierung im Reich, was könnte man wohl erreichen, wenn sie auf Seiten des Imperiums standen? Doch wenig mehr als ein Jahrzehnt später waren die beiden Imperatoren zerstritten, 324 schlug Konstantin Licinius und herrschte alleine über das wiedervereinte Imperium. Wenig später beschloss er, die Hauptstadt von Rom nach Byzanz zu verlegen, dem er seinen eigenen Namen gab: Konstantinopel, die Stadt des Konstantin. Schon unter Diokletian hatte sich der Schwerpunkt des Imperiums nach Osten verlagert, die neuen Provinzen, deren Reichtum die Schatztruhen des Imperiums füllten, lagen östlich des Mittelmeeres und viele der alten Provinzen im Westen hatte man an die Goten verloren. Unter Konstantins Regierung wurde das Christentum zur bevorzugten Religion, wobei der Kaiser als Gottes Stellvertreter auf Erden fungierte, als dreizehnter Apostel. Ende des 4. Jahrhunderts war es im gesamten römischen Imperium die Staatsreligion.

Die christliche Kirche war seit ihrer Gründung eine missionierende Gemeinde, die Ungläubige drängte zu konvertieren. Und nun war es den Christen endlich erlaubt, die frohe Botschaft von der Erlösung durch Christus ohne Furcht vor Verfolgung zu verkünden. Im späten 4. Jahrhundert beschreibt der Gelehrte Hieronymus in seiner Hagiographie des St. Hilarion[3] den außerordentlichen Erfolg des Heiligen bei der Missionierung. Um das Jahr 350 ging Hilarion mit einer Gruppe Mönche nach Elusa,[4] um einen seiner Schüler zu besuchen. In der Stadt huldigte man der Göttin Venus, in der Gestalt als Morgenstern. Zufällig traf Hilarion an dem Tag ein, an dem ein großes Fest zu Ehren der Göttin gegeben wurde und alle Gläubigen aus der Gegend sich in ihrem Tempel versammelt hatten. Hilarion hatte bereits einen beachtlichen Ruf als Wunderheiler und Geisteraustreiber erworben und die versammelten Männer, Frauen und Kinder, die die Gelegenheit, ihn bei sich zu haben, nicht ungenutzt verstreichen lassen wollten, liefen ihm entgegen und baten um seinen Segen. Damit meinten sie sicherlich nicht, dass er sie zu Christen machen sollte, doch genau das geschah und zwar mit so durchschlagendem Erfolg, dass die Leute ihn nicht eher gehen lassen wollten, bis er den Plan für eine neue Kirche auf den Boden gezeichnet und den Priester der Venus mit einem Kreuzzeichen gesegnet hatte. So kam, Hieronymus zufolge, das Christentum nach Elusa.

Obwohl das Christentum tatsächlich in Elusa Fuß fassen konnte und die Stadt sogar Bischofssitz wurde, hörte doch der heidnische Kult nicht auf zu existieren. Auch hatte die neue Religion keine erkennbare Auswirkung auf den Kauf und Verkauf von Sklaven. Gegen Ende des 4. Jahrhunderts erzählt Nilus, ein reicher Bürger Konstantinopels von vornehmer Herkunft, der auf dem Berg Sinai Einsiedler geworden war, von einem Überfall durch einige die Venus anbetende »Sarazenen«, bei dem mehrere Mönche getötet wurden. Nilus' Sohn Theodoulos wurde von den Räubern gefangen genommen, die ihn in dem Augenblick unmittelbar vor der Morgendämmerung, wenn Venus am Horizont erscheint, ihrer Göttin opfern wollten. Zum Glück für Theodoulos tranken seine Wächter in der Nacht zuvor so viel Wein, dass sie nicht vor Sonnenaufgang erwachten, und somit den richtigen Zeitpunkt für das Opfer verpassten. Stattdessen verkauften sie den jungen Mann als Sklaven an einen Mann in Elusa. Nilus wandte sich an den dortigen Bischof, der Theodoulos befreite und Vater und Sohn zu Priestern machte, woraufhin sich die beiden Heiligen heroisch auf den Weg zurück zum Sinai machten, um ihre unterbrochenen Missionierungsaufgaben wieder aufzunehmen.

Seit dieser Zeit wurden in allen wichtigen Zentren des einstigen Königreichs Nabatäa, wie auch im ganzen Imperium, immer mehr Kirchen gebaut. Während die folgenden Kaiser die Rolle von Gottes Stellvertreter auf Erden annahmen und weltliche und geistige Macht vereinten, repräsentierte die Kirche das Imperium in den Provinzen, wobei der Klerus die Rolle der kaiserlichen Beamten übernahm. Zuschüsse von Konstantinopel für den Bau prachtvoller Kirchen in abseits gelegenen Regionen (weit größer und zahlreicher, als es die Bevölkerungsdichte erforderte) wurden als Investitionen in den Erhalt der kaiserlichen Macht angesehen.

Die Bevölkerung des Imperiums wuchs so schnell, dass die Menschen mehr und mehr in die Halbwüsten-Zonen abwanderten, Gegenden, die selbst die Nabatäer als ungeeignet für menschliche Siedlungen erachtet hatten, so lange sich geeignetere Alternativen boten. So wurde die Negev – bis dahin ein Randgebiet, wenn man von der Handelsstraße absieht – zu einem wichtigen Wachstumszentrum. Nabatäer und Araber aus der Region ließen sich dort nieder, bauten Häuser, legten Terrassen im Wadi an und entwickelten

Ein wieder aufgebauter nabatäischer Hof bei Sobata (das heutige Shivta) in der Negev. Hier und in Oboda (Avdat) wurden die alten Terrassen und Wasserleitungen als Teil einer experimentellen Arbeit von Prof. Michael Even-Ari von der Hebrew-Universität in Jerusalem und einem Team von Botanikern und Agrarwissenschaftlern restauriert. Man stellte fest, dass jede Parzelle Land etwa die zwanzigfache Fläche als Auffanggebiet für Niederschläge benötigte.

ausgeklügelte Kanalsysteme, die Wasser von den Hügeln zu den Terrassen bringen sollten. Es war eine riesige Aufgabe, denn jede Parzelle Land erforderte ungefähr die zwanzigfache Fläche als Auffanggebiet für Niederschläge. Da diese Art der Landwirtschaft keine große Bevölkerungsgruppe ernähren konnte, leistete die Kirche im Namen des Imperiums Subventionen und sorgte für die Nahrungsversorgung. Die Kirchen waren nicht nur die größten Landbesitzer, sie verfügten auch über ein effektives Netz für die Verwaltung und die Gerichtsbarkeit, das jede soziale Schicht erfasste und bis zu den entferntesten der neu besiedelten Gebiete reichte.

Die Verehrung der Orte, die mit Jesus, den Aposteln und den Patriarchen und Propheten des alten Testaments in Verbindung standen, ebenso wie der Kult um die bei den Christenverfolgungen getöteten Märtyrer hatte begonnen, sobald die Verfolgungen eingestellt waren. Da Pilger nun in den meisten Gegenden des Imperiums sicher reisen konnten, bemühten sich die Kirchen im ganzen nabatäischen Land, wie in anderen Gegenden auch, Reliquien der bekannten Märtyrer zu erwerben, um als Pilgerstätten zu gelten (und so ihr Einkommen zu steigern). Da die Hauptwege von Jerusalem zum Berg Sinai durch die Negev führten, war dieses Unterfangen hier sehr erfolgreich. In der zweiten Hälfte des 4. Jahrhunderts wurden große Kirchen in Oboda, Sobata und Kurnub/Mampsis errichtet und wahrscheinlich auch in Elusa. Die einzige bisher ausgegrabene Kirche scheint wie die Kirchen in Nessana im äußersten Süden der Negev aus der Mitte des 5. Jahrhunderts zu stammen. Auch Petra wurde früh in Verbindung gebracht mit dem Tod und Begräbnis des Aaron, Moses' Bruder, als Pilgerstätte brüstete es sich außerdem mit einer Reihe heimischer Märtyrer, denen Kirchen, Kapellen und Hospitäler in der Hauptstadt und in den umliegenden Dörfern und Städten geweiht wurden.

Eine der Krippen in einem grossen Stall in Kurnub/Mampsis. In byzantinischer Zeit wurde die Negev wahrscheinlich ein Gebiet für Pferdezucht. Auch bei Sobata wurden Ställe gefunden.

Die Negev wurde in byzantinischer Zeit zu einem Weinbaugebiet. Dabei verfügte nicht jeder Winzer über eine eigene kleine Weinpresse, sondern es wurden grosse gemeinsame Pressen, wie hier in Oboda, errichtet. Um die Presse herum gab es einzelne Teilbereiche, in denen jeder Bauer seine Trauben lagern und darauf warten konnte, dass er an der Reihe war.

In Zeiten der Verfolgung hatten die Christen keine Zeit, Nuancen ihrer Lehre zu diskutieren, denn ihr Überleben hing ohnehin von ihrer Einigkeit ab. Als sie von diesen Zwängen endlich befreit waren, traten schnell latente theologische Probleme zutage und doktrinäre Differenzen machten sich bemerkbar. Anfänglich lokale Dispute breiteten sich aus und die Protagonisten beider Seiten lieferten sich erbitterte Kämpfe. Im Jahr 325 rief Kaiser Konstantin, der sich selbst als Schutzherrn der christlichen Kirche sah, seine Bischöfe zum ersten ökumenischen Konzil in Nicaea (heute: Iznik) zusammen. Der wichtigste Punkt der Tagesordnung war ein Disput zwischen dem Bischof Alexander von Alexandria, unterstützt von dem jungen und umstrittenen Diakon Athanasius, und Arius, einem gelehrten Pfarrer der Diözese, darüber, ob Jesus »eins mit dem Vater« und damit ihm gleichgestellt sei. Arius hatte behauptet, da Jesus »vom Vater gezeugt« worden war, sei er diesem untergeordnet. Die Verdammung von Arius' Ansichten durch das Konzil führte zu einer Polarisierung der Standpunkte des orthodoxen Lagers und derjenigen, die anderer Meinung waren, und egal, wie heilig und ernsthaft diese Abweichler auch sein mochten, wurden sie als Ketzer bezeichnet. Die christliche Kirche durfte nur mit einer Stimme sprechen.

Der Bischof von Petra ist nicht als Teilnehmer des Konzils in Nicaea aufgeführt, doch Bischof Asterius von »Petra in Arabia« nahm an der Synode zu Sardica (Sofia) im Jahre 343 teil, um erneut über die Ketzerei Arians zu diskutieren, die so leicht nicht aus der Welt zu schaffen waren. Während die meisten christlichen nabatäischen Einwohner der Diözese Petra über solch religiöses Gerangel wahrscheinlich eher amüsiert waren, nahm ihr Bischof in ihrem Namen aktiv den Kampf auf. Asterius war ursprünglich für Arian, wandte sich dann jedoch der orthodoxen Seite zu, die von Athanasius, nun Bischof von Alexandria, geführt wurde. Der neue Kaiser, Konstantins Sohn Constantius II, stand auf Arians Seite und wurde von diesem dazu überredet, Asterius nach Libyen zu verbannen – wo er »auf eine beleidigende Weise behandelt wurde« – und ihn durch den pro-arianischen Germanos zu ersetzen. Als im Jahre 361

Die Nordkirche von Sobata, errichtet im späten 4. Jh. Die starken Verteidigungsmauern wurden etwas später errichtet, um möglichen Angriffen der Sarazenen zu trotzen.

Das schöne kreuzförmige Taufbecken der Südkirche von Sobata aus dem späten 4. Jh. stand zu der Zeit, als es benutzt wurde, in einer offeneren Umgebung. Von der einen Seite stiegen die Täuflinge in das Wasser und wenn der Priester aus dem kleinen seitlich befindlichen Becken Wasser über ihren Kopf gegossen hatte, stiegen sie auf der anderen Seite als neue Mitglieder der christlichen Kirche hinaus.

Julian, der den Kult der antiken Götter wieder zu beleben versuchte, für zwei Jahre zum Kaiser wurde, wandte sich das Blatt erneut.

In einem Akt scheinbarer Toleranz rief er alle verbannten Bischöfe zurück, darunter auch Asterius, der 362 an der vereinenden Synode von Alexandria unter der Leitung des ebenfalls aus dem Exil zurückgekehrten Athanasius teilnahm. Lange haben die guten Beziehungen zwischen den Christen und dem paganen Kaiser wohl nicht angehalten. Während das Christentum im ganzen Imperium fest verankert war, kämpften die letzten Bastionen des alten Götterglaubens ums Überleben. Spannungen waren daher unausweichlich. Das Problem stellte sich jedoch nie in letzter Konsequenz: 363 fand der von Kaiser Julian genehmigte Neubau des jüdischen Tempels in Jerusalem durch Explosionen und Feuer, vermutlich ausgelöst durch ein verheerendes Erdbeben am 19. Mai, ein katastrophales Ende, und fünf Wochen später kam der Kaiser in einer Schlacht gegen die Perser ums Leben. Vielen Christen erschien dies wohl als ein doppelter – und eigentlich glücklicher – Akt von Gottes Hand.

Obwohl der Kirchenhistoriker Eusebius berichtet, dass unter Konstantins Herrschaft in Petra Kirchen gebaut wurden (wahrscheinlich von konvertierten Nabatäern), hatte der alte Glaube wohl noch viele Anhänger. Sie hat Eusebius zweifellos im Auge, als er schreibt, dass Petra »voll Abergläubiger sei, die in teuflischem Irrtum lebten«. Das Leben in Petra ging weiter und im Herzen der Stadt beteten Christen und Heiden nebeneinander.

St. Epiphanos, der Bischof von Salamis auf Zypern, erzählte im späten 4. Jahrhundert die seltsame Geschichte von einem Ritual der Wiedergeburt, offenbar in Verbindung mit einer Sonnengöttin, das in Petra jedes Jahr in der Nacht vom 5. auf den 6. Januar stattfand, zufällig an seinem eigenen Namenstag, Epiphanias. Nach einer Nachtwache mit Hymnen und Flötenmusik holten die Feiernden beim ersten Hahnenschrei im Fackellicht die Statue einer Göttin aus einem Schrein. Mit dieser prozessierten sie, begleitet von Flöten, Kesselpauken und Hymnen, vor Sonnenaufgang um den Tempel und »nannten sie arabisch ›Chaamu‹, was so viel bedeutet wie … ›Jungfrau‹; und den von ihr geborenen nannten sie ›Dushara‹, was bedeutet ›einzig vom Herrn gezeugt‹«. Epiphanos fügt hinzu, dass das gleiche Ritual in Elusa statt fand und die Manifestationen sowohl in Petra als auch in Elusa basierten auf einem Fest, das in der gleichen Nacht in Alexandria abgehalten wurde.[5] Obwohl dies ein klarer Fall des Synkretismus der Nabatäer zu sein scheint, die versuchten, jeden zufrieden zu stellen, indem sie die nabatäischen Götter mit der Geschichte der Geburt Jesu verbanden, so ist es doch wahrscheinlicher, dass Epiphanos' Eifer, im Heidentum Parallelen zur Geburt Jesu durch eine Jungfrau zu finden, seine Fantasie beflügelt hat. Auf jeden Fall jedoch zeigt diese Geschichte, dass die heidnische Götterverehrung im späten 4. Jahrhundert in Petra noch höchst lebendig war.

Das Ende der Verfolgungen machte nicht nur den Weg frei für doktrinäre Dispute unter den Christen, sondern ermöglichte es einigen fragwürdigen Subjekten auch, nun ihrerseits die Heiden zu verfolgen. Zu ihnen zählte Barsauma, ein syrischer Mönch, der aus extremem Asketizismus nichts als Früchte und Wurzeln aß (im Sommer nur an jedem zweiten Tag) und ein eisernes Gewand trug, so dass er im Winter fror und im Sommer geröstet wurde. Seine ohnehin schon sonderbare Erscheinung wurde von bis zu den Füßen reichenden Haaren vervollständigt und man sagte, er setze oder lege sich Tag und Nacht nie hin. Diese obskuren Begleiterscheinungen christlichen Eifers, in Verbindung mit den Talenten eines Bandenführers, führten dazu, dass er mit einem Mob von etwa 40 Gleichgesinnten durch das Imperium zog, um heidnische Tempel und jüdische Synagogen zu zerstören. Gegen 423 erreichten sie Petra, doch die Bürger waren vor ihrer Ankunft gewarnt worden und verschlossen die Tore der Stadt. Barsaumas Forderung, ihn und seine Mannen einzulassen, begleitet von Drohungen, die Stadt anzugreifen und in Brand zu setzen, ließen die Bürger von Petra nachgeben und sie ließen sie ein. Seit vier Jahren herrschte Dürre in der Region und man kann sich das ungläubige Staunen vorstellen, auf das Barsaumas nächster Schachzug traf: eine Ankündigung, dass es regnen werde. Tatsächlich brach eine derartige Sintflut über die Stadt herein, dass Teile der Stadtmauer niedergerissen wurden – ein Ereignis von solch wunderbarer Bedeutung, dass die Priester al'Uzzas und Dusharas sofort zu der offenbar wirkungsvolleren Religion Barsaumas übertraten.[6]

Ob der »Heilige« Barsaumas und seine Spießgesellen tatsächlich so erfolgreich waren, wie sie sich selbst rühmten, oder nicht, es gibt keinen Zweifel daran, dass das Christentum im Laufe des 5. Jahrhunderts die vorherrschende Religion der nabatäischen Bevölkerung von Petra wurde. Überall in der Stadt wurden Kirchen gebaut. Entweder im späten 4. oder im frühen 5. Jahrhundert wurde eine kleine Kirche auf dem Plateau über dem nördlichen Zugang zur Stadt errichtet, und ein großer Klosterbau, St. Aaron geweiht, wurde knapp unterhalb des Gipfels von Jabal Haroun (Berg Aaron) erbaut. Im Juli 446 wurden die Höhlen eines Urnengrabes (möglicherweise das des nabatäischen Königs Malichus I.) für christliche Gottesdienste geweiht und die Nischen am Ostende wurden zu einer mittleren und zwei seitlichen Apsen umgebaut. Niedrige Marmorblöcke bildeten das grobe Quadrat eines Altarraumes. In einer Ecke wurde eine Inschrift direkt auf die Sandsteinwand gemalt: »In

LUFTBILD VON JABAL HAROUN. AUF DEM SATTEL ERKENNT MAN DIE RESTE DER KLOSTERKIRCHE FÜR ST. AARON WÄHREND DER AUSGRABUNGSARBEITEN.

der Zeit des heiligsten Bischof Jason wurde dieser Ort … Christus dem Erlöser geweiht.«

Im späten 5. oder auch sehr früh im 6. Jahrhundert wurde auf dem Hügel nördlich der Säulenhalle eine dreischiffige Kirche, mit einer zentralen Apsis im Osten und einem Atrium im Westen, erbaut. Vom ursprünglichen Inneren ist außer einem schönen Fußbodenmosaik im Südschiff wenig erhalten. Es zeigt menschliche und allegorische Figuren, Tiere und Vögel in geometrischen Rahmen. Zum Gebäudekomplex gehörte auch ein Baptisterium westlich des Atriums. In das große kreuzförmige Taufbecken, eingelassen in ein erhöhtes Podest mit einer Säule an jeder Ecke, führen an allen Enden des Kreuzes Stufen. Diese stiegen die Täuflinge auf einer Seite nacheinander ins Wasser hinab, bekamen vom amtierenden Priester Wasser aus einem in das Podest eingelassenen kleinen Bassin über den Kopf gegossen und stiegen auf der anderen Seite als neue Mitglieder der Kirche Christi wieder aus dem Becken heraus. Die engen Stufen haben wohl nur die Taufe sehr schmaler Menschen zugelassen. In den frühen Tagen des Christentums war die Taufe mit Wasser hauptsächlich Erwachsenen vorbehalten, die vom früheren heidnischen Glauben konvertiert waren. Später jedoch brachten die Konvertiten ihre Kinder oder auch Säuglinge zur Taufe, denen dieses kleine Becken wohl vorbehalten blieb.

Die Felskirche, erbaut im späten 4. oder frühen 5. Jh. n.Chr. auf einem Hügel über dem Zentrum von Petra, im Hintergrund Umm al-Biyara.

Die Größe und Ausführung des Kirchenbaus bezeugen, dass Petra selbst nach dem Erdbeben von 363 weiter gediehen war. Die meisten der damals beschädigten Gebäude wurden wohl restauriert und die, die zerstört geblieben waren, dienten jetzt als bequeme Baumateriallager für neue Kirchen. Ein weiterer Beweis für den Wohlstand zeigt sich ein paar Jahrzehnte nach dem ursprünglichen Bau: im Mittelschiff wurde ein Pflaster aus kostbarem importiertem Marmor (eine *Opus secitle*-Arbeit, von der der größte Teil schon in der Spätantike verschwand) und lokalem rotem Sandstein gelegt, und noch mehr Marmor wurde für die fein gearbeitete Altarumrandung, die Miniatursäulen, die sie trugen und die Altäre selbst verwendet. Die beiden Seitenschiffe erhielten Apsen an den Ostenden und im gesamten Nordschiff sowie im östlichen Teil des Südschiffes wurden Mosaikböden verlegt, mit Vögeln, Tieren und Menschen in weinlaubverzierten Rahmen. All diese Bodenmosaiken sind erhalten, doch von denjenigen aus kleinsten Glassteinchen, die einst Wände und Decken zierten, sind nur ein paar Fragmente übrig geblieben. Die strengen Konventionen früher byzantinischer Kirchenkunst machen es möglich, sie vor dem geistigen Auge schematisch zu rekonstruieren. Das Gesamtkonzept war, das Kircheninnere zu einem Abbild des Kosmos zu machen: Der Boden repräsentierte die natürliche Schöpfung Gottes, die unteren Wände die Welt der christlichen Heiligen und Märtyrer, die oberen Wandteile das Gelobte Land mit Szenen aus dem Leben Jesu und an der Decke regierte Christus Pantokrator, der Omnipotente, das Bild Gottes selbst.

Petra war auch in die nächste Ketzerei verwickelt; verursacht wurde diese durch den Erzbischof Nestorios von Konstantinopel, der seine Herrschaft in der Stadt damit begann, dass er Feuer an die Kirche einiger angesehener Arianer legte. Danach fing er unbekümmert und unbeeindruckt vom Fehlen jeglichen Talents zum Gelehrten mit den Theologen einen Streit an. Er unterschied zwischen Jesu Menschlichkeit und Göttlichkeit und da er seine menschliche Geburt betonte, beraubte er die Jungfrau Maria ihres Titels *Theotokos* (Gottgebärende). Nichts eignete sich besser dazu, Aufruhr zu schüren, als diese Demontage der Maria. Nestorios und seine Lehren wurden 431 vom dritten ökumenischen Konzil in Ephesos verdammt und er wurde als »neuer Judas« bezeichnet, abgesetzt und in den Laienstand zurückgestuft. In dieser Nacht wurde in Ephesos

Das Urnengrab, im 1. Jh. n. Chr. für einen Nabatäerkönig erschaffen (möglicherweise Malichus II.), wurde im Juli 446 zu einer Kirche umgebaut.

mit Fackelschein und Tanz in den Straßen gefeiert. Auch wenn der Bischof von Petra das Urteil nicht mit unterzeichnete, wurden Nestorios und einige seiner Mit-Ketzer im Herbst 435 dorthin verbannt. Doch kurze Zeit später wurde er ins Exil in eine Oase in der ägyptischen Wüste geschickt, wo er schließlich starb.

Im Gegenzug entstand die nächste Ketzerei: der Monophysitismus behauptete, dass Jesus einzig und allein göttlicher Natur sei. Der orthodoxe Standpunkt, der im vierten ökumenischen Konzil von Chalkedon im Jahre 451 verkündet wurde, besagte, Jesus sei »ganz Gott und ganz Mensch … anerkannt in zwei Wesen ohne Vermischung, ohne Veränderung, ohne Teilung, ohne Trennung«.

Zum ersten Mal wurde die Vorgabe eines ökumenischen Konzils von großen Teilen der christlichen Kirche abgelehnt und die so entstandenen Brüche verheilten nie ganz. Wie beim Arianismus bezogen spätere Kaiser unterschiedliche Positionen in diesem Disput. In der Zwischenzeit schien Petra sich einer sonderbaren Popularität als Exilstätte zu erfreuen – entweder für Ketzer, wenn die Orthodoxen oder eine andere Form der Ketzerei herrschten, oder für Scharlatane.

512 schickte der monophysitische Kaiser Anastasius den nestorianischen Patriarchen Flavius von Antiochia und Johannes Isthmeos, einen Alchimisten, ebenfalls aus Antiochia, der nach Aussage

Diese Ansicht des gesamten Bodens der Kirche von Petra wurde kurz nach Beendigung der Ausgrabungen aus einem Heissluftballon gemacht. Die früheren Mosaiken befinden sich im Westteil des Südschiffes (rechts). Photo: W. & E. Myers, mit Genehmigung des American Center of Oriental Research, Amman.

Afrikaner, eine Vase tragend, im Mosaik aus dem 6. Jh. im Nordschiff der Kirche von Petra.

Eine Marmorvase mit Griffen in Löwenform, gefunden während der Ausgrabungen in der Kirche von Petra (Petra Museum).

des Geschichtsschreibers Johannes Malalas ein »schrecklicher Betrüger« war, nach Petra ins Exil. Wenige Jahre später schickte Justinian I. (Analphabet, aber orthodox), der Erbe von Anastasius, Mara, den monophysitischen Bischof von Amida (dem heutigen Diyarbakir in der Türkei) »nach Petra in ein schweres und fernes Exil«.[7] Es war so schrecklich, dass Mara und die Diakone und Würdenträger, die ihn begleiteten, sowie ein anderer Bischof im Exil »große Qualen erlitten, die mehr waren, als sie ertragen konnten, so dass ihr Leben fast dahinschwand«. Mara sandte daraufhin seinen Diakon, den »tugendhaften und eifrigen Stephanos« nach Konstantinopel, um bei jedem vorzusprechen, »den Gott ihm senden würde und der in der Lage wäre, sie an einen anderen Ort zu schicken.« Durch Zufall (oder Gottes Fügung) fand er bei Theodora, der gefürchteten Frau von Justinus Neffen und zukünftigen Erben, Justinian, Gehör. Theodora hatte viel Einfluss auf ihren Gatten, der bereits fast kaiserlichen Status genoss. Auch sie war Monophysitin. Dank dieser Verbindung wurde 523 ein Befehl herausgegeben, das Exil der beiden Bischöfe, der Diakone und Würdenträger von Petra in die leichter zu ertragende Stadt Alexandria zu verlegen, »und entsprechend große Erleichterung und Erlösung wurde diesen gesegneten Männern zuteil«.

Es erscheint seltsam, dass Mara Petra als ein so strenges Exil empfand, denn es war kaum weniger zivilisiert als Amida. Alexandria jedoch, immer noch eines der großen Kulturzentren am Mittelmeer, war sicherlich eine erfreulichere Option als diese beiden Städ-

te. Der Ausbau und die Dekoration der großen Kirche in Petra lassen darauf schließen, dass das Leben in dieser Zeit alles andere als hart war und die kürzlich entdeckten Papyrusrollen aus dem 6. Jahrhundert sprechen von einer Stadt, der Hauptstadt der Provinz Palaestina Tertia mit florierendem wirtschaftlichem und sozialem Leben, blühender Landwirtschaft und aktiven Institutionen. Dass in den Papyrusrollen kein Handel erwähnt wird, ist nicht verwunderlich, da die südlichen Handelsrouten bereits seit einiger Zeit unbedeutend waren. Dieses Archiv befasste sich mit Angehörigen des Klerus, Landbesitzern und reichen Bauern, die Obst, Getreide und Wein anbauten. Die Vorteile, derer sich diese glücklichen Menschen erfreuten, kamen offenbar den durch die Hierarchie von Kirche und Staat nach Petra verbannten Ketzern nicht zugute.

Das Versteck mit etwa 140 Papyri wurde 1993 in einem Lager neben der großen Kirche von Petra gefunden. Sie verkohlten in einem Feuer, das im frühen 7. Jahrhundert die Kirche und einige Nebengebäude erfasst hatte. Der Verbrennungsprozess konservierte die Papyri zwar einerseits, machte andererseits aber die Restaurierung und Entzifferung sehr schwierig.[8] Sie ähnelte einem hoch komplizierten Puzzle, dessen einzelne Teile so fragil sind, dass sie schon bei einem unvorsichtigen Nieser zerfallen. Jedes dieser Puzzle-Teile ist mit schwarzer, spinnenartiger Schrift auf schwarzem Grund geschrieben und jedes besteht aus einigen größeren Stücken mit vielen kleinen Fragmenten. Die Lücken – oft an entscheidenden Stellen – kommen an Umfang den erhaltenen Textteilen gleich.

Doch schon die heute bereits verfügbaren bringen Licht ins Dunkel der Geschichte Petras im 6. Jahrhundert.[9] Nicht unwichtig ist eine neue Betrachtung eines Erdbebens, das am 9. Juli 551 die Gegend erschütterte, und von dem man bisher annahm, dass es so schwerwiegend war, dass Petra danach praktisch zu existieren aufgehört habe. Doch in den Dokumenten wird es nicht ein einziges Mal erwähnt, ganz im Gegenteil, das Leben läuft wie bisher in geregelten Bahnen, mit Geburten, Hochzeiten, Geschäftsabschlüssen, Streitigkeiten, Steuern und Todesfällen. Dieses einzigartige Archiv stellt drei Generationen einer reichen Landbesitzerfamilie sowie einige ihrer angeheirateten Verwandten in Petra vor und umfasst, soweit bekannt, das gesamte 6. Jahrhundert. Es könnte sogar sein, dass es auch Dokumente aus der Zeit des Brandes im 7. Jahrhundert enthält. Zu diesem Archiv gehören Mitgiftregelungen, die Niederlegung von Disputen, beschworene Vereinbarungen zu Besitzaufteilungen und Tauschgeschäften, Registrierungen von Landverkäufen, Übertragungen von Steuerverantwortlichkeiten und Quittungen für Zahlungen ziviler und militärischer Steuern. Offensichtlich war Babatha, 400 Jahre zuvor, nicht die einzige Person, die jedes Dokument aufbewahrte, das in einem Rechtsfall als Beweismittel hätte gelten können. Welche anderen Sammlungen warten wohl noch auf ihre Entdeckung?

All diese Dokumente sind in verschiedenen Handschriften und

IN EINEM RAUM NEBEN DER KIRCHE VON PETRA WURDE IM DEZEMBER 1993 EIN VERSTECK VON VERKOHLTEN PAPYRUSROLLEN ENTDECKT. JEDE ROLLE ODER JEDES ROLLENBÜNDEL, DAS NICHT VOLLSTÄNDIG FREIGELEGT WERDEN KONNTE, WURDE IN FOLIE GEWICKELT, UM DEN WEITEREN ZERFALL AUFZUHALTEN.

von verschiedenen Schreibern, die Orthographie und Grammatik unterschiedlich gut beherrschten, in griechischer Sprache verfasst.[10] Einige Schreiber entschuldigen ihre klobigen Buchstaben damit, dass sie in der Schreibkunst »langsam« oder »ungeübt« seien, einer (überraschenderweise ein Priester) überträgt das Schreiben einem Kollegen, »weil es mir an Präzision fehlt, ich nicht mehr schreiben kann und sehr langsam Buchstabe für Buchstabe schreibe«. Einige Dokumente sind sehr professionell von einem *symbolaiographos*, einer Mischung aus Schreiber und Rechtsanwalt, in der offiziellen griechischen Sprache geschrieben, beinhalten jedoch arabische Wörter und Namen, transliteriert in griechische Buchstaben. Einige dieser arabischen Ortsnamen gibt es in der Region von Petra heute noch – ein deutlicher Hinweis auf die Kontinuität der Besiedlung dieser Gegend. Wurde Griechisch für alle rechtlichen und offiziellen Zwecke verwendet, so können wir annehmen, dass die normalerweise von den Schreibern gesprochene Sprache Arabisch war. Es bleibt jedoch völlig unklar, in welcher Schrift sie eigentlich zu Hause waren. Im 6. Jahrhundert war die nabatäische Schrift verschwunden und die wenigen Inschriften aus dieser Zeit sind in einer sehr frühen Form des Arabischen verfasst.

Das früheste bisher entzifferte Dokument stammt aus dem Jahr 513, das späteste von 594, doch können andere, deren Datierung verloren gegangen oder bisher noch nicht entschlüsselt wurde, durchaus früher oder später entstanden sein. Zentrale Figur ist Theodoros, Sohn des Obodianos, Sohn des Obodianos, dessen Vaters und Großvaters Name seine nabatäische Herkunft belegen. Obwohl es bekanntermaßen in der Region bis zu dieser Zeit noch viele nabatäische Namen gab, ist dies der erste Beleg dafür aus Petra selbst. Obodianos, Sohn des Obodianos, machte 513, als er so krank war, dass er zu sterben glaubte, sein Testament, in dem er, abgesehen von drei Geldgeschenken, »all meine Habe, die ich hinterlasse« zur Hälfte dem »heiligen Haus [Kloster] unseres Herrn, dem Heiligen Priester Aaron« (wahrscheinlich das Kloster in der Nähe des Gipfels von Jabal Haroun) und zur anderen Hälfte dem »heiligsten Hospital des heiligen und glorreichen Märtyrers Kyrikos« in Petra selbst hinterließ. Außerdem beauftragte er die beiden Testamentsvollstrecker, für seine Mutter Thaaious zu sorgen und sie mit Nahrung und Kleidung zu versehen, so lange sie lebe. Einer seiner Testamentsvollstrecker war ein weiterer Theodoros, Sohn des Obodianos. Dieser war keinesfalls die Hauptperson des Archivs, die erst im folgenden Jahr geboren wurde, sondern höchstwahrscheinlich ein Bruder des Obodianos, Sohn des Obodianos. Dieser Theodoros wird im Dokument als Erzdiakon der »Kirche unserer gesegneten und allerheiligsten Muttergottes, der glorreichen, gottgebärenden [*Theotokos*] und ewigen Jungfrau Maria« bezeichnet.

Obodianos starb jedoch nicht, ganz im Gegenteil, offensichtlich änderte er später noch sein Testament, denn 24 Jahre später, 537 n.Chr., erbte sein Sohn Theodoros von ihm Grundbesitz. Zu dieser Zeit war Theodoros Diakon und auch er wurde später an der gleichen Kirche Erzdiakon, wahrscheinlich derjenigen, neben der das Archiv gefunden wurde. Da Erzdiakone mit Bischofskirchen in Verbindung stehen, könnte es sich bei dieser Kirche um den Bischofssitz in Petra gehandelt haben. In einem undatierten Dokument des Archivs ist von einem Bischof Theodoros die Rede. Hierbei handelt es sich sehr wahrscheinlich um denjenigen, von dem in anderen Quellen gesagt wird, dass er zusammen

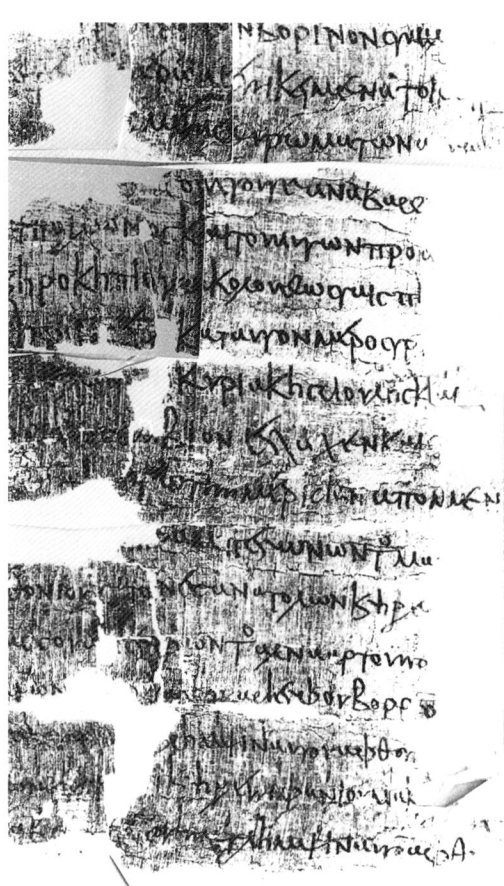

Fragment der Rolle 10 der Petra-Papyrii, ursprünglich 3,20 m lang. Es enthält die Verteilung des ausgedehnten Besitzes zwischen den drei Brüdern Bassos, Epiphanos und Sabinos, Cousins von Theodoros, der Hauptperson des Archivs. Dieses Fragment beschreibt den Anteil von Epiphanos, wozu Sklaven und ein »trockener Garten« (d. h. einer, der nicht bewässert werden muss) zählen, und den Beginn des Anteils von Sabinos, wobei einige arabische Ortsnamen ins Griechische transliteriert sind. Foto: Henry Cowherd/Robert. E. Mittelstaedt; Abbildung mit Genehmigung des American Center of Oriental Research, Amman.

mit Eunomos, dem Pfarrer der Kirche von Petra und Anastasius, »Diakon und Mönch von Gottes Gnaden«, im Jahre 536 der Anti-Monophysiten-Synode in Jerusalem beiwohnte. Petra war offenbar orthodox geblieben. Wie der Name der Kirche in dem Dokument von 513 zeigt, hatte kein Nestorianer der heiligen Jungfrau ihren Titel *Theotokos* streitig gemacht und zumindest Bischof Theodoros befürwortete die Doktrin des doppelten Wesens gegenüber der des Monophysitismus.

Welche Doktrinen die Vorgesetzten unseres Diakons auch beschäftigt haben mögen, für den 23-jährigen Theodoros (dem byzantinischen Gesetz nach bis zum 25. Lebensjahr minderjährig) war 537 wohl eher seine Heirat mit Stephanos, Tochter des Patrophilos, wichtig. Theodoros bewahrte in seinem Archiv zwei Dokumente mit allen Einzelheiten des Heiratsvertrags, den er mit seinem neuen Schwiegervater, gleichzeitig sein Onkel mütterlicherseits, ausgehandelt hatte. Der erste Vertrag, ausgestellt zur Zeit der Hochzeit, führt auf, was mit den Ländereien geschehen sollte, die Patrophilos ihm überschrieben hatte. Hierbei handelte es sich um eine komplizierte Aufstellung aller möglicher Varianten, wer was erben sollte, abhängig davon, wer zuerst stürbe und ob bisher ungeborene Kinder ebenfalls berücksichtigt werden sollten. Da Theodoros noch minderjährig war, hatte er einen gesetzlichen Vertreter. Der zweite Vertrag wurde offenbar langsam und mit viel Überlegung ausgearbeitet, da es um große Geldsummen ging. Doch es war ein freundschaftlicher Vertrag und nach zwei Jahren – als Theodoros volljährig wurde – wurden Stephanos mitgegebener Besitz und ihre Brautgabe auf den Gegenwert von fast 3 kg Gold festgelegt, das entspricht heute etwa 20 000,00 Euro.

Im Jahr seiner Heirat begab sich Theodoros nach Gaza, wo möglicherweise nach dem Tod seines Vaters Familienbesitz aufgeteilt wurde. Dabei ging es um mehrere weit auseinander liegende Grundstücke in Gaza, Beersheba in der nördlichen Negev und in Eleutheropolis (Beith Guvrin) bei Jerusalem. In den darauf folgenden Jahren erwarb Theodoros außerdem mehrere Grundstücke in der Gegend um Petra. 540 übernahm er nach komplizierten Verhandlungen über Besitzrecht und Steuern einen Weingarten bei Beit Tell al-Keb und vier Jahre später wurde ihm etwas Land in Zadakatha (dem heutigen Sadaqa) von seinem Großonkel mütterlicherseits, Dousarios, Sohn des Valens, »abgetreten«. Dessen Name zeigt, dass dieser wahrscheinlich christliche Mann nach dem höchsten Gott der Nabatäer benannt worden war.

Kauf und Verkauf von Land, die Zuteilung von Grundbesitz und die Dispute darüber nahmen einen hohen Stellenwert in den Dokumenten – und wohl auch im Leben – des Theodoros ein. Der alte Brauch, die Lage eines Grundstücks durch die Nachbarn zu definieren, ist noch der gleiche wie in den Dokumenten der Babatha: Zuerst werden die Nachbarn im Osten genannt, dann die im Westen, im Süden und schließlich die im Norden. Die Größe wird immer noch danach angegeben, wie viele *sata* und *kaboi* Korn darauf ausgesät werden können, auch wenn sich der Schwerpunkt dahingehend verschoben hat, dass eher genauere Landmaße als die Kornmenge angegeben werden und es wird das lateinische Landmaß, *iugerum*, verwendet. Wasserrechte und andere gesetzlich verankerte Rechte wurden nicht im gleichen Maß berücksichtigt, doch die Bedingungen, die sich an die Vereinbarung knüpften, wurden am Ende des Dokuments in einer Weise aufgezählt, die die des Babatha-Archivs widerspiegelt, einschließlich der allgemeinen Klauseln.

Einige Dinge sind neu: z. B. die größere Bedeutung, die der Steuerverantwortlichkeit des Landbesitzers beigemessen wird. Wurde in der römischen Volkszählung Land nach dem Steuerertrag bewertet, so gibt es hier Dokumente, die unabhängig vom Kaufvertrag die Steuerverantwortlichkeit vom alten auf den neuen Besitzer übertragen. Eine weitere Neuerung im nun christlichen Imperium ist, dass die Parteien ihre Verpflichtungen nun nicht mehr »bei Tyche und unserem Herrn, dem Kaiser« beschwören, sondern sich »jetzt und für immer gegenseitig den schrecklichsten Eid bei der heiligen Dreifaltigkeit und dem kaiserlichen Heil« schworen.

Ein interessantes Dokument[11] zeigt, wie man in Petra und möglicherweise auch in anderen Teilen des östlichen Byzantinischen Reiches einige Dispute regelte. 544 erhob Theodoros Anklage gegen seinen Mit-Diakon, Stephanos, Sohn des Leontios, seinen Nachbarn in Zadakatha. Statt vor Gericht zu gehen, wurde der Fall zwei führenden Männern der Gemeinde vorgetragen, dem Theodoros, Sohn des Alpheios, »der Erzdiakon unserer allerheiligsten Kirche« (und damit der Vorgesetzte beider Streitparteien) und dem Thomas, Sohn des Boëthos, Prior der Militärbasis von Zadakatha. Diesen Schiedsrichtern oblag es, »den Fall zu lösen und schriftlich zum Abschluss zu bringen«. Sie nahmen ihre Pflicht sehr ernst, ihre akribische Auflistung und Ausführung des Falles nimmt etwa 500 Zeilen und 7 Meter Papyrusrolle ein, von der mehrere Teile fehlen.

Einer der Streitpunkte war, dass Stephanos Regenwasser von Theodoros' Dach für seine eigenen Zwecke verwendet hatte, doch es gab auch eine lange Liste von Konflikten, die seit mehreren Jahrzehnten zwischen ihnen und auch schon ihren Vätern geschwelt hatten. Ein als Beweisstück angeführtes Dokument war bereits 73 Jahre alt! Offenbar hatte es bereits einige Versuche gegeben, die Streitigkeiten beizulegen, die jedoch alle fehlgeschlagen waren. Nun sollten alle noch bestehenden Unstimmigkeiten zwischen den beiden Männern und ihren Familien geregelt werden. Theodoros und Stephanos reichten ihre Fälle schriftlich ein, dann gaben beide mündliche Erklärungen ab, in denen sie dem Ärger, der sich angesammelt hatte, unverhohlen Ausdruck geben konnten. Theodoros beschuldigte Stephanos der einseitigen Aneignung von Wasser von seinem Dach sowie weiterer Vergehen: »Wenn man dies jedem Beliebigen erlauben würde, würden viele Männer durch die Untaten derer, die anderer Leute Besitz zu haben wünschen, oder besser gesagt begehren, ihrer gesetzlich verankerten Rechte beraubt.« Dann gaben »nach vielem Streiten« die Schiedsrichter Punkt für Punkt ihr Urteil ab: Theodoros und Stephanos sollten »nach altem Brauch« beide Zugang zu dem Regenwasser vom Dach des anderen haben, auf dem gemeinsam genutzten Dunglager sollte eine Mauer aufgestellt werden, die die Fläche nach einem bestimmten Verhältnis aufteilte, so dass keiner an den Dung des anderen gelangen konnte, und so weiter. Wenn dies tatsächlich ein Schiedsspruch war, so waren alle Urteile für beide Parteien bindend.

Schließlich blieben zwei Punkte übrig, die nicht auf diese Weise geklärt werden konnten, da es sich um Vergehen handelte, von denen jeder meinte, dass der andere sie begangen hätte, für die es jedoch keinen Beweis gab. Theodoros verdächtigte Stephanos, Bauholz, Steine und sogar Türen von seinem Haus gestohlen zu haben, während Stephanos glaubte, dass Theodoros seinen Vater Leontios bei der Zahlung für den Weingarten betrogen habe. Beide stritten die Vorwürfe ab und wurden aufgefordert, ihre Unschuld durch einen feierlichen Eid auf die Bibel in der heiligen Kapelle des Märtyrers St. Kyrikos in Zadakatha zu beschwören. Offenbar war es unvorstellbar, dass jemand unter einem so heiligen Eid lügen könne, jeder sollte seine Unschuld wahrheitsgemäß beschwören oder seine Schuld zugeben und um Vergebung bitten – und solch eine Entschuldigung musste angenommen werden. Tatsächlich beschworen beide ihre Unschuld und mit dem Eid wurde die Angelegenheit als erledigt angesehen. Der Schiedsspruch wurde somit zu einer Art nabatäisch-byzantinischer »Truth and Reconciliation Commission«, ein wichtiger Teil des Versöhnungsprozesses, den die beiden zerstrittenen Diakone so nötig brauchten.

In der griechischen und persischen Welt waren Schiedssprüche aus der alten Geschichte und den Mythen bekannt. Später schafften die Athener einen Vorläufer, indem sie öffentliche Schiedsrichter, reife und erfahrene Männer, beriefen, Dispute zu regeln, anstatt ein ziviles Gericht anzurufen. In Ägypten übernahmen die Ptolemäer diese Idee im 4. Jahrhundert v. Chr. Auch die Römer griffen gelegentlich auf die Schiedssprüche zurück, wenngleich sie sonst von den rechtlichen Gebräuchen der Griechen wenig beeinflusst waren. Von den Nabatäern wissen wir nur durch Strabon, dass in seiner Zeit (um die Zeitenwende) nur Ausländer Rechtsstreitigkeiten hatten, während die Nabatäer sich nicht gegenseitig anklagten, sondern »in jeder Weise Frieden hielten«. Das kann kaum bedeuten, dass sie keine Dispute hatten, sondern dass sie diese außergerichtlich lösten. Im Babatha-Archiv und in anderen Dokumenten aus derselben Gegend zur Zeit der römischen Provinz sind die einzigen erwähnten Gerichtshöfe die des römischen Statthalters, es treten keine lokalen Gerichte auf. Doch ist dies kein Beweis dafür, dass sie nicht bestanden.

Im 6. Jahrhundert finden wir die hellenisierten Nabatäer nun in ein offensichtliches Schiedsspruchverfahren verwickelt. Es ist zumindest möglich, dass sie einer lange bestehenden nabatäischen Tradition folgten, die vielleicht griechischen Ursprungs ist und Schiedsrichter als Streitschlichter bevorzugte.

Theodoros und seine Frau hatten einen Sohn, Panolbios, der wahrscheinlich jedoch schon sehr jung starb. Als Theodoros selbst 592 starb, wurden sein Besitz und seine Papiere an einen oder mehrere Verwandte vererbt.

Petra scheint in mehr oder weniger bescheidenem Wohlstand bis zur Zeit der islamischen Eroberungen bestanden zu haben. Diese begannen im südlichen Jordanien nach 630, als der Bischof von Alea (Aqaba) und die Führer von Udruh und Jarba (beide bei Petra) sowie Maqna (an der Küste südlich von Alea) mit dem Propheten Mohammed bei Tabuk im nördlichen Hejaz einen Friedensvertrag schlossen. Bezeichnenderweise findet sich der Bischof von Petra nicht unter den Beteiligten, wohl deshalb, weil Petra nicht mehr der Sitz eines Bischofs war. Aus einer Inschrift weiß man, dass es 687 einen Bischof in Rabbath Moab gab. Irgendwann vorher, vermutlich um 630 oder möglicherweise im späten 6. Jahrhundert, wurde die Diözese von Petra nach Rabbath Moab verlegt. Die große Kirche von Petra, die im 7. Jahrhundert von einem Feuer stark zerstört worden war, wurde nicht mehr genutzt und später von Siedlern in Beschlag genommen.

In einer anderen Papyrussammlung, die 1935 bei Nessana in der südlichen Negev gefunden wurde, wird die Geschichte bis ins Jahr 689 weitergeführt. Dokumente aus der byzantinischen Zeit enthalten arabische Namen in griechischer Form, ein bereits üblicher Brauch, doch nach der islamischen Eroberung werden die Namen wieder zunehmend in ihrer ursprünglichen arabischen Form geschriebenen. Grundbesitzsteuern, die es bereits in den griechischen Dokumenten aus der Zeit vor der Eroberung gab, wurden in den arabischen Urkunden der islamischen Zeit *kharaj* genannt und es gab eine neue Steuer, *jiziya*, eine Art Kopfsteuer. Alle Nicht-Muslime mussten diese Steuer zahlen, doch war sie nicht so hoch wie die, die die byzantinischen Behörden erhoben hatten.

Was für Nessana galt, galt auch für das gesamte Gebiet. Die einheimische Bevölkerung, die, einschließlich der Nabatäer, zumeist christlich war, konnte entweder an Orte ziehen, an denen Leben und Handel einfacher waren, oder bleiben, ihr Land bestellen und Steuern zahlen. Ihre Sicherheit war garantiert, ob sie nun blieben oder gingen, und der bleibenden Mehrheit wurde Religionsfreiheit und Schutz ihrer Kirchen und Besitztümer zugesichert. Es wurden sogar neue Kirchen gebaut und nach dem Wunsch der Gemeinden geschmückt. Es gab keinen Zwang, zu konvertieren. In Sobata wurde neben der Südkirche eine Moschee gebaut und der Baustil der Kirche angepasst, damit diese nicht beschädigt wurde. Christen und Moslems beteten hier offenbar harmonisch Seite an Seite.

In der byzantinischen Zeit wurde die Negev durch die zunehmende Bevölkerung zu einem Wachstumsgebiet sowohl hinsichtlich der Bevölkerungszahlen als auch der Landwirtschaft. Da nun zusätzlich zu den Einheimischen Tausende neuer Siedler aus Arabien versorgt werden mussten, bildeten sich neue Siedlungen, und neue Gebiete in dieser und weiter südlich gelegenen Gegenden des einstigen nabatäischen Reiches wurden für den Ackerbau kultiviert.

Diejenigen Bewohner von Petra, die es sich leisten konnten, nahmen ihr Geld und wanderten in landwirtschaftlich oder ökonomisch ertragreichere Gegenden aus. Wohlhabende Familien wie die von Theodoros zogen sich wahrscheinlich auf ihre reichen Besitztü-

Die Südkirche von Sobata, im späten 4. Jh. erbaut. Nach der islamischen Eroberung im frühen 7. Jh. wurde neben der Kirche eine Moschee errichtet, die so konstruiert wurde, dass sie die daneben stehende Kirche nicht beeinträchtigte.

mer in Zadakatha oder anderen Orten außerhalb der Stadt zurück, bestellten das Land und zahlten ihre Steuern. Die ärmsten hatten wohl keine andere Wahl als zu bleiben und sich so gut wie möglich in den Ruinen und Höhlen der zerfallenden Stadt durchzuschlagen. Sie kehrten wahrscheinlich zu einem halbnomadischen Leben zurück, nutzten in Herbst, Winter und Frühling die Wasserquellen und Gärten Petras und trieben im Sommer ihre Herden zum Weiden in die Berge. Durch diese Familien und ihre Nachfahren erhielten sich die alten Ortsnamen in der Region. Doch so weit es die Welt außerhalb betraf, legte sich eine tiefe Stille über die ehemalige Hauptstadt der Nabatäer.

Weiter im Norden, in den Ländern, die noch zum Byzantinischen Reich zählten, nahm das Wort »Nabatäer« zunehmend die abfällige Bedeutung von »Bauer«, »Flegel« oder »Bastard« an. »Nabatäischer Hurensohn« war ein Ausdruck tiefster Verachtung – vielleicht glaubten die Byzantiner, es sei die Schuld der Nabatäer, dass sie von den Moslems geschlagen worden waren. Der fähige, aber unbeliebte byzantinische Kaiser Leo III. (717–741), der aus dem Grenzgebiet zwischen dem byzantinischen Imperium und den arabischen Ländern kam, wurde von seinen Kritikern als »ein Nabatäer aus dem arabischen Nabatäa« bezeichnet. Der einst stolze Name war zum schlimmsten Schimpfwort geworden, eine tragische Degradierung eines der begabtesten, großartigsten und tolerantesten Völker der antiken Welt.

# NACHWORT

## Die Nabatäer in der islamischen Welt

Lange vor der islamischen Eroberung Syriens[1] hatten die Nabatäer ihre soziale, kulturelle und religiöse Identität verloren. Die soziale Auflösung begann wohl bereits während der letzten Jahrzehnte des Königreichs, als in Orten wie Mahoza die Landbesitzer ihren Besitz verkauften und fortzogen. In römischer und byzantinischer Zeit setzten sich solche Umsiedlungsprozesse fort. Andere Nabatäer wurden wieder reisende Händler, auch wenn sie nun andere Waren verkauften, denn der Markt für Aromata war nicht mehr so ergiebig. Im frühen Christentum war der Gebrauch von Weihrauch anlässlich von religiösen Ritualen eine Zeitlang verboten, da er zu stark an heidnische Bräuche erinnerte, und selbst als im 4. Jahrhundert Weihrauch in den christlichen Riten wieder auftauchte, war der Verbrauch doch nur ein Bruchteil dessen, was er in heidnischen Zeiten ausgemacht hatte. Auf jeden Fall wurde er nun hauptsächlich auf dem Seeweg transportiert und der Handel umging die alten Landwege.

In der Mitte des 6. Jahrhunderts, als der Handel in Mekka wieder auflebte, fanden viele Händler (zu denen sicherlich einige Nachfahren der Nabatäer zählten) neue Marktnischen und kauften in den fruchtbaren Gegenden Syriens Öl, Wein und Mehl, die sie im trockenen und armen Hejaz verkauften.

Selbst für die Mehrheit der Nabatäer, die noch einen Teil der sesshaften Bevölkerung der Provinz von Arabien bildete, brachte die römische und byzantinische Herrschaft soziale, kulturelle und religiöse Veränderungen mit sich, besonders mit der Verbreitung des Christentums und seiner Fülle von Ketzereien und Schismen. Griechisch hatte die nabatäische Form des Aramäischen als offizi-

ALS KALIF 'UMAR 638 NACH JERUSALEM KAM, ERKLÄRTE ER DEN TEMPELBERG, ZU DER ZEIT NUR EIN TRÜMMERHAUFEN, ZUM HEILIGEN BEZIRK DES ISLAM – DEM HARAM ASH-SHARIF (EDLES HEILIGTUM). DOCH ERST DER UMAYYADEN-KALIF 'ABD AL-MALIK LIESS DIE MOSCHEE ERRICHTEN, DIE HEUTE ALS FELSENDOM ODER OMAR-MOSCHEE BEKANNT IST UND 691 GEWEIHT WURDE (FOTO: SONIA HALLIDAY, SONIA HALLIDAY PHOTOGRAPHS).

elle Sprache ersetzt, und die immer häufiger auftretenden griechischen und römischen Namen bedeuteten, dass die Menschen sich als Individuen nicht mehr von anderen ethnischen Gruppen unterscheiden ließen. Die Nabatäer waren eigentlich nicht verschwunden, sie hatten nur Namen angenommen, von denen nicht mehr auf ihre ethnische Zugehörigkeit geschlossen werden konnte, und so gingen sie in den vielen anderen ethnischen Gruppen auf, die das alte Königreich der Nabatäer bewohnten.

Mindestens seit der Zeit Alexanders hatten die Nabatäer eine Form von Arabisch gesprochen, während sie alle offiziellen Geschäfte in einer anderen Sprache tätigten, zunächst Aramäisch, später Griechisch und unter den Römern auch Latein. Linguistisch gesehen unterschieden sich die Nabatäer von den römischen Herrschern, und auch kulturell war die Ähnlichkeit nur oberflächlich. In der Religion führte die unnachgiebige Durchsetzung der christlich orthodoxen Doktrinen seit dem 4. Jahrhundert zu Spaltungen innerhalb der Kirche. Für die vielen Nabatäer (wohl die meisten), die zum Christentum übertraten, war die Sprache der Liturgie weder Arabisch noch Aramäisch, sondern das ihnen weniger bekannte Griechisch. Das byzantinische Imperium war überall gespalten.

Viele Nabatäer fühlten sich den neuen Moslems des Hejaz ethnisch wie linguistisch wohl mehr verbunden als ihren byzantinischen Herrschern, schließlich waren auch sie Araber, die eine verständliche, wenngleich etwas andere Form von Arabisch sprachen. Selbst ihre Religion mit dem moslemischen Monotheismus, ihrer Einigkeit (zumindest zu Beginn), der Verwendung der arabischen Sprache im Alltagsleben, wie auch im Gebet, und ihre Toleranz dem Christentum gegenüber, mag den Nabatäern eher ein Gefühl von Brüderlichkeit als von Fremdheit vermittelt haben. Besser die Moslems, mögen sie gedacht haben, als die gespaltenen Byzantiner, mit denen sie keinerlei Blutsbande und nur wenig gemeinsame Kultur verbanden.

Arabische und moslemische Quellen aus den frühen Jahrhunderten des Islam bezeichnen mit dem Begriff Anbat oder Nabat einige in Syrien oder Mesopotamien lebende Gruppen. Die Worte, zu deutsch »Wasserträger«, bezeichnen arme sesshafte Bauern, also nicht reiche Landbesitzer, die in Dörfern lebten, im Unterschied zu den »arabischen« viehtreibenden Nomaden. Man mag versucht sein, diese Worte zur Identifizierung der ethnischen Gruppe der Nabatäer heranzuziehen, doch sie haben keine derartige Konnotation, auch wenn sicherlich einige Nachfahren der Nabatäer sesshafte Bauern und Wasserträger waren und zu dieser Gruppe gehörten.

In einem späten und eher zweifelhaften Bericht von ʿAbd al-Munʿim al-Himyari vom Eintreffen des Kalifen ʿUmar ibn al-Khattab (634–644) in Jerusalem nach der Eroberung der Stadt durch die Moslems im Jahre 638 heißt es: »Als sie den Vertrag geschrieben hatten, öffneten sie [der griechische Patriarch Jerusalems und seine Anhänger] den Moslems das Tor von Aelia und Omar und sein Heer traten ein. Er zwang die Nabatäer Palästinas den heiligen Schrein auszukehren, [nun] der Ort des Felsens, denn dort war ein großer Haufen Unrat.«[2] Das Heiligtum war in byzantinischer Zeit als Müllhalde genutzt worden, doch der Ort war für die Moslems durch seine Beziehung zum Propheten Mohammed so wichtig, dass der Kalif selber an den Säuberungsarbeiten teilnahm. Laut al-Tabari (838–923) war Kalif Omar »aufgestanden von seinem Gebet und ging zu dem Unrat… Er sagte: ›O Volk, tue, was ich tue.‹ Er kniete inmitten des Unrats nieder und schaufelte ihn mit den Händen in den unteren Teil seines Mantels… Als es Abend wurde, war vom Unrat nichts mehr übrig.«[3] Wir kennen nicht die ganze Geschichte – doch das Bild des bescheidenen islamischen Kalifen, der so niedrige Arbeit mit den erniedrigten Nachfahren der Nabatäer verrichtet, ist beeindruckend.

Blieben die meisten Nabatäer wahrscheinlich Christen, so gibt es doch Berichte von frühen Konvertierungen der »Nabat«, von denen wohl einige Nabatäer waren, zum Islam. Dem Schriftsteller al-Kufi aus dem 10. Jahrhundert zufolge berief im frühen Kalifat des ʿUmar ibn al-Khattab der große moslemische General Abu ʿUbayda ibn al-Jarrah einen Kurier der syrischen Nabat zu sich und sagte ihm:

»Sieh, wenn ich dir diesen Brief gebe, so laufe damit schnell zum Befehlshaber der Gläubigen, ʿUmar ibn al-Khattab und übergib ihn ihm.« … und der Kurier ging fort und lief in raschem Schritt, bis er mit ʿUmar ibn al-Khattab zusammentraf und als sie miteinander sprachen, war der Kalif von [seiner] Klugheit und [seinem] Scharfsinn überrascht. Er ermunterte ihn, Moslem zu werden – denn der Mann war ein Christ – und so wurde er es durch die Hand des Kalifen.

Bis zum frühen 10. Jahrhundert gibt es seit den Erwähnungen in den Papyrusrollen aus dem 6. Jahrhundert keine Nennungen von Petra – über dreihundert Jahre lang ist die Geschichte der Stadt fast vollständig unbekannt. Doch nur fast. Ausgrabungen von Gräbern in der Nähe der Felskirche ergaben kürzlich einen eindeutigen Beweis für Grabräuberei – ein nabatäisches Grab aus dem 2. Jahrhundert n. Chr. wurde im 7. oder 8. Jahrhundert ausgeraubt.[4] Die Nabatäer, die in der Stadt geblieben waren, gehörten, wie bereits vermutet, zur sozialen Unterschicht und hatten keine andere Wahl, als zu bleiben, wo sie waren und unter den gegebenen Umständen so gut wie möglich ihr Dasein zu fristen. Es können nicht viel mehr als 500 gewesen sein, mehr konnten die Quellen und die zerstörten Wasserleitungen gar nicht versorgen. Viele wurden zu Freibeutern, die an diejenigen, die bereit waren, dafür zu zahlen, alles verkauften, was sie finden konnten. Die große Kirche war dabei ein leichtes Ziel, nach dem Feuer im 7. Jahrhundert wurde der Marmor systematisch

DIE FAST UNEINNEHMBARE KREUZFAHRERBURG AL-WU'EIRA BEI PETRA, 1115 VON KÖNIG BALDUIN I. VON JERUSALEM ERBAUT, UM SEINE ÖSTLICHEN GRENZEN GEGEN SARAZENENÜBERFÄLLE VERTEIDIGEN ZU KÖNNEN.

abgebaut und die goldenen und gläsernen Mosaiksteinchen von Wänden und Decken entfernt. Auch der Goldschmuck in den alten Gräbern war interessant. Seit Beginn der archäologischen Ausgrabungen in Petra im frühen 20. Jahrhundert sind nur wenige intakte Gräber gefunden worden – die antiken Räuber haben ganze Arbeit geleistet. Hoffentlich konnten sie damit einige hungrige Mägen füllen.

Der arabische Historiker al-Mas'udi (gestorben 928), brach das schriftliche Schweigen über Petra mit einem Hinweis auf den höchsten Gipfel der Gegend, Jabal Haroun, als einen heiligen Berg der Christen. Die Mönche dort waren eher die Nachfahren griechischer Kolonisten als der Nabatäer und ihre Liturgie muss griechisch und von byzantinischer Art gewesen sein. Die nächste Erwähnung findet Petra im frühen 12. Jahrhundert, als Balduin I., Kreuzfahrerkönig von Jerusalem, zum ersten Mal die Länder östlich des großen Tales überfiel. Nach Bischof Fulcher von Chartres, der den König begleitete, fanden sie »auf dem Gipfel des Berges [Jabal Haroun] das Kloster des Heiligen Aaron dort, wo Moses und Aaron mit Gott zu sprechen pflegten«.[5] Die griechisch-orthodoxen Mönche fühlten sich ständig durch die Überfälle der Sarazenen auf die Handels- und Verbindungsrouten zwischen Kairo und Damaskus bedroht. Und sie hatten sicherlich eine ganz andere Perspektive als die Einheimischen.

1107 forderten die Beduinen von Petra bzw. dem Gebiet von Wadi Mousa – die wahrscheinlich von den Grabräubern abstammten – Toghtekin, den türkischen Herrscher von Damaskus, auf, eine Streitmacht nach Petra zu senden, um eine Militärbasis für Überfälle gegen die Kreuzfahrer in Palästina einzurichten. Möglicherweise taten sie dies, weil sie den islamischen Glauben der Türken teilten, doch das ist reine Spekulation. Als die Mönche Balduin baten, einzugreifen, marschierte er mit einer Streitmacht von 500 Rittern auf das türkische Lager zu und verbreitete zusätzlich das Gerücht, eine große Armee sei im Anmarsch. Die Türken, die das glaubten, zogen sich schnell nach Damaskus zurück. Um die Beduinen zu strafen, die die Türken eingeladen hatten, räucherte Balduin die Höhlen aus, in denen sie lebten, und trieb ihr Vieh davon. Laut Albert von Aix[6] gingen viele der einheimischen Christen (wahrscheinlich ebenfalls Nachfahren der Nabatäer) mit den Kreuzfahrern, als diese nach Jerusalem zurückkehrten, da sie Vergeltungsschläge der Beduinen befürchteten.

Siebenunddreißig Jahre später haben vermutlich wieder die Bewohner von Petra und dem Wadi Mousa die Türken eingeladen, zurückzukommen, dieses Mal, um die Burg zu belagern, die die Kreuzfahrer 1115 an einer fast uneinnehmbaren Stelle dicht bei den antiken Ruinen gebaut hatten. Wilhelm von Tyrus[7] schrieb, dass die Türken die Burg zwar besetzen konnten, doch als die Kreuzfahrer begannen, die »reichen Olivenhaine ... [von denen] die Bewohner des Landes lebten ... wie es zuvor ihre Väter getan hatten«, auszureißen und abzubrennen, besann sich die Bevölkerung rasch. Sie versprachen, die Burg zu übergeben, wenn die Türken ungehindert abziehen könnten und ihnen selbst nichts geschehen würde. Die Kreuzfahrer hielten die Burg bis 1189, es war die letzte Festung östlich des großen Tales, die sich Salah ad-Din »Saladin« ergeben sollte. Als der christliche Pilger Thetmar im Jahre 1217 Petra besuchte, war es unbewohnt und nur noch zwei griechische Mönche lebten einsam im Kloster auf dem Jabal Haroun. Fast 60 Jahre später, als der Mameluck Sultan Baibars auf seinem Weg von Kairo nach Kerak durch Petra kam,[8] erwähnt keiner der Reisenden, dass in der antiken Hauptstadt der Nabatäer noch Menschen lebten.

Petra scheint zwischen dem Besuch von Baibars und dem von Johann Ludwig Burckhardt in Jahre 1812 vollständig aus dem Gedächtnis und den Landkarten der westlichen Welt gestrichen worden zu sein. Die Tatsache, dass weder Thetmar noch Baibars oder Burckhardt zu der Jahreszeit, als sie dort waren, Menschen in der alten Stadt antrafen, bedeutet nicht unbedingt, dass zu anderen Zeiten dort niemand war. Baibars kam Anfang Juni, Burckhardt Mitte August, also zu Zeiten, wenn Beduinen eher mit ihren Herden in den Bergen sind, um in den trockenen Monaten dort Weideland zu finden. Burckhardts Führer (vom Stamm der Liyathna aus dem Dorf Wadi Mousa, ursprünglich jedoch aus Kerak), befürchtete ständig, dass sie gesehen werden könnten – vermutlich von den Beduinen der Gegend, die ein Eindringen in ihr Territorium wohl nicht begrüßt hätten. Es kann sich um den Stamm der Bdoul gehandelt haben, denn nur sechs Jahre später, als die Offiziere Irby und Mangles kamen, wurde ganz Petra von den Bdoul mit ihrem charismatischen und ehrfurchtgebietenden Scheich Imqaibal Abu Zeitun, »dem Vater der Oliven«, kontrolliert, die sicherlich schon lange in dieser Gegend lebten. Heute sind sie die ältesten bekannten Bewohner von Petra.

Johann Ludwig Burckhardt, der 1812 als erster bekannter Europäer seit dem christlichen Pilger Thetmar Petra sah.

Im 19. Jahrhundert erfuhren Reisende, die sich freundschaftlich mit den Bdoul unterhalten konnten, dass sie glaubten, von den »Bene Israel«, den Söhnen Israels, abzustammen, den ältesten Bewohnern der Gegend, die die Monumente von Petra, in denen sie nun wohnten, erschaffen hätten – eine bizarre Vermischung der Israeliten von Moses mit den Nabatäern. Auf jeden Fall meinten sie, in deutlichem Unterschied zu den späteren Invasoren zu stehen, waren dies nun Griechen, Römer oder Araber.

Der Ursprung des Stammesnamens gab ebenfalls Anlass zu Spekulationen. Man nimmt allgemein an, dass er vom arabischen *badala* (Veränderung) kommt. 1929 hörte Dr. Tawfik Canaan bei der Suche nach Märchen und Ortsnamen in Petra eine Geschichte von der Herkunft der Angehörigen des Bdoul-Stammes von Mitgliedern des benachbarten Stammes der Liyathna, die nicht gerade für ihre Freundschaft mit den Beduinen bekannt waren:

> Als Moses und die Israeliten Petra einkreisten, erklärte er [Moses] den Bewohnern den Krieg und besiegte und tötete alle außer zwölfen, die sich in einer Höhle auf dem Gipfel des Berges Umm el-Biyârah versteckt hatten. Moses befahl ihnen, herunter zu kommen. Sie jedoch antworteten »innâ abdalnâ yâ nabiy allâh« – Wir haben uns verändert, oh Prophet Gottes. »Was habt ihr verändert?« fragte Moses. »Unsere Religion, denn wir nehmen deine an«, war die Antwort. Seit dieser Zeit nennt man sie *Bdul*. Ob in dieser Legende eine Wahrheit steckt, die auf ihre mögliche Herkunft von den Nabatäern hindeutet, lässt sich nicht sagen.[9]

Es kann kaum überraschen, dass die Bdoul diese Erklärung nicht akzeptieren. Sie selbst erzählten sogar (und einige tun dies immer noch) dass ihr Name mit seiner Bedeutung »Veränderung« daher kommt, dass die antiken Bewohner von Petra, ihre Vorfahren, vom Judentum zum Christentum und später zum Islam überwechselten. Einige christliche Nabatäer taten dies zweifellos. Andere Mitglieder des Bdoul-Stammes wiesen alle Hinweise auf einen Religionswechsel von sich und behaupteten, ihr Name komme von Badl, dem Sohn von Nabt, einem ansonsten unbekannten König der Nabatäer – eine hübsche, wenn auch sehr fantasievolle Erklärung, bei der eindeutig der Anspruch auf eine Herkunft von den Nabatäern erhoben wird, mit denen Petra so stark verbunden ist.

Es besteht zumindest die Möglichkeit, dass die Bdoul Nachfahren der Nabatäer sind, obwohl man dies mit dem heutigen Wissen unmöglich beweisen kann. Es gibt keine eindeutige Verbindung der Räuber aus dem 8. Jahrhundert mit den höhlenbewohnenden Beduinen, die den Kreuzfahrern im 12. Jahrhundert Widerstand leisteten, oder zwischen diesen Beduinen und den Bdoul, denen westliche Reisende im 19. Jahrhundert zum ersten Male begegneten (sie lebten ebenfalls in den Höhlen von Petra). Nur wenn man eine DNA-Probe aus einem eindeutig nabatäischen Kontext mit der einer lebenden Person vergleichen könnte und dort Übereinstimmungen finden würde, ließe sich dies beweisen. Könnte man solch eine Übereinstimmung finden, so wäre zumindest ein Teil des Rätsels um das Schicksal der Nabatäer gelöst – wenn nicht, wird es weiterhin ein Rätsel bleiben.

# ANMERKUNGEN

VORWORT
1. Beide Geschichten finden sich in Plutarchs farbigem, wenn auch historisch unzuverlässigem *Alexandros* 25, 6.

KAPITEL 1
1. David Graf, »The Origin of the Nabataeans«, *Aram*, 2, 1990, 45–75.
2. Genesis 25, 13; 28, 9; 36, 7; Jesaja 60, 7.
3. Diodorus II 48, 1; XIX 94, 2–4, 9–10.
4. Diodorus XIX 94, 6–8.
5. Diodorus XIX 94, 5.
6. Herodot, *Historien* IV 44.
7. Herodot, *Historien* III 107–109.
8. Harold Ingrams Festschrift an Burton, »From Cana (Husn al-Ghorab) to Sabbatha (Shabwa): The South Arabian Incense Road«, *Journal of the Royal Asiatic Society*, 1945, Teil 3 & 4, 169–185.
9. Alle Zitate von Theophrast, *Naturgeschichte der Gewächse* aus IX 4, 1–10.
10. Fawzi Zayadine, »Cosmetic Techniques: A Historical and Botanical Approach«, *Studies in the History and Archaeology of Jordan*, 5, Amman 1995, 67–75.
11. Plinius, *Naturkunde* XII 32, 63–65.

KAPITEL 2
1. Diodorus XIX 95–97.
2. Fawzi Zayadine, »Un relief néo-babylonien à Sela près de Talifeh: Interprétation Historique«, *Syria* 76, 1999, 83–90.
3. Von Dr. Hamed Qatamin von der Mu'tah Universität, Jordanien.
4. 2. Samuel 8, 13–14.
5. 1. Könige 11, 16.
6. Hesekiel 35, 5; 36, 5.
7. Jesaja 34, 5–13. In der »New Revised Standard Version« steht das prosaischere (und exaktere) »Jackals« (Schakale) anstatt »Dragons« (Drachen).
8. Diodorus XIX 98–100.
9. David Graf, »The Origin of the Nabataeans«, *Aram*, 2, 1990, 45–75.
10. J. Starcky, »Les inscriptions nabatéennes et l'histoire de la Syrie méridionale et du Nord de la Jordanie«, in: J.-M. Dentzer (Hg.), *Hauran*, Teil I, Paris, 1985, 167–168.
11. 2. Makkabäer 5, 8 (Apokryphen).
12. Flavius Josephus, *Jüdische Altertümer* XII 8, 3.
13. Flavius Josephus, *ibid.* XIII 1, 2.
14. David Graf, »The Roman East from the Chinese Perspective«, in: *Annales Archéologiques Arabes-Syriennes*, 42, 1996, 199–216.

KAPITEL 3
1. Flavius Josephus, *Geschichte des Judäischen Krieges* I 4, 6.
2. Die romanisierte Form von Judas.
3. Es wird angenommen, dass mit dem König, dem Justinius *Epitoma* des Pompeius Trogus, 39, 5, den hellenisierten Namen gibt, Aretas II gemeint ist.
4. Ich danke Dr. Fawzi Zayadine für diese Übersetzung.
5. In Uranios *Arabika*, zitiert in John Oleson, »Humeima Hydraulic Survey, 1989«, *Echos du Monde Classique / Classical Views*, 34, N. S. 9, 1990, 145–163.
6. Zehn Jahre später wurde er in Rom wegen Erpressung während seiner Statthalterschaft in Sardinien angeklagt.

KAPITEL 4
1. Flavius Josephus, *Jüdische Altertümer* XVI 7, 6.
2. Strabon, *Erdbeschreibung* XVI 4.
3. G. W. Bowersock, »Perfumes and Power«, in *Profumi d'Arabia, Atti del convegno a cura di Alessandra Avanzini*, Rom, 1997, 543–556.
4. Eine von Syllaios bei Milet in Auftrag gegebene Inschrift beschreibt ihn als »Bruder des Königs«, d. h. Obodas III. Sie bezeichnet ihn auch als »Sohn des Teimu«. Wäre er ein Blutsbruder gewesen, so wäre er »Sohn von Malichus dem König, König der Nabatäer« genannt worden.
5. Man weiß, dass Syllaios eigene Münzen prägen ließ. Sie sind zwar undatiert, stammen aber wahrscheinlich aus der Zeit kurz vor dem Tod von Obodas III.
6. G. W. Bowersock, »Nabataeans on the Capitoline«, *Hyperboreus*, 3, 1997, Fasc. 2, 347–352.
7. Tacitus, *Annalen* II 57.
8. Professor G. W. Bowersock teilte mir in einem persönlichen Gespräch mit, dass Aretas vermutlich nur in seinem eigenen Reich römische Würdenträger bewirtet haben wird. Er ist der Meinung, dass Damaskus möglicherweise einige Jahre früher als bisher angenommen wieder in nabatäischer Hand war, dann könnte dieses Festmahl dort stattgefunden haben.
9. Matthäus 14, 3–11; Markus 6, 17–29; Lukas 3, 18–21.
10. Dies war auch der Ort, an dem Johannes der Täufer gefangen gehalten und hingerichtet wurde.
11. 2. Korinther 11, 32–33.
12. Cassius Dio, *Römische Geschichte* LIII 30, 5.

KAPITEL 5
1. Die wichtigste und umfassendste Studie dazu ist Judith McKenzies *The Architecture of Petra*, Oxford, 1990.
2. Man nimmt an, dass dies die eigentliche nabatäische Form des Namens Malichus ist.
3. 1. Makkabäer 13, 27–29.
4. Das *t* am Ende von Khaznet in »Khaznet Far'oun« verschwindet, wenn das Wort allein steht. Es wird dann zu Khazne(h).
5. Eine weitere Figur wurde im Töpferofen gefunden, der im Wadi Musa entdeckt wurde.
6. »Basilika« wird vom griechischen *basilike oikia* (»Haus des Königs«) hergeleitet.
7. Rolf A. Stucky, »The Nabataean House and the Urbanistic System of the Habitation Quarters in Petra«, *Studies in the History and Archaeology of Jordan* 5, Amman, 1995, 193–198.

KAPITEL 6
1. Genesis 28, 22.
2. R. N. Jones et al., »A second Nabataean Inscription from Tell esh-Shuqafiya, Egypt«, *Bulletin of the American Schools of Oriental Research*, 269, 1988, 47–57.
3. John Healey, »Dushara as Sun-god", in *I Primi Sessanta Anni di Scuola: Studi dedicati dagli amici a Sergio Noja Noseda ne suo 65° compleanno*, 7 July 1966, 37–53.
4. Siehe G. W. Bowersock, »The Cult and Representation of Dusares in Roman Arabia", in Fawzi Zayadine (ed.), *Petra and the Caravan Cities*, Amman, 1990, 31–33.
5. Ernst Axel Knauf, »Dushara and Shai' al-Qaum«, *Aram*, 2, 1990, 175–183.
6. Pau Figueras, »The Roman Worship of Athena-Allat in the Decapolis and the Negev", *Aram*, 4, 1992, 173–183.
7. Siehe Fawzi Zayadines Aufsatz über Manat (Manawat) in *Lexicon Iconographicum Mythologiae Classicae*, Bd. VIII (Supp.), 805–806.
8. Siehe al-Muheisen und F. Villeneuve, »Fifteen Years of Archaeological Research at Khirbet edh-Dharih", *Studies in the History and Archaeology of Jordan*, 7, Amman, noch nicht erschienen.

KAPITEL 7
1. Richard Pococke, *A Description of the East and some other Countries*, Bd. 1, London, 1743.
2. Robert Clayton (Übers.), *A Journal from Grand Cairo to Mount Sinai and Back Again*, London, 1753.
3. Carsten Niebuhr, *Travels in Arabia and other Countries in the East*, Edinburgh, 1792.
4. L. Burckhardt, *Travels in Syria and the Holy Land*, London, 1822; Nachdruck New York, 1983.
5. Charles Forster, *The One Primeval Language*, London, 1851.
6. Naveh, »A Nabatean Incantation Text", Israel Exploration Journal, 29, Nr. 2, 1979, 111–119.
7. Die Eisenbahnlinie im Hejaz von Damaskus nach Medina wurde nicht vor 1900–1911 gebaut. In Meda'in Saleh hatte sie eine wichtige Versorgungsstation. Mit ihr sollten die Hadsch-Pilgerfahrten einfacher werden.
8. Charles Doughty, *Travels in Arabia Deserta*, London, 1888.
9. Heute im Archäologischen Museum Istanbul.
10. Eine andere Deutung schlägt ein Objekt, *qasya*,

den Maßstab der Göttin Manat, vor, anstatt einer Gottheit namens Qaysha.
11 H. Palmer, The Desert of Exodus, 2 Bde., London, 1871.
12 In der islamischen Tradition war es nicht Isaak, sondern Ismael, Abrahams älterer Sohn von der ägyptischen Dienerin Hagar, der geopfert werden sollte.
13 Aus Zebed im nördlichen Syrien (512 n. Chr.); Harran in der südöstlichen Türkei (568 n. Chr.); und Umm al-Jimal im nördlichen Jordanien (undatiert, doch sicherlich aus dem 6. Jh.).

KAPITEL 8
1 Werner Eck, »The Bar Kokhba Revolt: The Roman Point of View«, *Journal of Roman Studies*, 89, 1999, 76–89.
2 Einige Beduinen entdeckten die Höhle bereits einige Jahre zuvor. Ein von ihnen gefundenes Dokument, das wahrscheinlich aus dem Babatha-Archiv stammt, wurde von J. Starcky in *Revue Biblique*, 61, 1954, 161–181, publiziert.
3 Yigael Yadin, Jonas C. Greenfield, Ada Yardeni und Baruch Levine, *Hebrew, Aramaic and Nabataean Documents from the Cave of Letters*, Jerusalem, noch nicht erschienen. Dies ist der Begleitband zu Naphthali Lewis, *The Documents from the Bar Kokhba Period in the Cave of Letters: Greek Papyri*, Jerusalem, 1989.
4 Hannah M. Cotton und Jonas C. Greenfield, »Babatha's *Patria*: Mahoza, Mahoz 'Eglatain and Zo'ar«, *Zeitschrift für Papyrologie und Epigraphik*, 107, 1995, 126–134.
5 Hannah M. Cotton, »The Languages for the Legal and Administrative Documents from the Judaean Desert«, *Zeitschrift für Papyrologie und Epigraphik*, 125, 1999, 219–231.
6 Ein unklarer Begriff, möglicherweise zurückgehend auf Münzen, die in den letzten Jahren des nabatäischen Königreiches geprägt wurden und die einen geringen Silberanteil enthielten, weswegen sie sich leicht schwarz verfärbten. Sie wurden nicht vollständig durch die trajanischen Münzen ersetzt.
7 Hannah M. Cotton, »Deeds of Gift and the Law of Succession in the Documents from the Judaean Desert«, *Akten des 21. Internationalen Papyrologenkongresses, Berlin, 1995, Archiv für Papyrusforschung*, Supplement 3, 1997, 179–186.
8 Hannah M. Cotton, »The Guardianship of Jesus son of Babatha: Roman and Local Law in the Province of Arabia«, *Journal of Roman Studies*, 83, 1993, 94–108.
9 Hannah M. Cotton, »The Guardian (ΕΠΙΤΡΟΠΟΣ) of a Woman in the Documents from the Judaean Desert«, *Zeitschrift für Papyrologie und Epigraphik*, 118, 1997, 267–273.
10 Yigael Yadin, Jonas C. Greenfield und Ada Yardeni, »Babathas *Ketubba*«, *Israel Exploration Journal*, 44, 1–2, 1994, 75–99.
11 Knapp ein Jahr später war Sextius Florentinus tot. Auf eigenen Wunsch wurde er in einem kostbar verzierten Grab in Petra beigesetzt. Durch die Hinweise im Babatha-Archiv konnte das Grab datiert werden.
12 Diese umfassende Justizanwendung wird offenbar auch in einer chinesischen Beschreibung von ›Likan‹ (das man mit Reqem, dem frühen semitischen Namen für Petra und sein Königreich zu identifizieren versucht) erwähnt. Das als *Houhan-shu* bekannte Dokument beschreibt die Zeit von 25–220 n. Chr., also vor und nach der römischen Eroberung Nabatäas. Da die nabatäischen Könige nachweislich keine Gerichtstage in verschiedenen Gegenden ihres Königreiches abhielten, muss dies die Praxis der römischen Statthalter beschreiben. Es handelt sich jedoch nicht um einen Augenzeugenbericht, sondern um eine Mischung mehrerer unvollkommen verstandener Antworten von Besuchern aus »Li-kan« am chinesischen Hof, oder von Händlern, die in der Fremde befragt wurden. Es heißt dort: »In der Stadt gibt es fünf Paläste ... Jeden Tag geht der König in einen Palast, um Fälle anzuhören. Nach fünf Tagen hat er seine Runde vollendet. Normalerweise folgt ein Mann mit einer Tasche dem Wagen des Königs. Diejenigen, die eine Sache vortragen wollen, werfen eine Bittschrift in die Tasche. Wenn der König im Palast ankommt, untersucht er Recht und Unrecht in der Angelegenheit.« Man kann sich leicht vorstellen, dass Provinz fälschlicherweise im Chinesischen mit »Stadt« übersetzt wurde, »Statthalter« mit »König« und »Monat« mit »Tag«. Siehe F. Hirths *China and the Roman Orient*, Leipzig 1885.

KAPITEL 9
1 Aelius Aristides, *Panegyric to Rome* (Reden 26, 70, 100), ed. B. Keil, Berlin, 1898.
2 Diese und andere Hinweise auf Christen in Petra verdanke ich Robert Schicks Aufsatz »The Ecclesiastical History of Petra«, in Zbigniew T. Fiema et al., *The Petra Church Project*, American Center of Oriental Research Publication Nr. 3, Amman, im Druck.
3 P. Migne (ed.), *Patrologia Latina*, 23, Paris, 1878, col. 41 f.
4 Der Name der Stadt klingt ähnlich wie der des nabatäischen Gegenstücks zu Venus/Aphrodite, al-'Uzza.
5 *The Panarion of St Epiphanius, Bishop of Salamis*, übers. von Philip R. Amidon SJ, New York und Oxford, 1990.
6 François Nau, »Deux Episodes de l'histoire juive sous Théodose II (423 et 438) d'après la vie de Barsauma le Syrien«, *Revue des Études Juives*, 83, 1927, 184–206.
7 Johannes von Ephesos, *Lives of the Eastern Saints*, Teil I, ed. und übersetzt von E. W. Brooks, in *Patrologia Orientalis*, Bd. 17, 1923, 1–306.
8 Sie wurden von einem finnischen Archäologenteam unter der Leitung von Dr. Jaakko Frösén von der finnischen Akademie und der Universität Helsinki konserviert und werden zur Zeit von zwei Gruppen entziffert: der von Dr. Frösén und einer weiteren von der Universität Michigan, geleitet von Dr. Ludwig Koenen. Die ersten Publikationen sollen 2001 erscheinen.
9 Jaakko Frösén, »The First Five Years of the Petra Papyri,« *Atti del XXII Congresso Internazionale die Papyrologia*, (Florenz, 23.-29. August 1998), Florenz, noch nicht erschienen; Ludwig Koenen, »Petra in the Sixth Century: The Carbonized Papyri«, in Glenn Markoe (ed.). Der Band über die Nabatäer ist in Arbeit.
10 Einige Zeilen in einem Dokument sind in Latein.
11 Maarit Kaimio, »P. Petra inv. 83: A Settlement of Dispute«, *Atti del XXII Congresso Internazionale die Papyrologia*, (Florenz, 23.-29. August 1998), Florenz, noch nicht erschienen.

NACHWORT
1 Mit diesem Begriff werden das heutige Syrien, Jordanien, Israel und Palästina beschrieben.
2 Zitiert aus Salih Hamarneh, »The Nabataeans after the Decline of their Political Power: From the Arabic Islamic Sources«, *Aram*, 2, 1990, 425–436.
3 Ibn A'tham Ahmad al-Kufi, *Kitab al-Futuh*, Bd. 1, 187–189.
4 Zbigniew T. Fiema et al., *The Petra Church Project*, American Center of Oriental Research Publication Nr. 3, Amman, im Druck.
5 Fulcher von Chartres, *A History of the Expedition to Jerusalem*, übers. von Frances Rita Ryan, Knoxville, 1969.
6 Albert von Aix, *Historiae*, in Recueil des Historiens des Croisades – Historiens Occidentaux, Bd. 4, Paris, 1879.
7 Wilhelm von Tyrus, *A History of Deeds Done by the Dea*, übers. von E. A. Babcock und A. C. Krey, New York, 1976.
8 Fawzi Zayadine, »Caravan Routes Between Egypt and Nabataea and the Voyage of Sultan Baibars to Petra in 1276«, *Studies in the History and Archaeology of Jordan*, 2, Amman, 1985, 159–174.
9 Tawfik Canaan, »Studies in the Topography and Folklore of Petra«, *Journal of the Palestine Oriental Society*, 9, 3–4, 1929, 136–218.

# GLOSSAR

Agora Öffentlicher Platz oder Marktplatz in einer griechischen oder hellenistischen Stadt, entspricht dem römischen Forum.

Akanthus Im Mittelmeerraum vorkommende dornige Pflanze, deren stachelige Blätter die Griechen zu einigen dekorativen Ideen inspirierte, besonders beim korinthischen Kapitell.

Akroter (griechisch, Pl. Akroterien) Das Ornament auf der Spitze und den Ecken eines Giebels, normalerweise auf einer Plinthe.

Anikonisch Ohne Bilder, besonders menschliche Abbilder (griechisch *an* »ohne«, + *eikon* »Bild«).

Anthropomorphisch In menschlicher Form (griechisch *anthropos* »Mensch«, + *morphe* »Form«).

Apsis Halbrunder Vorbau, meist mit Gewölbe, entweder in einer Wand oder am Ende eines Gebäudes.

Architrav Steinsims oder Holzbalken, der oberhalb von einer Säule oder Stütze bis zur nächsten verläuft; unterster Teil des Gebälks.

Atrium Vorhof eines römischen Hauses oder einer byzantinischen Kirche, oftmals von einem Säulengang umgeben.

Basilika (griechisch, von *basilike oikia* »Königshaus«) Rechteckiges Gebäude mit zwei Säulenreihen in der Längsachse, meist mit einer Nische an einer Seite. Zu römischer Zeit wurde die Basilika oft als Gerichtsgebäude, Versammlungshaus oder Börse genutzt. Da sie in keinem Bezug zu heidnischen Religionen stand, wurde sie in byzantinischer Zeit als Grundlage für die Kirchenarchitektur verwendet.

Buleuterion Das Gebäude, in dem in einer griechischen Stadt die Ratsversammlung (boulē) abgehalten wurde.

Cavea Der Zuschauerraum eines Theaters. Der Name kommt daher, dass die frühesten Theater in einen Hügel eingegraben wurden.

Cella (lateinisch) Hauptraum oder Heiligtum eines Tempels.

Colonade Säulenreihe.

Dorisch Die dorische Ordnung entstand in der dorischen und westlichen Region Griechenlands und basiert auf einem Kapitell mit minimaler Verzierung.

Dorischer Fries Fries aus Triglyphen und Metopen.

Exedra (lateinisch, Pl. Exedren) Eine meist halbrunde Nische.

Fries Mittelteil des Gebälks, meist verziert.

Gebälk Die horizontale Konstruktion über einer Säulenreihe; dient manchmal zur Vervollständigung der architektonischen Harmonie einer Wand. Normalerweise in drei Teile unterteilt: den tragenden Architrav, den dekorativen Fries und das vorspringende Geison.

Geison Vorspringender Gebälkabschluss; wird auch bei einem Vorsprung an einer Wand verwendet, um das Regenwasser von der Fassade weg zu leiten.

Gesprengter Giebel Dekoratives Architekturmerkmal in Form zweier Halbgiebel mit einer Nische oder einer Lücke zwischen den beiden Teilen.

Gewölbe Raumdach oder Gebäudeteil, das – in unterschiedlichen Formen – auf einer Bogenkonstruktion basiert.

Giebel Ursprünglich das dreieckige Element über dem Portikus eines Gebäudes. Giebel gibt es auch über Nischen, Türen und Jochen in unterschiedlichen Formen: dreieckig, rund (bogenförmig) und unterbrochen.

Giebelzinnen Stufenpyramide als Dekoration nabatäischer Gräber, entweder als schmales horizontales Band mit kleinen Stufen oder als einzelne, monumentale Stufe über einem Geison mit Hohlleiste; nach der Verwendung in der Architektur der Assyrer auch als »Assyrische Stufe« bezeichnet.

Halbsäule Eine Säule, meist halbrund, die vor einer Wand steht.

Hippodamisches System Von Hippodamos von Milet im 5. Jh. v. Chr. entwickeltes Städteplanungskonzept, basierend auf einem Rechteckgitter.

Hohlleiste Eine konkave Form, meist ein Viertelkreis.

Jabal (arabisch, Pl. Jibaal) Berg.

Kapitell Das verzierte, oberste Element einer Säule.

Khirbe(t) (arabisch) Ruine.

Korinthisch Ein Kapitelltyp, der mit Voluten und Akanthusblättern verziert ist (vermutlich aus Korinth) und das ionische Kapitell ablöste.

Metope (griechisch »zwischen den Lücken«) Die Teile eines dorischen Frieses zwischen den Triglyphen. Sie konnten verziert oder schlicht sein.

Mittelschiff Hauptgang einer Basilika zwischen den Säulengängen und den Seitenschiffen.

Nefesh Semitisches Wort für »Atem« oder »Seele«, das in Bezug auf eine Gedenkstele verwendet wurde; die Nabatäer stellten die Verstorbenen pyramidenförmig oder konisch dar.

Nekropole (griechisch, von *nekros* »Leichnam« und *polis* »Stadt«) Friedhof oder Totenstadt, außerhalb einer griechischen Stadt.

Nike (griechisch, Pl. Niken) Die Personifizierung des Sieges, geflügelt dargestellt.

Nymphäum Ursprünglich der Tempel der Nymphen, wurde es in späterer Zeit zum öffentlichen Brunnenhaus und war üblicherweise mit Statuen von Nymphen verziert.

Odeon Überdachtes Gebäude mit einem kleinen Theater für Musikdarbietungen oder -wettkämpfe.

Opus Sectile Mosaikpflaster aus farbigem Marmor oder Stein, mit größeren Teilen als bei herkömmlichem Mosaik, mit geometrischen oder stilisierten Pflanzenmustern.

Orchestra (griechisch, von *orkheomai* »tanzen«) Ursprünglich der Platz im griechischen Theater, an dem der Chor tanzte, zwischen Zuschauerraum und Bühne. In einem griechischen Theater war der Platz rund, in einem römischen halbrund.

Ordnung Das architektonische System, das aus einer Säule und dem Gebälk gebildet wird.

Peristyl Überdachter Säulengang, entweder um einen Peripteros oder um einen Innenhof.

Peripteros Tempelaufbau, bei dem die Cella von einem Peristyl umgeben ist.

Pfeiler Solider rechteckiger Stützpfeiler aus Mauerwerk, meist freistehend, manchmal jedoch auch mit der Wand verbunden. Wie die Säule trägt er das Gebälk oder einen Bogen.

Pilaster Flacher, mit der Wand verbundener Pfeiler ohne tragende Funktion.

Podium Niedrige Wand oder durchgehendes Podest, auf dem die Säulen oder ein ganzer Tempel stehen.

Portikus Säulengang oder Vorbau mit Säulen vor einem Gebäude.

Quadermauer Mauerwerk mit rechteckigen Steinen in gleichmäßigen horizontalen Reihen und vertikalen Stößen.

Stele (griechisch, Pl. Stelen) Aufrecht stehende Steinplatte mit Reliefverzierung oder Inschriften, oft als Grabstein verwendet.

Stuck Dünne Kalkputzschicht, zum Schutz von Ziegel- oder Steinmauerwerk.

Sturz Horizontaler Balken über einer Tür oder einem Fenster, oder als Überbrückung über zwei Säulen oder Pfeiler.

Temenos Heiliger Bereich eines Tempels, in dem sich die Gläubigen versammelten.

Tholos Griechischer Rundbau, meist von Säulen umgeben.

Tonnengewölbe Raumdecke in Form eines durchgehenden Bogens.

Triglyphe Der Teil eines dorischen Frieses zwischen den Metopenfeldern. Sie bestehen aus drei vertikalen Blöcken wie kleine Pilaster, durch Rinnen voneinander getrennt.

TRIKLINIUM (lateinisch, von *tri* »drei« und *clinium* »Bank«, Pl. Triklinien) Esszimmer mit Bänken an drei Seiten. Bei den Nabatäern war dieser Raum sowie die Bänke in den Fels gehauen und das Festmahl fand meist zu Ehren eines Toten statt.

TROMMEL Zylindrischer Teil einer Säule. Die Trommeln nabatäischer Säulen waren in Regionen (wie Petra), wo das Baumaterial weicher Sandstein war, wesentlich kürzer als die klassischer Säulen.

UMGANG (Ambulatorium) Raum zum Gehen, besonders die äußeren Bereiche in einer Kirche oder einem Tempel.

VOLUTE Spiralförmige Rolle an den Ecken eines Kapitells.

WADI (arabisch) Tal oder Flussbett, das nur in der Regenzeit Wasser führt.

# ZEITTAFEL

### DIE KÖNIGE DER NABATÄER

| | |
|---|---|
| um 168 v. Chr. | Aretas I. |
| spätes 2. Jh. v. Chr.? | Rabel I. |
| um 103–96 v. Chr. | Aretas II. |
| um 96–86 v. Chr. | Obodas I. |
| 86–62 v. Chr. | Aretas III., »Der Philhellene« |
| 62–59 v. Chr. | Obodas II. |
| 59–30 v. Chr. | Malichus I. |
| 30–9 v. Chr. | Obodas III. |
| 9 v. Chr.–40 n. Chr. | Aretas IV., »Der sein Volk liebt« |
| 40–70 n. Chr. | Malichus II. |
| 70–106 n. Chr. | Rabel II., »Der seinem Volk Leben und Erlösung bringt« |

### DIE ZEIT VOR DEM KÖNIGREICH

| | |
|---|---|
| 333 v. Chr. | Alexander der Große besiegt die Perser in der Schlacht von Issos |
| 332 v. Chr. | Alexander der Große nimmt Gaza ein |
| 323 v. Chr. | Tod Alexanders des Großen |
| um 312 v. Chr. | Die Armee von Antigonos dem Einäugigen greift die Festung der Nabatäer an |
| 259 v. Chr. | Abgesandte von Ptolemaios II. treffen im südlichen Syrien auf Nabatäer |
| spätes 3. Jh. v. Chr. | Die ptolemäische Flotte bestraft nabatäische »Piraten« im Roten Meer |

### ARETAS I., um 168 v. Chr.

| | |
|---|---|
| 1. Hälfte 2. Jh. v. Chr. | Eine Inschrift in Elusa, Negev, nennt »Aretas, König der Nabatäer« |
| um 168 v. Chr. | Jason, ehemaliger Hohepriester der Juden, flieht zu »Aretas, dem Herrscher der Nabatäer« |
| 167 v. Chr. | Aufstand der Makkabäer gegen Antiochios IV. von Syrien |
| um 163 v. Chr. | Judas Makkabäus begegnet den Nabatäern »friedlich« |

### RABEL I., spätes zweites Jh. v. Chr.

| | |
|---|---|
| spätes 2. Jh. v. Chr. ? | Prägung der ersten nabatäischen Münzen |
| 129 v. Chr. | Moschion von Priene besucht Petra auf einer diplomatischen Reise im östlichen Mittelmeerraum |

### ARETAS II., um 103–96 v. Chr.
(Verwandtschaft mit vorherigen Königen unbekannt)

| | |
|---|---|
| 100 v. Chr. | Geburt Julius Caesars |
| um 100 v. Chr. | Gaza bittet Aretas II. um Hilfe gegen den Angriff von Alexander Jannai von Judäa |

### OBODAS I., um 96–86 (Sohn von Aretas II.)

| | |
|---|---|
| um 93 v. Chr. | Obodas I. besiegt die Judäer unter Alexander Jannai |
| 87 v. Chr. | Obodas I. besiegt die Seleukiden unter Antiochos XII. |

### ARETAS III., »DER PHILHELLENE« 86–62 v. Chr. (Sohn von Obodas I.)

| | |
|---|---|
| um 85 v. Chr. | al-Khazneh (Schatzhaus) in Petra von alexandrinischen Handwerkern gebaut |
| 85–71 v. Chr. | Aretas III. ergänzt das Königreich der Nabatäer um Damaskus |
| 82 v. Chr. | Aretas III. besiegt Alexander Jannai in Judäa |
| 76 v. Chr. | Tod von Alexander Jannai; Nachfolgerin wird seine Frau Salome Alexandra |

| | |
|---|---|
| 67 v. Chr. | Tod von Salome Alexandra; Nachfolger in Judäa wird ihr Sohn Hyrkanos |
| 65 v. Chr. | Herodes (der Große) flieht als Kind nach Petra |
| 64 v. Chr. | Pompeius annektiert das Seleukidenreich und schafft die römische Provinz Syrien |
| 63 v. Chr. | Pompeius' Expedition gegen Petra wird abgebrochen |
| 63 v. Chr. | Geburt von Gaius Octavianus (Octavian), dem späteren Kaiser Augustus |

**OBODAS II., 62–59 v. Chr.** (Verwandtschaft mit Aretas III. unbekannt)

| | |
|---|---|
| 60 v. Chr. | Julius Caesar wird in Rom zum Konsul gewählt |

**MALICHUS I., 59–30 v. Chr.** (Verwandtschaft mit Obodas II. unbekannt)

| | |
|---|---|
| 55 v. Chr. | Gabinius, römischer Statthalter von Syrien, besiegt die Nabatäer |
| 49–31 v. Chr. | Römische Bürgerkriege (zunächst zwischen Pompeius und Julius Caesar) |
| 47 v. Chr. | Nabatäer senden Julius Caesar Streitkräfte; Kleopatra Königin von Ägypten |
| 44 v. Chr. | Julius Caesar von Verschwörern, angeführt von Brutus und Cassius, ermordet |
| 42 v. Chr. | Marc Anton und Octavian schlagen Brutus und Cassius bei Philippi |
| 40 v. Chr. | Der römische General Labienus und Verbündete Parther nehmen Jerusalem ein / Herodes erbittet Hilfe von Malichus I. in Petra und geht dann nach Rom |
| 37 v. Chr. | Römer machen Herodes zum König von Judäa / Parther aus Jerusalem vertrieben / Kleopatra bittet Marc Anton um Judäa und Nabatäa – die Bitte wird abgelehnt. |
| 31 v. Chr. | Herodes und Malichus I. ziehen in den Krieg (Nabatäer geschlagen) / Octavian schlägt Marc Anton in der Schlacht von Actium |
| 30 v. Chr. | Malichus I. brennt Kleopatras Flotte nieder / Selbstmord der Kleopatra / Octavian erobert Ägypten |

**OBODAS III., 30–9 v. Chr.** (Verwandtschaft mit Malichus I. unbekannt)

| | |
|---|---|
| 27 v. Chr. | Octavian wird vom Senat zum Caesar Augustus ernannt |
| 26–25 v. Chr. | Augustus schickt die römische Armee mit 1000 Nabatäern nach Arabien |
| spätes 1. Jh. v. Chr. | Bau von Qasr al-Bint und dem Großen Tempel in Petra |
| um 12 v. Chr. | Syllaios, der höchste Minister der Nabatäer, schlägt die Heirat mit der Schwester des Herodes vor |
| 9 v. Chr. | Syllaios geht nach Rom, um sich über Herodes zu beschweren / Tod von Obodas III. |

**ARETAS IV., »DER SEIN VOLK LIEBT«, 9 v. Chr.–40 n. Chr.**
(wahrscheinlich Nachfahre von Malichus I.)

| | |
|---|---|
| 9 v. Chr. | Syllaios bittet Augustus um Unterstützung für die eigene Nachfolge auf den nabatäischen Thron / Aretas IV. klagt Syllaios an, Obodas III. vergiftet zu haben |
| 6 v. Chr. | Nach seiner Rückkehr in den Osten plant Syllaios, Herodes umzubringen / flieht nach Rom / wird hingerichtet |
| 6 v. Chr. ? | Geburt von Jesus von Nazareth |
| 4 v. Chr. | Tod von Herodes dem Großen; das Königreich wird zwischen seinen drei Söhnen aufgeteilt / Aretas IV. hilft den Römern, einen Aufstand der Juden niederzuschlagen |
| frühes 1. Jh. n. Chr. | Ausbau von Hegra im Süden des Königreiches |
| frühes 1. Jh. n. Chr. | Bau des Theaters von Petra |
| 14 n. Chr. | Tod des Augustus, Nachfolger wird Kaiser Tiberius |
| 27 n. Chr. | Herodes Antipas, Tetrarch von Galiläa und Peträa, lässt sich von seiner nabatäischen Frau scheiden |
| 28 n. Chr. ? | Tod von Johannes dem Täufer |
| 30 n. Chr. ? | Tod von Jesus von Nazareth |
| 37 n. Chr. | Tod des Tiberius, Nachfolger wird Caligula |

**MALICHUS II., 40–70 n. Chr.** (Sohn von Aretas IV.)

| | |
|---|---|
| 41 n. Chr. | Tod des Caligula, Nachfolger wird Claudius |
| 54 n. Chr. | Tod von Claudius, Nachfolger wird Nero |
| Mitte 1. Jh. n. Chr. | Bau von ad-Deir (Kloster) in Petra |
| 66–74 n. Chr. | Erster Aufstand der Juden gegen die Römer |
| 68 n. Chr. | Tod von Nero, Galba besteigt den Thron |
| 68 n. Chr. | Flavius Josephus, *Geschichte des judäischen Krieges* |
| 69 n. Chr. | Dreikaiserjahr-Otho, Vitellius, Vespasian |
| 70 n. Chr. | Die Römer zerstören Jerusalem und den Tempel, unterstützt von Malichus II. |

**RABEL II., »DER SEINEM VOLK LEBEN UND ERLÖSUNG BRINGT«, 70–106 n. Chr.** (Sohn von Malichus II.)

| | |
|---|---|
| 79 n. Chr. | Tod von Vespasian, Nachfolger wird Titus |
| 81 n. Chr. | Tod von Titus, Nachfolger wird Domitian |
| 96 n. Chr. | Tod des Domitian, Nachfolger wird Nerva |
| 98 n. Chr. | Tod des Nerva, Nachfolger wird Trajan |
| 106 n. Chr. | Kaiser Trajan nimmt Nabatäa ein und schafft die römische Provinz Arabia |

**NACH DEM KÖNIGREICH**

| | |
|---|---|
| 111–114 n. Chr. | Trajans neue Straße wird gebaut (Via Nova Traiana): Bostra–Petra–Aela (Aqaba) |
| 113/114 n. Chr. | Schäden durch ein Erdbeben in Petra |
| 115 n. Chr. | Tod von Trajan, Nachfolger wird Hadrian |
| um 129 n. Chr. | Der römische Statthalter Sextius Florentinus wird in einem verzierten Grab in Petra beigesetzt |
| 130 n. Chr. | Hadrian benennt Petra nach sich selbst: *Hadrianae Petra* |
| 132–135 n. Chr. | Zweite jüdische Erhebung gegen die römische Herrschaft |
| 244–249 n. Chr. | Philippus Arabs, erster römischer Kaiser aus Arabien |
| 247 n. Chr. | In Bostra werden die Actia-Dusaria-Spiele abgehalten, um den 1000. Geburtstag Roms zu feiern |
| 284–305 n. Chr. | Kaiser Diokletian; Christenverfolgungen (auch in Petra) |
| 306–337 n. Chr. | Kaiser Konstantin der Große; das Christentum wird legalisiert |
| 330 n. Chr. | Konstantinopel wird die neue Hauptstadt des römischen Reichs |
| 363 n. Chr. | Petra bei einem Erdbeben schwer beschädigt |
| spätes 4. / frühes 5. Jh. n. Chr. | Die Felskirche in Petra wird erbaut |
| 423 n. Chr. | Barsauma und eine Gruppe von 40 Mönchen bekehren die heidnischen Priester von Petra |
| 446 n. Chr. | Das Urnengrab in Petra wird zu einer Kirche umgebaut |
| 570 n. Chr. | Geburt des Propheten Mohammed |
| 630 n. Chr. | Beginn der islamischen Eroberung des östlichen byzantinischen Reiches |
| 632 n. Chr. | Tod des Propheten Mohammed |
| 661–750 n. Chr. | Umayyaden-Kalifat, erste Dynastie des Islam |
| 1099 n. Chr. | Kreuzfahrer erobern Jerusalem |
| 1100 n. Chr. | Erster Besuch von Kreuzfahrern in Petra |

# AUSWAHLBIBLIOGRAPHIE

*Aufsätze und Zeitschriften werden in den Anmerkungen zum Text zitiert.*

## ZITIERTE WERKE

Agartharkides von Knidos, in: Anonymus, *Periplus of the Erythraean Sea.*

Anonymus, *Periplus of the Erythraean Sea*, übers. und hg. G. W. B. Huntingford, London, 1980.

Cassius Dio, *Roman History*, 9 Bde., London / New York / Cambridge (Mass.) 1914–1927 (Loeb Classical Library).

Diodoros Siculus, 12 Bde., London / New York / Cambridge (Mass.) 1933–1967 (Loeb Classical Library).

Herodot, *The Histories*, übers. von A. de Sélincourt, überarb. Auflage, London / New York 1972 (Penguin).

Flavius Josephus, *The works of Flavius Josephus* (*The Antiquities of the Jews* und *The Wars of the Jews*), übers. von W. Whiston, London, 1847; Nachdruck Grand Rapids, 1960.

Plinius der Ältere, *Natural History*, 10 Bde., London / New York / Cambridge (Mass.) 1938–1962 (Loeb Classical Library).

Plutarch, *Lives*, übers. von John Dryden, überarb. von A. H. Clough, New York 1972 und 1978.

Stephanos von Byzanz, *Ethnika*, hg. von A. Meineke, Nachdruck Graz 1958.

Strabon, *Geography*, 8 Bde., London / New York / Cambridge (Mass.) 1917–1932 (Loeb Classical Library).

Theophrast, *Enquiry into Plants*, 2 Bde., London / New York / Cambridge (Mass.) 1916 und 1926 (Loeb Classical Library).

Uranius, in: Stephanos von Byzanz.

## BENUTZTE DEUTSCHE ÜBERSETZUNGEN

Cassius Dio, *Römische Geschichte*, 5 Bde., übers. von O. Veh, Zürich/München 1985–1987 (Bibliothek der Alten Welt).

Diodorus Siculus, 19 Bde., Stuttgart 1827–1840 (Historische Bibliothek).

Herodot, *Historien*, 2 Bde., übers. von J. Feix, Düsseldorf/Zürich, 6., überarb. Auflage 2000 (Sammlung Tusculum).

Flavius Josephus, *Jüdische Altertümer*, Wiesbaden 1994.

Flavius Josephus, *Geschichte des Judäischen Krieges*, Leipzig 1978, 1994.

Plinius Secundus d. Ä., Naturkunde, 31 Bde., übers. von R. König u. a., München/Zürich/Düsseldorf 1973–1996 (Sammlung Tusculum).

Plutarch, Große Griechen und Römer, 6 Bde., übers. von K. Ziegler, München/Zürich 1954–1960 (Bibliothek der Alten Welt).

Stephanos Byzantinus, Ethnica, hg. von A. Meinecke, Berlin 1849, Nachdruck Graz 1958.

Strabo, Erdbeschreibung in 17 Büchern, 4 Bde., übers. von Ch. G. Groskurd, Berlin/Stettin 1831–1834, Nachdruck Hildesheim 1988.

Theophrast, Naturgeschichte der Gewächse, Darmstadt 1971.

## FRÜHE REISENDE

Burckhardt, J. L., *Travels in Syria and the Holy Land*, London 1822.

Ders., *Travels in Arabia*, London 1829.

Clayton, Robert (Übers.), *A Journal from Grand Cairo to Mount Sinai and Back Again*, London 1753.

Doughty, Charles M., Travels in Arabia Deserta, 2 Bde., London 3. Aufl. 1936.

Irby, C. L., & Mangles, J., *Travels in Egypt and Nubia, Syria and Asia Minor*, London 1823.

Laborde, Léon de, *Journey through Arabia Petraea*, London 1836.

Niebuhr, Carsten, *Travels in Arabia and other Countries in the East*, 2 Bde., Edinburgh 1792, Nachdruck London 1994.

Pococke, Richard, *Description of the East, and some other countries*, 2 Bde., London 1743–1745.

## NEUE FORSCHUNGSLITERATUR

Avi-Jonah, M., *The Holy Land: A Historical Geography*, Jerusalem 1966.

Ball, Warwick, *Rome in the East*, London / New York 2000.

Bienkowski, Piotr (Hg.), *Early Edom and Moab: The Beginning of the Iron Age in Southern Jordan*, Sheffield 1992 (Sheffield Archaeological Monographs 7).

Bowersock, G. W., *Roman Arabia*, Cambridge (Mass.) 1983.

Brünnow, R. E. / Domaszewski, A. von, *Die Provincia Arabia*, 3 Bde., Strasburg 1904–1909.

Cantineau, Jean, *Le Nabatéen*, 2 Bde., Osnabrück 1978.

Colt, H. D. (Hg.), *Excavations at Nessana*, 3 Bde., Princeton 1962.

Dinsmoor, W. B., *The Architecture of Ancient Greece*, New York / London 1975.

Evenari, M. u. a., *The Negev: The Challenge of a Desert*, Cambridge (Mass.) 1971, überarb. Aufl. 1982.

Friend, W. H. C., *The Rise of Christianity*, Philadelphia 1984.

Glueck, Nelson, *Rivers in the Desert*, New York 1959.

Ders., *Deities and Dolphins*, London 1965.

Ders., *The Other Side of the Jordan*, New Haven 1940; überarb. Aufl. Cambridge (Mass.) 1970.

Groom, Nigel, *Frankincense and Myrrh*, London / New York 1981.

Hammond, Philip, *The Excavation of the Main Theatre at Petra, 1961–62*, London 1965.

Ders., *The Nabataeans - Their History, Culture and Archaeology*, Gothenburg 1973 (Studies in Mediterranean Archaeology 37).

Jaussen, A. / Savignac, R., *Mission Archéologique en Arabie*, 2 Bde., Paris 1909 und 1914.

Joukowsky, Martha Sharp, *Petra Great Temple*, Bd. 1, Providence (RI) 1998.

Lindner, M., *Petra und das Königreich der Nabatäer*, München, 5. Aufl. 1989.

Littmann, E., *Semitic Inscriptions: Nabataean Inscriptions from the Southern Hauran*, (Abteilung IV, Sektion A), Leyden 1914.

Lyttleton, M., *Baroque Architecture in Classical Antiquity*, London 1974.

McKenzie, Judith, *The Architecture of Petra*, Oxford 1990.

Meshorer, Y., *Nabataean Coins*, Jerusalem 1975 (Qedem 3).

Milik, J. T., *Dédicaces faites par les dieux*, Paris 1972.

Millar, Fergus, *The Roman Near East 31 BC - AD 337*, London / Cambridge (Mass.) 1993.

Naveh, Joseph, *Early History of the Alphabet*, Jerusalem 1982.

Nehmé, Laïla / Villeneuve, François, *Pétra: Métropole de l'Arabie Antique*, Paris 1999.

Negev, Avraham, *Nabataean Archaeology Today*, New York / London 1986.

Ders., *The Architecture of Mampsis*, 2 Bde., Jerusalem 1988 (Qedem 26 und 27).

Ders., *Personal Names in the Nabataean Realm*, Jerusalem 1991 (Qedem 32).

Patrich, Joseph, *The Formation of Nabataean Art*, Jerusalem 1990.

Shahid, Irfan, *Byzantium and the Arabs in the 4th Century*, Dumbarton Oaks 1984.

Ders., *Rome and the Arabs*, Dumbarton Oaks 1984.

Ders., *Byzantium and the Semitic Orient before the Rise of Islam*, London 1988.

Teixidor, Javier, *The Pagan God*, Princeton 1977.

Trimingham, J. S., *Christianity among the Arabs in Pre-Islamic Times*, London / New York 1979.

Weber, Thomas / Wenning, Robert (Hg.), Petra: *Antike Felsstadt zwischen arabischer Tradition und griechischer Norm*, Mainz 1997.

Winnett, F. V. / Reed, W. L., *Ancient Records from North Arabia*, Toronto 1970.

Yadin, Y., *The Finds from the Bar Kokhba Period in the Cave of Letters*, Jerusalem 1963.

Ders., *Bar Kokhba*, London / New York 1971.

Zayadine, F. (Hg.), *Petra and the Caravan Cities*, Amman 1990.